JN423885

국어과 창의·인성 교육

이론과 실천 탐구

중등편

국어과 창의·인성 교육

이론과 실천 탐구 — 중등편

2013년 8월 16일 초판 1쇄 찍음
2013년 8월 19일 초판 1쇄 펴냄

지은이 우한용·박인기·오윤주·홍지연·한태구·김향연
펴낸이 윤철호
펴낸곳 (주)사회평론

편집 김태균·김천희·고하영·온현정
표지 디자인 김진운
본문 디자인 디자인 시
마케팅 박현이·전준구

등록번호 제10-876호(1993년 10월 6일)
전화 02-326-1182(영업), 02-326-1185(편집)
팩스 02-326-1626
주소 서울시 마포구 성산동 114-10
이메일 editor@sapyoung.com

ISBN 978-89-6435-685-2 93710

책값은 뒤표지에 있습니다.
사전 동의 없는 무단 전재 및 복제를 금합니다.
잘못 만들어진 책은 바꾸어 드립니다.

〈저작권 안내문〉
이 서적 내에 사용된 일부 작품은 SACK를 통해 ADAGP와 저작권 계약을 맺은 것입니다.
저작권법에 의하여 한국 내에서 보호를 받는 저작물이므로 무단 전재 및 복제를 금합니다.

국어과 창의·인성 교육

이론과 실천 탐구

중등편

우한용·박인기·오윤주·홍지연·한태구·김향연 지음

사회평론

머리말

언어적 존재의 창의·인성적 지평

창의성과 인성의 교육 문제는 오래된 화두이다. 창의성과 인성이 교육적으로 중요성을 인정받은 것은 교육에 대한 새로운 자각에서 비롯되었다. 좀 편한 마음으로 시작하기로 하자. 창의성이란 새롭고 가치 있는 일을 모색하고 실천하는 정신 능력 정도로 규정하고, 인간의 도덕·윤리·가치 등을 성찰하고 최선의 방법을 찾는 일을 창의성과 연계지어 고려할 때 창의·인성이라 한다고 이해하자.

창의성과 인성 사이에 정합적인 연계성이 있는가 하는 의문이 제기되기도 한다. 창의성은 기발하고 특출한 아이디어를 떠올리게 하는 반면, 인성은 전통을 고수하는 수구적 성격이 두드러지는 면이 있는 게 사실이다. 하지만 기발하고 특출한 아이디어도 인간적 가치가 도외시되면 아무 쓸모가 없다. 성격이 무난하고 원만한 사람도 타성에 빠지면 존재 조건의 개선 여지가 없어진다. 대부분의 위대한 사상은 정신 영역을 창의적으로 개척한 결과이다. 이처럼 창의성과 인성은 밀접한 연관성을 지닌다.

창의성 교육은 교육 방법 자체가 창의적이라야 한다. 그런데 교육이 지니는 보수성 때문에 창의적 방법의 모색이 쉽지 않은 것도 사실이다. 전통적인 교육 방법을 정공법이라 한다면, 창의성을 기르는 교육은 역공법 또는 측면공격법이라고 할 수 있다. 그러나 역공법이 제대로 힘을 발휘하려면 기본기에 해당하는 정공법이 바탕이 되어야 한다.

정공법은 때로 지루하다. 그리고 따분하기도 하다. 가르치는 사람은 타성에 젖기 쉽고 배우는 학생은 고정관념의 각질에 갇히기 십상이다. 정공법과 맞서는 편에 역공법이 있고 그 옆에 측면공격법도 있다. 그러나 이것은 사특한 불법이 아니라 발상을 달리하는 새로운 방법을 뜻한다. 정공법을 넘어서는 다른 차원의 정공법이 창의·인성 교수·학습 방법이 될 것이다.

국어 교육은 언어적 존재인 인간의 자기 성취 또는 자아 실현을 가능하게 하는 교육이다. 언어적 존재의 자아 실현을 위해 국어 또는 언어가 하는 일은 정서, 논리, 실천, 이념 등의 측면에서 구체화된다. 이들 영역은 정공법뿐만 아니라 역공법이나 측면공격법을 동시에 포괄적으로 운용해야 현실화된다. 국어 과목 가운데 특히 문학 영역이 역공법을 교육 목표로 내세우고 실천해나가는 특성을 잘 보여준다. 시의 원리로 작용하는 은유적 사고는 창의성의 본질 요건 중 하나이다. 소설의 아이러니와 풍자도 역공법을 통해 진실을 추구하는 사례이다. 작품의 빈자리를 채워 읽는 일은 상상력을 동원해 텍스트에 참여하는 미적 행위이다. 논설문을 비롯한 실용문은 주제가 명확해야 하지만, 문학의 주제는 다면적이고 모호할 수 있다. 이 모호함을 견디면서 생각을 확장해나가는 것이 창의성의 한 속성이다. 문학은 창의성의 많은 자질을 그 내부에 함유하고 있는 셈이다.

인간의 다양한 유형을 그려내고 복합적인 사건을 다루는 중요한 문학 양식은 소설이다. 그런데 소설보다 더욱 절실한 경험과 다양한 관점을 보여준 사례가 서사 영역이다. 서사(내러티브)는 인간 삶의 모든 영역과 관계를 맺는다. 소설은 서사의 한 영역일 뿐이다. 서사물 또는 서사 작품은 그 경험의 다양성 때문에 독자의 호기심을 불러일으킨다. 소설을 비롯한 이야기 문학의 독자는 다른 일은 잊은 채 혼자 몰두해서 텍스트를 읽어나가는 독립심을 보이기도 한다. 몰입과 독립심은 창의적 인간의 자질에서 두드러지는 점이다. 문학의 수행이 창의적이라는 점을 반증하는 사례를 여기서 본다.

창의·인성은, 개인별로 차이가 있을 수 있지만 누구나 지니고 있는 능력이고 자질이다. 사람은 누구나 자신의 창의성을 지니고 살아간다. 다만 공적으로 인정받지 못하는 경우가 있을 뿐이다. 해결해야 하는 문제를 앞에 둔 사람은 누구나 일정 정도의 지적 능력을 가지고 있으며 해당 영역의 지식도 어느 정도 갖추고 있기 마련이다. 아울러 문제를 해결해야 하는 환경에 놓이면 외적인 요구 때문에라도 동기가 부여된다. 그다음에 수행되는 일들은 절차적 과업에 지나지 않는다. 우리는 창의·인성 자질은 누구나 갖추고 있는 기본 자질이라는 전제에서 출발하고자 한다.

창의·인성 교육이 강조되면서 가르치는 사람들의 부담을 걱정하는 분들을 자주 보게 된다. 교육은 가르치는 사람과 배우는 사람이 소통을 통해 서로의 성장과 자아 성취를 도모하는 과정이다. 이를 교육적 자율성 또는 자기 형성력이라고 한다. 교육 내용이 가르치는 사람에게서 배우는 사람에게로 아무런 변형 없이 그대로 전수되는 경우는 상정하기 어렵다. 가르치는 사람과 배우는 사람이 둘 다 유기체이기 때문에 그들 주체 안에서 내용이 발효되고 서로 영향을 미치면서 상호 상승효과를 만들어낸다. 학생의 성장이 교사의 자기 성취에 영향을 미치는 것이다. 이러한 교육적 양성작용(釀成作用)에 대한 믿음이 있다면, 부수되는 문제는 본질적 하자라기보다는 과제일 뿐이다. 즉, '교육의 질은 교사의 질을 능가하면서 발전해간다." 가르치는 사람이 자신감과 의욕을 가지고 열정적으로 이끌어가는 과정에서 배우는 사람과 함께 창의·인성을 함양할 수 있는 교육적 계기를 마련해야 할 것이다.

이 책은 국어과 교육에서 창의·인성을 어떻게 교육할 것인가에 관한 문제를 다루고 있다. 1부에서는 국어과와 연관된 창의·인성 교육의 기본적인 문제를 고찰하고, 서사(내러티브)를 중심으로 창의·인성 교육의 일반 원리와 가능성을 탐색하는 데 주력했다. 2부에서는 창의·인성의 교수·학습 활동의 범주와 가능성을 설명했다. 3부에서는 창의·인성을 기르는 국어 수업의 실제를 다루었다. 즉, 교육 현장에서 실제로 활용할 수 있는 모형론의 적용을 시도함으로써 창의·인성 교육의 방향을 제시하고자 했다. 다만 모형론의 적용에는 가르치는 사람들의 창의적 변용이 중요하다는 점을 적어둔다. 책의 뒷부분에 본문에서 미처 다루지 못한 내용을 '지상좌담' 형식으로 첨보(添補)해놓았다. 창의·인성과 관련된 국어과 교육의 여러 과제와 이에 대한 견해는 독자들이 새로운 아이디어를 창출하는 데 도움이 될 것이다.

창의·인성은 궁극적으로 개인의 자아 성취를 가능하게 하는 정신적·행위적 자질이다. 아울러 우리 사회가 성숙된 단계로 나아가는 데 원동력이 되는 정신적 자원이기도 하다. 이처럼 중요한 교육적 과제를 국어과 안에서 어떻게 설계하고 실천할 것인가 하는 모색은 우리 시대의 과업이다. 막스 셸러의 말했듯이 "열정은 진리의 어머니이다." 마찬가지로 열정은 창의성의 모태에 해당한다. 이 책을 읽은 여러분들의 열정이 창의성과 인성의 지평을 활짝 열어가기를 기대한다.

마지막으로 이 책이 완성되기까지 세미나와 회의 등을 지원해준 '사회평론'에 감사의 마음을 전한다. 그 지원을 바탕으로 책의 내용을 가다듬고 논리를 심화해 나갈 수 있었다.

2013년 초여름
필자를 대표하여
우한용(禹漢鎔)

차례

1부

국어과 교육과 창의·인성 교육의 본질

1장 국어과 창의·인성 교육의 개념과 특성

1. 언어·창의·인성 사이의 상호성

인간을 인간답게 하는 요건 가운데 하나가 언어라는 점은 누구나 수긍하는 사실이다. 인간이 언어를 운용하는 가운데 창의성 자질이 잘 드러난다는 점 또한 널리 인정받는다. 이는 촘스키(Noam Chomsky, 1928~)가 '언어 능력'이 생득적임을 설파한 이래 통념으로 받아들여지고 있다. 이 생득적 요인인 언어 능력에 어떤 사고력 교육이나 창의 환경이 호응되어야 할지가 국어교육의 관심 사항이다. 국어교육은 인간의 언어 운용에 대한 폭넓은 주제를 다루고 있기 때문에 창의, 창의성, 창의적 사고[1] 등을 포괄하게 된다.

또한 언어를 통해서 인성의 도야와 문화 가치에 입문할 수 있음은 여러 사례를 통해 입증되기도 했다. 많은 교양 교육의 중심에 언어와 언어적 산물들이 인간과 연관된 사항으로 고려되고 있다는 점에서 언어와 인성, 언어와 창의성 등의 관계가 밀접함을 알 수 있다.

1 용어에 대한 명확한 규정이 필요하다. 창의, 창의성, 창의적 등의 용어가 이 책의 핵심어이다. 창의나 창의성은 영어의 creativity에 해당한다. 창의적이라는 관형어는 creative에 해당하는데 창의나 창의성의 과정, 그리고 그 결과의 속성 등을 가리키는 용어로 쓸 것이다. 창의와 창의성은 같은 의미로 쓰되 글의 맥락에 따라 적절성을 고려해서 선별해 쓰기로 한다.

요컨대 언어는 창의의 자질과 인성 도야의 기제를 내재하고 있다. 오늘의 국어교육에서 언어와 창의성, 인성을 어떻게 연관짓고 실천해갈 수 있는지가 과제이다.

국어교육의 영역에서 창의성과 인성을 조화롭게 길러줄 수 있는 기획과 실천은 언어와 창의와 인성이 하나의 교육 현상으로서 그 가치와 효과를 발휘할 수 있음을 전제한다. 이는 언어와 창의와 인성 사이에는 서로의 자질과 작용을 도울 수 있는 상호성이 풍부하게 내재되어 있다는 것을 의미한다. 이 상호성을 더 면밀하게 통찰함으로써 국어과 창의·인성 교육의 원리를 모색하고 그 실천의 구체적 기획이 가능하다. 현재로서는 국어교육과 창의성, 인성의 연관성을 고려하는 안목이 부족한 게 사실이다.

그간 창의성 교육은 선언적인 차원에서 강조되었으나 실천적 시도와 시행의 과정을 평가하고 환류(還流, 피드백)하는 경험을 국어과 교육이 의도적이고 지속적으로 쌓아오지는 못했다. 인성 교육 또한 학교 교육과정의 중요한 영역이기는 했으나 국어과 교육의 목표와 내용으로 자리잡지는 못했다. 특히 창의와 인성을 상호성 있는 교육 내용으로 접근한 적은 없었다. 창의·인성의 상호작용에 대해서는 한계와 가능성을 국어과 내에서 국어과의 특성에 비추어서 다시 짚어보아야 할 것이다. 이런 기획과 실천을 국어과 교육이 미래 지향의 커리큘럼 혁신(curriculum innovation) 차원에서 추동하기 위해서라도 언어와 창의와 인성 사이에 서로의 자질과 작용을 도울 수 있는 상호성에 대한 관심을 강화해야 한다.

이들 문제를 들여다보기 위해서 여기에서는 다음 세 가지 국면에 대한 인식을 강조하고자 한다. 이는 국어과 창의·인성 교육의 범위(scope)와 내용 계열(sequence)이 이전의 고정관념이나 이전의 교육과정 관습에서 벗어나야 한다는 인식이기도 하다.

첫째, 언어를 가르친다고 할 경우 그 언어의 범주를 좀 더 확산적으로 인식할 필요가 있다. 언어를 도구적으로 보는 관점에서 벗어나 좀 더 유연하게 언어의 범주를 상정해야 한다. 특히 문학 언어의 창의성 자질에 대한 인식을 새롭게 각성할 필요가 있다고 본다.

둘째, 국어과 창의가 언어 운용 과정에서 발현되는 측면, 즉 언어 운용상의 창의에 집중되는 측면을 주목해야 한다. 언어 운용이란 언어가 ① 도구적 기능으로 운용되는 차원, ② 문학예술의 창작으로 운용되는 차원, ③ 문화적 코드로 운용되는 차원 등에 이르기까지 중층적(重層的) 모습을 보인다. 창의와 관련해서 기존의 국어과 창의 연구는 인지(cognition), 기능(skill), 전략(strategy) 등의 층위에 집중되었던 면이 있다. 이럴 경우 정의적 영역(affective domain)이나 상상력(imagination) 차원 등에서 기대할 수 있는 보다 심화된 창의의 층위를 놓칠 수 있다. 아울러 문학 언어와 실용 언어 사이의 경직된 장벽을 무너뜨리는 발상도 중요하다.

셋째, 국어과에서 창의와 인성이 만날 수 있는 매우 유용한 가능태로서 내러티브(narrative), 즉 서사(敍事)[2]의 생성·수용·소통 등을 중시하고 이를 새롭게 조명할 필요가 있다. 사실 그간의 국어과 교육은 내러티브를 문학 교육의 하위 영역으로 고정시키고, 그것을 매우 경직된 방식으로 운용해온 면이 없지 않다. 내러티브를 문학 교육 안에서 다루는 방식도 편협했다. 이를테면 내러티브의 형식과 구조를 익히는 데 치중해 내러티브가 발현하는 창의 자질 자체를 살려낼 틈이 없었다. 내러티브가 작용하는 현상 전반을 인간의 심리, 사회, 문화 등에 대응해 살피면서 내러티브를 만들고 향유하고 활용하는 지점으로 나아가는 내러티브 교육을 하지 못했다.

내러티브는 생성과 소통 등의 과정에서 자연스럽게 인간의 반성 기제(reflective thinking process)를 환기하는 작용을 한다. 문학 내러티브가 갖는 문학 작품으로 무르익은 형상화의 기제이든, 일반 경험 내러티브가 가지는 해석적 기제이든 모두 반성적 사고를 불러온다.[3] 내러티브는 기본적으로 어떤 인간에 대한 이야기이기 때문에 수용자의 경험에 대한 반성을 촉구하는 측면이 있기 때문이다. 이것들이 인성 교육의 자질과 밀접하게 연계되는 이유는 내러티브를 통해 자신의 삶을 성찰하는 계기가 되기 때문이다. 오늘날 윤리 교육의 실천적 자료들이 대부분 내러티브에 의존하고 교육활동의 구체적 모습이 스토리텔링의 방식을 취한다는 점이 이를 입증한다.

요컨대 이상에서 제시하는 국어과 창의·인성 교육의 기본 착안점은 이것들을 담보할 국어과 내용(지식)들이 더 확산적으로 마련되어야 한다는 점에 있다. 그 확산의 발상은 국어과에 이때껏 없었던 새로운 내용(교과, 지식, 문화) 영역을 국어과로 가져와야 한다는 것

2 일정한 구조와 주제를 담고 있는 이야기를 서사라고 한다. 서사(敍事, narrative)는 이야기, 서술, 서사물, 서사체 등의 용어와 의미에서 중첩되는 경우가 있다. 맥락에 따라 의미에 다소간 변이가 예상된다. 그리고 맥락에 따라 '서사'와 '내러티브'라는 용어를 혼용할 것이다.

3 개인이 생활 경험을 기록한 경험 내러티브를 객관적 기억의 산물로 보는 것은 인간의 기억 작용, 특히 그 기억을 어떤 내러티브로 표현하는 행위의 본질을 제대로 이해하지 못한 것이라 할 수 있다. '모든 기억은 해석된 기억이다'라는 말은 기억이 내적·외적 상황으로 빚어지는 일종의 가소성(可塑性)을 지닌 것임을 보여준다. 기억은 변화하기 쉬우며, 상상과 왜곡, 전위, 압축, 상징화, 작화 등의 작용을 통해 재구성된다고 보는 것이 일반적이다(엘리자베스 로프터스, 『우리 기억은 진짜 기억일까』, 정준형 옮김, 도솔, 2008 참조).

을 의미하지는 않는다. 또 그것을 다른 지식 분야(교과)[4]가 국어과에 내어줄 리도 없다. 그럼에도 불구하고 국어과 내부 영역들을 더 확산·확충해야 한다는 것은 무엇을 뜻하는가. 이는 다음 두 가지 함의를 가진다.

첫째, 국어교과에서 국어과 내의 기능 범주나 문법·문학 범주의 바깥 경계를 더 확장해보자는 것을 의미한다. 동시에 이들 국어과 각 하위 범주들 간의 상호성과 상호작용을 강화하고자 하는 의미를 갖는다. 상호성에 의한 결합과 호응은 창의적 사고 기법의 일곱 가지 격률을 줄여서 말하는 스캠퍼(SCAMPER)[5]에서도 '결합(combine)의 사고 기법'으로 강조되고 있다. 국어교과 자체에서 창의 교육에 다가가려고 노력할 때 국어과 각 하위 범주들 간의 상호성 극대화는 매우 중요한 부분이라 할 수 있다.

둘째, 기왕의 국어과 교육 '내용'과 '방법'에 질적인 정교화를 기함으로써 교육 교과의 성격과 기능을 확충한다는 의미이다. 예컨대 문법 영역의 교육 내용과 교육 방법은 창의성 신장을 위해 얼마나 전략적 고려를 하고 있는가, 문학 교육에서 시를 가르치면서 텍스트들을 주제 중심 내용으로 재구성하고 학습 방법에서 수용 주체의 경험과 감수성을 중요하게 고려하는 것은 인성 교육 요소를 살려내는 데 얼마나 기여하고 있는가 등의 문제 인식을 들 수 있다. 이들과 같은 문제 인식이 국어과 교육 내용과 방법에 질적인 정교화, 즉 국어과 교육 내용의 확충에 관여하는 이슈들이라 할 수 있다.

이상의 논의를 바탕으로 국어과에서 창의성과 인성이 어떤 국면으로 전개될 수 있는지를 살펴보기로 한다.

4 여기서는 매우 일반적 의미로 '지식(knowledge)'이라는 말을 사용했다. 이때의 '지식'은 때로 교과와 동등한 가치를 지니는 말로 쓰이기도 한다. 교육과정 프레임으로 말하면 그 교과의 '교육 내용'이라고도 할 수 있다.

5 스캠퍼(SCAMPER)는 오스본(Alex Osborn)의 브레인스토밍 기술을 에벌리(Bob Eberle)가 보완·진화시킨 이론으로, 일곱 가지 창의적 사고 기법을 나타낸다. 창의적 사고는 결국 문제와 대안을 다른 관점에서 생각하도록 하는 것이다. 스캠퍼는 그런 사고 과정을 자극하는 활동의 앞 글자를 조합한 단어이다. S=Substitute(대체하기 사고 기법), C=Combine(결합하기 사고 기법), A=Adapt(적용하기 사고 기법), M=Modify(변형하기 사고 기법), P=Put to Other Use(다른 활용법으로 쓰기), E=Eliminate(제거하기 사고 기법), R=Rearrange/Reverse(재배열/역전환하기 사고 기법).

1) 국어교육에서 언어가 운용되는 범주 확장하기

국어교육을 언어 교육이라고 할 경우 언어 능력을 길러주는 교육, 이른바 언어 기능의 교육으로 한정하기 쉽다. 이러한 오해를 없게 하려면 언어의 범주를 다시 규정할 필요가 있다. 우리가 지향하는 언어 교육은 '언어적 존재로서 인간의 총체적인 언어 운용' 범주를 언어 교육(혹은 국어교육)에 포함하여 좀더 포괄적으로 수행하는 교육이다. 단순한 의사소통의 도구를 넘어서는 범주(또는 층위)에 있는 언어에 주목하고, 그런 범주의 언어를 창의·인성의 측면에서 어떻게 규정하고, 그것의 교육적 가치를 어떻게 재구성할지 모색해야 할 것이다. 현재의 국어교육에서 규정하는 의사소통의 개념을 기능(skill)이나 전략(strategy) 차원을 넘어서는 데로 확장시켜야 한다. 의사소통은 실용적 기능의 차원 이외에도 교육, 문화, 의식(儀式), 예술 등 다양한 형태로 운용된다. 그렇기 때문에 의사소통의 개념을 극대로 확장해야 한다. 텍스트 간, 개인적 주관 간의 정서적 공감과 개인과 집단의 정체성 형성, 개인과 공동체의 미래에 대한 비전 마련 등을 모두 소통의 개념에 포괄해야 한다. 인간이 운용하는 언어의 실상이 그렇기 때문이다.

언어는 일차적으로 그것을 운용하는 인간의 존재증명을 가능하게 하는 핵심 요건이다. 말을 할 줄 안다는 것은 ① 자기가 누구인가 하는 자기 인식, ② 자신에 대한 이해와 남에 대한 이해를 가능하게 해주는 삶의 상호 연관성, ③ 자신의 의지를 남의 의지와 겨루면서 삶(일)을 실천하는 것 등에 골고루 연관성을 지닌다. 언어는 이 세 가지 층위 모두에 작용한다. 즉, 인간은 언어로써 기억을 유지하고 관리하고 소통한다. 특히 서사의 언어가 인간 삶에서 가지는 의의는 매우 크다. 인간이 자신의 존재와 삶을 경험의 서사로써 운영하고 자신이 살고 있는 현실의 총체를 경험 서사와 병행하는 문학 서사로써 공유하고 소통한다는 것은, 인간이 지닌 창의 본질과 인성적 본질을 동시에 추구할 수 있음을 보여주는 사례라 할 수 있다.

인간의 기억과 체험이 가지는 의미 작용은 언어에 의해 성립한다. '체험'과 '기억'과 '기억의 표상'은 모두 언어에 의해 그 실체를 드러내고 그들 간의 질서를 구현한다. '기억'이 '기억의 표상'에 이르는 것은 일종의 해석이다. 여기에는 언어의 개입이 반드시 필요하다. 기억을 바깥으로 의미화해 드러내는 '기억 표상'에는 이미 미래를 향하는 어떤 의미나 기대가 해석되어 있다고 할 수 있다. 후설(Edmund Husserl, 1859~1938)은 "모든 기억은 기대(Erwartung)의 지향들을 포함한다. 그리고 이 기대의 지향들의 충족은 현재(Gegenwart)로 이끈다"라고 말하면서, "회상은 기대는 아니지만 미래에로 향하는 하나의 지평(Horizont)을 갖고 있다. 즉, '회상된 것의 미래'로 향한 하나의 지평을 갖고 있다"고 강조한다.[6] 개인이나 공동체가 언어로 서사를 만들고 그 서사를 공유하고 그 서사로부터 어떤 가치나 기대를 만드는 것이 언어로써 창의를 생성하는 개인적 기반이며 동시에 사회·문화적 축이 됨을 엿볼 수 있다. 그리고 이 기대나 가치에는 인간다움의 자질이 어떤 방식으로든 녹아 있게 마련인데, 이를 인성 교육이라는 프레임으로 접근해볼 수 있으리라 본다. 이런 접근과 발상을 국어교육 또는 문학 교육의 범주로 인식하지 못한 것이 우리의 실정이다.

인간은 자신에 대한 언어적 질문과 그에 대한 답으로 자기 인식을 형성하고, 그 바탕 위에서 자신의 존재감(정체성)을 쌓아간다. 자신이 누구인지 질문하는 일을 계속하지 않는다면 자아 개념이 형성되지 못한다. 따라서 정체성이 갖추어진 인격체로서 자신의 상을 형성할 수 없다. 자기 인식은 정서와 이성(논리)을 동시에 포괄한다. 삶을 논리적으로 이해하기 위해서는 대상에 대한 명확한 규정과 그 규정들 사이의 관계에 대한 인식이 있어야 한다. 이는 이성과 논리가 지배하는 영역인데, 언어로 표현되는 이치 탐구가 이 영역에 해당한다. 언어 행위는 실천을 동반한다. 약속을 하고 약속을 이행하는 것이 언어적 실천의 적실한 예이다. 이처럼 언어 운용 영역은 ① 자기 인식, ② 관계로서의 세계 이해, ③ 의지의 실천 등으로 구체화된다.

한편 언어가 삶의 실제를 반영하는 형상화의 영역에서 빚어지는 언어적 결과물에 주목해볼 수도 있다. 언어로 하는 일은 헤아리기 어려울 정도로 많다. 사랑하고 기도하는 행동도 언어를 통하지 않고는 불가능하다. 일을 모색하고 실천하고 반성하는 과정에 언어가 반드시 작용한다. 자연과 인간에서 느끼는 감동을 표현하는 데도 언어가 매개되어야 한다. 이러한 영역의 언어를 예술 언어 혹은 문학 언어라 한다.[7]

언어는 인간관계를 규정하고 인간관계를 맺어가는 실제적인 일부터 예술적 실천에 이

6 에드먼트 후설, 이종훈 역, 『시간의식』, 한길사, 1996, 125-126쪽.

7 문학 언어나 예술 언어가 따로 있는 게 아니라 언어의 폭넓은 운용 가운데 문학과 예술을 가능하게 하는 범주의 언어를 특화해서 문학 언어라 한다. 이는 실체로 드러나는 것이라기보다는 문학(예술)에 동원되는 언어의 속성을 가리키는 것으로 이해할 필요가 있다.

르기까지 골고루 작용한다. 국어교육의 범주는 이처럼 넓은 언어의 영역을 포괄한다. 다만 내용과 함께 언어 운용 방식을 동시에 다룬다는 점에 유념해야 한다. 즉, 언어는 지식(내용)을 형성하고 표현하고 수용하고 소통하는 데 관여한다. 예컨대 양자역학의 내용은 물리학의 영역이다. 그러나 그 내용을 말이나 글로 설명하고 다른 학문과 소통을 도모하는 일은 언어를 통하지 않고는 다른 방법이 없다.

2) 언어 운용과 언어 형식의 창의성

언어의 어떤 국면에 강조점을 두는가 하는 문제는 교육과정의 변화에 따라 달라졌다. 제5차 교육과정 이후 국어과 교육이 사고력을 중시하는 방향으로 옮겨가면서 국어과 교육에서 언어 형식에 대한 비중이 상대적으로 약화되었다.[8] 이는 '언어 형식'을 '사고력'에 대척되는 것으로 인식하는 데서 비롯된 것으로 보인다. 언어 형식을 발화의 고착된 구조로만 보려는 경직된 형식주의 관점에 머물러 있기 때문이라 할 수 있다. 언어 형식을 창의적 언어 활동의 양태로 보는 관점으로 전환할 필요가 있다. 언어(언어적 삶)가 자신을 둘러싸고 있는 환경에 적응하는 과정에서 자연스럽게 발양되는 언어의 작용과 성과를 어떤 프레임으로 형식화하는 것, 그것을 언어 형식으로 보려는 안목이 절실하다.

대부분의 언어 형식은 언어 사회의 여러 현상을 반영해 생겨난다. 그런 점에서 언중에게 오래 통용되는 언어 형식은 문화이며 제도이다. 디지털 기술 혁명에 의해 소통 환경이 급속도로 달라지면서 다양한 언어 형식이 각기 그 나름의 기능적·문화적·소통적 가치를 반영하면서 새로 생겨나기도 하고 소멸하기도 한다. 이런 현상 속에는 국어교육이 통찰해야 할 창의성 교육과 인성 교육의 가능성, 그리고 이들 양자가 강한 상호성을 발휘할 수 있는 교육적 가능성이 잠재해 있다.

언어 형식은 그 자체로는 가치중립적이다. 그러나 국어교육이 주목해야 할 언어 형식들에는 가치 판단이 개재한다. 수많은 언어 형식 가운데 바람직한 언어 문화를 담보하는

8 대표적으로 제7차 교육과정은 학습자의 창의적 국어 사용 능력 향상을 중시하고 의미 있는 학습 경험을 강조했다. 또한 교육 내용으로 경험적·실천적 현상에 기반을 두는 내용을 선정하고, 실제적인 국어 사용 상황에서 언어적 문제 해결력이 신장되는 데 중점을 두었다(교육부 고시 제1997-15 국어과 교육과정 참조).

언어 형식들을 교육 내용으로 선정하고 적용하는 절차를 거치기 때문이다. 이런 노력이 순조롭게 이루어지면 개인 차원의 창의성이나 인성이든 사회·문화 차원의 창의성이나 인성이든 이를 잘 수행하고 계발하는 과업을 국어교육이 더 많이 감당해야 한다는 요구가 증대할 것이다. 이는 달리 보면 국어교육의 환경이 달라지는 것을 의미하는데, 국어과 교육과정의 역동성이 제고되길 요구하는 것이기도 하다. 요컨대 언어가 고정되어 있는 기호나 기호 체계가 아니라 살아 있어서 늘 작용하는 양태로 운용되기 때문에 언어 형식은 그때그때 언어의 존재 방식을 드러내는 것이기도 하다는 점, 따라서 언어 형식은 일종의 문화로서 소통되고 소구된다는 점 등을 국어교육에서 충분히 인정해야 한다. 이렇듯 언어 형식의 실체와 효과를 모색하는 것이 국어과 창의 교육의 한 입지가 되어야 한다. 이는 국어 교과에 대한 수요를 새롭게 확충하고 국어교육 내용이 사회적으로나 문화적으로 더 의미 있는 소통 자질을 확충해나가는 것을 의미한다.

국어과 교육 내용에서 발현되기를 바라는 창의성(인성)은 그것을 담아내는 언어 형식의 창의를 함께 요청한다. 우리는 언어 형식에 대한 창의를 국어과 교육에서 각성된 목표로서 추구해본 적이 별로 없다. 국어과에서 인성 교육을 추구할 때도 여기에 합당한 언어 형식을 궁구할 필요가 있다. 창의나 인성에 부합하는 어떤 언어 형식이 마련된다면 그것은 단순히 문종(스피치) 양식이 아니라 창의를 고양하는 언어 문화 또는 인성을 고양하는 언어 문화의 구체적 실천 패턴을 구축하는 일이 될 것이다.

문학의 형식을 비롯한 언어의 형식들은 그것이 담론의 형식이든 표현의 형식이든 언어를 실천하는 방식이라는 점에서, 그것이 지니는 역동성과 창의성을 주목해야 한다. 언어 형식은 이데올로기적 의의를 부여받는 것이기 때문에 형식은 결코 내용의 장식이 아니라 담론 구성의 요소로서 내용(이념)과 더불어 상호 등가적인 것이 된다. 그러므로 형식은 하나의 세계관이자 입장이며 그 담론을 잉태시킨 삶에 대한 태도라고 할 수 있다.[9] 이렇게 본다면 언어 형식은 그 형식을 만들어내거나 운용하는 과정에서 빚어지는 창의 자질을 형식 측면에서 구체화하고 있다고 해야 한다.

언어와 미디어가 복잡한 상호성을 띠어가는 현대 디지털 기술 사회에서는 국어과 창의성이 언어 운용의 형식면에서 두드러지는데, 이런 성향을 가장 잘 보여주는 것이 복합

9 김준오, 『문학사와 장르』, 문학과지성사, 2000 참조.

양식 문식성으로 텍스트를 만들거나 소통하는 대목이다. '복합 양식 문식성'이란 다양한 미디어의 발달에 따라 요구되는 문식성(리터러시)으로 다양한 언어와 기호가 복합적으로 어우러져 의미를 구성하는 '복합 양식 텍스트(multimodal text)'의 이해를 포함한다는 사회기호학 이론을 바탕으로 '리터러시'의 개념을 확장한 것이다. 여기서 '양식(modes)'이란 말, 글, 이미지, 몸짓, 음악 등을 통해 의미를 만들어내는 문화적 방식을 뜻한다.[10]

이처럼 언어 운용에서도 새로운 아이디어는 새로운 언어 형식을 요구한다. 거꾸로 말하면, 언어가 새로워지면 그 내용 또한 새롭게 된다는 뜻이다.[11] 새로운 언어 형식을 요청하는 마당은 개인의 차원과 사회의 차원으로 나눌 수 있고, 이는 다시 실용의 차원과 예술의 차원을 상정할 수 있다. 이들 차원을 종합하면 아래와 같은 네 가지 언어 형식의 발생 국면이 생겨나는데, 이들 각 국면마다 각기 새롭고 적절한 창의(인성) 교육의 내용과 방법을 구안할 수 있도록 해야 한다.

언어 형식의 발생 국면

	개인의 차원	사회의 차원
실용의 차원	제1국면 지시 전달의 효율성과 적절성을 보여주는 개성적인 자기 표현의 언어 형식	제2국면 사회·문화 현상을 선도적으로 반영하고 미래 지향적으로 창출하는 복합적 표현의 언어 형식
예술의 차원	제3국면 심미적인 자아를 새롭게 표현하고 확충할 수 있는 예술적인 언어 형식	제4국면 언어 예술의 새로운 장르들 또는 복합 장르 성격의 언어 형식

문학 작품을 창작하는 과정에서 구현되는 언어의 변용은 언어적 창의의 가장 높은 심급을 보여준다. 이때 언어는 창작하는 문학 작품의 일부일 수도 전체일 수도 있다. 작품 전체인 경우 창의는 예술적 창작에 가까운 창의가 된다. 작품의 일부로서 언어는 예술 창의와 실용 창의의 자질을 모두 발휘한다. 이처럼 창작 과정은 어떤 언어가 지니고 있던 기존

10 정현선, 「미디어와 교육의 관계를 바라보는 몇 가지 관점과 연구과제」(2012. 4. 14 한국어린이미디어학회 학술대회)에서 재인용. (Evans 엮음, 2011: 47)

11 흔히 내용이 달라지면 표현 또한 달라져야 한다는 이야기를 하기 위해 "새 술은 새 부대에 담아야 한다"(누가복음 5장 38절)는 말을 자주 인용한다. 이때의 부대(負袋)는 양가죽으로 만든 부대이다. '새 부대'의 형식으로 나무로 만든 술통을 생각해도 상관이 없을 것이다.

의 의미를 새롭게 변화시킨다.

언어(텍스트)에서 의미는 그 언어(텍스트)의 내적인 형식과 밀접한 연관을 가진다. 언어 형식의 새로움에 눈 뜨는 것도 언어 창의를 습득해나가는 중요한 과정이 된다. 문학사에서 이런 예를 들 수 있다. 시인 서정주는 「국화 옆에서」라는 시에서 국화를 '누님'으로 비유하고 있다. 그런데 서정주가 그 시를 쓰기 이전에는 사람들 사이에 통념처럼 '국화'의 기본적인 의미는 선비, 절조, 충성심, 감사함 등으로 설정되어 있었다. 시인 서정주는 「국화 옆에서」를 창작함으로써 국화의 의미를 새롭고도 달리 보았다. 이를테면 인고의 삶을 겪어냄으로써 삶의 원숙한 경지에 든 누님의 모습으로 보았다. 이처럼 '국화'라는 대상을 파악하는 방법이 달랐기 때문에 국화라는 대상을 언어로 형상화하는 방법이 달라진 것이다. 문학사적으로 보면 국화가 '누님'이라는 다른 의미를 지닐 수 있게 한 것이다. 대상을 어떻게 인식하느냐 하는 것도 패러다임 변화라고 할 수 있는데, 여기에서 언어 운용의 창의성이 드러난다.

언어의 창의적 운용은 여기에 그치지 않는다. 새로운 조어법으로 창의성이 나타나기도 한다. 예를 들면 '가치롭다'는 말은 가치가 있다는 것을 넘어 가치가 충분히 배어든 상태를 느끼게 하거나 또는 해당 가치의 타당함이 주는 그 가치의 합목적성 같은 것을 느끼게 하며, 나아가서 바람직한 가치를 모색하게 하는 뜻으로 쓰인다. 이전에는 가치의 유무만 생각하던 운용 방법에서 가치에 대한 지향과 태도를 표현할 수 있는 언어 형식이 새로 만들어진 것이다. 그리고 조어법상 새롭다, 향기롭다, 지혜롭다, 상서롭다, 명예롭다, 자유롭다, 가소롭다 등에 새로운 어휘 항목이 하나 더 추가된 것이다. 이처럼 기존의 문법 형식에 새로운 어휘소를 추가해 새로운 말을 만들어내는 일은 창의성의 발현 양상 가운데 하나이다.

앞에서 서정주 시에 나오는 누님으로 비유된 '국화'를 예로 들었지만, 비유의 참신성은 언어적 창의성 발현의 대표적인 사례를 보여준다. 은유는 이질적인 대상의 결합을 통해 새로운 의미를 발견해내는 언어적 장치이며 그런 점에서 이 또한 언어 형식의 일종이라 할 수 있다.[12] 비유를 은유의 형태로 하느냐 직유의 형태로 하느냐는 그리 문제가 되지 않는다. 대상을 바라보는 시각과 사고의 형식이 달라지는 것이 중요하다.

은유의 중요성을 인식한 선구자는 아리스토텔레스(Aristoteles, BC 384~322)였다. 아리스토텔레스에 따르면 은유, 즉 넓은 의미의 비유를 잘 구사하는 것은 천재의 징후라 한

12 한국기호학회 편, 『은유와 환유』, 문학과지성사, 1999.

다. 현대 영재 교육 이론이나 창의성 이론에서 영재의 사고 특성 가운데 가장 중요한 것이 바로 '창의성'이다. 언어 영재 판별 도구가 창의성 검사 도구와 흡사한 것이 이를 입증한다.[13] 비유적 능력은 창의 능력과 높은 상관도를 보인다. 은유를 서정 장르의 고유한 방법으로 인식하는 작시법이 문학적 언어 운용의 전범으로 부각되는 것은 그러한 까닭이다. 은유는 발상의 새로움은 물론 대상의 속성을 언어로 나타내는 데 크게 기여한다. 가슴 두근거리게 솟아나는 사랑의 감정을 '사랑의 불꽃'이라 한다면 사랑의 속성 가운데 열기, 뜨거움 등을 적실하게 떠올리게 된다.

언어 단위를 가장 크게 설정할 수 있는 것이 이야기이다.[14] 이야기는 단어, 문장, 단락 등의 단위 구조를 넘어서는 것이기 때문에 이보다 더 넓고 큰 단위 구조인 '텍스트'라는 말로 쓰기도 한다. 일반화해 말하면, 이야기는 그 자체로 독립적이고 완결된 형식의 구조와 의미를 가지고 있다. 한 편의 동화나 민담은 물론 소설을 이처럼 구조화된 이야기라고 할 수 있다. 이야기는 어떤 사건의 진행과 결과를 서술한 서사이다.

그런데 서사를 구성하는 방식은 시대마다 차이를 보인다. 언어적 창의성은 서사를 구성하는 방식에서도 나타난다. 조선 시대의 소설 대부분은 이른바 '행복한 결말' 구조로 되어 있다.[15] 성실하게 노력하고 당대의 이념을 따라 잘 살면, 즉 부모에게 효도하고 나라에 충성하며 삼강오륜을 잘 실천하면 삶의 결말이 행복에 이른다는 당대의 이념이 그런 형식으로 표현된 것이다.

그런데 근대로 내려오면서 그러한 이념은 무너진다. 세계가 변하고 아울러 삶의 방식이 달라진다. 당대의 이념이라고 할 수 있는 시대정신과 개인이 살아가는 삶의 방식이 달라진 것이다. 그래서 근대 소설에서는 행복한 결말이 거의 없다. 그리고 전부터 전해오는 이야기를 비틀어 풍자를 하기도 한다. 「열녀춘향수절가」라는 제목은 춘향을 열녀로 규정하고 이야기를 시작한다. 그런데 근대적인 삶의 조건에서 보면 춘향이 반드시 열녀이고 수절해 정절을 지켰을까 하는 의문을 가질 수 있다. 그래서 춘향전의 판본은 늘 달리 생산될

13 우한용 외, 『언어 · 문학 영재교육의 가능성 탐구』, 한우리북스, 2010.

14 이야기라는 용어는 스토리, 내러티브 등으로 번역할 수 있는데, 여기서는 완결성을 지닌 텍스트를 뜻하는 것으로 사용한다.

15 행복한 결말을 소설의 가치평가와 연관짓는 것은 무리가 있다. 당대의 세계관과 사유방식이 문학의 형식으로 표현될 때 그러한 미적 형식을 갖추었다고 보는 것이 적절할 것이다(서인석, 「고전소설의 결말구조와 그 세계관」, 서울대학교 석사논문, 1984).

수 있고 이야기의 가닥이 이전의 서사와 다른 형태로 전개될 수 있다. 이런 점에서 서사는 창의성 발현의 가능성을 매우 풍부하게 내재하고 있는 언어의 구조물이다.

판본이 다양하게 변이되고 확장되는 데에 따라 인성 탐구의 가능성에도 훨씬 더 실제적이고 탐구적인 요소가 보강된다. 인성 교육을 자기 주도적으로 수행할 수 있는 교육적 활동 공간이 보다 더 열리고 유연해진다. 이렇듯 서사는 인성 교육의 국면에서 활동의 역동성과 학습자 반응의 진정성을 이끌어내는 잠재력을 지니고 있다. 이는 창의·인성[16] 교육과 관련해 국어과가 지니고 있는 질료로서의 서사 언어가 보여주는 강점이라 할 만하다.

서사를 창의적으로 구성하는 예는 풍자 양식의 문학에서 잘 드러난다. 문학에서 서사의 구성은 이중적이다. 하나는 자연적 시간의 흐름을 따라 전개되는 사건들이 있는데, 그 사건 자체가 하나의 서사를 이룬다. 다른 하나는 그러한 사건들 속에 살아가는 인간들이 자기 시각으로 사건(세상)을 바라보고 엮어내는 서사가 있다. 일제강점기에 살았던 사람들에게 해방은 민족의 절절한 염원이었다. 해방이 되었다. 잃었던 빛의 회복, 즉 '광복'으로 표상되는 '해방'에 이의를 제기할 사람이 없음은 물론, 만일 그런 사람이 있다면 지탄의 대상이 될 것이 명약관화하다. 그런데 채만식은 그의 소설 「논이야기」에서 해방이 되었을 때 만세 부르지 않기를 잘 했다는 주인공의 대사를 통해 해방이라는 사건의 일반적 서사를 전혀 다른 방향에서 의미를 부여하고 있다. 이는 일제강점기와 해방기의 혼란을 살아낸 사람들의 현실적인 기대를 무너뜨리는 일들이 발생하는 가운데 일어난 새로운 서사이다. 이 새로움이 바로 문학 서사의 풍부한 창의 자질을 보여주는 것이라 할 수 있다.

3) 창의성과 인성의 상호성

창의성과 인성은 각기 고유한 정신 및 사고 영역을 가지고 있다. 창의성은 정신 및 사고의 새로움과 고유함에 바탕을 둔 것이고, 인성은 사람이라면 마땅히 갖추어야 할 보편적 덕성을 기반으로 하는 것이다. 이들 양자는 각각 독창성과 보편성을 기반으로 하기 때문에

16 '창의·인성'이라는 용어는 창의성과 인성을 결합해 교육을 설계하고 실천하는 구도 안에서 두 용어를 아울러 표현하는 방식이다.

그 본질이 반드시 공유되는 것은 아니다. 특히 이 양자가 특정의 개인에게서 자질로 나타날 때는 두 요소를 모두 갖추기가 쉽지 않다.

그러나 창의 자질과 인성 자질을 대립적인 것으로 보는 견해는 경계해야 할 사항이다. 어떤 사람을 평가해서 말할 때 '머리는 좋은데 인간성이 부족하다' 하는 경우를 자주 보게 된다. 이때의 머리는 지적인 측면을, 인간성은 인성적 측면을 가리킨다. 그런데 지력을 갖추어야 도덕적 판단을 올바로 할 수 있고 합리적인 방법으로 실천할 수 있다는 점에서 보면 이러한 속언은 어불성설임을 알 수 있다. 창의성과 인성, 이 양자가 내적으로 상당한 상호성을 가지고 있음을 교육적으로 강조하고 실천해나가야 할 것이다. 그래야 창의성과 인성이 하나의 인격체 안에서 통합을 이룰 것이며 이를 교육의 장으로 이끌어들일 때 무리가 없을 것이다.

창의성의 발현에는 사회적 맥락의 작용을 고려해야 한다. 이는 인간의 존재조건이 개인적 실존의 차원과 사회적 교섭의 차원을 동시에 포함하는 것과 유사한 점이기도 한다. 칙센트미하이(Mihaly Chickszentimihalyi, 1934~)는 창의성을 개인의 특성으로만 국한하지 않고 사회적·문화적 체계 속에서 보려고 했다. 그는 창의성을 이루는 세 가지 구성요소를 영역, 현장, 개인으로 규정한다.[17] ① 일련의 상징적 규칙과 절차로 이루어진 '영역.' 수학, 과학, 예술 등이 창의성을 규정하는 영역이 된다. ② 영역으로 가는 길목에서 문지기 역할을 하는 사람들로 구성된 활동 '현장.' 누구라도 그 현장에 소속되어야 창의성을 발휘할 수 있게 된다. 문학을 예로 들면 문학을 가르치는 교사, 작품을 평가하는 평론가, 문학인들 사이에서 그 작품을 수용하는가 여부를 논의하는 사람들이 어떤 사람의 문학 활동이 창의적인지 여부를 결정한다. ③ 개인. "창의성은 어떤 사람이 음악, 공학, 수학과 같은 주어진 영역의 상징을 사용해서 새로운 사고나 새로운 양식을 발전시키면, 적절한 현장이 그러한 새로움을 선택해서 관련 영역에 포함시킬 때 가능해진다."[18] 이러한 작업을 하는 주체인 사람이 창의성을 규정하는 주요 요인이다. 따라서 "창의적인 사람이란 한 영역을 변화시키거나 새로운 영역을 만들어내는 사고나 행위를 하는 사람을 지칭한다."[19] 칙센트미하이는 어떤 영역도 소속 현장으로부터의 대내외적인 승인이 있어야 변화가 가능하다고

17 미하이 칙센트미하이, 노혜숙 역, 『창의성의 즐거움』, 더난출판사, 2003, 30-33쪽.

18 위의 책, 31쪽.

19 위의 책, 33쪽.

결론을 내리는데, 이는 창의성 발현이 사회적 조건에 매여 있음을 설명하는 것이다.

이러한 인식의 틀은 창의와 인성의 상호성을 사람·현장·문화의 차원에서 보다 통합적으로 볼 수 있게 해준다. 우리에게는 조상에게 물려받은 창의성을 가진 인재들이 있고, 현재의 지식정보화사회는 창의성의 가치가 극대화될 것이기 때문에 이를 준비해야 하는 현장의 과제가 있다. 다만 문화적으로 창의성이 발현될 수 있도록 다양성이 인정되고 자연스럽게 받아들여지는 분위기가 이루어진다면 창의성 발현의 요건이 갖추어져 있다 해도 좋을 것이다. 그렇다면 국어과에서의 창의·인성 교육에서는 언어 활동의 사회성에 대한 배려가 보다 커져야 하며 아울러 문학 텍스트를 통해 창의의 문화적 국면을 충실히 반영할 필요가 있다.

창의성의 기본은 새로움에 있다. "기존 영역을 변화시키거나 기존의 영역으로부터 새로운 변화를 만드는 행위나 사고, 또는 작품"[20] 등을 창의성으로 규정하는 것은 새로움에 중점을 둔 것이다. 반면 세상을 움직이는 규준, 규범, 질서, 풍속 등은 새로움보다는 기존 규범의 유지를 전제한다. 그래야 삶의 안정성이 확보되기 때문이다. 이런 규율은 어떤 선을 정하고 사람들이 거기에 수렴되기를 강요한다. 조선시대에 삼강오륜이라든지 인의예지(仁義禮智), 효제충신(孝悌忠信) 등은 누구나 따라야 하는 삶의 준칙으로 제시되었다.[21] 그 가운데는 여필종부(女必從夫)라는 항목이 포함된다. 여자는 마땅히 지아비를 따라야 하며, 지아비가 세상을 뜨면 지아비의 지위로 가정을 이끌어가는 아들을 따라야 한다는 규범이다. 이러한 규범을 묵수(墨守)하면서 살아가자면 자아를 버려야 하는 경우가 생기고, 인간적인 자아를 내세우지 못함으로써 개성이 말살되는 비극에 처하기도 한다. 그러한 상황을 타개해 변화하는 데 필요한 것이 창의성이다.

자아를 세워나가는 데는 창의성과 인성이 함께 개입한다. 서사가 인간적 가치 실현과 연관된다는 점을 생각해보면 이 점은 쉽게 이해가 된다. 다음과 같은 가상의 상황을 생각해보자. 삶을 창의적으로 이끌어간다는 게 무엇인지를 보기 위한 하나의 내러티브(스토리

20 칙센트미하이, 앞의 책, 33쪽.

21 인의예지는 인간이면 누구나 가지고 있는 네 가지 도덕적 마음가짐이다(四端). 인은 측은지심(惻隱之心)에서, 의는 수오지심(羞惡之心)에서, 예는 사양지심(辭讓之心)에서, 지는 시비지심(是非之心)에서 나온다(『孟子』, 「公孫丑篇」). 『관자(管子)』의 「목민편(牧民篇)」에는 나라를 버티게 하는 네 가지 덕목이 나온다. 예의염치(禮義廉恥)가 그것으로 사유(四維)라고도 한다. 후에 여기에다 효제충신(孝悌忠信) 네 덕목을 합쳐 팔덕(八德)이라 했다. 사유(四維)가 나라를 떠받치는 데 필요한 덕목이라면 팔덕(八德)은 인간관계에서 지켜야 할 덕목인 셈이다. 곧 사유팔덕은 인간으로서 지녀야 할 기본 도덕률이다.

텔링)이다. 결혼한 지 10년이 되는 젊은 내외가 있었다. 아내는 아직 삼십이 안 된 나이다. 원인을 알 수 없는 병으로 남편이 일찍 죽었다. 큰아들은 겨우 열 살, 작은아들은 여덟 살이었다. 이 청상(靑孀)은 열 살배기 아들을 따라 수절하면서 살아가야 하는가 아니면 적절한 사람을 만나 개가해야 하는가라는 가치판단의 기로에 서게 된다. 여필종부의 덕목을 묵수한다면 두 아들을 기르면서 혼자 살아야 한다. 그런데 남편이 남겨준 재산이 아무것도 없다. 이럴 때 어떻게 자아 실현을 하면서 아들을 길러낼 수 있을지 난감한 처지가 된다.

마침 이웃동네에 과거에 낙방을 거듭하다가 혼기를 놓친 총각이 있어 사람을 구한다는 이야기가 들려온다. 매파(媒婆)를 두어 둘이 만나 가정을 꾸리기로 약속하고 결혼을 한다. 이후의 삶이 어떻게 진행되었는지는 독자가 상상해볼 일이다. 다만 자신이 처한 상황을 아무런 인식과 비판 없이 그대로 따라가서는 자아 실현이 불가능하다는 점은 분명하다. 상황에 대한 분명한 인식과 상황을 타개할 수 있는 방법을 모색하는 일이 창의성의 한 속성이다. 서사는 국어과의 주요 내용 질료이면서 언어적 텍스트로 존재한다. 서사는 창의와 인성의 요소를 수용자가 그 텍스트 안으로 들어와서 향유하도록 이끌기 때문이다.

창의성은 남을 이해하는 데서도 드러난다. 성찰을 강조하는 저간의 학문 추세로 본다면 창의성이야말로 성찰의 핵심 요건이 된다. 역지사지(易地思之)는 창의성이 인성으로 전환되는 인식구조를 보여주는 사례이다. 입각점을 달리해서 본다는 것은 이전과 달리 본다는 점에서 창의적 발상이라 할 수 있다. 교육의 장에서 일어나는 일을 예로 든다면, 교사가 학생의 자리에서 볼 수 있어야 학생에 대한 배려가 가능해지고 교육 행위에 대한 성찰도 가능해진다. 병원에서 의사는 환자의 관점에서 바라볼 수 있어야 환자에 대한 배려가 가능하다.

창의성은 인간이 추구해야 할 가치의 모색에서도 커다란 역할을 한다. 인간이 추구하는 가치는 세계를 어떻게 바라보는가에 따라 달라진다. 세계를 바라보는 방식을 다른 말로 세계관이라 한다. 세계관의 차이는 세계를 구성하는 서사를 달리 만든다. 낭만적 세계관을 지닌 사람은 천국의 이미지를 서사화하는 방향으로 나아간다. 이에 비해 비극적 세계관을 가진 사람은 디스토피아를 앞세워 세계상을 구성한다.

이상에서 살펴본 것처럼 창의성과 인성의 관계는 밀착되어 있다. 언어적 존재로서 자신의 삶을 영위하려면 상황에 대한 창의적 적응이 필요하고 상황을 변화시킬 필요가 있으며, 그것이 개인의 자아 성취와 연관된다는 인식이 분명해야 한다. 아울러 창의성은 자아의 실현을 가로막는 규범을 새로운 변화의 원동력으로 삼기도 한다. 이런 사항이 모두 국어과 영역에 포함되는지 다시 성찰할 필요가 있다. 그러나 분명한 것은 이러한 창의성이 국어과 영역의 중요한 자리를 차지하는 내러티브와 연관된다는 점이다.

2. 국어과 창의성 교육의 본질과 의의

1) 국어과에서 창의성의 개념

국어과에서 교과 전체와 관련해 창의성 개념을 본격적으로 논의한 것은 2000년대 이후부터이다. 제6차 교육과정기에 '창의적 국어 사용'을 선언적으로 표명하면서 '창의' 문제가 제기되었다. 이후 창의를 언어 사용의 차원, 특히 국어과 교육과정의 교육 내용 차원에서 구체화한 것은 제7차 교육과정기에 들어서이다. 이 교육과정에서는 구체적인 성취기준에 창의 자질들이 포함되도록 구성되었다.

창의 또는 창의성은 원래 범교과적 또는 탈경계적 자질을 지닌다. 이는 창의가 기능 통합적이고 관계 확장적인 사고와 행동 능력 및 태도를 바탕으로 하기 때문이다. 따라서 먼저 교과 범주를 명료하게 해놓고 그 틀에 맞추어 창의를 설명하려는 노력은 창의의 총체를 온전하게 교과가 포착하거나 반영하는 것을 방해하는 측면이 있다. 그만큼 창의의 속성과 작용은 사고, 능력, 태도, 환경, 문화 등의 차원에 중층적으로 펼쳐져 있어서 쉽사리 논리화하기 힘들고, 교과가 구축해놓은 교과 내적 내용 질서와 잘 호응되지 않는 면모를 지니고 있다. 그런가 하면 창의는 인지와 정의 및 성격(기질) 등의 차원에서 서로 교차되면서 창의 고유의 형질을 형성하고 발현하는 측면이 있어서 또 다른 중층의 양태를 드러낸다. 요컨대 창의(성)는 그 범주나 작용의 막연함을 인정하는 데서 올바른 접근이 가능하다. 창의의 실체와 원리를 정밀하게 규정할수록 창의의 중요한 자질들은 논의에서 빠져나가는 난관에 봉착하게 된다. 이는 창의적 사고를 논리적 사고나 비판적 사고 등과 비교해보면 쉽게 이해할 수 있다. 시인들의 시적 발상이 논리적으로 설명되지 않는 이유가 여기 있다.

창의성의 개념적 모호함, 경계이월적 속성, 범교과적 특징 등은 국어과 교육에서 더욱 두드러진다. 이는 언어의 기능과 작용이 인간의 폭넓은 사고 작용, 인간이 광범한 지식 범주에 모두 관여하는 데서 오는 어려움이다. 즉, 언어적 창의의 특별한 자질을 달리 초점화하기 어려운 것은 언어를 총체적으로 설명하는 일의 간단치 않음과 맞물려 있다. 이런 점은 '언어 창의'를 '과학 창의'나 '미술 창의' 등과 비교해보면 쉽게 이해가 된다. 그만큼 언어 창의는 보편적이다.[22]

국어적 창의를 국어 능력 가운데 특별한 능력으로 보지 않고, 일반 국어 능력의 심화 정도로 보려는 경향은 국어과의 고유 특성을 희석시킨다는 지적이 있다.[23] 국어과의 특성상 창의의 특별한 내용을 한정하는 것은 어렵다. 그러나 국어과 창의성의 개념과 범주를 선명하게 하는 일은 논의의 합리성을 위해 필요하다. 이것이 현실 교육과정의 내용 요소로 들어오는 경우 교육과정 실천을 위해서 필요하다. 이를 염두에 두고서 국어과 창의성을 규정하려는 국어교육 내의 논의를 정리해볼 필요가 있다.[24]

국어과에서 창의성에 대한 언급은 1990년대에 시작된다. 즉, 국어과에서의 창의성은 "기존의 관념이나 사고의 틀을 벗어나 지식의 범위를 확대하려는 가능성 확장의 가치를 지니며, 어떤 문제에 대해서 만족스럽고도 독창적인 방법으로 해결하는 능력"[25]으로 규정했다. 이는 국어과적 정체성보다는 창의성 일반의 개념을 그대로 수용한 것으로 보이며, 창의성을 능력 측면에서 규정한 특징을 지닌다. 2000년대에 들어와 창의성과 연관된 연구가 활성화되었다. 주로 국어과의 창의력이 언어 운용의 창의성을 비탕으로 한다는 견해가 표명되었는데, 최인자, 김창원 등의 논의를 들 수 있다. 최인자의 논의는 창의성의 문화적 측면을 고려하고 있다는 점에서 주목을 요한다. 최인자는 "창의력을 개인의 능동적이고 자율적인 사유 활동으로만 볼 것이 아니라, 개인의 의식을 구성하는 현실적 사회 문화의 압력을 인정하고, 이를 반성 비판하는 상태로 나아가는, 그래서 비판적 활동의 발전적 형태로 보는 차원까지 나아가야 한다"[26]고 주장했다. 이는 언어적 창의 활동이 가져야 할 정

22 김은성은 국어과 창의의 보편성을 이렇게 말한다. "국어과 창의성은 기발하거나 천재적인 그 무엇이기보다는 모든 국어 활동의 단계에서 일어날 수 있는 보편적인 것이다." 김은성, 「국어과 창의성 교육의 기본 개념」, 『국어교육』, 113집, 한국어교육학회, 2004.

23 김미혜, 「국어적 창의성의 구성 요소에 관한 연구」, 『국어교육학연구』, 제20집, 국어교육학회, 2004.

24 신명선, 「국어적 창의성의 개념정립에 대한 연구」, 『국어교육학연구』, 제35집, 국어교육학회, 2009, 304쪽에서 재인용.

25 신헌재, 「창의력 사고 신장과 국어과 교육」, 『국어교육』, 73호, 한국국어교육연구회, 1991.

신적 심급을 사회문화적 현실에 대응하는 비판적 상상력의 능력과 태도 차원까지 확장한 개념이라는 점에서 우리가 추구하는 창의성 논의와 상당히 근접해 있다. 이러한 논의는 김재봉의 논의와 연계된다. 그는 창의성을 "대상과 상황과 목적에 맞게 국어를 바르고 정확하게 사용하여 서로가 효율적으로 의사소통하여 바람직한 국어문화를 형성하는 것"[27] 으로 보았다.

국어적 창의성을 문제해결 능력과 연관시킨 논의는 이경화, 김국태 등의 예에서 확인되는데,[28] 이는 당시의 국어 능력 규정의 경향과 맥을 같이한다고 할 수 있다. 이는 다시 국어의 이해와 표현에 나타나는 창의성 혹은 창의력으로 전이되는 경향을 보인다. 논의의 심도보다는 국어과 교육과정 내용 영역과 연관된 논의라는 점에서 논의의 진전을 보기 어렵다.

이상의 관점들을 종합하면서 국어과 창의성에 대한 의미와 그것의 교육적 중요성을 국어교육 내부에서 어떻게 인식해왔는지 정리해 본다면, 다음의 지적이 참고가 된다.[29]

첫째, 국어적 창의성을 '일반적 창의성' 내지 '창의적 사고'와 동일시하려는 관점이 있다. 이는 사고력 이론을 기조로 창의성 문제에 접근하는 것으로 창의성을 고차적인 사고 기능으로 보려거나[30] 인지적으로는 발생하는 문제를 해결해가는 과정으로서 듣고 말하고 읽고 쓰는 기능의 고급적 측면이 창의성이라 했다.[31] 이러한 언급은 창의성의 본질을 지적하기보다는 국어 능력의 수준을 창의성과 동일시한 점에서 한계가 있어 보인다.

둘째, 국어적 창의성을 생득적 언어 생성 능력으로 보려는 관점을 들 수 있다. 이는 교육에 의하지 않고도 내재적으로 생겨나는 언어 능력으로서, 학습자가 배우지 않은 언어를 생산하는 능력 그 자체를 창의성이라 보았다. 의도적이고 계획적인 교육의 역할이 매우 제한된다는 문제점을 들 수 있다. 이는 과도한 보편론으로 촘스키류의 언어 능력이라는 개념

26 최인자, 「창의력을 위한 문제 중심의 교수·학습 방법론」, 『국어교육학연구』, 제10집, 국어교육학회, 2000, 292쪽.

27 김재봉, 「창의적 국어 사용과 논증 문화」, 『한국초등국어교육』, 한국초등국어교육학회, 2002, 109-150쪽.

28 이경화, 「창의성 신장을 위한 국어과 교수·학습 분석」, 『청람어문교육』, 26호, 청남어문교육학회, 2003, 21-57쪽; 김국태, 「창의적 언어사용 능력 탐색」, 『청람어문교육』, 28호, 청람어문교육학회, 2004, 133-159쪽.

29 정혜승, 「국어과 창의성 계발을 위한 교재구성 방안 연구」, 『한국초등국어교육』, 제2집, 한국초등국어교육학회, 2004.

30 이재승, 「국어과 언어활동과 창의성 증진」, 『창의성 개발 세미나 자료집』, 전북교육청, 2002.

31 노명완·정혜승·옥현진, 『창조적 지식 기반사회를 대비한 국어, 수학, 정보과학 교과 모형 개발: 교육공학적 체제 접근을 중심으로』, 이화여대 교육과학연구소, 2001.

을 과도하게 확대 적용한 흠이 있다.

셋째, 국어적 창의성을 특정한 담화 또는 텍스트 생산 능력으로 간주하는 입장이다. 이야기 과제를 부여해 내용의 참신성, 구성의 독창성, 형식에 부합하는 사고 표현의 기발함을 측정해 언어적 창의성의 자질로 삼으려 했다. 이는 창의성을 이야기나 시 같은 문학 텍스트 생산 능력으로 보고, 그 심미적 감수성이나 참신성을 언어 창의성의 주요 자질로 평가하려는 경향이 있다. 문학 중심의 창의성 논의로 기울 우려가 있긴 하지만, 우리가 추구하는 창의성의 본질 영역에 접근하는 논의라 할 만하다.

넷째, 언어 창의성을 언어 영재의 특성으로 보려는 입장이 있다. 이는 언어 창의의 구체적 자질을 포착하고 적용하는 데 일정하게 기여했으나, 학습자 일반의 보편적 창의 심급에 적용하기에는 한계가 있다.

다섯째, 국어적 문제를 해결하는 능력으로 보려는 관점이 있다. 이는 다분히 인지적 기능을 국어 능력의 핵심으로 보는 입지에서 구축된 개념이라 할 수 있다. 이러한 관점은 창의성 교육이 일반 영역에서 국어과 영역으로 특수화된다는 데 의의가 있다. 그러나 '국어 교과 차원의 문제'를 무엇으로 볼 것인가에 대해서는 인식의 편차가 크다. 국어 교과의 문제는 수학 교과 차원의 문제 또는 과학 교과 차원의 문제와 같은 수준에 있지 않기 때문이다.

이렇게 다양한 경향의 논의가 가능한 것은 창의성 개념의 범주가 넓고 범주들 사이의 경계가 유연하게 설정되어 있다는 점을 반증하기도 한다. 그러나 논의가 방만하게 전개되면 국어과에서의 창의성 교육 방향을 포착하는 데는 별로 도움이 안 된다. 국어과 영역의 창의성 논의로 범위를 좁히고 방법을 새로 모색할 필요가 있다.

국어과에서 다루는 '언어 창의'가 보편적인 능력이라는 것은 창의성 교육을 본격적 과제로 삼는 사람들에게는 어떤 함의를 가지는가 묻지 않을 수 없다. 언어 창의가 인간의 언어 생활 전반에 넓게 적용되어야 하는 것은 사실이다. 즉, 언어를 운용하는 보편적 상황에서 언어 창의가 작동할 수 있어야 한다. 따라서 언어 운용과 관련되는 어떤 소통 상황, 어떤 내용 상황에서도 언어 창의의 작용과 효용을 추구해야 하는 것이 과제로 부각된다. 그러나 이 또한 보편론의 함정에서 벗어나기 어려운 점이 있다. 국어 교과를 관습적으로 인식하고 있는, 또는 지금까지의 교육과정 전통 맥락에서 국어 교과를 인식하고 있는 사람들에게는 그 보편의 영역이 국어과 영역이 아니라는 느낌을 줄 수 있다. 즉, 그것이 과연 국어과가 다루어야 하는 부분인가 하는 문제를 불러일으킬 수 있다는 것이다. 국어적 창의의 고유한 정체성이 국어과의 전통과 그 고유성에 의해 익숙하게 인식되는 것이라면 이런 문제는 생기지 않을 것이다. 언어 운용의 영역이 넓고 언어가 관여하는 정신 영역이 광범하다는 것을 이해함으로써 국어과에서의 '언어 창의'에 대한 인식 변화를 추구해야 할 것이다.

국어과가 미래의 영역을 개척하고 새로운 교육 수요를 개발해나가려면, 그래서 국어 교과의 역동성을 확대하려면 그 낯설음을 적극 수용하고 더 넓은 경지로 나아가야 할 것이다. 일부에서는 현재의 국어과다움에 의해 '언어적 창의'를 제한하려는 경우도 있다.[32] 이는 현실 교육과정의 불안정한 내용 범주에 대한 기술적 우려를 표명한 것으로 보인다. 국어과에서 창의성 교육을 논하는 대부분의 경우 국어과 내용 범주가 현재의 안정성을 유지하는 것을 전제로 보편적 '창의 교육론'을 펴는 것으로 보인다. 그러나 '현재의 국어과다움'이 고정 불변의 것이 아니라면 그것이 과연 무엇인지, 어떤 가치를 보장하는 것인지를 깊게 논구할 필요가 있다. 아울러 '국어과다움의 미래형'에 대한 논의를 좀 더 깊게 해야 할 것이다. 물론 언어 창의의 정체성을 국어과 고유성에 의해 더 정밀하게 만들어나가는 활동도 마찬가지로 추구해야 할 것이다.

국어적 창의성 논의에 대한 비판적 검토들 중에 국어 능력과 국어적 창의 능력을 등치시키고 창의적 국어 능력의 가장 중요한 특성을 문제해결 능력이라는 점을 강조한 논의에 주목할 필요가 있다.[33] 흥미, 집착, 동기, 추진 의욕 같은 정서적 요인들을 창의 발현의 조건으로 강조한, 창의 교육 일반론에 과도하게 의존한 국어과 창의 교육론을 비판하면서 국어적 창의성의 본질을 더 뚜렷하고 정교하게 부각시키려 했는데, 필자는 창의적 국어 능력을 국어 능력의 일부로 보고, 문제해결 능력을 국어 능력의 특정 부면을 부각시킨 것으로, 그리고 정서를 발현 조건이 아닌 창의성의 일부로 보았다. 국어과 창의 교육론의 구체성을 강화한 것이라 할 수 있다.

정서 창의성은 타인의 정서 상태를 이해하고 이에 대처하며 자신의 정서를 긍정적으로 승화시킬 수 있는 능력이다. 국어과 창의성은 일정 부분 정서적이며, 일상적이고, 대인관계 지향적이며, 문화적이고 이데올로기적이라고 규정했다.[34] 이러한 개념을 인정한다면 국어과에서 창의와 인성의 상호성은 더 높아질 수 있다. 또한 기능적 문제해결을 넘어서서

32 김창원, 「창의성 중심의 국어과 교육과정 구성 방향」, 『국어교육학연구』, 제18집, 국어교육학회, 2003.

33 신명선, 앞의 글 참조.

34 신명선, 앞의 글 참조.

인간과 삶의 총체성을 중요하게 고려하는 방향으로 창의 개념이 진전될 수 있을 것이다. 또 국어과 창의성 교육이 인지 기능에 기반을 둔 문제해결력에 초점을 두면 '인간을 위한 창의'라는 철학적 기조를 놓치지는 않는지 성찰해야 한다. 창의성 자체의 개발에만 초점을 두지 말고, 창의를 통해 인간의 인식 대상에 대한 기존의 관점을 얼마나 확장시키는가 하는 점을 놓치지 말아야 한다는 인문학적 관점의 주장을 주목할 필요도 있다.[35] 국어과가 문학의 언어를 다루는 소이가 창의와 관련해 어떤 의미를 가져야 하는지가 이제부터 모색해야 하는 국어과 창의성 교육의 과업이기도 하다.

그런데 국어적 창의를 국어 교과가 발전적으로 수용하고 국어 교과의 잠재력으로 키워나가기 위해서는 다음 두 가지 입지가 상보적 관계에 있음을 주목해야 한다. ① 국어로 운용되는 보편적 영역과 보편적 상황에서 국어적 창의가 작동할 수 있어야 한다. ② 국어적 창의란 국어 운용에서 보편적으로 나타나는 것이 아니라 국어과의 고유한 정체성과 연관되는 것이다. 즉, 국어적 창의는 국어 교과의 고유성에 의해 특별하게 발현되는 것이어야 한다.

①은 국어 사용의 전 영역에서 국어 창의가 보편적으로 나타난다는 점을 강조한다. 이때의 보편적 나타남이란 바람직한 국어 사용의 수준이 확보되는 것을 말한다. 언어가 바람직하게 사용되었으면 그 자체로 일정한 창의 자질이 내적으로 발효된 것이라는 관점이다. 사용의 합리성, 상황성, 문제해결력, 유창성 등 창의 자질들이 무리 없이 구현되고 있음을 뜻한다. 이런 능력이 언중 일반에 보편화되어 갈 때 ②의 심급을 기대할 수 있다. 실제로 ②의 수준을 교육 내용으로 설정해 운용해보려고 하면 ①의 기반이 확실하게 구축되어 있어야 함을 발견할 수 있다. 따라서 ①과 ②를 지나치게 이분법적 대립항으로 파악하는 것은 국어 창의의 총체를 구축하는 데 유익하지 않다. 특히 국어 창의를 교육 실천의 문제로 볼 때는 더욱 그러하다. 이는 창의를 언어로써 또는 언어적 경험으로써 익혀나가는 학습자의 '학습 전체성'을 앞세울 때 특히 유의해야 할 점이다.

국어과에서의 창의 개념은 언어적 보편성을 바탕으로 하는 범주와 국어과 교육의 자질로 실현되는 특수성의 범주가 있다. 이를 두 범주가 서로 연관되어 유연성을 띠는 가운데 '언어 창의'가 규정되고 그 실천 맥락이 구체화되어야 할 것이다.

35 조하연, 「문학의 속성을 활용한 창의적 사고의 교육 방안 연구」, 『국어교육학연구』, 제16집, 국어교육학회, 2003.

2) 국어과 창의의 기본 토양: 창의 인식의 근원

국어 교과를 창의 교육의 입지에서 검토하고 가치화하는 일은 국어교육이 감당해야 할 기본 과업이다. 국어 교과에 이미 창의의 토양과 형질이 배어 있는 것을 인식하는 교수자(학습자)와 그렇지 못한 교수자(학습자)는 창의 지향의 태도나 국어 교육 인식의 출발점에서 큰 차이를 보이게 마련이다. 국어과 창의의 토양은 국어의 전통에서도 발견되고, 선인들이 국어를 다방면으로 운용해온 국어 문화의 차원에서도 발견할 수 있다.

국어의 창의 토양을 이해하는 데는 '훈민정음'이 만들어진 역사적 과정만큼 적절한 예가 달리 없을 듯하다. 훈민정음을 만든 동기에는 백성의 편의를 위한다는 민본주의(民本主義)가 깔려 있다. 훈민정음을 만들기 이전에는 백성에 대한 배려를 찾기 어렵다. 성(姓)조차 제대로 갖지 못했기 때문에 온갖 성이라는 뜻의 '백성(百姓)'으로 통칭되는 대상일 뿐이었다. 그 백성이 문자를 몰라 불편해하는 실정을 고려하는 그 자체가, 그러한 배려가 발상의 새로움, 즉 창의적 문제해결의 단초를 보여준다. 이는 세계관 차원에서 혁명에 해당하는 일이다. 절대군주인 왕과 존재조차 드러내지 못하는 백성 사이에 소통을 도모한다는 것은 수많은 위험을 무릅써야 하는 용단이 필요하다. 이러한 새로운 발상과 새로운 영역의 창조는 훈민정음의 제작 동기와 실천이 창의성에 바탕을 두고 있다는 점을 환기시킨다. 이러한 창의성은 곧 인간의 평등을 생각하게 하는 윤리와 연관된다. 이것은 창의성이 인성과 어떤 연관을 가지는가 하는 점을 설명하는 전범이다.

훈민정음은 잘 알려진 것처럼 그 제작자가 누구인지 명쾌하게 밝혀진, 세계에 둘도 없는 문자이다. 언어의 최소 단위라 할 수 있는 음소(音素, phoneme)를 표시할 수 있는 문자는 유사한 예를 찾기 어려운 독창성을 지니고 있다. 더구나 글자의 모양을 만드는 원리에 당대의 철학과 과학이 동시에 적용되었다는 점은 놀라운 일이다. 모음은 '천지인(天地人)' 삼재(三才)를 바탕으로 만들었는데, 이는 음양오행사상과 함께 동양 철학이 추구하는 세 가지 가장 중요한 요건이라는 점에서 철학적 발상을 담고 있다고 할 수 있다. 또한 자음을 표시하는 글자들은 발음기관의 모양을 본떴다는 것이 정설이다. 이는 당시 음운학(音韻學)의 성과가 문자 발명에 구현된 예라 할 수 있다. 사물 대상의 모양의 그리는 데서 발달해온 중국의 한자(漢字)와는 사뭇 다른 창의적 발상이다. 추상적 사유의 맨 꼭대기와 구체적인 대상의 속성을 결합시킨 예라 할 수 있다.

국어 운용의 구체적 텍스트에서 드러나는 창의성은 ① 발상법, ② 사례의 특이성, ③ 해석의 독자성 등으로 구체화된다. 발상법은 다른 말로 사고방식 또는 인식의 전략이라 할 수 있다. 언어를 구사하는 과정에 나타나는 발상법은 언어 과정 전체에 관여한다. 따라서 발상법에 나타나는 창의성의 언어적 표지를 찾기보다는 언어 과정 전체에 걸쳐 발상의 창의성을 찾아야 한다. 고시조 작품 가운데 예를 찾아보자.

> 물 아래 그림자 지니 다리 위에 중이 간다
> 저 중아 게 있거라 너 가는 데 물어 보자
> 막대로 흰 구름 가리키고 돌아 아니 보고 가노매라

글을 쓰자면 대상을 발견해야 한다. 이 작품에서 글로 다루는 대상은 다리를 건너가는 스님이다. 대상을 직접 드러내지 않고 그 대상의 그림자를 먼저 발견하고 그를 통해 대상에게 다가간다. 대상과 그림자 사이에 공간적 거리가 설정된다. 이러한 발상은 종장에 다른 형태로 변형되어 나타난다. 그림자를 통해 발견한 대상에게 던지는 물음이 진지하고 실제적인 내용은 아닐 것이다. 따라서 그러한 물음에 대한 대답 또한 진지할 수 없는지라 미적 거리를 유지할 수 있다. 거리를 유지하게 하는 방식으로 대답이 형상화된 것이, 막대기로 흰 구름 가리키며 가던 길을 유유히 가는 태도로 나타난다. 이러한 태도와 언어 운용은 일상 언어의 현장과는 거리를 유지하면서 새로운 영역을 구축했다는 점에서 창의적 언어 운용의 예라 할 수 있다.

일상적인 삶 가운데 특이한 사례를 발견하는 것도 창의성의 일단으로 이해된다. 사례의 특이성이 창의성을 나타내는 경우는 다음과 같은 예에서 확인할 수 있다.

> 바독이 검둥이 청삽사리(靑揷沙里) 중에 조 노랑 암캐 갓치 얄밉고 잣믜오랴
> 믜온 님 오게 되면 꼬리를 회회치며 반겨 내닷고 고은 임 오게 되면 두발을 벗띄듸고 코쌀을 찡그리며 무르라 나오락 캉캉 즛는 요 노랑 암캐
> 잇틋날 문밧긔 개 사옵새 외는 장사(匠事) 가거드란 찬찬 동혀 나여 쥬리라

미묘한 사랑의 맥락 속에 주인의 심정과는 반대 방향에서 얄밉게 행동하는 '노랑 암

캐'를 사례로 내세워 사랑하는 사람의 심리를 절묘하게 포착하고 있는 작품이다. 여기서 미운 님은 시적 화자와 일상적으로 늘 같이 지내는 사람일 것으로 짐작되는데, 익숙한 사람이니까 꼬리를 치며 반겨 내달은 것이다. 반면 고운 님은 몰래 사랑하는, 따라서 이따금 들르는 사람으로 보인다. 개로서는 익숙지 않은 낯선 사람이기에 짖으며 물려고 덤빌 것이다. 시적 화자의 사랑이 지향하는 방향과는 반대되는 개의 행동이 화자를 화나게 하는 상황을 만들어놓는다. 특이한 사례를 들어 공감을 일궈내는 작품이라는 점에서 사례의 특이성으로 드러나는 창의적 발상의 예로 볼 수 있다.

이 작품은 사설시조로 되어 있다. 이와 같은 내용을, 즉 발상과 소재와 태도를 정형적인 평시조 형식으로 그린다면 내용과 형식의 괴리 때문에 미적 형상화를 이루기 어려울 것은 물론이다. 사설시조 자체가 평시조에 대한 대립적 미의식에서 출발한 것이라는 점을 고려한다면, 이러한 속된(?) 사랑의 감정을 담아내기 위해서는 형식이 달라져야 한다. 이러한 형식의 일탈도 크게 보면 창의성이 구체화된 사례로 이해할 수 있다.

창의적 이해는 해석의 창의성과 연관되는 사항이다. 이는 대상에 대한 주체의 창의적 개입을 요구한다. 대상에 대한 주체의 개입은 산문 문학보다 시적인 양식에서 쉽게 발견된다. 서정 양식의 특징이 주체와 대상의 합일을 지향하는, 이른바 '대상의 자아화(自我化)'라는 특징을 잘 보여주기 때문이다.

청산(靑山)도 절로절로 녹수(綠水)도 절로절로
산(山)절로 수(水)절로 산수간(山水間)에 나도 절로절로
이중에 절로절로 자란 몸이 늙기도 절로절로

이 시조는 자연을 벗해 사는 삶의 가치를 독특한 운율로 형상화하고 있다. 자연과 인간이 아닌 둘의 조화와 동일시를 통해 자연으로서 인간 삶의 가치를 고양하고 있는 사례라 할 수 있다. 이는 자연 대상에 대한 해석의 결과를 형상화하고 있는 예라 할 만하다. 그러한 점에서 자연을 창의적으로 해석하고 있는 예에 해당한다. 이러한 예들은 문학 비평의 영역에서도 쉽게 발견된다. 문학 비평이 작품의 해석에 바탕을 둔 가치 평가라는 점에서 해석이 중요한 의미를 띠는 것은 물론이다. 『춘향전』의 주제를 사랑으로 볼 것인가, 정절로 볼 것인가, 사회구조의 변화에 따른 신분 상승의 계기를 포착한 작품으로 볼 것인가 하

는 문제는 해석의 문제로 귀결된다.

이러한 창의적 해석이 삶의 양태로 전화된다면 새로운 양식의 내러티브(서사)를 창출하게 된다. 아울러 이런 과정에 나타나는 창의성은 경험을 재구성한다. 그리고 경험의 재구성은 창작으로 구체화된다(창작을 통해 창의·인성의 교육 효과를 증대하는 문제는 뒤에 절을 달리해 다룰 것이다).

넓은 의미에서 창의적 언어 운용을 도모하는 것이 국어과 창의·인성 교육의 목표이다. 이는 구두 언어와 문자 언어 양 측면에서 드러난다. 아울러 발상 측면, 수행의 측면, 해석의 측면 등에 나타나는 창의·인성에 대한 면밀한 고찰과 실제 수행의 과정을 거치게 된다. 이는 교육적 실천의 과정에서 구체화된다.

3) 국어과 창의의 개념 확충: 국어과 창의와 내러티브의 관계 맺기

국어과 창의의 내용과 방법에서 서사의 위상을 새롭게 인식할 필요가 있다. 서사는 내용과 소통적 작용에서 인간 발달적 기제를 폭넓게 보여준다.[36] 서사의 창의적 기제와 장(場, le champ)의 발생 효과는 서사가 형성되고 소통되는 과정에서 발현된다. 서사의 소통 작용 중에서도 교육이 가장 직접적으로 그리고 체제적으로 감당하는 영역이 수업 공간이다. 서사를 문학 범주에 가두어두고 문학 교육의 제재 차원으로 고정시키는 관점으로는 서사의 국어 창의적 요소를 제대로 구현하기 어렵다.[37]

서사의 구체적 구현 양태가 스토리텔링이다. 서사의 교육적 실천으로 스토리텔링 활동을 주목하는 이유가 여기에 있다. 이 실천 과정에서 창의성 교육의 다양한 기획이 가능하다. 사회문화적 맥락에서 보면 스토리텔링은 인간의 심리적·사회적·문화적 행위이다. 동시에 인간의 소통적 활동으로 인식할 수 있다. 이렇게 함으로써 스토리텔링에 광범위하

36 구인환·우한용·박인기·최병우, 『문학교육론』 제6판, 삼지원, 2012, 73-88쪽.

37 국어적 창의를 다섯 범주로 구분하면서 그 가운데 한 범주로 문학 텍스트를 산출하는 것을 국어적 창의로 보려는 관점이 제시되었는데(정혜승, 「국어과 창의성 계발을 위한 교재구성 방안 연구」, 『한국초등국어교육』 24집, 2004), 이것이 물론 창의 발현의 교육적 포인트이긴 하지만, 창의를 이렇게 좁은 의미의 문예 창작 교육의 한 국면으로 규정하면 서사의 다양한 창의적 작용태를 놓치게 된다. 서사는 국어 기능 영역과도 매우 융통성 있게 교섭한다. 서사는 다른 교과와의 상호성도 매우 활발하다. 이 상호성의 공간 모두가 창의의 발양을 돕는 공간이라 할 수 있다.

게 내재된 교육의 가치와 그 효과를 밝혀낼 수 있다. 학습자의 일상 학습 환경과 경험 영역에 스토리텔링이 자연스럽게 삼투될 수 있게 하고, 그 상황 맥락에 맞는 자기 주도성 학습의 주체가 형성되는 것이 바람직하다. 이는 결국 학습자의 학습 창의와 연계되는 방향으로 발달을 지속시킬 수 있을 것으로 기대된다.

수업 공간에서 문학 교육의 내용으로 다루는 서사이든, 다른 교육적 전략으로 다루어지는 서사이든 그것의 구체적 실현 양태는 스토리텔링으로 귀결된다. 스토리텔링은 구체적 교육의 목표와 효과를 전제로 구체적 시간과 대상과 공간에서 특정 매체로 구체적 서사를 생산하여 실현하는 행위이다. 인식이 중요하다. 따라서 수업 공간에서 드러나는 서사의 여러 작용은 서사 일반의 원리로 조명될 수 있지만 스토리텔링으로 구명되는 것이 훨씬 더 현실적이고 창의 발양에 도움이 된다.[38] 이렇게 함으로써 서사가 작용하는 과정에서 '창의'의 구체적 발현과 작용을 함께 기대할 수 있다.

문학 서사 또는 문학 스토리텔링 활동은 이념이나 가치의 작용을 불러온다. 스토리텔링 과정에서 예술적 형상화를 통한 수용과 소통이 이루어짐으로써 이념과 가치를 심미적 사유(思惟)로서 경험하게 하는 특성을 보인다. 그러한 점에서 스토리텔링은 다른 어떤 교육 활동과도 차별성을 가진다. 바로 이 점 때문에 문학적 스토리텔링의 실현은 학습자에게 반성적 사고(reflective thinking)를 경험하게 한다. 인성적 가치가 가장 진정성 있게 실현되는 대목이라 할 수 있다. 스토리텔링은 비판적 사고를 동반한다는 점에서 또한 창의의 자질을 강하게 지닌다.

서사는 인간이 행하는 행동의 동기를 구체화하고 인간과 환경이 어떻게 교섭되는지를 그려내는 양식이다. 따라서 서사를 스토리텔링하는 순간 인간은 삶의 여러 조건을 복합적으로 생각해보게 된다. 이 과정에서 '복합적 생각'이 일어나게 되고 그것이 다시 '다원적 인식'을 불러들이게 된다. 이러한 다원적인 인식은 창의적 사고를 담보한다. 또한 삶의 여러 조건들을 인지하고, 그런 인지를 바탕으로 인간의 내적·외적 생태에 대한 관찰을 가능하게 한다. 사고의 유연성을 촉진시키는 효과를 가져온다.

오늘날 교육에서 다중 지능이 강조되고 있다.[39] 다중 지능 이론을 전개한 가드너

38 류수열 외, 『스토리텔링의 이해』, 글누림, 2007, 13-20쪽.

39 1983년 하버드 대학교의 가드너 교수는 『정신의 구조: 다중지능 이론(Frames of Mind: The Theory of Multiple Intelligences)』을 통해 새로운 접근을 시도했다.

(Howard Gardner, 1943~)는 기존의 문화가 지능을 너무 좁게 해석하고 있다고 전제하고, 인간의 지능은 일반 지능과 같은 단일한 능력이 아니라 다수의 능력이 지능을 구성하며, 이러한 능력들은 상대적 중요성에서 동일하다고 가정했다. 가드너는 IQ 점수가 함축하고 있는 의미보다 넓은 시각에서 인간의 잠재적 능력을 탐구했는데, 지능을 "문화 속에서 가치가 부여된 문제를 해결하거나 결과물을 창출하는 능력"[40]으로 정의했다. 지능이 복합적이고 다중적이라는 주장은 유기체로서 인간의 능력을 다양하게 평가하는 것으로써, 이전의 방식과는 다른 방식으로 인간의 능력을 규정하는 것이다.

이러한 주장에 대한 적극적인 호응은 학교 교육에서 실제로 수행하고 있는 인간 발달 과업이 과도하게 인지적 지능에 편중되어 있다는 점을 반증한다. 그것은 학교 교육이 제공하는 앎이 학습자의 삶과 유리된 채로 조직되어서 학습자의 인간 발달을 현실적으로 돕는 데 한계를 가진다는 반성을 촉구한다. 앎과 삶의 유리는 학생들에게는 동기가 사라진 앎을 강조한다. 이는 허상의 학습을 초래한다. 설령 앎의 진전이 있었다 하더라도 내가 습득한 앎이 가치 있는 것임을 느끼지 못하는 사태가 나타나며, 따라서 그 앎은 실제 일상생활 속에서 의미 있게 환기되지 않는다. 학교에서 배운 앎들끼리 전혀 관계를 맺지 못하고 파편처럼 떠돌아다니는 모습을 보인다. 이처럼 파편화된 지식의 습득은 윤리적 파탄을 연상하게까지 한다. 주체인 나는 사라지고 지식이 나를 지배하는 학습의 정황을 경험한다든지, 학생 개개인의 감수성이 발현되지 못하는 인지 및 정의 과정을 학교가 제공한다면 이는 의미 있는 교육이라 할 수 없다.

앎과 삶이 분리되지 않고 혼연 일체를 이루고 있었던 시절에는 스토리텔링 자체가 그대로 교육의 전체였다. 학습 과정에서 습득된 지식이 삶의 과정에 녹아들어 의미를 생산하는 과정을 경험했던 것이다. 그렇기 때문에 스토리텔링으로 구현되는 서사야말로 자기 삶의 경험의 총체성을 반영한다는 지적이 설득력을 얻는다. 그리고 그것은 학습 주체를 중심으로 앎을 총체화하도록 이끌어간다. 관계적 사고에 의해 세계와 경험을 연속성 있게 파악하는 것은 창의 활동의 핵심이다. 따라서 앎과 실천을 관계의 사고 속에서 일치시키려는 노력은 높은 윤리성을 스스로 지향하게 한다.

40 Howard Gardner, *Frames of Mind: The Theory of Multiple Intelligences*, Basic Books, 1983/1993, pp. 60-61.

서사나 스토리텔링이 국어과의 중요한 내용 질료이고 교육 방법의 중심 통로에 있다는 사실은 서사를 활용해 매우 폭넓은 창의·인성 교육의 확충을 국어과가 꾀할 수 있음을 보여준다. 그런데 이렇게 얻어내는 교육 효과들이 더러는 윤리 교과나 예술 교과, 또는 사회 교과의 영역과 상호성을 보이기도 한다. 바로 그런 점 때문에 이들 교육 효과들을 국어과 정체성에 맞지 않는다고 규정하는 것은 피상적인 사유의 결과이다. 국어과를 지나치게 도구 기능적 정체성으로 묶어둔 결과가 그렇게 나타난 것이라 할 수 있다. 도구 기능을 극도의 추상적 형식으로 학습하게 하는 국어교육이 미래 지향적인 국어 교과의 모습이 될 수 없다. 도구 기능의 형식을 배우는 것만으로 국어과의 정체성을 제한하면 그때 습득하는 도구 기능적 지식이나 경험은 파편적인 경험에 머무르게 된다. 기능을 위한 기능을 가르치는 데로 흘렀던 국어 학습 경험을 우리는 이미 제5차·제6차 교육과정기를 통해서 반성적으로 정리했다.

국어과에서 창의성의 요소를 의미 있게 확보하고 확산하는 데 스토리텔링의 가치를 깊이 검토할 필요가 있다. 스토리텔링은 수업의 활동 기제로 작용하면서 상징을 만들어내는 과정이며 동시에 상징을 풀어가는 경로라는 점에 주목해야 한다. 교육은 상징을 익히는 과정이고, 한 개인의 발달은 상징의 세계를 익히고 적응하는 과업들로 이루어진다. 언어적 상징이든, 사회문화적 상징이든, 미적 상징이든 그 상징을 습득하고 상징을 발신하는 자리로 나아가는 것이 교육의 전체 과정이라 할 수 있다. 좀 넓게 보면 상징을 학습하는 것은 국어과만의 전유물은 아니다. 과학과 교육에서 과학적 체계와 개념을 익히는 것은 자연 세계의 실체적 현상을 하나의 '인지적 체계로서의 상징'으로 습득하는 것이라 할 수 있다. 실제로 과학 법칙의 학습에서 얼마나 다양한 유추적 현실들이 스토리텔링의 방식으로 개입하는지를 보면 그 가능성을 쉽사리 발견할 수 있다.[41]

스토리텔링은 그것이 직접 체험의 재현이라 하더라도 언어로 또는 다른 매체로 번역되는 과정에서 현실에 대한 의미 있는 대리 체험을 가능하게 해준다. 의미 있는 모방임을 보여주는 구체적인 증거는 그 과정에서 스토리텔링 주체의 반성적 사고를 이끌어낸다는

41 서사가 발양하는 창의 자질이 국어교육을 포함해 교육 전반에 미칠 수 있음은 주지의 사실이다. 따라서 서사나 스토리텔링이 문학 교육에만 속한다는 고정 관념에서 교사나 학생 모두가 벗어나야 한다. 국어과 전 영역의 창의 발양 요소로 서사에 대해 다양한 생성과 전이와 변이를 시도할 수 있다. 이는 모두 창의 자질의 학습에 유용성을 지니며, 창의·인성 교육에서의 경험 서사는 문학 서사와 동등한 중요성을 지닌다.

데서 드러난다. 재현 혹은 반영의 힘은 현실을 어떤 방식으로든 각성하고 그 각성 안에 주체를 새롭게 인식하게 한다는 데 있다. 이는 소설 감상 과정에서만 발견되는 것은 아니다. 수학 수업에서 수의 집합이나 함수의 그래프를 그려내는 과정에서도 어떤 형식과 질서에 대해 인지적 각성을 하게 된다. 다만 그것이 명시적 구도로 주체에게 메타적으로 인지되지 않을 수는 있다. 따라서 스토리텔링은 그 수행의 자발성만 갖춘다면 무언가 되돌아보는 사고, 즉 도덕적 성찰을 그 안에 준비하고 있는 셈이다. 달리 말하면 스토리텔링은 내면 혹은 자아를 비추는 거울의 기능을 갖는다.

이 책에서는 국어과 창의·인성 교육의 내용 질료로서 '서사'의 중요성을 전략적인 측면에서 주목했다. 그뿐만 아니라 서사를 다양한 상황과 요구와 목적에 맞게 스토리텔링하는 것이 국어과 창의·인성 교육의 방법으로 중요한 지위를 점한다는 사실을 강조했다. 스토리텔링 과정에서 학생들은 창의와 인성 학습의 역동성과 자기 주도성이 강화되는 과정을 경험한다. 교사에게는 국어과 창의·인성 교육에서 '교수 방법의 창의'를 스스로 탐구하고 발견하게 하는 과정을 경험하도록 한다. 이 책은 이런 점을 전략적으로 주목하면서 국어과 창의·인성 교육의 실제를 개발하고 적용하고자 했다. 이 경우 국어과 교사들은 학생들에게 경험 서사이든 문학 서사이든, 서사를 자신의 필요에 의한 스토리텔링으로 구체화할 것을 제안해야 한다. 이 과정을 다양하고 역동적인 방법으로 지도해야 하는데, 이 단계에서 창의성과 인성에 대한 전문적 이해가 필요하다.

이는 국어 능력의 자연스러운 진화를 이끌어가다 보면 그 안에서 언어적 창의가 저절로 이루어진다는 관점보다는 다소 적극적인 관점이다. 국가 교육과정에서 교과별 창의·인성을 구체적 교육과정 내용으로 범주화하고 그 운영을 보다 적극적으로 강화해 이른바 교육과정 혁신(curriculum innovation)을 추구하는 맥락에서 택하게 된 관점이다. 이런 관점에 서면 다른 교과도 마찬가지이지만, 국어 교과는 창의 일반의 창의성 교육 연구 성과나 인성 교육 일반의 성과들을 좀 더 상호성 있게 조회하고 통섭할 필요가 있다. 이러한 과정을 통해 창의성 자체를 각 교과를 통해 배워야 하는 학습자의 입장에서 창의성과 인성의 동기를 강화할 수 있을 것이다.

3. 국어과 창의·인성 교육의 특성

언어는 그 속성이 다양하기 때문에 어떤 측면에 강조점을 두는가에 따라 교육의 양상도 달라진다. 국어교육에서도 언어와 사고의 관련에 주목하면서 언어의 논리성 또는 언어의 이해 및 생산 기능에 중점을 두기도 했고, 심리적·사회문화적 측면에서는 언어의 소통성을 강조했다. 또 실생활에서 운용되는 언어의 실용성과 규범성에 중점을 두기도 했다. 문학 언어는 문학 텍스트의 이해와 감상에 중점을 두어왔다. 그렇게 되면 학습자가 문학을 창작하는 언어적 수행은 무시되거나 약화되기 마련이다.

교육과정상의 강조점의 변화와 더불어 국어교육의 성격이 달리 규정되곤 했다. 그러나 이러한 과정에 대한 반성이 국어교육의 성격을 달라지게 했다. 그리고 달라진 국어교육의 성격은 창의성과 인성을 기르는 데 접근하고 있다고 생각된다. 여기에는 전제 사항이 있다. 국어과에서 창의성과 인성을 기르려면 일차적으로 학습자를 언어 운용의 주체로 규정해야 한다. 언어 운용의 주체를 강조하는 까닭은 언어 운용의 통합성을 고려하는 관점 때문이다. 언어 활동은 논리와 규범 내에 국한되지 않음은 물론 실생활에서 언어가 운용되고 나아가 예술적 수행의 과정으로 언어가 운용된다. 따라서 언어의 통합적 국면에 대한 고려가 선결되어야 언어의 본질에 맞는 논의가 가능하다. 이러한 전제 사항을 바탕으로 국어과에서 창의성과 인성을 살리는 교육이 이루어지려면 어떤 점에 유의할 것인지를 살펴보기로 한다.

언어 행위의 일차적 양상은 대상을 언어적으로 감수(感受)하는 데 있다. 대상을 언어로 감수하는 것은 대상을 명명하고, 명명한 것들의 관계를 파악하고, 파악된 관계를 해석하는 등의 절차를 거친다. 그런데 감수의 양상은 수용하는 대상의 속성에 따라 달라진다. 대상의 수용과 언어 형식 사이에는 긴밀한 관계가 설정되는 것이다. 과학 영역의 언어는 대체로 논리적인 감수가 특징적이다. 반면 예술적 대상에서는 정서적 감수가 특징이다. 그런데 정서적 수용은 주체의 태도에 변화를 가져오기 때문에 도덕적 실천에 영향을 미친다. 정서와 윤리가 상통하는 측면이 여기서 찾아진다. 따라서 정서 측면의 창의성은 곧 인성으로 전환될 가능성이 드러난다. 여기서 국어과 창의성이 인성과 연관되는 점을 확인하게 된다. 이렇게 본다면 국어과에서 발굴하고 육성할 수 있는 창의성은 언어의 논리성과 아울러 언어의 정서적 속성에 대한 적절한 배려가 반드시 동반되어야 한다. 이는 감수가 표현으로 전환되어야 하는 논리적 근거이기도 하다.

학습자를 언어 운용의 주체로 상정하는 것은 학습자가 자기 삶을 주도한다는 의미이다. 자기 삶을 주도한다는 것은 자신의 삶을 마름질하고, 실천하고, 이를 반성적으로 성찰하는 과정을 포함한다. 어떤 학생이 화가로 살아가기로 작정하고 생애를 계획한다고 하자. 화가로 살려면 그림을 공부하는 과정이 포함될 것은 물론이다. 그림을 공부하는 과정에 만나는 선생님, 동료들을 생각하게 될 것이고 실제로 그림을 그리는 과정을 생각하게 될 것이다. 그러한 과정을 글로 쓴다면 계획이 구체적이면 구체적일수록 논리성과 정서적 풍성함이 배어나게 마련이다. 이 지점에서 창의성은 각자의 개성과 의욕 여하에 따라 달리 드러날 것이다. 다만 계획의 구체성이 창의성을 이끌어내는 근원이라는 점은 강조해둘 필요가 있다.

삶을 계획하는 과정은 세계상을 구상하는 일과 다르지 않다. 세계상을 구상하는 작업은 자신이 그리는 세계를 증폭하고 확대하는 일이라고 말할 수 있다. 동네에서 작은 가게를 하나 차리고 평생을 살겠다는 세계상의 구상이 가능하다. 또한 의사가 되어 국내에서 일하다가 인생의 후반에는 아프리카에 가서 봉사하는 생활을 하겠다는 사람의 세계상도 있을 법하다. 이 둘을 비교하면 세계상의 크기가 다르다는 점을 쉽게 알 수 있다. 현실적으로야 가게도 있어야 하고 환경미화원의 존재가 무가치한 것은 아니다. 그러나 그 둘을 같은 세계상이라 하기는 어렵다. 세계상을 크게 그릴 수 있도록 그리고 그 실천을 위한 구체적 방법을 모색할 수 있도록 하는 데 언어적 풍성함이 확보될 것으로 본다. 큰 세계를 그리는 데 동원되는 언어가 자아의 확대를 가져올 것으로 기대할 수 있다. 그리고 그 과정에서 언어가 창의적으로 운용될 것도 아울러 기대된다. 이러한 과정을 국어과 교실에서 어떻게 구체화할 것인가는 다시 모색이 있어야 할 것이다.

언어는 삶의 실상을 반영하는 것은 물론 삶의 질을 향상하는 본질적인 요건이 된다. 언어 측면에서 본다면 일상의 모든 국면이 언어적으로 수행된다고 할 수 있다. 아침에 어떤 식사를 마련할 것인가, 어떤 차를 타고 출근할 것인가 등의 결정도 언어적으로 수행된다. 아침식사를 마련하는 데 머릿속에 돌아가는 여러 가지 생각은 겉으로 외현되지 않았다고 해도 언어적으로 구체화되고 결정되지 않는다면 행동으로 옮겨지지 않는다. 출근해서 어떤 일들이 전개될 것인가를 상상하는 것 또한 언어적으로 구성되는 구체적 심상들이다.

삶은 문제 상황의 연속이다. 구체적인 삶의 문제 상황에서 창의적인 대안을 제시하는 문제, 그러한 문제에 대한 평가, 스스로 문제를 발견하고 대안을 모색하는 과정에 주도적으로 임할 수 있는 능력은 결국 언어적으로 수행된다. 그 과정에서 창의성이 드러나려면 사고의 유창성과 함께 정서적 공감과 행동적 실천의 의지가 관여해야 한다. 그러한 점에서 국어과 교실에서 창의성을 길러주기 위해서는 구체성이 있는 사유를 유도해야 할 것으로 판단된다.

창의적 사고 가운데 하나가 상위 인지적(meta cognitive) 성찰 능력이다. 상위 인지적 성찰이 가능하려면 주체가 이중화되어야 한다. 주체가 이중화된다는 의미는 내가 다른 나를 설정하고 그 다른 내가 나를 바라보고 나를 대상으로 사유를 펼치는 것이다. 이 과정에서 나의 사유가 적절한지, 의미가 있는지 등을 따져볼 수 있게 되고, 내 사고의 방향을 달리 조정할 수 있게 된다. 이는 인성에서도 중요한 정신 능력이다. 다른 말로 하면 역지사지의 사고라 할 수 있다. 창의성과 관련해 상위 인지적 성찰 가능성을 키우기 위해서는 구체적 경험을 형식적 조작의 수준에서 처리하고, 사고에 대한 사고 또는 해석·비평적 사고의 체험이 축적되어야 한다. 아울러 상위 인지적 사고의 방법을 교육할 필요가 있다. 일을 끝내고 그 일의 목적, 진행 과정, 결과 등을 다시 살펴보는 것은 다음 일의 질적 수준 향상에 기여한다. 창의적 사고를 했는가, 그 과정은 적절한가 등을 검토하는 일이 필요하다.

결국 창의성은 자기 교육의 경지에 이르러서 그 자질이 극대화된다. 창의적 사고와 창의 능력과 창의 태도가 이상적으로 연합하는 지점이 자기 교육이다. 남과 똑같지 않은 가치 있는 삶을 영위하기 위해서는 창의적 사고와 창의적 실천, 창의적 성찰이 필수적 요건이다. 이는 자신의 삶에 대한 비평 의식과 연관되는 사항이다. 언어 운용을 통해 삶의 경험을 통합적으로 수행하고, 그 결과에 대한 성찰의 방법을 교실로 옮겨오려면 국어과 교실이 학습자들의 삶의 현장으로 전환되어야 한다. 언어와 실제의 삶이 호환되는 장면을 만들어 주는 것이 국어과 창의 환경의 요건이다.

2장 국어과 교육과 창의·인성 교육의 기본 방향

1. 언어 경험 제공 차원의 국어과 창의·인성 교육

1) 삶의 구체성과 총체성을 지향하는 언어 경험

창의성이나 인성은 학습자에게 경험의 실제성과 구체성을 통해 학습되는 것이 바람직하다. 추상적 내용으로서의 창의·인성은 의미 있게 내면화되기 어렵다. 체험의 내용이 실제로 작동하면서 창의와 인성의 발현이 기대되기 때문이다. 그런데 실제성과 구체성의 체험은 고립적이거나 파편적이어서는 올바른 창의·인성 체험으로 나아가기 어렵다. 그래서 어떤 전체성을 지향하는 언어 경험의 제공이 필요하다.

국어과에서 구체적·실제적 삶의 총체를 자연스럽게 담고 있는 것이 내러티브이다. 내러티브의 본령은 아무래도 문학 작품이 되겠지만 문학 내러티브만 창의성 교육에 유효한 것은 아니다. 역사나 철학에서 만나게 되는 내러티브들도 창의성 계발에 얼마든지 동원할 수 있다. 또 실생활에서 생기는 체험 내러티브도 국어과 창의 교육의 중요한 학습 콘텐츠로 활용할 수 있다. 체험 내러티브들은 그것이 삶의 실체성을 담보한다는 데서 교육적 의미가 있다. 또한 체험 내러티브를 어떤 방향에서 인지적·정의적 발효로 연결할 수 있느냐에 따라서 문학 교육을 비롯해 윤리 교육, 예술 교육, 민주시민 교육 등의 영역과 융합 교육적 효과를 창출해갈 수 있을 것이다. 이러한 발상 자체가 국어교육의 가능태와 작용태를 새롭게 창출해가는 창의적 발상이라 할 수 있다.

인간의 삶에서 내러티브가 삼투되어 있지 않은 영역은 없다. 또한 내러티브는 인간 삶의 과정과 흔적을 구체적으로 반영한다. 따라서 개별 내러티브는 그 자체로 독립성을 가지면서 다른 내러티브와 매우 유연한 상호성을 발휘한다. 상호성이란 '관계의 생태'를 드러내는 것이다. 이러한 내러티브 경험을 교육과정에서 효과적으로 조직·제공해줌으로써 인간과 세계를 다면적으로 또는 중층적으로 해석하고 그 과정에서 우리가 살고 있는 세계나 각자의 경험들이 얼마나 관계적인 양상을 띠고 있는지를 발견하게 한다면, 이것이 곧 창의적 탐구 과정을 제공하는 것이 된다. 또 그러한 관계적 사고의 훈련 과정에서 상생과 배려의 인성적 태도를 기를 수 있음에 주목해야 하고, 문학을 포함한 여러 층위의 내러티브에 대한 개방적이고도 중층적(重層的) 독서와 해석과 탐구의 기제를 제공할 수 있어야 한다.

2) 언어적 문제해결의 경험 제공

문제해결력은 새로운 발상이나 전략을 필연적으로 요구한다는 점에서 창의적 능력의 핵심을 이루며, 주로 과학이나 수학 영역에서의 창의를 강조할 때 드러나는 부분이기도 하다. 과학이나 수학에서의 일반적 과업 자체가 문제를 발견하고 문제를 푸는 것이기 때문이다. 이 점은 국어과 교육의 형편과 반드시 일치하는 것은 아니다. 국어과 교육에서 문제해결력이라고 했을 때 무엇을 '문제'의 범주에 넣어야 할 것인지는 별도의 검토와 재개념화가 필요하다. 요컨대 문제해결 과정은 창의성 발양과 구현의 구체적이고도 실제적인 과정이다. 문제가 과업이라면 그것을 해결하는 과정은 '창의'이기 때문이다. 또 창의성 발양의 실천이 집중된 장면이 바로 문제해결의 장면이라 할 수 있다.

국어과에서의 문제해결은 어디까지나 '언어적 문제해결'이어야 한다. 언어적 문제해결은 구체적 언어 활동을 통해 나타나는데, 이 경우 언어 사용에 관여하는 '맥락'의 요소를 잘 연계해 이에 호응하는 언어적 경험을 제공해야 한다. 맥락을 고려하거나 살필 수 있는 능력은 문제의 외연을 살피는 능력이며 동시에 문제의 연속성 그리고 문제의 인과적 배경을 살필 수 있는 능력이다. 문제해결에 동원되는 수단으로서의 언어 행위는 고도의 전략적 행위이다. 그런 점에서 이를 창의성의 발현 대목으로 보고자 하는 것이다. 맥락을 고려하는 수준과 방식이 어떠한지에 따라 창의성의 자질이 얼마나 잘 발휘되었는지를 평가할 수 있다.

국어과에서의 언어적 문제해결은 자아 내적인 문제를 해결하는 차원과, 자아가 외부 세계에서 만나는 문제를 해결하는 차원으로 나누어 생각해볼 수 있다. 또 그와는 다른 준거로서 설명이나 논설 등 비문학 텍스트를 통해 접근할 수 있는 문제해결 상황과, 시나 소설, 희곡 등 문학 텍스트를 통해 접근할 수 있는 문제해결의 상황이 존재한다. 각종 토의·토론 상황에 동원할 수 있는 설명 논증 텍스트, 인성 심리 치료 등에 동원되는 문학 텍스트의 기능을 국어과 창의 교육의 새로운 가능태로 참조하고 개발해 나가야 할 것이다.

2. 사고력 함양 차원에서의 국어과 창의·인성 교육

1) 관계적 사고 증진을 통한 창의·인성 함양

관계적 사고는 인간이 구사하는 여러 범주의 사고 유형 가운데 하나이다. 흔히 '제비가 낮게 날면 날이 궂는다'고 한다. 제비가 나는 모습과 비가 오는 자연현상 사이의 관계를 찾아 말하는 것이다. 관계적 사고는 유추, 은유화, 재결합 등으로 구체화되며, 일반적으로 창의적 사고의 하위 범주로 간주된다. 관계적 사고는 A와 B를 어떤 관계적 구도 안에서 의미 연관성으로 맺어지게 하는 사고이다. 다시 말하자면 이제까지 A와 B가 전혀 관계없는 상태로 인식되거나 해석되어왔다는 것을 전제로 한다. 그러니까 처음으로 그 관계맺음을 만들어낸다는 점에서 발견적이고 창의적이라 할 수 있다. 그렇기 때문에 관계적 사고가 창의적 자질을 높게 띠는 것이다.

이때의 A나 B는 어떤 사상(事象)이 되어도 좋고 어떤 현상을 대입해도 상관이 없다. 경제 사정이 악화되면 주류 소비량이 늘어난다고 한다. 또는 같은 상황에서 여성들의 스커트 길이가 짧아진다고도 한다. 이 둘 사이에는 아무 연관이 없는 듯 보인다. 어떤 학자가 경제 형편과 패션의 모드 변화에 착안한다면 이것이 관계적 사고의 구체적 사례가 된다. 더 구체적으로는 어떤 질서나 체계가 되어도 좋고, 특정의 구조나 법칙 또는 특정의 지식이 되어도 좋고, 특정의 인물이나 사건이 되어도 좋다. 조선 개국의 필연성을 이야기하는 이방원의 '하여가'와 고려의 신하로 혁명을 인정할 수 없다는 정몽주의 '단심가'가 같은 시조 양식으로 되어 있다는 공통점의 지적과, 거기서 문제를 발견한다면 이 또한 관계적 사고의 사례가 된다.

이를 좀 더 국어과 교육의 차원으로 끌어들여온다면, A나 B는 외래어 사용 빈도와 직업 또는 계층의 문제와 같은 특정의 언어 현상이 될 수도 있고, 1930년대 서정시의 장형화로 설명되는 '장시'(長詩)의 출현과 같은 특정의 언어 장르가 될 수도 있다. 더 구체적으로는 특정의 언어 경험이 될 수도 있고 특정의 언어적 의식이나 언어적 표현이 될 수도 있다. 한국의 학술용어가 한자로 된 것이 많은데 중국과의 교류, 일본 식민지 체험과 어떤 연관성이 있는가 하는 문제는 관계적 사고를 요하는 사항이다.

국어과에서 발현될 수 있는 관계적 사고의 층위는 다양하다. 일상 언어 사용 과정에서 일어나는 경험과 경험의 관계를 발견하고 의미화하는 데서부터 문학 작품이 보여주는 여러 세계들 간의 관계를 하나의 의미망으로 경험하는 데 이르기까지 매우 다양하다. 삶의 맥락들을 총체적 관계의 망으로 보려는 노력을 관계적 사고의 특성으로 본다면 관계적 사고는 생태학적 인식론의 한 양상이라 할 수 있다. 여기서는 국어과 교육에서 관계적 사고를 경험할 수 있는 층위를 제시해본다.

첫째, 텍스트의 요소들이 어떻게 응집성(coherence)을 발휘하여 마침내 통일된 주제로 향하는가를 살피는 데도 관계적 사고가 필요하다. 요소와 요소가 어떤 관계 양상으로 하나의 텍스트 구조를 응집시키는지 이해하는 데 동원되는 층위가 관계적 사고이다.

둘째, 어떤 특정의 주제(topic/theme)하에 매우 다양한 장르의 집합이 형성되는 과정에서도 관계적 사고를 경험한다. 텍스트를 주제 중심으로 융합하거나 통합하는 경험을 제공할 때 자연스럽게 관계적 사고를 수행한다.

셋째, 잘 구조화된 문학 텍스트는 관계적 사고를 수반한 감상 과정을 필연적으로 요청한다. 일정한 현실 경험 소재로 상당한 시간적·공간적 배경을 수반하는 동화나 희곡 등은 관계로 구성된 세계와 삶을 그려낸 것이라 할 수 있다. 이런 관계들이 추상화되거나 비유로 되어 있는 것이 '우화' 장르이다.

넷째, 관계적 사고를 보다 일반화해서 말하면 모든 글쓰기 과정은 필연적으로 관계적 사고를 수반한다. 창의적인(독창적인) 글쓰기일수록 관계적 사고의 질이 강조된다. 학생들의 일상 경험에 명시적으로 또는 잠재적으로 숨어 있는 관계들을 메타 차원에서 인지할 수 있도록 국어과 언어 활동을 지도해야 한다.

2) 반성적 사고를 통한 창의·인성 함양

반성적 사고는 원래 '철학하기'의 한 방식이다. 철학하기란 사물, 현상, 대상 등의 본질을 깊이 궁구하는 것, 그것을 어떻게 인식할 것인지에 대해 경험과 지식에 기대어 사유하는 것, 그것에 내재하는 가치의 문제를 합리화하고 실천하는 것 등의 활동을 말한다. 그렇기 때문에 철학에서 '반성'이라는 말은 '철학적 사유'와 불가분의 관계를 맺는다.

일반적으로 반성적 사고는 자신의 경험과 생각을 되돌아보거나 그것을 재음미하는 과정을 내포한다. 되돌아보는 과정에서 이전과 달리 새로운 의미를 구성할 수 있기 때문에 반성적 사고는 창의적 사고를 돕는다. 또 되돌아보는 과정에서 자아와 세계를 평가하는 차원에 이르게 되면 그 과정에서 매우 자연스럽게 인성 교육의 효과를 도모할 수 있다.

반성적 사고를 구성하는 중심에는 '인간에 대한 새로운 가치를 발견하는 일'이 있다. 이러한 새로운 가치를 발견함으로써 비로소 '삶에 대한 성찰의 태도'가 새로운 발달의 과업으로 등장한다. 바로 그런 이유 때문에 반성적 사고는 창의성과 인성의 자질을 반영하는 중요한 교육 경험으로 인정된다. 반성적 사고를 통해 사물과 현상에 대해 회의하고 현실적 당위에 대해 부단하게 문제를 제기함으로써 이전에 깨닫지 못했던 새로운 인식의 지평을 찾아내고 새로운 가치를 구상하는 능력을 기를 수 있다. 학생 자신의 경험과 깊은 상호성을 가지는 문학, 영화, 체험 기록 등을 활용할 수 있다.

창의적 사고의 핵심 자질은 상투적 사고 행태에 대한 반성과 회의의 경험을 강화하는 데 있다. 아울러 반성을 통해 대안적 세계를 모색함으로써 창의성 개발의 수준이 심화된다. 학습자에게 친숙하게 다가갈 수 있는 언어 경험들 또는 그런 경험을 잘 내포한 내러티브를 통해 인식의 과정과 가치화의 과정을 심도 있게 경험할 수 있도록 해준다. 이 과정에서 학습자들에게 유익한 문학, 역사, 다큐멘터리 등의 제재를 제공해 스스로 현실적 이슈들을 구성해볼 수 있도록 한다.

3) 초월적 상상력을 통한 창의·인성 함양

초월적 상상력은 인간이 발휘하는 상상력 가운데 예술적 창의와 연관되는 것으로 간주되지만, 인간의 현실 초월의지를 추구하는 부분이라는 점에서 상상력의 본질을 담고 있는 영역이라 할 수 있다. 인간은 자기 현실을 넘어서려는 정신적 열망을 지닌다. 그렇기 때문에 예술적 창조가 생겨나고 과학적 발명이 이루어진다. 이러한 상상력이 여러 사람들에게 짙은 공감을 자아내게 하는 차원, 요컨대 어떤 미적인 효과(환상적 공감, 현실 비판적 효과, 유토피아 지향의 효과 등)를 자아내게 하는 데 이르면, 우리는 그것을 '예술적 상상력'이라 부른다. 이 또한 초월적 상상력의 작용이다. 초월적 상상력은 현실을 초월적으로 유추하고 자연의 세계와 인간의 삶을 창의적으로 상징화하며 그것을 해석하는 경험을 통해 일어난다. 이러한 정신 작용의 과정은 현존하지 않는 세계를 만들어낸다는 점에서 창의적 사고를 강화한다.

초월적 상상력이 잘 구현된 텍스트는 전통적 장르로는 신화나 전설 등이 있고 공시적으로 소통이 강한 텍스트로는 이른바 판타지 등이 있다. 신화 서사는 영웅적 인물을 다루고 있으므로 그 속에서 인성 탐구적 요소를 제공해줄 뿐만 아니라 신화 텍스트 경험을 초월적 상상력에 연계하고 더불어 창의력 작용으로 발전할 수 있도록 한다. 학생들이 즐기는 미디어 텍스트 가운데 애니메이션 장르에서 초월적 상상력을 자극하는 환상 기제들을 주목할 필요가 있다. 국어과에서 다루는 여러 양태의 창작 교육 활동은 초월적 상상력을 기르는 것을 목표로 하는 경우가 많다. 현실을 넘어서서 새로운 세계를 상정하거나 이를 구체적으로 설계하고 꾸며서 그것을 언어적으로 형상화하는 문학 창작 활동은 문학적 상상력 교육의 본질이기도 하다. 현실을 넘어서는 과정에서는 '비판적 사고', '대안적 사고', '관계적 사고', '독창적 사고' 등이 발현될 수 있다. 초월적 상상력은 좋은 문학 텍스트를 읽고 수용하는 과정에서도 얼마든지 구현될 수 있으며, 이것이 다시 창작 글쓰기 능력으로 작용할 수 있다.

4) 대화적(소통적) 사고를 통한 창의 · 인성 함양

'대화'는 탈근대주의 또는 후기구조주의를 대변하는 핵심어이며, 교육학 차원에서는 구성주의와 사회적 구성주의를 명료하게 변증하는 핵심어이다. 객관보다는 주관, 본질보다는 현상을 중요하게 다루는 인식론에서 대화는 중요하다. 그리고 개성적 성향을 보이는 다양한 '해석' 가운데서 대화는 그 해석을 공동체 안에서 의미 있도록 하는 기제이다. 그렇게 본다면 현대 사회에서 대화는 '지식과 학습', '해석과 소통' 그리고 '발견과 창조'라는 인간의 발달 과업에 강력하게 관여하는 요소로 부각된다. 이는 국어과 창의성 교육에서 주목해야 할 하나의 방법론인 동시에 인식론이다.

대화적 사고는 국어과 교육에서 창의성 교육의 자질과 인성 교육의 자질을 비교적 균형 있게 확보한다는 점에서 주목할 필요가 있다. 대화적 사고는 대화를 통해 사고의 내용을 변증하고, 나와 다른 사고 내용을 통합한다는 점에서 자연스럽게 창의의 자질을 습득하게 한다. 또한 대화적 사고는 타자를 전제로 타자를 인정하는 사고 구조를 지향한다는 점에서 인성 교육의 자질을 내포한다. 대화적 사고는 무엇보다도 사고나 행동에서 독단을 배제하기 때문에 유연성과 융통성이라는 창의성의 중요한 자질에 연결되는 사고력 범주이다. 또한 원만한 사회적 삶과 공동체적 협동의 인성에 기여하는 매우 중요한 인성 교육의 범주이기도 하다.

'대화'는 탈근대를 대표하는 인식론적 주제이자 동시에 실천적 주제이고 현대 민주주의가 요청하는 소통 지향의 정신에 닿아 있으며 문제해결의 유연성과 합리성이라는 측면에서 중요한 창의 자질이라 할 수 있다. 또한 첨단 기술 정보 사회의 대표적 이데올로기이기도 하다. 따라서 현대 사회의 가장 실질적인 창의성 실천의 코드이며 동시에 인성 발현의 실천 통로이기도 하다. 소통은 국어 교과 학습에서 중시하는 핵심 기능이라는 점에서 대화적 사고의 창의 · 인성 작용을 더욱 강화할 수 있는 계기를 마련해줄 것이다.

5) 확산적 · 수렴적 사고를 통한 창의 · 인성 함양

확산적 사고는 특정한 장(場)에 의존하지 않고 인간의 사고와 인식을 자유롭게 해방시킨다는 점에서 창의적 사고의 원천에 해당한다. 경험과 경험, 지식과 지식, 기능과 기능이 자유롭게 네트워킹하는 과정을 익힘으로써 사물과 세계를 더욱 넓게 관계 짓게 한다. 상이한 사태 가운데 동질성을 발견한다든지 어떤 사태에서 응용 가능성을 발견하는 일, 하나의 원리를 영역을 가로질러 적용하는 가능성을 발견하는 것 등이 확산적 사고에 해당한다. 이러한 확산적 사고는 시에서 볼 수 있는 것처럼 은유 형식으로 구체화되기도 한다. "내 마음은 호수요"라는 구절에서 마음과 호수의 이질적인 대상에서 동질성을 발견하는 은유를 확인할 수 있는데, 이는 대상의 속성을 다른 관점에서 파악하는 창의성에 해당한다. 이러한 과정을 통해 사물과 세계를 미학적 인식으로 이끌어내는 능력을 함양할 수 있게 된다.

국어과에서 확산적 사고는 특히 심미적 혹은 감동적 경험과 일상적 경험의 기제들을 서로 상호성 있게 살려나가도록 하는 데서 효용성을 발휘할 수 있다. 한 편의 시를 읽으면서 평소 막연하게 느끼던 정서를 구체적 정서로 경험하게 된다면 이는 언어적 매개를 통한 경험의 확대라는 의미를 지니게 된다. 이러한 효과를 추구하기 위해서는 특정의 언어 경험에 연관되는 다른 경험들을 언어적으로 넓혀나가고 강화할 수 있는 프로그램을 제공하는 것이 한 방법이 될 것이다. 한국 무용 '승무'를 보고 조지훈의 시 작품 「승무」를 읽는다면 무용을 본 경험이 시 형식의 언어 경험을 통해 구체적 이미지로 착색될 수도 있고 무용 승무에서 경험하지 못한 깊은 사색을 얻을 수도 있을 것이다. 이러한 감상 과정 자체가 확산적 사고의 실상이다. 확산적 사고를 창의성 교육에서 촉발하기 위해서는 문학과 비문학의 상관적 확산을 시도해볼 만하다. 서울에 홍길동이 나타났다고 가정하고, 홍길동이 돌아다닐 만한 노정을 스토리텔링 방법으로 구성하는 등의 활동을 통해 문학과 비문학의 영역을 넘나드는 확산적 사고를 현동화(actualizing)할 수 있을 것이다.

수렴적 사고는 논리적 사고의 한 양상으로 볼 수 있다. 경험과 내용을 어떤 전략적 필요에 따라 중요하다고 판단되는 것 중심으로 버려나가는 사고 과정이다. 이는 달리 말하면 규범을 준수하는 사고이다. 규범을 준수하기 위해서는 규범의 내용을 정확하게 파악하는 능력이 필요하다. 정확하게 파악된 규범의 원칙을 따라 행동하는 과정에서 인성적 특성이 교육될 수 있다. 삶의 과정에서 기존에 마련된 논리를 따라가며 준수하는 일은 안정성을 확보하는 중요한 기제이다. 이러한 기제를 삶의 리듬 속에 수용하지 못하면 삶의 질서가 형성되지 않는다. 그런 점에서 수렴적 사고를 잘하고 거기 따라 행동을 유연하게 조정하는 것은 준법성과 연관된 인성의 측면뿐만 아니라 창의성 측면에서도 중요한 능력으로 평가된다. 수렴적 사고는 듣기, 말하기, 읽기, 쓰기 등에서 각종 '요약하기' 활동으로 구체화될 수 있다. 요약을 통해 준수해야 할 규칙을 발견하는 일이 중요한 의미를 띠는 것은 물론이지만, 그러한 규칙을 발견하지 못하는 경우 행동이 파행적으로 나타날 수 있다는 점도 중요하다.

확산적 사고와 수렴적 사고는 사고 형식과 사고 구조 면에서 강한 상관성을 지닌다. 바람직하기로는 두 사고 형식이 서로 가역반응으로 나타나는 것이라 할 수 있다. 이를테면 어떤 내용을 두고 자유자재로 확산적 사고와 수렴적 사고를 넘나들 수 있는 경험을 제공하는 것이 바람직하다. 시를 읽으면서 별의 운행이 천문학적 리듬을 탄다는 점을 생각한다면, 천문학이라는 점에서는 수렴적 사고가 될 것이나 서로 다른 영역을 넘나들며 의미를 발견한다는 점에서는 확산적 사고의 한 예가 될 것이다.

3. 텍스트 생산·수용 차원에서의 국어과 창의·인성

1) 텍스트 생산·수용의 주체로서 창의·인성의 함양

국어교육에서 교육과정의 변화에 따라 강조점이 달라지는 것은 의당 있을 만한 일이다. 국어교육의 초기에는 텍스트의 내용이나 구조를 명제적 지식의 차원에서 가르치는 데 초점을 두었으나, 점차로 교육 내용을 텍스트의 소통 방식에 초점을 맞추는 쪽으로 패러다임이 변화했다. 이는 학습자를 객체로 두던 전통적 교육 방식에서 학습자를 의미 구성 주체로 설정한 데에 그 핵심이 있다. 그뿐만 아니라 학습자가 언어문화의 주체가 되는 경험을 하게 되는 계기를 마련한 것도 교육과정의 변화로 가능해졌다. 창의·인성은 문화적 현상과 연관을 갖는다. 언어 문화를 실천하는 가운데 언어적 창의성을 일궈내고 인성 함양을 할 수 있다면 이는 국어과 영역에서 도모할 수 있는 바람직한 성과라 할 만하다.

학생들로 하여금 텍스트 생산·수용의 주체가 되도록 하는 것은 국어과 학습 과정에서 학생들의 자기 주도적 위상을 살려준다는 것을 의미한다. 자기 주도성은 창의성 자질의 가장 중요한 요소이다. 자기 주도성은 창의적 기능의 자질에 들기도 하고 창의적 태도 자질에 관여하기도 한다. 학습자로 하여금 텍스트 생산·수용의 주체가 되도록 강조하는 것은 국어과 교육의 내용 핵심이 다양한 문식성(文識性, literacy)을 함양하도록 하는 데 있음을 보여준다. 기본 문식성에서 문화적 문식성이나 직업 문식성에 이르기까지 다양한 문식성의 개념이 등장하게 되었고, 그러한 다양한 문식성에 익숙해질 것을 요구하는 일은 사회문화의 변화에 국어교육이 창의적으로 대응하는 '창의적 응전'의 양상이라 할 수 있다. 텍스트를 생산·수용하는 주체가 된다는 것은 텍스트 자체뿐만 아니라 텍스트의 작동 맥락을 인지하고 조정하는 능력을 발휘할 때 가능하다. 이 과정에 정의나 감성, 그리고 도덕성 등의 자질들이 개입함으로써 인성 교육의 효과를 내면화할 수 있다. 이 또한 대화적 사고력의 범주와 깊은 연관을 가진다.

텍스트 생산은 이중적인 의미를 내포한다. 하나는 독서로 구현되는 의미의 생산이다. 작품을 읽고 내용을 요약해 수용하고 해석하는 과정에서 의미의 생산이 이루어진다. 창작으로 일컬어지는 텍스트의 생산은 창작 주체로서 참여하는 실제적으로 집약된 창의활동 과정이다. 이처럼 의미의 생산과 텍스트의 생산에 참여하는 경험은 독자이면서 작가이고 작가이면서 독자가 되는 주체와 객체의 상호 전환 가능성에 대한 체험이라는 의미를 지닌다. 이는 대화적 구조 속에서 체험하는 창의성의 영역이기도 하다.

2) 텍스트의 불확정 공간 구체화하기와 창의·인성

어떤 텍스트든지 의미를 완벽하게 내보이지는 않는다. 감추어진 의미 공간이 있게 마련이다. 특히 시는 최소한의 정보를 주고 독자가 구체화하도록 조직된 텍스트이다. 서정주의 「동천(冬天)」이라는 시는 5행밖에 안 되는 짧은 텍스트이다.

내 마음속 우리 님의 고운 눈썹을
즈믄 밤의 꿈으로 맑게 씻어서
하늘에다 옮기어 심어 놨더니
동지섣달 날으는 매서운 새가
그걸 알고 시늉하며 비끼어 가네

그러나 이 시에 담긴 의미는 간단치 않아서, 정갈하게 다듬고 고이 기른 사랑이 웅혼한 세계를 형성해서 어떤 악운도 감히 범접할 수 없는 세계가 된다는 삶의 진실을 이야기하고 있다. 이러한 내용은 해석을 치밀하게 하는 과정에서 더욱 증폭될 수 있다. 창의적 사고를 일으키지 않을 수 없다.

독자 또는 학습자가 텍스트를 수용할 때 텍스트의 의미를 찾아가는 과정은 무수한 지연과 번복을 거쳐서 일어나는 심미적 행위이다. 의미가 모호한 부분을 채워 넣는 과정이야말로 창의적 사고와 가치가 내면화될 수 있는 중요한 기제이다. 이를 창의성 이론에서는 '모호함에 대한 너그러움'이라는 항목으로 강조하고 있다. '모호함에 대한 너그러움'은 창의성 또는 창의적 사고를 고양해나가는 '정신적 능력'이며 창의를 지향하는 태도의 영역이기로 하다. 이러한 너그러움은 의미 있는 '회의'와 '유보'로 나타난다. 텍스트 해석에서 의미 확정이 지연되는 것은 사고의 독창성을 얻어내기 위한 필연의 과정이다. 그런가 하면 텍스트 생산자가 생산 과정에서 구현한 창의성을 발견해가는 과정이라 할 수도 있다. 이는 미술·음악 등의 다른 예술 텍스트를 감상할 때도 마찬가지로 일어난다. 텍스트 해석 과정에서 '모호함에 대한 너그러움'이 반복되고 지속될수록 '해석의 순환'이 이루어지고 있다고 본다. 또는 상호주관성(inter-subjectivity)이 확장되어나가는 것으로 파악할 수 있다. 상호주관성은 작가와 해석자가 의미를 교섭하는 과정이다.

문학의 해석에 나타나는 상호주관적 사고 범주를 확대하고 독자의 재구성 활동을 강조하는 것은 근대 '도구적 이성'이 교육에 끼친 오류들을 반성하게 하는 계기가 될 것이다. 물론 이 과정에서 정의나 감성, 그리고 폭넓은 도덕성 등의 자질들이 개입할 것이다. 그렇기 때문에 인성 교육의 효과를 내면화할 수 있다. 이를 지도하는 구체적인 방법으로는 독서 토론, 역할놀이 활동, 인물 탐구 대화하기 등이 있다.

3) 텍스트 상호성 실현 과정에서의 창의·인성

과수원을 지나가다가 잘 익은 사과를 보면 어린 시절의 생각이 떠오를 것이다. 그 내용은 사람마다 다르지만, 과수원 자체에 집착하지 않고 그와 연관된 다른 경험을 떠올린다는 점은 중요한 의미를 지닌다. 독서 과정도 이와 비슷하다. 어떤 글을 읽으면 다른 글에서 읽은 일들이 떠오른다. 이처럼 하나의 텍스트가 다른 텍스트와 연관성이 있어서 서로 환기하는 현상을 텍스트 상호성(inter-textuality)이라 한다. 텍스트 상호성이라는 용어를 널리 퍼뜨린 사람은 문화 분석자이며 비평가인 기호구조주의 학자 줄리아 크리스테바(Julia Kristeva, 1941~)이다. 그의 텍스트 상호성 개념은 "모든 텍스트는 다른 텍스트를 향해 열려 있다"는 명제로 명료하게 요약된다. 즉, 모든 독서 행위는 지금 읽고 있는 텍스트가 다른 텍스트를 불러오는 방식으로 의미의 심층을 만들어나간다. 이는 물론 텍스트 자체가 그렇다기보다는 그 텍스트를 읽는 독자의 독서 행위가 창의적 자기 주도성을 발현하는 과정에서 일어난다.

어떤 방식으로든 텍스트들 사이에서 일정한 상호성을 발견할 수 있는 능력을 길러주는 것은 국어과 창의의 가능성과 통로를 넓혀주는 매우 중요한 부분이다. 고립적 읽기에서 외연적 읽기, 단독 텍스트 교재·수업에서 복수 텍스트 교재·수업 등의 아이디어를 교과서나 교수법에서 발현할 수 있어야 한다. 이는 창의의 하위 자질인 융통성을 발현하는 기제가 된다. 이러한 기제는 독자인 학습자의 창의 습관을 읽기와 쓰기에서 길러주는 것이기도 하고, 국어과 교수 방법의 창의적 변화를 촉구하는 것이기도 하다.

따라서 텍스트 상호성을 구현하는 동기와 목표와 전략이 국어과 교육에서 강조하는 교육 방법의 원리들과 잘 호응되어야 한다. 예컨대 동기 강화 차원에서는 경험 환기, 흥미 유발, 학습 내용과의 친화적 마인드 강화 등이 있을 수 있으며, 국어과 수업 목표를 고려한다면 텍스트 상호성을 기능 습득 전략으로 취할 수도 있고 주제 심화 전략으로 취할 수도 있으며 태도 강화 전략으로도 접근할 수 있다. 또한 텍스트 상호성은 국어과 단원의 제재들을 조직·배치하는 과정에서 가장 중요한 원리로 동원할 수 있다. 특히 주제 중심 단원 구성에서는 텍스트 상호성을 구현하기가 비교적 용이하다. 텍스트 상호성은 읽기나 쓰기의 교수·학습의 원리 측면에서 현장에서도 다양하게 구안되어왔다. 덧붙여 생각해볼 만한 것은 텍스트 상호성의 원리가 학생들의 국어 학습에 흥미와 동기를 강화하는 요소로 작용할 수 있도록 하는 교수·학습 기술 측면을 발전시켜가는 일이 중요하다. 이는 국어과 창의성 교육을 수업 기술적 차원에서 실천하는 현장의 과업이기도 하다.

3장 국어과 교육에서의 창의·인성 요소 구체화

1. 국어과 활동에 적합한 창의 요소

창의성은 인간 정신의 복합적인 능력이다. 창의성의 자질을 하위 수준에서 구체화하면 무려 50여 가지에 달한다. 창의성의 자질을 어떤 방법으로 하위 구분하는가에 따라 분류 수준이 달라지기도 하고 항목이 달라진다. 같은 창의 자질임에도 불구하고 어떤 하위 자질들은 다른 하위 자질들과 충돌하는 경우도 있다. 이는 그만큼 창의성의 개념과 의미가 유동적이고 확산적임을 보여주는 예라 할 수 있다.

또 창의를 논하는 분야에 따라서 그 의미를 임의적으로 자유롭게, 그야말로 '창의적으로' 변용해서 쓰는 정도가 다채롭기도 하다. 대체로 수학 창의나 과학 창의로 묶이는 '학문 창의'의 범주가 있고, 예술 생산의 자유로움과 독창성에 초점을 두는 '예술 창의'가 있는가 하면, 일상적 소통의 도구인 국어(언어와 문학) 활동에서 창의·인성의 자질을 구하는 국어 창의 같은 교과 차원의 창의 분류가 있을 수 있다.[1] 따라서 어떤 창의 자질은 과학 창의에

1 교과 내에서의 창의·인성 교육은 사회과나 체육과, 윤리과 등에도 창의·인성 교육의 개념을 구축하도록 했다. 교과 전통과 충돌하는 경우도 있으나, 교과의 지식 체계에 내재하는 창의 자질들을 새롭게 발견해 교육 내용으로 교과적 변용을 할 수 있다는 점에서는 의의가 있다. 무엇보다도 이런 창의 지향적 교육 내용을 교수·학습하는 과정과 방법

는 적합하지만 예술 창의에는 적합하지 않을 수 있다. 또 개별 교과별로 창의의 개념과 자질들이 논구되면서 해당 교과 창의의 하위 자질들을 새롭게 검토하고 정리할 필요가 생겨난다.

그러나 이 대목에서 중요하게 고려해야 할 것은 그간 창의 일반의 영역에서 개발하고 정리해놓은 창의 자질들을 국어 교과의 내용 특성에 비추어 좀 더 면밀하게 국어 교과로 수렴하는 작업이 필요하다는 점이다. 창의 일반의 창의 자질들을 국어 교과의 정체성과 관련이 약한 것처럼 다루는 것은 '국어과 창의'의 발전을 위해서도 바람직하지 않다. 이는 물론 창의 일반의 논리를 무조건 국어 교과에 끌어대거나 단순 이입해온 일부 경향에 대한 비판적 대안이기도 하다. 요컨대 창의 일반의 논의 성과들을 국어 교과의 정체성에 맞게 정교화하는 논리적 작업을 본격적으로 시도해야 한다. 아울러 국어과 정체성에 대해 교조적 경직에서 벗어나 보다 유연한 입장을 추구할 필요도 있다. 교과를 학문의 체계로만 보려는 데서 벗어나 교육 환경과 상호작용하는 생태학적 유기체로 보는 관점이 필요하다.[2] 이는 국어 교과의 미래와 바람직한 진화를 설명하는 데 필요한 관점이다. 창의성 논의는 이런 관점에서 더욱 요청되는 영역이다.

이 장에서는 창의 일반의 여러 자질들 가운데 국어 교과의 적합성이 두드러지게 높다고 인정되는 요소들을 선정해보았다. 그리고 이들 창의 자질들에 포함되는 국어 능력의 예들을 찾아봄으로써 이들이 지니는 구체적 의미를 국어과 정체성에 비추어 규정하고, 국어 수업 현장에서의 적용 가능성을 모색해보았다. 즉, 현장에서의 국어과 창의 교육 실천을 중심으로 창의 자질들을 다루어 보기로 한다.

상상력

상상력은 창의성이 구체화되는 핵심 영역이다. 상상력은 넓은 의미의 구성적 능력이다. 대상에서 어떤 사실을 발견하는 능력, 사실과 당위를 대비해 비판할 수 있는 능력, 이상적인 세계를 구성할 줄 아는 능력 등이 상상력의 하위 항목들이다.[3] 그런데 상상력은 경험과 연관성이 크다. 비고츠키(L. S. Vygotsky, 1896~1934)는 개인의 이전 경험으로부터

이 창의적으로 혁신되지 않으면 안 된다는 인식을 가져온 것은 의미 있는 성과라고 할 수 있다.

2 박인기 외, 『교과는 진화하는가』, 지식과교양, 2011.

3 우한용, 『문학교육과 문화론』, 서울대학교출판부, 1997.

창의성이 유발되며 경험이 쌓이고 다양해질수록 상상의 소재도 그만큼 풍부해진다고 말했다. 만약 모래로 뒤덮인 메마르고 광활한 사막을 경험하지 않았다면 사막에 생존하는 동·식물의 생태를 상상하기 어렵다. 이처럼 창의성이 경험에 의존한다는 사실은 명백하지만, 비고츠키는 현실적인 경험 요소와 새롭게 만들어진 요소 사이의 좀 더 복잡한 결합으로 창의성을 이해한다. 마찬가지로 상상력도 개인의 경험이 사회적 조건이나 맥락과 결합해 이루어진다는 점에 주목할 필요가 있다.

여기서 상상력이 창의성과 연관되는 사항을 몇 항목으로 열거하면 다음과 같다. 이를 구체적인 학습에 원용하는 일은 교사의 몫으로 남겨둔다.

- 어휘의 의미 연결망을 일정한 범주나 수준으로 구축하는 능력
- 논증, 토의, 토론 등에서 현실을 비판하고 예상·반론을 예견하고 준비하는 능력
- 있는 것에서 있어야 할 것들을 발견하는 능력
- 문학 내러티브를 의미 있게 수용하고 창작하는 능력
- 실재를 개성적인 비유나 상징의 언어로 드러낼 수 있는 능력
- 대상과 사물을 자아에 강하게 이입함으로써 감정을 고양시키는 능력

시각화 능력

흔히 서경시(敍景詩)를 언어로 그린 그림이라고 한다. 풍경을 그림으로 그리듯이 언어로 형상화해내는 능력이 시적 능력인 셈이다. 어떤 상황을 설명하는 데 그림을 그려 보여주기도 하고 그래프를 만들어 제시하기도 한다. 경제 성장의 변화 추이를 보여주는 데는 꺾은선그래프가 유용하고, 선거에서 후보자별로 지지율은 원그래프로 보여주기도 한다. 또한 남녀의 특성을 비교할 때는 남성과 여성을 그림으로 그려 크기를 나타내는 방법을 사용하기도 한다. 이처럼 어떤 언어적 내용을 그래픽 등의 가시적인 방법으로 표현하는 것은 창의 능력을 드러내는 하나의 지표가 된다.

창의성을 드러내는 시각화 능력의 예를 몇 가지 제시하면 다음과 같다.

- 언어적 진술을 그래픽 등의 형상적 실체로 드러내는 능력
- 특정의 시각적 형상(현상)을 비유적 언어로 그려내는 능력
- 정서나 감정을 특정의 사물에 의탁하여 표현할 수 있는 능력
- 사고나 아이디어를 다양한 매체 특성으로 드러낼 수 있는 능력[4]

- 그래프나 도표를 개성적 언어로 번역하는 능력
- 매체 변용에 의한 사상·감정의 표현 능력

유추 능력

유추 능력은 유창성(fluency)에 속하는 창의 자질이다. 유창성이란 특정 개념이나 아이디어에서 많은 수의 개념이나 아이디어를 생성하는 능력으로서, 유추 능력이야말로 사고 내용을 다양하게 생성하고 변이·전환하는 데 필요한 능력이다. 전통적으로 국어과 교육에서는 논리적 사고력을 기르는 데 활용했으며, 설명과 논증의 전략으로 가르쳐왔다. 유추 능력은 국어과 창의에서 현실 문제를 다룬 논설 텍스트 등을 비판적으로 해석하는 능력으로 구체화된다. 몇 가지 사례를 들면 다음과 같다.

- 독서 토론 등에서 텍스트의 의미를 독창적으로 발견하는 능력
- 특정의 담화나 발화 과정 등을 언어적으로 분석해 그 의도를 파악하는 능력
- 두 개 이상의 텍스트를 논리적으로 분석해 공통점과 차이점을 발견하는 능력

은유적 사고력

은유적 사고력은 은유 혹은 넓은 의미의 비유를 구사하는 능력을 뜻한다. 시의 본질 요건으로 은유를 드는 것은 이질적인 대상에서 동질성을 발견해 제시함으로써 심정적 공감을 얻을 수 있기 때문이다. 김광균(金光均, 1914~1993)의 「추일서정(秋日抒情)」에 이런 구절이 나온다. "낙엽은 폴란드 망명 정부의 지폐/ 포화(砲火)에 이지러진/ 도룬 시(市)의 가을 하늘을 생각케 한다." 낙엽을 '폴란드 망명 정부의 지폐'로 비유하는 이 능력은 참신하기도 하거니와 이를 통해 낙엽의 속성과 시대의 표정을 동시에 포착할 수 있게 하는 점에서 창의적 시각이 두드러지는 예라 할 수 있다.

은유의 속성에서 연유하는 창의성을 몇 항목 제시하면 다음과 같다. 이를 수업에서 구체화하기 위해서는 각각의 수업 현장에 맞는 교육적 가공이 필요함은 물론이다.

- 광고 언어의 의도를 이해하는 능력
- 연설에서 수사학적 요소를 발견하거나 적용하는 능력

4 매체의 원리를 알거나 매체 기기를 조작하는 기술적 능력은 여기에 포함되지 않는다.

- 글쓰기에서 특정의 동기를 수사적 전략으로 나타내는 능력
- 은유를 사용해 유머 언어를 구사하는 능력
- 시적 표현을 일상 언어에서 효과적으로 쓸 수 있는 능력
- 문학 작품이 총체적으로 드러내는 은유적 효과를 인식하는 능력
- 은유 언어에서 미적 즐거움을 즐기려는 능력(태도)
- 속담이나 관용 어구 등에서 은유적 묘미를 즐기려는 능력(태도)
- 사물의 의미를 중의적으로 해석하려는 능력(태도)

은유를 운용하는 데 참고할 만한 사항을 간단히 제안하고자 한다. 리쾨르는 살아 있는 은유가 사전에 실리는 법은 없다고 하면서, 죽은 은유만이 사전에 실린다고 말했다.[5] 이때 '사전에 실린다'는 것은 은유가 관습적 규범으로 전성된 상태를 말하는 것으로서, 최초의 창의적 의미 자질이 약화된 은유를 말한다. 즉, 개인 차원의 독창적 의미 발현이었던 것이 마침내 사회적·문화적으로 공유되는 제도로서의 은유가 되었음을 뜻한다.[6] 국어과 창의 교육에서 은유 또는 은유적 방식의 언어 사용을 지향할 때는 '살아 있는 은유'와 '제도화된 은유' 모두가 교육적으로 의미 있다. 개인의 언어적 창의가 사물과 세계에 투사되는 방식이란 점에서 '살아 있는 은유'가 교육적으로 중요하고, 은유의 역사성과 더불어 은유의 관습과 제도성은 문화를 읽어내는 창의적 능력(일종의 비판적 사고력)으로서 국어교육적 가치를 지닌다. 이 경우 창의성은 언어 형식으로서의 은유를 파악하고 운용하는 능력이라 할 수 있을 것이다.

비판적 사고

비판적 사고는 당위와 현실 혹은 존재 사이의 괴리를 발견하는 데서 비롯된다. 이는 조응적 상상력과 연관되며, 현실의 사태를 정확히 파악하는 능력과도 관계된다. 주어진 자료의 내용을 추상화해서 구조화하는 데서 시작해서 가치를 대비하고 가치 평가를 수행하는 활동 등을 통해 비판적 사고가 구체화된다. 따라서 비판적 사고는 평가적 사고와 같은

5 P. Ricoeur, *The Rule of Metaphor*, trans. by R. Czerny, University of Toronto Press, 1991, p.97.

6 남민우, 「은유 교육의 목표와 내용 연구」, 『문학교육학』, 36호, 한국문학교육학회, 2011.

의미를 지닌다. 다만 비판이라는 것을 잘못을 꼬집고 질타하는 행위나 그런 사유로 생각하는 것은 비판적 사고란 말을 왜곡할 소지가 있다.

- 글의 논리적 구조를 이해하는 능력
- 비평적 언어를 구사할 수 있는 능력
- 주장과 근거 사이의 정합성을 판단할 수 있는 능력(태도)
- 문제와 해결방법 사이의 적절성을 판단하는 능력(태도)
- 특정 문학 작품을 읽고 그것의 내용과 관련해 평가적 관점을 가지는 능력(태도)
- 특정 문학 작품의 가치를 논리적으로 제시할 수 있는 능력
- (논설, 설명 등에서) 다양한 대안을 생각할 수 있는 능력
- 토의·토론 등에서 상대의 주장과 논점을 논리적으로 반박할 수 있는 능력
- 텍스트 또는 담화 내용을 일정한 기준에 따라 가치 매김할 수 있는 능력

문제발견 능력

문제를 발견하는 것은 사실, 사태, 현상의 진상을 파악하는 데서 시작된다. 이때의 문제는 해결을 요하는 과제이다. 골칫거리로 인식되는 문제라기보다는 주체의 적극적인 개입으로 어떤 결과를 도출해야 하는 과제 같은 성격의 것이다. 달리 말하면 이는 과제의 핵심을 발견하는 능력이다. 과제의 핵심을 발견하기 위해서는 종합력과 분석력은 물론 집중력이 요구된다.

- 회의에서 안건을 제안하고 상정할 수 있는 능력
- 논증·설득 등의 담화 상황에서 문제적 이슈를 추출할 수 있는 능력
- 문학 작품에 나타난 구체적 현실을 읽고 문제적 현실을 인식할 수 있는 능력
- 특정의 상황에서 이전에 없던 새로운 계획을 수립할 수 있는 능력
- 문학 토론 등에서 논의의 이슈를 선점할 수 있는 능력

문제해결력

이는 문제발견 능력에 이어지는 능력이다. 문제가 제기되는 정황은 매우 다양하다. 하나는 현실적으로 해결되어야 하는 일상 가운데 제기되는 문제를 해결하는 경우이다. 이는 수행 능력을 요하는 사항이다. 다른 하나는 언어 사태 속에서 제기되는 문제를 해결하는

능력이다. 이는 말하고 글쓰는 과정 전반에 걸쳐 제기되는 문제를 해결하는 능력이다. 인문학의 대부분 영역이 이러한 과제로 가득 차 있다. 특히 문학 작품의 이해와 평가에서 문제해결력은 정당하게 발휘될 수 있다. 이청준의 『당신들의 천국』에서 작중인물이 아직 미결로 남겨둔 과제를 어떻게 해결할 것인가 묻는다면 이는 비평 활동으로 수행되는 문제해결의 양상이라 할 수 있다.

- 토의·회의 등에서 다수의 지지를 받는 안을 만들어 제안하는 능력
- 관찰문 쓰기의 과정에서 새로운 아이디어를 찾을 수 있는 능력
- 보고문·건의문 등에서 수용 가능한 아이디어를 내는 능력
- 각종 비평 활동에서 기존의 가치나 평판을 전복시킬 수 있는 능력
- 각종 대립 사태에서 언어적으로 문제를 해결하는 능력
- 필요에 따라 새로운 언어 사용의 양식을 만들어내는 능력

확산적 사고력

확산적 사고는 수렴적 사고와 맞서는 개념이다. 어떤 사태에 다양한 방식으로 대처할 수 있고 유용성 있게 돌려 생각할 수 있으며 독창적인 아이디어를 낼 수 있는 등의 능력이 확산적 사고의 특징이다.[7] 이러한 특징 가운데 다른 하나는 사고의 정교성(elaboration)이다. 사고의 정교성은 빈 공간이 있는 아이디어를 완성하는 방식으로 구체화된다. 확산적 사고를 활성화하는 방법으로 동원되는 기법 가운데 하나가 '브레인스토밍'이다. 확산적 사고는 규칙 준수를 요구하는 수렴적 사고와 맞선다는 점에서 실제 삶의 과정에서는 용기를 필요로 한다. 그러한 점에서 인성의 문제와 연관되기도 한다.

- 말하기나 쓰기에서 효과적으로 브레인스토밍을 구사할 수 있는 능력
- 사물과 현상에 대해 시적 인식이나 발상으로 사고하는 능력(태도)
- 자유연상의 방식으로 사고하려는 태도
- 체험 내러티브를 재구성하려는 능력(태도)
- 체험 내러티브를 바탕으로 허구 내러티브를 만드는 능력(태도)
- 시를 창작하는 능력(태도)

7 Mallory Bagwell, 한기순 역, 『창의성의 이해』, 한국교총 영재교육원, 2008, 55-64쪽.

- 언어와 사물의 관계를 고정 관념을 넘어서서 보려는 태도

정교성

사고의 정교성이란 하나의 아이디어에 다른 아이디어를 더해 질적으로 개선함을 의미한다. 종이 클립을 예로 들어보자. 요즘 사용하는 종이 클립은 모양이 아주 단순하지만, 처음의 어설픈 아이디어로부터 개선 과정을 거쳐 현재와 같이 간편한 종이 클립으로 완성되었다. 에디슨이 축음기를 최초로 발명했지만, 축음기를 더욱 정교하게 발전시켜서 소비자의 구매력을 높인 발명가는 벨이었다. 독창성이 아이디어 기저에 놓여 있는 영감이라면 정교성은 아이디어를 개선하는 노력이다.

- 문법 지식을 탐구의 과정으로 이해하는 능력(태도)
- 어휘들 간의 의미를 다양한 상관 범주로 익히려는 능력(태도)
- 글쓰기에서 일관성(coherence)과 일관성의 엄격성을 인식하는 능력(태도)
- 독해에서 문면 뒤의 숨은 의미를 찾아내는 능력(elaboration)
- 시에서 시적 형식과 시적 장치 등을 엄밀하게 분석해내는 능력
- 언어 규범에 대해서 민감성을 발휘하는 능력(태도)

유창성

사고의 유창성은 풍부한 적용력의 일종이다. 일반적 진술을 보고 구체적인 사례를 금방 떠올리는 능력이 유창성의 한 예이다. 적용력은 변형의 능력이기도 하다. 노랗다, 높다랗다 등을 보고 '네모다랗다'는 말을 만들어내는 능력이 이에 해당한다. "하나를 들으면 열을 안다"는 속담이 유창성에 대한 알레고리이다. 이는 유추 능력과 유사하다. 유창성은 유연성이 바탕이 되어야 발휘되는 능력이기도 하다.

- 유의어와 반의어 등을 민감하게 처리하는 능력
- 수사적 전략을 기민하게 세우고 처리하는 능력
- 연설·토론 등의 활동에 몰입하고 즐기려는 태도
- 각종 매체 언어에 빠르게 적응하고 익숙해지는 성향
- 관찰 보고 등에서 현실의 생활 맥락을 잘 살리는 능력
- 진부하고 상투적인 언어 사용을 피하려는 태도

감수성

감수성은 인지적 영역과 정의적 영역에 두루 작용하는 정신적 감응력이다. 아름다움을 아름다움으로 느끼는 능력이 정서적 감수성이다. 여름 하늘에 피어오르는 뭉게구름을 보고 이상세계를 그려볼 줄 아는 능력이 정서적 감수성이라면, 왜 산을 넘어 하얗게 피어오르는 뭉게구름이 이상세계를 떠올리게 하는지 분석하는 능력은 지적인 감수성이다. 감수성은 주로 예술 언어 영역에 작용하는 것으로 인식된다. 그리고 감수성은 영역 간의 전이를 가능하게 한다. 예컨대 문학에서의 각색이 그것인데, 소설을 연극대본으로 만든다면 거기에 요구되는 능력이 감수성이다.

- 일상의 언어 표현에 대한 민감성 능력
- 시적 언어에 대한 이해와 표현 능력
- 극적인 상황을 여러 언어 양태로 표현하는 능력
- 매체 언어의 변화상에 대한 적응 능력
- 판타지 차원의 언어 문학에 대한 친화적 반응 능력
- 각종 언어 활동에서 자기 주도성을 보이려는 태도
- 언어와 여타 예술 분야의 연관에 대한 관심과 참여(태도)

다양성

사고의 다양성은 주체의 분화를 바탕으로 한다. 장미꽃에 들어가 꽃잎을 갉아먹는 벌레를 바라보면서 벌레를 '못된 놈'으로 질타한다면 이는 다양성이 떨어지는 사고이다. 식물과 곤충의 관계, 먹이사슬의 문제, 장미의 곤충 유인력과 번식력 등의 문제를 동시에 고려할 수 있는 것이 사고의 다양성이다. 다양성은 확산적 사고, 유연한 사고 등과 연관된다. 하나의 관점을 고정해놓고 다른 생각을 하지 않는다면 사고의 다양성을 확보하기 어렵다. 다양성은 관계적 사고와도 연관된다. 이는 다른 말로 역지사지하는 태도를 뜻한다. 아들이 아버지 편에서 생각해보기도 하고 교사가 학생 편에서 생각해보는 역지사지에서 사고의 다양성이 확보된다.

- 주제에 대한 탐구 능력
- 표현 및 수사학적 전략에서의 다양성 구사 능력
- 언어 사용에서 맥락의 다양성을 이해하고 활용하는 능력

- 문학 언어의 모호성에 대한 너그러움(태도)
- 다양한 장르 현상에 대한 이해와 관찰
- 매체 언어의 다양성, 복합 리터러시에 대한 이해 능력

개방성

개방성은 주체로서 나를 풀어놓는 사고 태도이다. 이는 수용성(受容性)이라 할 수도 있다. 이것은 자신을 풀어놓는 태도와 연관되는데, '나도 그럴 수 있겠다' 하는 허용적 태도와 연관된다. 이러한 태도는 자신을 열어놓고 상대방의 이야기를 듣고 그 이야기에 진지하게 반응하는 대화적 태도와 연관된다. 그러기 위해서는 자신의 신념, 이념, 습관 등에서 벗어나 대상의 요구에 적절히 대응하는 태도가 유지되어야 한다. 뒤샹의 〈샘〉은 소변기를 전시장으로 옮겨놓은 것이고, 피카소의 〈황소〉는 자전거 안장과 핸들을 조합한 작품이다. 예술에 대한 관념을 벗어나 개방적인 사고를 할 때라야 그러한 작품이 나올 수 있다.

- 텍스트 상황에 대한 열린 반응 지향의 태도
- 각종 담화·소통 상황에서 주체적 주도 지향의 능력(태도)
- 반응 중심 활동 강화
- 다양하고 개방적인 장르 변용 능력(태도)
- 매체 변용과 관련한 개방적 소통 활동 능력(태도)
- 독서 토론 등을 통한 소통 참여 활동 능력

복합성

복합성은 인간 존재의 기본 속성에 연유한다. 인간은 이성적 동물이기도 하지만 감정의 동물이기도 하다. 달리 말하면 감성과 이성이 복합적으로 작용해서 인간을 움직여간다. 그런가 하면 인간은 성스러움을 추구하기도 하고 속악한 비루함 속에 빠지기도 한다. 마찬가지로 사고와 행위가 어느 하나의 원리나 원칙에 따라 정연하게 진행되기보다는 복합적으로, 어찌 보면 종잡을 수 없이 복잡하게 진행된다. 사태를 단순화하지 않고 복합적인 맥락에서 대하는 것이 복합성의 발현 양상이라 할 수 있다.

- 읽기·쓰기 등의 영역에서 텍스트 상호성을 발휘하는 능력
- 미디어 텍스트의 복합 문식성 발휘 능력

- 논술 능력: 논리적 전개와 공감이 가는 예시를 할 수 있는 능력
- 종합적 연출 능력: 예술, 기술, 실용 등 각종 능력의 융합적 운용

열정과 즐거움

사랑이 지식의 모태라고 갈파한 이가 있다. 사랑은 열정과 즐거움을 동시에 포괄한다. 이는 창의성의 속성이라기보다는 창의성이 발현되는 데 필요한 태도라 할 수 있다. 여기서도 복합성을 볼 수 있는데, 열정과 몰입이 천재성의 징후이듯이 창의성 또한 몰입하는 데서 자라나는 인간의 능력이다. 개미를 연구하는 사람에게 개미는 몰입의 대상이다. 보통 사람은 지나치거나 쓸어버릴 수 있는 대상인 개미를 관찰하고 기록하면서 행동의 원리를 발견해 생물의 행동 원리로 일반화하는 데서 얻는 즐거움이 개미를 연구하는 원동력이다. 국어와 연관된 창의성에서 열정과 즐거움은 주로 언어와 관계된다.

- 민족 언어(한글 운동 등)를 대하는 관심과 태도
- 다양한 범주와 수준의 사전 제작 능력(태도)
- 국어 학습 관련 UCC 창작 활동 능력(태도)
- 연극 활동을 통한 심미적·수행적 언어 활동 능력
- 언어적 문제해결과 관련한 포트폴리오 제작 능력(태도)
- 국어 문제, 국어 정신 등을 실천적으로 구현하는 활동 능력(태도)

2. 창의 요소와 인성 요소의 결합 양식

이전의 연구들에서는 창의성을 독립변수로 놓고 그 속성을 밝히고, 창의성의 지표를 확인하고, 창의성을 지닌 인재를 발굴하는 방법 등을 연구했다. 나아가 창의성이 길러질 수 있는가 하는 논의를 거쳐 교육의 장에서 창의성 형성을 모색하는 방향으로 연구가 진행되었다. 이러한 연구는 창의성에만 몰두한 나머지 창의성이 발현되는 인간 주체의 속성에 대한 고려가 충분하지 못했다. 심지어는 창의성과 인성은 서로 상반되는 속성인 것처럼 논의가 방향을 잡기도 했다. 그러나 창의성과 인성이 과연 그렇게 분리될 수 있는가 하는

의문이 일기 시작한 것은 인간의 복합성과 다양성에 대한 인식에 바탕을 두고 있다. 나아가 인간이 관계 존재라는 인식이 증대되면서 창의성이 인성과 무관하지 않다는 깨달음이 널리 퍼지게 되었다.

연원으로 본다면 인간의 지적 능력이라는 IQ의 측정은 다분히 실용적 목적을 띠는 것이었다. 군대에서 자기 역할을 제대로 수행할 수 있는 능력을 지닌 사람을 뽑자는 목적에서 개발된 것이 IQ 검사 도구였다. 그러한 도구가 학교 현장에 보급되고 학습자의 학습 능력을 지능(IQ)과 직결하는 관행이 생겨났다. 그런데 지능이 높은 학생이 반드시 공부를 잘하는 것도 아니고 건전한 도덕성을 갖추고 있는 것도 아니라는 사실이 밝혀지면서 인간을 움직이는 요건 가운데 지능 이외의 다른 요건을 고려하게 되었다. 정서지능(EQ)이니 도덕지능(MQ)이니 하는 것들이 관심의 대상으로 부각되었다. 거기서 더 나아간 것이 가드너(H. Gardner)가 주장하는 다중 지능(multiple intelligence)이다.[8] 이것이 가설인지 이론인지는 명확히 말하기 어렵다. 다만 인간의 정신 능력이 복합적이고 다중적이라는 점을 지적한 것과, 하나의 인격체로서 개인의 능력은 다중 지능 가운데 몇몇 능력이 특별히 발휘된다는 점을 명시한 것은 인간 이해의 폭을 넓혀주었다고 할 만하다.

가드너의 주장은 이렇다. "인간의 지적 능력은 서로 독립적이며 상이한 여러 유형의 능력으로 구성된다." 가드너의 지능 이론에 따르면, 지능은 다음과 같이 8개 영역으로 나눌 수 있다. ① 언어(linguistic), ② 논리 수학(logical-mathematical), ③ 공간(spatial), ④ 신체운동(bodily-kinesthetic), ⑤ 음악(musical), ⑥ 대인관계(interpersonal), ⑦ 자기 이해(intrapersonal), ⑧ 자연 탐구(natural) 지능 등이다. 이 가운데 언어적 창의성과 직결되는 언어지능은 '언어로 사고하고 복잡한 의미를 표현하는, 언어를 사용하는 능력'으로 규정된다.

그러나 언어 수행의 측면에서 보면 가드너가 제시한 지능 영역 전체가 언어수행과정에서 작동한다고 보아야 한다. 그렇다면 언어적 창의성이 인성과 연관되는 지점을 어느 하나로 고정할 것이 아니라 언어가 수행되고 운용되는 국면에 드러나는 여러 가지 가능성을 복합적으로 고려해 교육의 장에 전이해야 한다는 결론에 이르게 된다. 창의적인 언어 수행은 도덕적 건전성과 윤리적 진정성을 바탕으로 한다. 바꾸어 말하면 창의적 언어 수행이 인성의 형성과 직결된다고 할 수 있다. 여기서는 창의성과 인성이 연관될 수 있는 가능성

8 하워드 가드너, 유경재 · 문용린 역, 『다중지능』, 웅진지식하우스, 2007.

을 아이디어 차원에서 간략하게 예시한다.

언어적 민감성

언어적 민감성은 창의의 요소이기도 하지만 이를 바탕으로 타자에 대한 배려의 요소가 발현될 수 있다면 창의와 인성이 바람직하게 결합된 교육의 장으로 전이될 수 있다. 특히 듣기에서의 공감적 이해나 실제적 의사소통 행위에서 인지적·논리적 이해와 더불어 작동하는 감성적 이해는 상대의 정서와 감성을 배려하는 양태로 나타날 수 있다.

모호함에 대한 너그러움

'모호함에 대한 너그러움'은 능력 자질도 포함되지만 태도 자질에 가까운 것으로 볼 수 있다. '모호함에 대한 너그러움'은 해석의 다양성, 의미의 중층성 등을 이해하는 인지적 능력(태도)으로서 예술적 창의의 중요한 특성이다. 그러나 모호함에 대한 너그러움을 드러내는 과정에서 성급함을 배제하고 신중함을 추구하는 인성 자질이 자연스럽게 함께 배양될 수 있다. 신중함을 통해 상대에 대한 배려의 덕성을 도모할 수 있는 기제가 생겨난다.

언어적 유희

언어적 유희(pun, paronomasia)는 '언어적 인간'이 지니는 본성적 부분으로 볼 수 있다. 그러나 언어적 유희를 추구하고 이를 수행함으로써 언어적 유창성과 언어적 민감성 등 여러 가지 창의 자질을 기를 수 있다. 또한 언어적 유희는 개방적이고 적극적인 인성 자질과도 연관을 맺는다. 개방성과 적극성은 모두 창의 자질에 해당하기도 하고 인성 자질을 머금기도 한다. 언어적 유희는 단독적 상황이라기보다 집단적 또는 일정한 사회문화적 상황과 결부되어 수행되는 경우가 많다. 따라서 '사회성(사교성) 발달'이라는 인성 덕목과 결합될 수 있다.

관계적 사고

관계적 사고는 사고의 풍부성과 입체성을 길러주는 측면에서 창의 자질이 매우 풍성한 것이라 할 수 있다. 또한 관계적 사고는 우리가 사는 세계 속의 삶을 생태학적 인식론으로 경험하고 상상할 수 있다는 점에서, 즉 인식의 새로움을 구가할 수 있기 때문에 높은 창의 자질을 지닌다. 관계적 사고를 훈련해나가는 동안에 지역주민, 국민, 인종, 인류 전체를 관계적 일체로 인식할 수 있는 경지로 나아갈 수 있다. 이는 인류를 사랑하는 인성의 차원을 자연스럽게 배양해줄 수 있다. 물론 자연을 생태적 관계망 속에서 파악할 수 있으므로 자연애를 함양할 수 있다. 이는 배려라는 인성 덕목을 기르는 일에 닿아 있다고 볼 수 있다.

인물(자아) 탐구

인물 탐구는 (문학 텍스트에서는) 인물에 대한 해석적 능력을 기르고 문학적 상상력을 고양하는 데 필수적인 부분이다. 또 문학에서 인물 탐구는 새로운 인간형을 창조한다는 문제와 결부되어 있어서 창의 자질을 풍성하게 지닌다. 그러나 인물 탐구의 과정과 결과를 학습자 자신에게 투사함으로써 자아 개념을 형성하는 데 기여한다. 따라서 인성 교육 작용이 일어나게 된다. 인물 분석과 탐구는 인간 존중 특히 인간의 동기에 대한 배려 등으로 이어짐으로써 창의와 인성의 왕성한 결합을 불러온다.

집단 창작

집단 창작은 창의성 실현을 집단 활동 또는 협동 학습의 차원에서 구현할 수 있다. 집단 창작은 창작 교육의 구체적 방법으로서 사회적 구성 원리를 발달 과정에 있는 학습자의 창작 글쓰기 과정에 적용해보는 것이라 할 수 있다. 이 과정에서 구체적 협동의 기술과 공동체 정신 또는 공동체 가치 등을 체험적으로 내면화할 수 있다.

연출 감수성

연출 감수성은 문학 텍스트의 세계이든 삶의 세계이든 그것을 연출자의 창의적 해석으로 다른 사람에게 극적으로 재현해 보이는 과업에서 연출자가 발현하는 독창적이고 개성적인 해석과 의미화의 실체가 잘 드러난다. 연출 감수성은 한 주체(학생)가 보일 수 있는 창의 자질의 다양한 면모와 총화적 면모를 내포한다. 연출 과업에서 연출 감수성을 발현하는 동안 몇 가지 인성 자질들의 함양을 기대할 수 있다. 연출가의 수평적 리더십, 책임감, 연극 수행팀 전체의 공동체 정신 등이다. 연출 감수성은 연극 연출에만 적용되는 것은 아니다. 각종 전시 이벤트나 특별한 행사 디자인 등에도 연출 감수성이 작동한다.

공감 소통하기

공감 소통하기는 독후감 나누기, 독서 토론 등에서 발현될 수 있는 과업으로서 공감의 실체를 발견한다는 점, 그리고 소통에서 오는 적극성과 자기 주도성 등에서 창의 자질을 살려나갈 수 있다. 공감이란 높은 수준의 인지적 조절 능력을 수반한다. 그리고 그것의 내적 기제는 민감성과 협응성을 발휘한다는 점에서 창의적 자질이 강하다. 동시에 공감은 주체가 타자를 배려하는 도덕적 자질에 깊이 관여되어 있다. 확장하면 관용의 인성과 정직의 인성에 가 닿는다. 소통은 개방성과 정직성 등의 인성 덕목에 결부되어 있다.

어휘의 풍부성

어휘의 풍부성은 사고의 풍부성과 사고의 유연성에 대응된다. 어휘의 풍부함으로 표현의 유창성을 담보할 수 있다. 이는 대상 또는 현상에 대한 의미나 해석 그리고 표현의 다양성을 보여준다. 다양한 통찰과 해석은 대상의 여러 측면을 이해할 수 있음을 뜻한다. 적극성, 배려, 용기 등의 인성 덕목에 결부될 수 있다.

내러티브 변용하기

내러티브 변용하기는 문학 교육의 구체적 국면을 가장 빈번하게 나타내주는 활동이다. 내러티브 변용 과정에서 변화성과 재구성이 주는 정신 활동의 속성은 새로운 것을 추구하는 지향, 변화를 주체적으로 주도하는 태도 등의 창의 자질로 확산할 수 있다. 동시에 내러티브 변용 과정은 인물들 간의 갈등 양상을 이해하고 그 해결의 대안을 모색하는 과정을 수반함으로써 인간 내면의 동기를 이해하는 데 이를 수 있다. 따라서 세대, 계층, 직업 등에 따른 갈등을 이해함으로써 인간 내면에 대한 관용과 인간관의 성숙을 기할 수 있다. 이는 인성 교육의 본령에 해당한다.

4장 국어과 창의성 교육의 전략적 범주들

1. 언어적 문제해결력

1) 문제 중심 학습의 개념

문제 중심 학습은 어떤 구체적 '문제(problem)', '사례(case)', '과제(task)'를 중심으로 전개하는 교수·학습 모형을 뜻한다. 그런데 여기서 '문제'라는 용어에 주의할 필요가 있다. 문제 중심 학습에서 다루는 '문제'는 단순한 '질문'이 아니다. 드라마나 영화 각본과 마찬가지로 구체적인 상황·배경·인물·사건을 포함하는 문제이다. 예컨대 결혼을 앞둔 총각이 집안의 반대에 봉착해 결혼이 성사되기 어려운 상황에 처했다면 이 문제를 어떻게 해결할 수 있을 것인가와 같은 '문제'이다. 이러한 문제는 기본적으로 내러티브 형식으로 구성되고 해결 또한 그러한 형식을 빌리게 된다.

이러한 학습 방법에서는 학생의 자발적인 참여가 중요한 의미를 지닌다. 상황을 이해하고 거기 관여하는 인물들의 성격과 욕망 등을 이해해야 문제를 명료하게 제시할 수 있다. 문제의 핵심이 명료해야 해결 방안을 찾을 수 있다. 이러한 학습을 통해 학생 스스로 의미 있는 해결 방법을 찾아내는 과정에서 교과 지식뿐만 아니라 문제해결 전략을 동시에 학습하게 된다. 예컨대 도심지 건물의 간판 현황과 외국어의 범람을 방지하는 방법을 찾는 문제를 해결한다고 할 경우 팀을 만들어 역할을 분담해 현황을 조사하고 방법을 모색하는 등의 일을 하는 것은 문제해결 전략을 요한다.

2) 문제 중심 학습의 구성 요소

문제 중심 학습을 수행하려면 학습자와 학습내용을 명시한 교육과정, 그리고 교사의 학습 지도가 있어야 한다. 이를 항목별로 간단하게 살펴보자.

첫째, 학습자의 참여가 있어야 한다. 학습자를 문제 상황의 당사자, 문제해결자로 적극 참여시킨다. 학습자를 학습 상황에 적극 참여시키는 것은 창의적인 문제해결을 도모하는 데 기여함은 물론이고 학습자가 창의적 인성을 길러 나가는 데 기여한다.

둘째, 교육과정 조직이 있어야 한다. 학습 내용 간의 연계를 높이기 위해 교육과정을 통합적으로 조직한다. 학습자의 흥미를 충분히 유발하도록 실제와 밀접한 문제 상황과 교육과정에서 다루는 교과 내용을 종합적으로 연계해 제시한다.

셋째, 교사의 교수·학습 전략이 있어야 한다. 교사는 학습자가 창의적인 사고력을 발휘하도록 안내하고 탐구를 촉구하는 교수·학습 전략을 활용한다.

이러한 과정에서 길러질 수 있는 창의적 능력 또는 요구되는 능력은 다음과 같은 것들이다.

- 회의에서 안건을 제안하고 상정할 수 있는 능력
- 논증·설득 등의 담화 상황에서 문제적 이슈를 추출할 수 있는 능력
- 문학 작품에 나타난 구체적 현실을 읽고 문제적 현실을 인식할 수 있는 능력
- 특정 상황에서 이전에 없던 새로운 계획을 수립할 수 있는 능력
- 독서 토론 등에서 논의 이슈를 선점할 수 있는 능력

2. 소통 능력 : 복합 미디어 문식력

미디어의 발달은 언어적 소통 양상을 이전과 현저히 달라지게 한다. 전신의 발명으로 문자를 통해 음성 언어의 거리적 제한을 해소했고, 전화의 발명으로 음성 언어의 시공간적 제약을 넘어섰다. 라디오, 텔레비전 등은 대중적 소통 양식을 새롭게 만들어낸 소통의 혁명을 가져왔다. 그뿐만 아니라 컴퓨터와 통신 기술의 발달로 지금까지 겪어본 적이 없는 새로운 시공간을 체험하게 되었다. 언어 소통의 일방성을 극복하고 동시적 쌍방향 소통이 가능해졌다. 일대일 대화 양식에서 벗어나 일대다(一對多) 또는 다대다(多對多) 대화 양식이 가능해짐으로써 화상회의로 전 세계에 흩어져 있는 이들이 동시에 마주보고 이야기를 나누고 실시간 회의를 할 수 있는 시스템이 개발되었다.

동영상의 제작과 전달이 용이하게 됨으로써 개인은 자신의 생애를 스스로 기록할 수 있게 되었다. 동영상 제작과 소통·반응이 자유로워지면서 거기에 개입할 수 있는 언어 운용 양상도 달라졌다. 아울러 삶의 양상도 이전과는 사뭇 다르게 변화했다. 이러한 변화는 그 속도가 매우 빠르고 기술 발달이 혁신적이라서 개인의 정체성을 위협하는 단계에 이르렀다. 더구나 스마트폰의 발달은 개인의 언어 생활은 물론 정보의 획득, 분배, 소통까지를 바꾸어놓았다. 그 전파력이 정치적 견해를 표명하고 정치적 판단을 가시화하는 데 이용되고 있을 정도가 되었다. 즉, 스마트폰을 이용해 정치적 견해를 조성하기도 하고 여론을 형성해 정치의 세계화가 가능하게 되었다. 아울러 개인의 취미 생활과 예술 활동을 용이하게 함으로써 문화와 예술을 향유하고 생산하는 주체로서의 능력을 확장시켰다. 물론 그 부작용을 우려하는 견해 또한 없지 않다.

이러한 상황에서 복합 미디어를 운용하는 능력은 인간의 언어 능력을 한 단계 끌어올린 결과를 가져왔다. 따라서 복합 미디어 환경에 익숙해지고 일상 언어생활에서 복합 미디어를 이용할 수 있는 능력을 길러주어야 하는 것이 교육적 과제로 부각되었다. 복합 미디어와 연관된 교육적 과제 가운데 국어과에 수렴할 수 있는 영역을 미래 지향의 자세로 검토해야 한다. 복합 미디어는 이용자들이 감당할 수 없는 기술 문제를 포함하고 있어 미디어 자체를 이용자가 만들어나가지는 못한다. 컴퓨터를 이용해서 그래픽을 작성하거나 애니메이션을 만드는 일은 이용자가 할 수 있지만 이용자 누구나 컴퓨터의 기계적인 기능을 향상하는 작업을 할 수는 없다. 그렇기 때문에 기계적인 면에서는 일방적인 속성을 면키 어렵다.

국어 교육의 일상에서 영상과 언어를 결합하는 일은 거의 자유자재로 할 수 있다. 영상과 음악을 연계하는 정도의 작업도 할 수 있다. 그리고 간단한 영상 서사를 만들 수 있다. 영상 서사는 인간의 행동, 언어, 영상, 음향 등이 복합적으로 관여해 하나의 작품으로 탄생한다. 그 작품의 질적인 수준은 다른 평가를 요한다. 능력이 뛰어난 사람이라면 충분한 길이와 풍부한 내용을 영상 서사에 담을 수 있다. 학생들의 참여와 교사의 지도로 만들어진 영상 서사물을 소통하고 그에 대한 평가를 통해 복합 미디어 운용 능력을 길러나가는 것이 국어과 영역의 과업이다.

이러한 교육과정에 창의적으로 참여하고 창의적인 과정을 거쳐 생산한 작품이 창의성을 띠기 위해서는 몇 가지 고려할 사항들이 있다. 여기서는 대안적인 성격의 제안을 간단히 열거하는 데 그친다. 그 응용과 실용성의 검증은 후속되는 작업이 필요한 사항이다.

- 복합 미디어의 등장으로 인해 변화를 가져오는 언어에 대한 이해
- 언어 운용과 소통 양식이 미디어와 연관되어 변화하는 양상에 대한 이해
- 복합 미디어를 활용할 줄 아는 능력의 함양
- 시의 분위기에 맞는 음향과 동영상 결합하기, 동영상 시화(詩畵) 만들기
- 소설을 동영상 서사로 각색하기와 연출하기
- 영상 서사 소통에 참여하고 평가하기. 영상 서사 비평, 토론, 글쓰기 등
- 블로그 활동을 통해 글쓰기 주체로서의 역량 기르기
- 뉴미디어 공간에서의 소통 공동체 참여하기
- 뉴미디어 공간에서 의미 있는 발신자 역할하기

3. 언어문화의 내면화 및 재창조

언어문화란 어느 공동체 안에서 수행되는 언어 양상에 나타나는 규칙이나 규범 또는 일정한 지향(志向)을 뜻한다. 우리말의 높임법 같은 것은 명시적인 언어문화이며, 반면에

'말을 아낀다'는 표현처럼 말이 과도하게 겉으로 드러나지 않도록 행동하는 것은 안으로 숨겨진 잠재적 언어문화라 할 수 있다. 그런가 하면 "말 한마디로 천 냥 빚을 갚는다"는 속담에서 보듯이 말을 잘해야 한다는 태도를 표명하기도 하고, "가는 말이 고와야 오는 말이 곱다"는 말로 언어 수행의 상호성을 강조하기도 한다. 이처럼 언어 운용에 나타나는 현시적·잠재적 규범을 언어문화라 한다.

언어를 문화로 본다는 것은 언어의 운용 현상 자체를 주목하는 관점이며, 언어를 규범·구조·산물로 보는 관점과 달리 언어의 운용 주체를 고려하는 관점이다. 또한 이는 국어교육에서 '생산론적 관점'과 상통하는 방법이기도 하다.[1] 이러한 관점에서 보면, 학습자나 교사나 언어문화 창조의 주체들이다. 언어문화 창조를 언어적 산물의 생산만으로 국한하는 것은 너무 협소한 규정이다. 언어문화의 주체들이 운용하는 언어 전반이 언어문화이다. 언어가 운용되는 형식은 물론 말하기, 듣기, 읽기, 쓰기이다. 말은 말로 전승된다. 말하는 내용과 방법을 말을 듣는 이들이 전수받아 다음 세대에 넘겨준다. 글 쓰는 사람은 그 글을 읽는 사람에게 글의 내용은 물론 글의 양식까지 전수해준다. 시조는 양식이 전수된 결과 여전히 창작되는 반면, 향가는 내용은 남아 있지만 양식이 전수되지 않아 언어문화로 살아남지 못했다.

언어문화라는 말은 언어로 이루어진 문화산물을 뜻하는 경우도 있다. 한국어로 기록된 모든 글, 한국어 구어 자료 등이 그것이다. 상고시대의 고시가(古詩歌)나 신라의 향가에서 현대시까지, 단군신화부터 현대소설에 이르기까지 한국 문학에 포함되는 작품들이 한국어로 형성된 언어문화인 것이다. 한국어로 기록된 역사, 경전, 경전의 풀이 등도 한국 언어문화에 속한다. 여기에는 아직도 사용하는 속담, 고사성어는 물론 욕설에 이르기까지 산물로 존재하는 것들이 있다. 이러한 언어 자료를 언어문화 또는 언어문화산물이라 한다.

언어문화 자료는 뒷사람들이 해석의 자료로 삼는다. 해석은 의미 부여와 연관된 행위 및 그 결과를 뜻한다. 언어 자료의 해석은 독서 행위로 구체화된다. 독서 행위는 의미의 생산으로 연관된다.[2] 의미의 생산은 언어문화산물의 가치를 높이고 확대하는 데 크게 기여한다. 의미의 생산과 확대, 보급은 교육을 통해 이루어진다. 교육을 통해 일반화되기 이전에

1 우한용, 『한국 근대문학교육사 연구』, 서울대학교출판부, 2009, 384쪽 등.

2 의미의 생산과 연관된 독서이론은 구성주의 인식론과 인지심리학의 프레임이 국어 교육에 영향을 미치면서 일반적 원리로 전환되었다(우한용, 위의 책, 384쪽 참조).

비평가들의 비평 활동이 개입한다. 비평 활동은 가치 평가에 궁극적 목적이 있지만 의미의 생산이라는 점에서는 주체들의 언어 현상에 참여하는 과정을 전제한다. 비평 활동과 교육을 통해 언어문화가 지속된다.

지속되는 언어문화는 반복보다는 새로운 변형을 거듭하는 과정을 거친다. 정확히 말하면, 거친다기보다는 그러한 과정의 연속 속에서 새로운 면모를 갖추어간다. 이를 언어문화의 창조성이라 할 수 있다. 이러한 과정으로 언어문화 전통이 계승되고 한편으로 재창조가 이루어진다. 엄격한 의미에서 언어문화의 창조는 대부분 재창조이다. 언어문화의 재창조는 언어문화의 역동적 진행성을 바탕으로 한다. 이는 글쓰기와 창작으로 실현된다. 글쓰기와 창작으로 실현되는 문화 과정을 통해 언어문화의 내면화가 이루어진다. 이는 일차적으로 한국어에 능숙해지는 과정을 뜻한다. 그런 과정에서 한국어에 익숙해지고 한국어의 문법을 체득하는 과정이 문화 문법(cultural grammar)의 획득으로 이어진다.

문학 작품의 수용과 문화적 체화는 문화 주체들의 내면에 정착되고 그것이 적절한 환경을 만나게 되면 새로운 언어문화를 창조하는 계기가 마련된다. 거듭해서 말하거니와 언어문화의 생산은 재생산이라는 의미를 지닌다. 아울러 의미의 생산과 텍스트의 생산이라는 두 차원을 포함한다. 언어문화를 수행하는 하나의 방식은 독서이다. 독서는 개인 차원에서 언어문화의 내면화를 실현하는 방법이기도 하고 언어문화를 공공 영역에서 사회화하는 방법이기도 한다. 독서 문화의 주체는 의미 생산의 주체들이다. 또한 텍스트를 생산하는 언어문화 생산 혹은 재생산은 글쓰기와 창작으로 구체화된다. 문화론적 입장에서 보면 글쓰기 일반과 창작을 너무 엄격하게 분리해보는 것은 사태를 왜곡할 수 있다. 종교 경전에는 수많은 예화들이 나온다. 예화를 따로 분리해 정리하면 일종의 '단편집'이 되기도 한다. 이는 언어를 운용하는 데서 나타나는 보편성이라 할 수 있다. 종교적인 내용을 설명하고 믿음을 촉구하는 데 허구 서사를 이용하는 예라 하겠다.

언어문화의 체화와 내면화는 언어문화를 재창조하는 에너지원이 된다. 단순하게 말하면 모든 독서는 이전 독서의 결과에 새로운 의미를 추가한다는 점에서 재독(rereading)이라 할 수 있다. 새로운 의미의 추가는 이전 의미를 재해석하고 새로운 의미를 부여한다는 점에서 창의적 과정이 필수적이다. 글쓰기 또한 마찬가지이다. 이전에 남들이 쓴 글을 그대로 반복한다면 창의적 요소를 찾을 수 없다. 그러나 누구든지 글을 쓸 때나 작품을 창작할 때 이전에 존재하던 작품에 새로운 측면을 만들어낸다. 따라서 모든 창작은 재창조라 할 수 있다. 이 재창조의 과정에 나타나는 각종의 새로움이 창의성의 징표가 된다.

이상에서 설명한 내용을 국어과에서 수행하는 데는 몇 가지 유념할 점이 있다.

첫째, 학습자가 언어문화 혹은 국어문화 창조의 주체라는 인식이 명확해야 한다. 이러한 주체 개념은 교사도 마찬가지이다. 문화적인 창조는 개인적으로 이루어지지 않는다. 훈민정음을 세종대왕이 창제한 것으로 기록하고 있지만, 당시 집현전을 중심으로 모인 학자들이라는 인적 자원이 없었다면 훈민정음의 창제는 불가능했을 것이다. 아울러 당시 중국 음운학에 대한 식견이 있는 학자들이 없었다면 훈민정음의 창제가 가능했을지 의문이다. 개인이 문화 창조의 주체이지만 개인은 독자적인 주체가 아니라 집단적인 문화 주체인 것이다.

둘째, 학습 과정이 삶의 과정이라는 인식이 있어야 한다. 평범하게 말해서 사람이 살아가는 과정은 매일매일이 창조의 과정이다. 일상 자체가 창조의 과정이라는 점을 인정한다면 학교 생활 또한 창조의 과정이 된다. 학교에서 이루어지는 학습 자체가 의미 있는 삶의 실천 과정인 셈이다. 그러한 실천 과정에서 이루어지는 언어 수행 가운데 창의성이 드러날 여지가 마련되어 있다. 교사의 언어가 창의적으로 수행되어야 한다. 학습자의 언어 또한 자기 삶의 실천태(實踐態)라는 점을 인정해주어야 한다. 그래야 학습과 삶이 괴리되지 않는다.

셋째, 창의성을 독자적으로 분리해 내세울 수 있는 능력이나 속성을 지닌 실체로 가정하지 않아야 한다. 개념적으로 논의를 전개하려면 창의성의 속성을 규정하지 않을 수 없다. 그러나 창의성이 드러나는 실제 상황에서는 통합적으로 잠재적 형태로 드러난다. 특히 언어사(言語事 language process)는 그 언어가 수행되는 물적·심적·사회적·역사적 맥락 가운데 이루어지는 것이기 때문에 창의성이 두드러지지 않을 수 있다. 학습자가 시 작품 하나를 제출했을 경우 그것이 창의적인지 여부는 소재, 제재, 주제, 수사(修辭) 등의 측면에서 판단되어야 한다. 기발한 용어를 하나 썼다고 해서 창의적이라 할 수 없다. 아울러 시를 쓰는 진지성의 문제를 창의성에 포함해 평가해야 한다. 결국 창의성은 내용은 물론 방법과 과정에서도 드러나는 것이다.

4. 메타언어 능력의 생산성 높이기 : 문법 능력과 비평 능력

대부분의 학문적 수행은 언어적으로 이루어진다. 언어적이라 함은 언어로 표현하고 설명하는 메타언어적 수행이라는 뜻이다. '창의성'이라는 말이 있다. 이와 관련해 창의성의 개념이 무엇인가 묻는 일, 그 개념을 규정하는 일, 규정한 개념이 정확한가 여부를 따지는 일 등이 메타언어적 수행이다. 아울러 그러한 용어들을 계열화·체계화하는 일 또한 언어적으로 수행된다는 점에서 메타언어적 작업이라 할 수 있다.

어떤 행위든지 되돌아보고 그 뜻을 질문하는 데서 의미가 정착된다. "높이 나는 새가 멀리 본다"는 격언이 있다. 이 격언은 과연 진리치를 얼마나 포함하고 있는가 물을 수 있다. 즉, 언제나 예외 없이 들어맞는 말인지 물음을 던져볼 수 있다. 다른 것을 고려하지 않고 생각하면 맞는 말이다. 멀리 보기 위해서는 높이 날아야 한다. 이 말은 목적이 멀리 보기라는 데로 한정되어 있다. 그런데 다른 목적을 상정하면 꼭 멀리 날아야 하는 것만은 아닐 것이다. 높이 나는 새가 벌레를 잡는가? 아니다. 벌레를 잡으려면 숲속으로 날아들어야 한다. 물고기를 잡기 위해서는 물에 내려앉아 부리를 물속에 넣고 물고기를 사냥해야 한다. 짝을 찾기 위해서는 둥지 근처를 낮게 날아다녀야 할 것이다. 그렇지 않으면 땅 위를 어슬렁거리며 걸어 다니는 게 더 효과적일지도 모를 일이다. 하나의 언어사를 다른 시각으로 돌아보는 것, 그것이 창의성의 자질로서 메타언어가 수행되는 양상이다.

창의적인 언어 수행이 문법을 벗어나는 것은 아니다. 넓은 의미의 문법은 정상적인 언어 수행의 규범이다. 어순, 호응, 문장구조 등으로 설명되는 문법을 어기면서 언어를 수행할 수 없다. 유치환의 「깃발」에 나오는 "이것은 소리 없는 아우성/ 저 푸른 해원을 향하여 흔드는/ 영원한 노스탤지어의 손수건"이라는 구절을 생각해보자. 이 구절은 이렇게 풀어 쓸 수 있다. 깃발, 이것은 소리 없는 아우성이다. 이것은 저 푸른 해원을 향해 흔드는 영원한 노스탤지어의 손수건이다. 결국 '이것은 무엇이다' 하는 서술문의 확장 형태이다. 따라서 한국어 문법에 적절하게 들어맞는 문장이다. 한국어 문법을 어기지 않으면서 비유를 구사함으로써 창의적인 시적 표현을 얻은 예라 할 수 있다. 언어를 창의적으로 운용하기 위해서는 한국어 문법에 익숙해져야 한다. 그러니까 규범을 어기는 것이 창의성이 아니라 규범 가운데 새로운 발상을 표현하는 데서 창의성이 드러난다.

이렇게 본다면 규범을 따라 언어를 수행하는 것 자체가 창의적 속성을 지닌다고 할 수 있다. 언어 규범을 준수하지 못하는 것은 창의성의 결핍이라 할 수 있다. 규칙을 수용하는 것, 그것은 수렴적 사고의 행동화라는 점에서 이에 능숙한 것은 창의성의 자질이다. 여기서 모방의 창의성이 드러난다. 언어적 유창성이란 달리 말하면 남과 공유하고 있는 규범에 새로운 요소를 잘 적용할 줄 안다는 뜻이기도 하다. 수준 높은 시들은 한국어 문법의 기본을 벗어나지 않는다.

문법 능력은 언어 자료를 생산하는 데 필수적 요건이다. 문법 능력의 적용 과정에 나타나는 창의성은 새로운 말을 만들어내는 조어법으로 구체화되기도 한다. 앞에서 '가치롭다'는 말을 예로 들었다. 이와 비슷한 예로 '무엇에 바탕을 두고'라는 뜻으로 '무엇에 터하여'라는 학문 용어를 만들어낸 사례를 들 수 있다. 예를 들면 "경험주의에 터하여 독서 현상을 설명하기로 한다"라는 맥락에서 '터하여'를 쓸 수 있다. 이러한 새로운 용어의 출현은 한국어 문법 능력을 바탕으로 한 창의적 생산력의 한 예이다. 아울러 우리말에서 명사와 명사를 아무런 연결사 없이 이어서 새로운 말이 만들어지는 경우가 있다. '책상다리', '병목', '오리발' 등이 그러한 예에 해당한다. 접사를 활용한 어휘의 확장에서도 그러한 예를 볼 수 있다. 받은 메일에 대한 응대 메일을 리플라이라고 한다. 이것이 줄어서 '리플'이 되었다. 리플 가운데 못된 악성 리플을 '악플'이라고 한다. 이는 한자 악(惡)에 리플라이가 줄어든 '리플'의 '플'이 결합된 형태이다. 이처럼 어휘가 확장되는 데는 기본적인 한국어 문법 능력이 바탕에 깔려 있음을 알 수 있다.

메타언어 능력은 문제제기 능력과 비평 능력으로 구체화된다. 문제를 제기한다는 것은 현재 진행되고 있는 사태, 아무 의심 없이 통용되는 과거의 사실, 검증되지 않은 전제 등을 되돌아보는 일이다. 서양 2천 년의 역사는 신의 영광을 드러내기 위해 산다는 신본주의라고 해도 지나침이 없다. 그런데 19세기가 끝나갈 무렵 독일의 철학자 니체는 '신은 죽었다'고 선언함으로써 서양 정신사를 뒤바꾸어놓았다. 이는 기존의 개념 체계에 의문을 제기하는 문제제기였다. 철학을 하는 사람이 자신이 하고 있는 철학에 문제를 제기하고 비평적 안목으로 사태를 다시 바라보았다는 점에서 비평 능력이 구현된 사례로 꼽을 수 있다. 여기서 비평 능력과 메타인지 능력이 상통한다는 점을 알게 된다. 여기서 우리는 '방법으로서의 회의'라는 데카르트의 학문 방법을 떠올리게 된다.

여러 가지 과학적 발견은 이러한 의문과 문제제기에서 비롯된다. 언어적 혁신 또한 같은 맥락에서 이루어진다. 백성(百姓)과 국민(國民)이라는 용어의 의미와 운용 맥락을 생각해보면, 문제제기적인 언어 표현이 의식의 다름을 증명한다는 점을 이해하게 된다. 백성은 고유명사가 없는 집합적 존재이다. 이와 대립하는 자리에 임금 또는 군주가 있다. 군주와 백성은 일종의 종속관계를 상정하게 된다. 그러나 국가 또는 근대 국가의 국민은 체제로서의 국가와 상호적인 관계에 놓이는 법적 자격을 갖춘 개인을 뜻한다. 종속관계가 아니라 계약관계로 전환된다. 선험적으로 모셔야 하는 것이 아니라 내가 뽑은 대표로서 나의 권익을 지켜주고 내 삶의 준거를 마련해주어야 하는 것이 국민의 대표인 대통령이다. 군주제에 대한 반성, 물음, 이의제기에서 공화제가 수립되었던 서양사의 맥락을 헤아린다면 문제제기를 하는 사유가 어떤 속성을 지니는지를 쉽게 이해할 수 있다.

창의성과 인성이 연관되어 있다는 것이 이 책의 전제이자 이 책에서 탐구하고자 하는 목표이다. 인성의 여러 가지 자질을 이야기할 수 있지만, 그 기본은 자신이 남과 연관된 삶을 살아간다는 점에 대한 인식에서 출발하는 여러 가지 덕목으로 구체화된다. 인성의 가장 기본적인 조건은 자아 개념과 연관된 것들이다. 내 존재에 대한 분명한 인식, 생명의 고귀함에 대한 깨달음, 관계 존재로서 남에 대한 배려, 물질적 존재로서 소유를 통어할 수 있는 능력 등을 들 수 있다.

인성에 대한 이해를 바탕으로 인성이 길러질 수 있다는 주장을 수용해야 할 것이다. 인성에 대한 '이해의 창의성'은 사태를 반성적으로 분석하고 비판하는 지적 능력으로 규정할 수 있다. 한편 그러한 지적 능력이 행동으로 구체화되어야 인성이 길러지는 확증을 삼을 수 있다. 지적인 이해가 행동으로 구체화되려면 논리적으로 이해하는 것만으로 충분하지 않다. 행동적 실천의 동기(motivation)가 되는 정서적 공감과 동감이 있어야 한다. 이는 언어문화 가운데 문학이 담당할 수 있는 영역으로 생각된다. 아름다움에 대한 공감, 고통에 대한 인식과 동감, 그러한 동감을 나의 처지로 전환하는 메타적 성찰 능력 등이 요구되는 것이다. 여기서 창의성과 인성에 대한 메타 비평이 필요해진다.

언어적 혼란은 의식의 혼란이고 결국 논리의 왜곡을 가져온다. 근간에 사회적 문제로 부각되는 왕따 현상 가운데 친구를 '빵셔틀'로 만드는 사례가 자주 보도된다. 셔틀은 컴퓨터 게임에서 무기를 날라다주는 차량이다. 심부름꾼인 셈이다. 여기서 심부름의 의미 자질을 고려해보아야 한다. 심부름은 인간관계 가운데 상하관계를 전제한다. 어른이 시키는 심부름을 아이들이 하는 것은 어른에 대한 존경심과 자신이 어른에 종속되어 있다는 점을 겉으로 드러나지 않지만 승인하는 맥락에서 이루어진다. 종속관계가 아닌 사람에게 심부름을 시킬(부탁할) 때는 물질적 보상을 한다. 용달업과 유통업이 그러한 구조에서 이루어진다. 그런데 심부름의 이러한 속성과 '친구', '급우', '동급생' 등은 의미론적 괴리 상태에 놓이게 된다. 급우에게 심부름을 시킬 수 없다. 대등한 관계이기 때문이다. 그런데 이 관계의 대등함이라는 문법을 깨는 데서 심부름이 성립하는데, 그것은 곧 폭력의 한 양태가 된다. 이는 언어적으로 보면 언어에 대한 창의적 이해, 정당한 이해가 결핍된 데서 도출되는 행동이다.

언어에 대한 이해가 곧장 행동으로 전이되고 인성으로 전환되지는 않는다. 상대방의 언어를 충분히 이해하고 공감하면서도 행동적 결단력이 모자란다든지 도덕적 용기가 없는 경우 이해가 행동으로 전환되지 않는다. 그러나 언어 탐구 능력으로 구체화되는 메타적 성찰 능력이 쌓이고 그러한 능력이 태도로 형성된다면 이때의 창의성은 인성으로 전환된다. 언어적 관심과 자각이 창의적 이해를 유도하고 창의적 이해가 인성 형성으로 전이되는 구체적 과정을 설계해야 할 것이다.

5. 창작과 '창의적 자아' 만들기

창작은 변형과 재구성의 다른 이름이다. 반복, 복사, 모방 등을 창작이라고 하지 않는 이유는 그것이 변형과 재구성의 요건을 충족하지 않기 때문이다. 달리 말하면 새로움이 없기 때문이다. 새로움과 그것다움, 즉 독자성(originality)은 예술 일반의 보편적 요구이다. 언어적 운용의 국면에서 새로움과 독자성을 본질로 하는 영역이 문학이다. 그렇기 때문에 문학은 예술 영역에 포함된다. 문학인가 아닌가를 따지기 이전에 글로 쓰되 새로움과 독자성이 드러나는 경우 그것은 창작 영역에 포함되는 것으로 논의할 수 있다. 여기서는 문학을 중심으로 창작과 창의성 문제를 논의하고자 한다.

창작은 소재의 발견, 발견한 소재의 해석, 해석한 의미를 표현하는 수사적 장치, 글로 쓴 대상을 메타적으로 검토하는 평가 등의 과정을 거치게 된다.[3] 각 과정에서 창의성이 드

3 우한용, 『창작교육론』, 태학사, 2009.

러나게 마련이다. 많은 사람이 개나리와 진달래를 가지고 봄을 이야기하는데 수필가 피천득은 '오랑캐꽃'을 봄의 형상화 소재로 끼워 넣었다. 이용악은 「오랑캐꽃」이란 시에서 오랑캐꽃이 오랑캐와는 아무 연관이 없는데도 그런 이름이 붙은 아이러니로 이 꽃을 안쓰러워하는 방향으로 해석하고 있으며, 서정시 가운데 서사적 맥락을 도입해 형상화하는 방법을 구사했다. 물론 시인이 자신의 작품을 메타적으로 평가하는 일은 창작 과정에서 했겠지만, 그러한 과정은 숨겨져 드러나지 않는다. 그러나 실제 창작 과정에서는 그러한 성찰이 필수적으로 부과된다. 이처럼 창작의 전 과정에서 창의성이 드러나게 된다.

그런데 이러한 창의성은 문학의 장르에 따라 다른 양상으로 구현된다. 창작의 창의성, 즉 새로움과 독자성을 드러내는 방식이 다르다. 시는 시대로 소설은 소설대로 창작 방법론이 마련되어 있다. 문학을 대표하는 장르로 시를 꼽는 것은 관행으로 되어 있다. 시를 뜻하는 포에트리의 어원은 그리스어로 만들다는 뜻의 포이에시스(poiesis)에 있다고 한다. 현재 시학으로 번역되는 포에틱스(poetics)는 원래 작시술(作詩術)을 뜻하는 것이었다. 만든다는 일을 위해 가장 중요하게 동원되는 방법이 리듬과 비유이다. 일상어는 자세히 살펴야 리듬이 드러나는 데 비해 시는 의도적으로 리듬을 형성하도록 언어를 조정한다. 아울러 시에는 수많은 비유가 동원된다. 이 비유는 정서적 공감을 유도하는데 이제까지 다른 시인들이 동원한 비유를 비켜나가 새로운 비유를 형성하는 데 시인은 심혈을 기울인다. 그 밖에도 많은 수사법이 동원된다. 이렇게 시를 쓰는 일은 언어로 대상을 포착하는 작업이다.

우리가 오래 기억하는 시 가운데 많은 것은 비유가 참신한 경우들이다. 김소월의 "산산이 부서진 이름이여", 이육사의 "겨울은 강철로 된 무지개인가 보다", 한용운의 "님이여 당신은 백번이나 단련한 금결입니다", 윤동주의 "나는 잎새에 이는 바람에도 괴로워했다" 같은 구절들이 창의성이 두드러지는 비유임은 되물을 필요도 없다. 다만 여기서 우리가 기억할 것은 이러한 비유가 창작의 과정에서 만들어진다는 점이다. 이처럼 체계가 다른 비유를 만들어내는 일이 창의성의 결과임은 물론이다. 비유만 빼어나다고 해서 좋은 시로 평가받는 것은 아니다. 시로서 갖추어야 할 다른 요건이 있는 것은 물론이다. 그러나 비유를 통해 드러나는 창의성을 바탕으로 논의할 경우 비유는 시를 평가하는 충분한 기준이 될 수 있다.

소설은 조금 다르다. 시는 노래이기 때문에 대상을 자아화(自我化)해 순간적인 장면으로 제시하는 것이 특징이다. 사건을 만들어내는 시간은 시에서 동시성으로 서술된다. 반면에 소설은 이야기이기 때문에 시간을 요한다. 사건이 전개되어야 하기 때문이다. 사건의 전개는 인물의 행동을 시간적으로 배열한 것이라 할 수 있다. 어떤 인물이 성장하려면 시간이 필요하다. 아울러 어떤 깨달음을 얻고 의식이 형성되는 데에도 시간은 필수적이다. 극에서 갈등과 사건의 구조가 핵심이라면, 어떤 인물의 이야기인 소설에서는 인물 유형을 발견하고 인물 묘사를 하는 것이 최우선 과제가 된다. 소설에서 인물형의 창출 결과는 전형으로 정착된다. 문학사상 높은 평가를 받는 작품은 대개 전형의 창조에 성공한 예들이다. 이광수의 『무정』에 나오는 이형식을 우리는 개화기 지식청년의 전형으로 기억한다. 염상섭의 『삼대』에 나오는 조의관이라든지 조덕기 같은 인물은 근대화 과정의 역사가 만들어놓은 인물로 인식한다. 채만식의 『탁류』에서 초봉은 식민지 조선의 희생양으로서 '심청'의 인물상을 계승하고 있다고 평가할 만하다. 이처럼 시대와 환경 가운데 그려진 인물은 작가의 창의적인 사태 파악과 형상화의 결과이다. 이러한 특성은 학습자들의 창작에서도 마찬가지 원리로 작용할 수 있다.

아울러 소설은 산문으로 서술되기 때문에 은유보다는 분석을 중심으로 하는 객관적 묘사의 문체를 형성하게 된다. 인물의 성격을 발견하고 묘사를 하기 위해 대상을 선택·재배열하는 등의 과정에서 이전 소설과 다른 방법을 구사할 때 창의성이 드러난다. 이를 문학 장르 범주로 정리하면 다음과 같다. 시와 시학(poetics)의 원리를 통해 정서적 공감으로 나아갈 수 있는데, 이 경우는 은유와 상징 그리고 리듬 등의 시어들에서 창의·인성 교육의 자질을 배양할 수 있다. 드라마 또는 극작법(dramaturgy)의 원리를 통해 대상을 객관적으로 드러내고 그것의 총체를 구조화해보는 데서 창의적 능력을 함양할 수 있다. 이는 드라마 언어로 빚어지는 플롯과 갈등을 이해하고 상상하는 과정에서 기를 수 있을 것이다. 서사 또는 서사학(narratology)의 원리를 통해 대상의 객관적 드러내기가 가능한데 이는 서사의 묘사 언어로 인간 발견이라는 창의와 인성 함양을 가능하게 한다.

창작을 기존의 장르에 해당하는 작품으로 묶어두지 말고 범위를 풀어둘 필요가 있으며, 거기서 글쓰기 일반과 창작의 연관성을 발견할 수 있도록 해야 한다. 그러한 점에서 수필이라는 영역은 창의적 글쓰기(creative writing)로 명칭을 달리해서 수행하는 것이 바람직할지도 모른다.[4] 학습자가 이제까지 살아오면서 가장 감명 깊었던 일을 글로 쓸 경우를

4 우한용, 앞의 책, 362쪽.

상정해보기로 한다. 이미지와 리듬을 중점에 두고 쓰면 시가 될 것이고, 이야기 형식으로 쓰면 전기가 될 것이다. 허구성을 조금 가미한다면 소설에 접근할 것이다. 기성 작가라면 자신의 작업에 대한 장르적 검열을 하게 마련이다. 그렇기 때문에 시를 쓰는지 소설을 쓰는지 분명한 의식을 가지고 작업을 하게 된다. 그러나 장르 규칙에 익숙하지 않은 학습자에게는 장르론적 자기 검열을 그렇게 강요할 일이 아니다. 장르 문법을 익히는 것은 차후의 과업이다. 우선 절실한 자기 경험을 글로 쓰는 것이 중요하다. 그러한 경험을 통해 무엇을 깨달았는지, 어떤 삶의 자세를 가다듬었는지, 누구와 어떤 소통을 할 수 있었는지, 어떤 문제를 해결할 수 있었는지 등의 인식이 내적으로 형성된다면 목적을 달성한 것으로 보아도 상관이 없다. 그 과정에서 남다른 시각을 가져야 하고 새로운 소재를 발견해야 하며 새로운 방식의 언어를 동원할 줄 안다면 창의성에 도달한 것이라 할 수 있다. 그러나 이 과정은 어떤 정식이 있는 것이 아니기 때문에 학습자의 글을 수정해주는 과정에서 그리고 스스로 자기 글을 교정하는 과정에서 창의성을 획득할 수 있는 것이기도 하다. 교사가 모범이 되어 창의적인 글쓰기의 범례를 제공하는 데는 한계가 있는 것으로 보인다.

이런 과정으로 자신을 창의적인 개성을 지닌 사람으로 키워나가게 된다. 글을 쓰는 과정에서 무엇이 창의적인지를 알고 창의적 사고가 왜 정신적 성장을 도모할 수 있는지를 이해하며 창의적인 것을 묵수하는 태도가 왜 윤리성을 띠게 되는지를 깨닫는 과정이 창의적 인간을 형성시키는 방법이다. 이는 역방향으로 이야기하면 비창의적인 것이 왜 가치를 지니기 어렵고 인간 형성에 도움이 안 되는지를 이해하는 과정이라 할 수 있다. 이처럼 창의성 교육의 내용과 과정은 다소 역설적인 측면이 있는 게 사실이다. 그러나 앞에서 설명했듯이 문제를 발견하는 능력으로 구체화되는 창의성은 방법으로서의 회의(懷疑)와 방법으로서의 부정(否定)을 요구한다. 이는 다시 성찰적 자아를 형성하는 통로에 연결되는 사항이다. 인성적 완성을 향한 자기 계발이 필요한 것은 창의성과 도덕성을 통합하고 융합하는 작업의 요청이기도 하다. 신언서판으로 사람을 평가하던 이전 시대의 인물 평가 기준을 다시 고려해봄 직하다.

5장 국어과 교육에서 창의·인성의 내용 조직

1. 언어 중심의 교과 내용 간 상호성

1) 명시적 기획과 암시적 기획

국어 교과서 체재[1] 안에 창의·인성 교육 활동을 반영하는 방식은 몇 가지로 상정할 수 있다. 하나는 교과서 기획 단계에서 창의·인성 요소를 명시적으로 제시하는 것이다. 「토끼와 거북」이라는 제재를 근면성을 강조하는 내용으로 활용할 수 있다. 그리고 그 근면성을 창의적 자질의 몰입과 연관지을 수 있다. 그와 달리 '게임의 조건'이라는 점에 대한 비판적 사고를 유도하는 제재로 활용할 수도 있다. 문제는 이러한 창의·인성 요소를 얼마나 명시적으로 드러낼 것인가 하는 점이다.

또한 교과 운영 측면에서 두 가지 방식을 고려할 수 있다. 첫째, 대단원 체재 안에 창

1 체재(體裁)는 일정한 규칙을 갖춘 짜임새를 말한다. 교과서를 편찬할 경우 어떤 원칙에 따라 장절을 구성하고 제재를 어떻게 활용하는가 등의 일정한 모양새를 체재라 한다. 거기 비해 국가의 정치 형태라든지 교육과정의 원칙과 그 원칙에 따라 구성한 큰 틀은 체제(體制)라 할 수 있다. 대개 체재는 규모가 작고 구체성을 띠는 얼개를 말한다. 거기 비해 체제는 규모가 크고 이념적인 틀을 뜻하는 경우가 대부분이다.

의·인성 활동을 전체적으로 반영하도록 하는 방법이다. 예컨대 하근찬의 『수난 이대』를 상황의 극복과 문제해결의 제재로 활용하는 교수·학습을 설계할 수 있다. 둘째, 교과서 내의 정례적인 일반 활동들 속에 배치하되 주로 마지막 단계에서 창의·인성 활동을 전략적으로 배치하는 방법을 고려할 수 있다. 『심청전』을 학습할 경우 소설로서 『심청전』에 대한 이해를 도모하는 수업을 진행한 후 심청이 효를 실행하는 방법이 타당성을 지니는가 하는 점을 토론하게 해 사고의 유연성을 길러주는 창의·인성 학습을 기획하는 방법을 고려할 수 있다.

창의적 활동을 위해서는 국어과에 적합한 창의성 요소들을 구체적으로 거론하면서 교육 내용을 제시할 필요가 있다. 넓게 보면 언어 활동 가운데 창의성과 연관없는 경우는 거의 없다. 그러나 어떤 활동이 창의적인지 여부를 판단하는 일은 그리 쉽지 않다. 박목월의 「산새알 물새알」이라는 작품을 문학적으로 설명하기는 그리 어렵지 않다. 그러나 거기서 생태론적 세계관을 발견하고 이를 학습에 반영해 창의·인성 교육과 연관짓는 것은 교사의 창의적인 교육과정 해석이 뒤따라야 한다.

또한 인성 교육 요소는 창의 교육 요소와 무리 없이 잘 융합될 수 있는 것들을 먼저 고려해서 선정해야 한다. 누누이 설명했지만 창의성과 인성이 모두 정합적인 연관성을 드러내지 않는다. 교사의 교육과정 해석과 교재의 운용 방법에 따라 그 가능성이 드러난다. 예를 들면 이병기의 「별」이라는 작품을 제재로 선택한다면 자연과의 교감, 자아 성찰 등은 인성 요소로 창의성과 연관지을 수 있지만 인간의 사회적 본질을 연관짓기는 상당히 어려워 보인다.

국어과 창의·인성 교육에서 강조할 인지적 기능(cognitive function)은 의사소통 능력, 문제해결 능력, 논리적 사고 능력, 분석 능력, 사고의 확장과 수렴, 심미적 사고 능력, 초월적 상상력 등의 범주로 나뉠 수 있다. 그런데 이런 분류가 중요한 게 아니다. 구체적인 제재와 운용 방식을 어떻게 할 것인가에 따라 교육적 성패가 갈린다. 각 영역에서 창의적 사고와 행동을 발휘할 수 있도록 제재를 해석하고 재가공하는 일은 교사의 몫이다. 황순원의 『소나기』를 제재로 선택한다면 소년과 소녀의 의사소통의 특징을 요즈음 친구들 사이의 의사소통 형식과 대비해봄으로써 비판적 사고를 중심으로 한 창의성 교육을 도모할 수 있을 것이다. 아울러 만일 소녀가 죽지 않았다면 어른이 되어서 어떤 삶을 살았을까 추리하는 과정에서 초월적 상상력을 기를 수도 있을 것이다.

창의와 인성이 융합될 수 있는 범주로는 인지적 판단 능력, 정의적 민감성, 내면화 및 실천적 태도 등을 설정할 수 있다. 예컨대 이효석의 『메밀꽃 필 무렵』에 나오는 작중인물들의 삶의 태도에 공감하면서 현재도 그러한 삶이 가능한지 따져보고 가능성 여부에 따라 어떤 조건 때문에 그러한지를 이야기할 수 있다면 이는 인지적 판단 능력과 정의적 민감성이 융합된 예가 될 수 있을 것이다.

창의와 인성은 교육적 과정과 성과(평가)가 가시적으로 나타나기 어려운 영역이다. 특히 언어나 문학의 학습에서는 창의와 인성의 교육 목표를 지나치게 명시적으로 운영할 경우 부작용이 있을 수 있다. 교과서 기획 과정에서 교육의 잠재적·비가시적 특징을 충분히 고려해서 교과서 표면의 명시적 기획으로는 드러나지 않는 대신에 다른 의도나 목표로 조직한 제재나 활동 속에 창의·인성의 목표들이 잠재적으로 구현되도록 하는 방식을 취할 수 있다. 물론 이는 교사용 지도서로 조정될 수 있을 것이다. 청록파 시인들의 시를 암기하고 그 내용과 형식이 자연의 리듬을 타고 있다는 점을 인식하는 과정에서 환경·생태적 연관성을 찾아낼 수 있다면 이는 잠재적 교육과정 형태로 활용될 수 있는 가능성이다.

앞에서 언급한 창의·인성 관련 인지적 기능(의사소통 능력, 문제해결 능력, 논리적 사고 능력, 분석 능력, 사고의 확장과 수렴, 심미적 사고 능력, 초월적 상상력 등)이나 창의·인성 융합 범주(인지적 판단 능력, 정의적 민감성, 내면화 및 실천적 태도 등)는 암시적 기획에서 더 긴밀하고 사려 깊게 작용할 수 있다. 그렇기 때문에 문학 작품의 경우 작품을 읽고 감상하는 과정을 밀도 있게 실행함으로써 학습자가 그러한 문학 체험을 바탕으로 창의성과 인성을 암묵적으로 형성해갈 수 있을 것으로 기대된다.

2) 내러티브의 범교과적 활용

내러티브로 통칭되는 서사나 이야기는 전통적으로 국어과의 문학 영역에서 다루어왔다. 그러나 근래에는 내러티브를 국어과 교육 내용으로만 국한하지 않고 인지적·정의적 발달 또는 사회적·도덕적 발달에 폭넓게 해석하고 인간의 삶 전반에 적용하는 방향으로 그 사용이 확장되었다. 이는 주로 윤리 교육과 연관된 연구에서 실천적 가능성을 보여주었다. 아울러 역사와 사회는 물론 과학이나 수학 영역에서도 내러티브는 교육 방법으로 활용되고 있다.[2] 이러한 가능성은 내러티브의 복합적 특성에서 연유한다. 인간 행동의 이야기라고 잠정적으로 규정할 수 있는 내러티브는 그게 어떤 행동인가에 따라 문화, 정치, 학문, 군사 등 각 영역을 포괄하게 되고 각 영역의 특성이 반영된 통합의 가능성을 보여주게 된다. 예를 들어 부력의 원리를 발견한 아르키메데스 이야기를 소개하면서 수학적 창의성을 가르칠 수 있을 것이다. 아울러 홍난파의 생애를 이야기하면서 음악과 시의 연계성을 학습 목표로 삼을 수도 있을 것이다.

국어과 내에서도 비문학 영역인 기능 영역이나 문법 영역에서 내러티브 제재를 활용한 수업 운영의 창의를 도모할 수 있다. 이 과정에서 내러티브 또는 스토리텔링 활동의 개입이 학습자를 창의적 주체로 만들어주는 효과를 기대할 수 있다. 예를 들면 어른들의 존대법과 현재 젊은이들의 존대법을 조사하는 과정에서 문법 영역을 학습하면서 세대 간의 소통 방법에 대한 인식을 기를 수 있다면 이는 문법과 도덕의 통합이라는 의미를 지니는 교육 활동이 될 것이다. 역사적 인물, 예컨대 안중근의 사적을 조사하면서 당시의 시대 상황을 파악하고 조사한 내용을 바탕으로 연극 대본을 쓰도록 한다면 전기 문학의 이해, 사회와 역사의 안목 신장, 역사적 사실에 허구성을 가미해 창작을 시도하는 등 다양한 연계를 모색할 수 있을 것이다. 이처럼 내러티브를 매개 항목으로 국어 교과와 타 교과의 상호 연관성을 얼마든지 개발할 수 있다.

따라서 내러티브를 중심으로 한 국어과와 타 교과의 상호성을 고려하는 협조 체제가 중요한 의미를 지닌다. 국어과와 타 교과의 상관성 활동을 효과적으로 배치함으로써 경험이나 지식이 교과가 조장하는 경계에 따라 학문 범주로 분리되지 않고 통섭될 수 있는 가능성이 증대된다. 이러한 작업은 아직 수행되기가 요원하다. 내러티브가 언어사이고 국어 영역에서 주로 다루어왔으니 국어 교과서에서 내러티브 연계 활동을 획기적으로 강화할 수 있을 것이다. 이는 국어과의 능력이라기보다 국어과에서 주로 다루어온 내러티브의 복합성에서 연유하는 것이다.

2 한승희, 「과학적 사고와 서사적 사고의 교육적 의미」, 『교육과정연구』, 23(2), 한국교육과정학회, 2005.
김만희 · 김범기, 「내러티브 사고의 과학교육적 함의」, 『한국과학교육학회지』, 22(4), 한국과학교육학회, 2002.
도홍찬, 「내러티브 도덕과 교육과정의 체계화 방안 연구」, 서울대학교 박사학위 논문, 2008.
이갑순, 「가정폭력 피해여성의 내러티브 만들기와 힘 기르기」, 서울대학교 박사학위 논문, 2005.

3) 언어적 경험에 대한 타 교과의 통섭적 접근

넓은 시각으로 보면 어떤 교과도 교육과정, 교재, 교수·학습 방법, 평가 방법 등에서 언어적 서술을 벗어날 수 없다. 역사과에서 3·1운동의 전개 과정과 결과에 대해 학습할 경우 다음과 같은 사항들을 언어적으로 다루게 된다. 3·1운동의 역사적 배경, 운동을 주도한 사람들, 그리고 「독립선언문」의 작성과 배포·낭독, 거기에 담긴 정신 등을 이야기할 수 있다. 아울러 〈3·1절 노래〉도 소개할 수 있다. 이러한 과정에서 확산적 사고를 도모하는 활동, 지식과 정보의 관계적 구성, 그리고 다양한 텍스트 상호성을 경험하게 할 수 있을 것이다. 이것은 국어과에서 기대할 수 있는 창의성 계발 활동이 될 수 있다. 물론 다른 영역과도 연계가 가능할 것이다. 유의할 사항은 국어과의 교과적 우월성 때문에 이러한 활동이 가능한 것이 아니라 언어 경험의 다면성과 복합성 때문에 이러한 활동이 가능하다는 점이다.

국어과 교과서는 다른 교과의 교과서에 문장 구사의 전범을 제공할 수 있다. 국어과의 성격이 도구교과적인 측면을 지니고 있기에 수렴적 사고의 창의성을 유도할 수 있는 가능성을 보이기 때문이다. 어휘 수준이나 문장의 구조, 문단 구성의 원리 등 몇 가지 측면에서 참조 준거가 될 수 있을 것이다. 그러나 국어과에서는 학습자가 그러한 내용을 직접 학습하는 데 비해 다른 교과에서는 단지 준거가 될 뿐이라는 차이가 있다. 그러한 점에서 문법 영역에서 다른 교과 교과서의 언어 자료들을 가급적 많이 원용해 활동 자료로 삼는 것도 언어적 경험을 유효하게 통섭하는 방식이 될 수 있을 것이다. 이와 달리 다른 교과의 교과 내용을 내러티브로 전환해 학습 효과를 상승하는 방법도 모색할 만하다. 또한 앞으로 서술형 평가가 보편화될 것으로 기대되는데, 서술형 평가는 어떻게 보면 창의적 글쓰기를 바탕으로 한다고 할 수 있다. 이렇게 될 경우 학습자와 교사 양편에서 모두 글쓰기를 훈련할 필요가 생긴다. 글쓰기이되 창의적 글쓰기를 시도해야 함은 물론이다.

2. 국어과 교육과정 내용 영역 간의 상호성

1) 기능 영역과 문학 영역의 상호성

문학 장르가 관습적 성격을 지니는 것처럼 문학과 비문학을 나누는 것 또한 관습적 성격이 강하다. 텍스트만 놓고 그것이 문학인지 아닌지를 구분하기는 매우 어렵다. 더구나 문학은 문학을 둘러싸고 있는 언어사와 다면적으로 연계되어 있기 때문에 문학만 독립시켜 설명하긴 매우 어렵다. 질료의 관점에서 보면 문학은 언어의 산물이다. 문학은 형태상으로는 은유와 내러티브를 바탕을 한다. 주제 측면에서 보면 문학은 철학과 닮아 있다. 그렇기 때문에 문학이 국어과 내에서 다른 영역과 상호성을 짙게 드러내는 것은 오히려 당연한 일이다.

그런데 문학을 너무 완강한 논리로 설명하려는 경향이 있다. 교과 영역의 명료성을 위해서는 필요한 조치일지 모르나 문학을 과도하게 학문 중심으로 본 결과이다. '문학 개론'에서는 문학이 무엇인가를 논리적으로 설명한다. 문학 교육에서는 문학이 왜 중요하고 인간 성장에 어떤 의의를 지니는가를 경험적으로 설득한다. 아울러 문학의 통합성을 강조한다. 그렇기 때문에 실천의 국면을 중시하게 되고, 따라서 문학이 문법, 작문, 화법 등 국어과 내의 다른 영역과 밀접한 상호성을 지닌다는 점을 강조한다. 실천을 중심으로 접근하는 문학 교육에서는 문법, 화법, 작문 등을 통합적으로 교육하는 가운데 창의성을 발현할 수 있도록 모색할 필요가 있다.

현행 국어과 교육과정의 하위 영역을 듣기 · 말하기 · 읽기 · 쓰기 · 문법 등으로 구분하고 문학을 그 가운데 한 영역으로 설정하는데, 이는 무리가 있어 보인다. 같은 말하기라도 목사님의 설교와 스님의 설법은 물론 세계관에서 차이가 난다. 설득적 말하기를 예로 들어도 그러하다. 정수기를 사라고 설득하는 경우와 학생들의 진로 선택에서 어떤 방향을 선택하도록 설득하는 것은 내용이 다르기 때문에 같은 설득적 말하기로 묶어서 논의하기가 매우 어렵다. 읽기도 마찬가지이다. 논설문을 읽는 방식과 소설을 읽는 방식이 같을 수 없다. 쓰기의 경우 사랑하는 사람에게 보내는 편지를 쓰는 일과 판사의 판결문 작성이 같은 원리로 설명되기 어렵다. 요컨대 내용을 고려하지 않고 언어 운용 형식을 중심으로 한 국어과의 영역 구분에는 무리가 따른다.

국어과 영역 구분이 중요하다기보다는 문학을 제재로 교수·학습 활동을 구상할 때 언어 운용 양상을 동시에 고려하는 것이 바람직하다. 다시 말하면 언어 기능을 다루는 영역과 문학 영역을 연계하는 방식이 효과적이다. 문학 작품을 낭독하는 것은 구두 언어의 수행이다. 그 낭독을 듣고 거기에 대해 이야기하는 것은 문학 말하기의 수행이다. 문학 작품을 읽고 그 감상을 글로 쓴다면 읽기와 쓰기가 통합되는 교육 효과를 기대할 수 있다. 이러한 과정에 창의성과 연관된 활동을 도입해 창의성 발현의 계기로 삼을 수 있을 것이다.

일부 기능 영역에서는 문학으로 기능을 익혀가는 것이 동기 유발이나 자기 주도성 발휘에서 훨씬 더 효과적일 것으로 보인다. 시를 읽으면서 언어의 기능을 설명할 수 있을 것이다. 예를 들어 조지훈의 「승무」에서 첫 구절 "얇은 사(紗) 하이얀 고깔은 고이 접어서 나빌레라"에서 어휘를 다른 유의어로 대치해보고 어감의 차이를 발견할 수 있게 한다면 언어의 음성 자질에 대한 이해와 함께 언어 유창성을 기르는 창의 학습 효과를 기대할 수 있을 것이다. 그리고 비슷한 예를 찾고 문제를 발견하고 발견한 문제를 협동 학습으로 해결한다면 그러한 과정을 통해 기능 학습과 창의 학습을 동시에 수행할 수 있을 것이다.

2) 기능 영역과 문법 영역의 상호성 확충

교사들은 국어과에서 가장 다루기 어려운 영역으로 문법을 들곤 한다. 흥미와 자기 주도성을 불러오는 마땅한 교수 전략을 개발하지 못한 결과로 짐작된다. 이는 문법을 인지 영역으로 확정하고 학문적 엄격성을 고수한 결과이기도 하다. '교육 문법'은 국어에 대한 폭넓은 이해와 실용성에 특징이 있다.[3] 아울러 국어에 대한 애정을 환기하는 데 문법 교육의 목적 일부가 있다. 학문 대상으로서 문법이 아니라 언어 수행의 규범을 익히는 문법으로 인식을 전환한다면 문법을 기능 영역의 실용성과 적절히 통합할 수 있는 길이 발견될

3 국어 문법은 개별 언어로서의 국어에 내재해 있는 원리와 규칙을 가리키는데, 언어활동에서 국어를 정확하고 효율적이며 창의적으로 사용하는 데 필요한 기저 지식 체계가 된다. 문법은 국어의 구조와 기능을 분석적으로 이해하고 국어를 통합적으로 구사할 수 있는 능력을 기르는 데 기여한다. 문법 교육 방법에서 '문법 지식의 교수학적 변환'을 강조하는 것도 이와 관련된다.

것이다. 달리 말하면, 말하고 듣는 과정에서 언어규칙을 발견하고 그러한 규칙이 지켜지는 경우와 안 지켜지는 경우를 대비해 규칙의 보편성과 예외성을 찾아내는 등의 활동을 함으로써 문법을 활동 영역으로 끌어들일 수 있다. 마찬가지로 글쓰기와 남의 글을 읽는 과정에서 문법성을 찾는다면 유사한 효과를 가져올 것이다. 다만 그 과정이 창의성을 드러낼 수 있도록 수업이 설계되어야 한다. 또한 문법 지식의 학습을 탐구 학습으로 접근하면 그 과정에서 일정한 창의 학습의 효과를 기대할 수 있을 것이다.[4] 이 경우 기능 영역에서 취하고 있는 구성주의 관점의 학습 방법들을 원용할 필요가 있을 것으로 보인다.

문법의 학문적 성격 때문에 주로 교사의 설명을 학습 방법으로 이용하곤 했다. 그런데 통합·연계를 기본으로 한다면 기능 영역의 각종 교수법들을 문법 교육에 활용할 수 있을 것이다. 이를테면 직접 교수법, 문제해결 학습법, 개념 학습법, 탐구 학습법 등을 문법 영역 학습 지도에 원용할 수 있을 것으로 본다. 직접 교수법은 자기 주도성을 향상하는 데 도움이 된다. 문제해결 학습법은 그 자체가 창의성 교육의 한 방법이라는 점을 고려할 필요가 있다. 다만 문법과 연관된 문제를 개발하고 그 해결 과정을 학습에 도입해야 한다. 탐구 학습법은 적용력 또는 수용성을 길러주는 방법이 된다. 문법 탐구를 위한 협동 학습 방법의 가능성에 대해서 적절한 활동을 개발해 제공할 필요가 있다. 다만 문법 영역과 기능 영역의 통합 가능성이 있는 부분에 한해서 이러한 학습을 수행해야지 모든 과제를 이렇게 해결하기는 무리라는 점에 유념할 필요가 있다.

3) 기능 영역 사이의 상호성 확충

국어과 기능 영역 사이의 상호성 확충을 위해서는 영역 간 연계성을 고려해야 한다. 말하기와 듣기를, 듣는 일이 말하기보다 중요하다고 해서 순서만 바꾸어놓은 것으로는 영역 간 상호성을 고려하기 어렵다. 언어 수행의 대화성을 고려하면 이 문제는 수월하게 해결된다.[5] 어떤 말하기의 상황이든지 화자가 혼자 끊임없이 말하고 청자는 시종 듣기만 하는 경

4 김광해·권재일·임지룡·김무림·임칠성, 『국어지식 탐구 – 국어교육을 위한 국어지식 탐구』, 박이정, 2002.

5 언어 수행의 대화성에 대해서는 우한용, 『한국 현대소설 담론 연구』, 삼지원, 1996을 참조하기 바란다.

우는 거의 없다. 강연 같은 경우도 청중의 반응이 없으면 강연은 지속되기 어렵다. 화자가 말하고 청자는 그 말을 받아 자기 의견을 덧붙여 화자에게 돌려준다. 그런 과정에서 청자는 화자로 위치가 전환된다. 이러한 과정의 순환이 대화이다. 강연에서 청중의 반응은 대부분 암묵적으로 전달되지만, 직접 전달되기도 하는데 연사가 청중에게 질문하고 대답하기도 하고 청중의 반응에 대해 언급함으로써 대화적 관계를 유지한다. 요컨대 말하기와 듣기는 언어 수행의 한 과정의 양면일 뿐이다. 이러한 상호작용은 읽기와 쓰기의 경우에도 적용될 수 있다. 글을 쓸 때 필자는 남의 글을 읽고 거기에 대한 응답으로 글을 쓰기도 하지만 자기가 쓰는 글을 지속적으로 읽는다. 쓰면서 읽고 읽으면서 쓴다고 해야 옳다. 달리 보면 말하기와 쓰기는 표현 영역이고 읽기와 듣기는 수용 영역이다. 이때의 수용을 이해 영역으로 규정하기도 하지만 읽기나 쓰기 어떤 경우도 이해를 포함하지 않는 예는 없다. 따라서 통합을 시도할 때는 완벽한 통합이라기보다는 공유하는 가능성의 통합이라야 한다. 이러한 통합과 연계는 사고의 유창성을 확보해준다는 점에서 창의성 교육의 의의를 지닌다고 하겠다.

기능 영역들 사이의 상호성을 살리기 위해서는 언어 수행의 통합성이 전제되어야 한다. 기능들이 통합적으로 작용할 뿐만 아니라 언어를 운용하는 주체인 인간의 특성이 통합적이라는 점을 고려해야 한다. 이렇게 본다면 창의성은 맥락을 잃고 분편화되어 있는 현상에다가 통합성을 부여하는 일이라 해도 좋을 것이다. 시적인 은유가 창의성의 한 징표가 되는 것은 상실된 통합성을 되찾는 일이기 때문이다. 수사법상으로 은유(메타포)라 하지만 의미 맥락이 분리된 사태를 다른 의미 맥락으로 이어주는 작업이 은유이다. 지성과 감성은 분류 개념으로 다른 영역으로 취급되지만, 정서 지능이라는 용어가 가능한 것처럼[6] 맞물려서 통합적으로 작용한다. 정신과 육체도 마찬가지이다.

이와 같은 전제로 기능들 사이에 통합과 상호성을 추구한다면 국어과 창의 교육의 효과를 높일 수 있을 것으로 본다. 그러기 위해서는 실제적 언어 생활을 반영하는 수행 과업

6 정서 지능(EQ)과 관련하여 대니엘 골먼은 "IQ보다 EQ가 중요하며, EQ는 학습을 통해 계발할 수 있다"고 하면서 우리는 얼마나 영리한가 혹은 전문지식이 얼마나 많은가라는 것뿐만 아니라, 나와 상대방의 감정을 얼마나 잘 조율할 수 있는가라는 새로운 척도를 제시한다. 사람들이 실제 거두는 성과는 지능(IQ)에 의해서뿐만 아니라 패배를 견뎌낼 수 있는 능력에 달려 있다. 자신에게 동기부여를 하고, 좌절 속에서도 밀고 나가며, 충동을 억제하고 만족을 유예하며, 자기 기분을 조율해 집중력이 떨어지지 않게 하며, 감정이입을 할 줄 알고 희망을 품을 줄 아는 능력이 정서 지능이다. 정서 지능 개념은 인성교육, 폭력 예방, 학교 규율과 관련된 여러 프로그램을 조율하는 총괄적 개념이다(Goleman, Daniel, 한창호 옮김, 『EQ 감성지능』, 웅진지식하우스, 2008).

들, 실제적 언어 생활을 반영하는 수행 평가가 더욱 실제적으로 제공되어야 한다. 창의·인성 교육을 전제로 한다면 국어과에서는 수행 평가의 실제적 언어 수행성을 더 높이고 현실적으로 운용되는 언어의 현실태를 학습의 장에 끌어들일 필요가 있다.

3. 장르나 제재의 상호성을 살리는 내용 체계

1) 기능 지향의 교과서 단원 체재

국어 교과서 개발의 전통적 관념 가운데 장르의 원칙을 우선하는 것이 매우 지배적으로 작용해왔다. 장르를 가르치는 것이 중요하다는 인식, 교과서 전체의 내용 조직에서 장르의 균형 배치가 중요하다는 인식 등이 바로 그것이다. 이런 원칙에 입각해 문학 교과서는 시의 본질, 시의 종류·구조·언어 등을 내용으로 설정하고 소설의 개념·기능·구성·유형 등을 다룰 수 있는 제재를 중심으로 편찬된다. 그런데 문학에서 장르는 문학 현상에 질서를 부여하는 원칙일 뿐이다.[7] 폭넓은 개념의 문학을 분류하고 재편성해 그 특성을 구명하고 원리를 밝히고자 하는 노력의 산물이 장르개념이다. 달리 보면 장르는 관습과 같은 것이라서 시대를 따라 개념이 변하기도 하고 한 시대를 주도하는 장르가 생겼다 사라지기도 한다. 한마디로 장르 개념은 그렇게 엄격하게 규정되는 것이 아니다. 그러나 작가나 독자나 장르에 대한 인식을 바탕으로 작품을 쓰고 작품을 읽는다는 점에서 장르는 문학교육에서 중요한 의미를 지닌다.

장르 개념에 중점을 두고 문학 교육의 내용을 조직하는 방식은 경직된 지식 교육으로 흐를 염려가 있다. 시란 무엇인가, 소설이란 무엇인가 하는 식으로 가르치는 교과서가 될 수 있기 때문이다. 그러한 개념을 중시하기보다는 장르의 상호 연관성, 장르의 가변성, 장르 발생의 사회문화적 조건에 대한 고려, 장르의 시대성 등을 중심 개념으로 할 경우 창의

7 René Wellek & Austin Warren, *Theory of Literature*, Harcourt, Brace & World, 1956, 우한용, 「문학교육과 장르론」, 『문학교육과 문화론』, 서울대학교 출판부, 1997에서 재인용.

성 교육에 기여할 수 있는 측면이 증대된다. 그렇게 하기 위해서 교사는 교재 해석과 운영 능력을 갖추어야 한다.

앞에서 말한 것과 같은 통합 개념, 상호성 등을 고려해야 하는 것은 기능 영역의 학습에서도 반드시 필요한 사항이다. 대중연설에서 그 장르에 꼭 맞는 모범은 없다. 어떤 경우는 사실적인 자료를 중심으로 이야기함으로써 신뢰를 얻을 수 있고 비유를 동원해 정서적 공감을 일궈낼 수도 있다. 언어의 다층성, 상황의 가변성, 주체와 대상의 상호성 등은 언어 운용의 영역을 명확하게 구분하기보다는 서로 넘나드는 수용성을 나타낸다. 흔히 대화에 에피소드가 들어가는 것을 보게 된다. 에피소드로 보면 그것은 내러티브의 일종이지만, 대화라는 맥락에서 보면 에피소드는 대화를 이루는 작은 요소가 된다. 중요한 것은 기능을 중심으로 장르들이 통합적으로 또는 상호작용적으로 배치되는 방식으로 교과서를 편찬하고 그렇게 운용할 때라야 창의 요소를 살릴 수 있다는 점이다.

2) 주제 지향의 교과서 단원 체재

언어사에서 주제가 배제되면 결국 무의미해진다. 우리가 말하고 글을 쓰는 것은 결국 어떤 의미를 전달하고 소통하기 위해서이다. 수용의 국면에서도 마찬가지이다. 똑같이 울고 있는 사람이 있다고 해도 우는 연유는 다를 수 있다. 사랑하는 사람과 이별해서 우는 사람도 있고 스스로의 처지를 생각하매 처량해서 우는 사람도 있다. 얼마든지 다른 예를 생각할 수 있다. 왜 우는가, 울음의 효과는 무엇인가, 그 울음에 대해 남들은 무어라 하는가에 따라 울음의 의미가 결정된다. 언어사를 다루는 문학 교과서도 마찬가지로 교과서의 맥락이 교과서의 가치에 영향을 미친다.

흔히 계절의 아름다움, 인정의 곡진함, 개인과 사회의 불화, 역사에 대한 소명감 등을 교과서 단원명으로 설정하는 경우를 볼 수 있다. 무엇을 말하고자 하는지, 어떤 의미를 전달하고 소통하고자 하는지 등의 문제를 중심에 두고 체재를 잡을 수 있는 것이다. 이러한 체재를 가진 교과서를 창의성 교육에 어떻게 운영할 것인가 하는 문제는 교과 특성을 고려해야 한다. 창의성과 인성은 그 자체가 삶의 현상으로 현현되거나 인격의 내면으로 작용하는 총체적이고 포괄적이며 융합적인 속성을 지닌다. 따라서 어떤 주제를 설정하고 그 주제를 설명하거나 해명하는 수단으로 작품이 동원되는 것은 창의성에서 벗어난다. 예를 들어 이육사의 「청포도」에서 "내가 바라는 손님은 고달픈 몸으로/ 청포를 입고 찾아온다고 했으니" 하는 구절에서 '손님'이 누구냐를 두고 논란이 일기도 한다. 이육사의 개인사적 맥락에서 '독립운동가'라고 해야 한다는 주장이 있다. '독립운동가'는 여러 가지의 해석 가능성 가운데 하나일 뿐이다. 따라서 주제를 한정하지 말고 해석 가능성의 범위를 확대할 수 있도록 하는 데서 창의성이 길러질 수 있다. 일상 대화에서 '알았다' 하는 한마디도 상황에 따라서 얼마든지 의미가 달라질 수 있다. 그렇게 달라질 수 있는 의미의 맥락을 탐구하는 데서 창의적 발상이 이루어질 수 있다.

주제 지향의 단원 체재로 구성된 교과서에서 소통 능력을 심화하기 위한 교수·학습이 용이할 것으로 보인다. 소통은 그 자체가 창의성이 복합적으로 발휘되어야 하는 과제이다. 소통에는 관계, 배려, 수용 그리고 적극적인 참여 등 창의적 요소가 다수 포함된다. 그런데 소통을 설득으로 간주하지 말아야 한다. 소통은 교섭이다. 교섭을 통한 설득인 것이다. 이를 위해서는 문학적 언어 운용의 일방성을 벗어나야 한다. 일방적 전달을 벗어나 '소통으로서의 비평'을 교수·학습에 원용할 수 있을 것이다.

언어와 사고와 행위는 서로 밀접한 연관성을 지닌다. 문학은 텍스트와 사고와 행위의 연관성으로 설명될 수 있는 현상이다. 문학을 언어의 구조물로 상정하고 그 원리를 밝힌다면 문학의 법칙성은 드러날 수 있을지 몰라도 삶과 연관성이 긴밀할 수 없다. 그러한 점에서 본다면 문학의 장르론이나 구조론 등은 주제론과 통합되어야 삶의 맥락으로 통합되어 들어온다. 그러한 전제에서 다중 지능으로서의 창의성을 연계할 수 있을 것이다. 주제론적 구성 체재의 교과서를 텍스트 내용을 설명하는 방식으로 가르치는 것은 창의적 사고력 교육에 크게 기여하기 어렵다. 문학을 기획하고 실천하는 행동으로 전이해야 할 필요가 있다. 그래야 문학의 내용, 주제, 가치 등이 학습자 자신의 삶으로 통합해 들어올 수 있게 된다.

3) 기능 지향과 주제 지향의 통합 체재

언어에서 기능과 주제는 언제든지 통합적인 방식으로 실현된다. 달리 말하면 언어의 주제와 기능은 분리가 안 된다. 「독립선언문」을 선언하는 말하기, 선언문이란 형식의 글쓰기, 선언문 듣기, 선언문 읽기 등의 기능으로 분리해서 다룰 수 없다. 국가의 독립을 염원하는 의지가 이런 형식의 글을 낳게 했고 선언으로 끝나는 것이 아니라 운동의 형식으로 전개된 가운데 이 선언 행위가 자리잡는다. 그렇기 때문에 이 문건에 대한 역사·사회적, 이념적 이해를 떠나서는 정당하게 다룰 수 없다. 한마디로 언어사이되 실천적 행동과 이념과 분리될 수 없는 것이다. 교과서라고 해서 이와 다르지 않다. 교육의 이념, 교수·학습의 구도, 실천 방법 등이 모두 포함되는 것이다. 그러니까 주제와 기능의 통합을 강조할 것이 아니라 언어 운용의 원리로서의 통합성을 미리 고려해야 한다.

교육 실천의 장에서 이러한 통합을 도모하면서 창의성을 형성하려면 몇 가지 사항을 고려해볼 만하다. 작품의 해석과 장르의 전이를 활용하는 방법이 그것이다. 한용운의 「님의 침묵」을 제재로 주제 측면에서 자유롭게 토론하고 의견을 교환하는 소통을 시도할 수 있을 것이다. 시에 나오는 '임'을 각각 독립운동가로, 승려로, 연인으로 설정하고 만남과 헤어짐을 내러티브로 만들고 이를 바탕으로 드라마로 각색해보는 방법을 학습 과정에서 수행해보는 것이다. 그 과정에서 여러 가지 창의 요소를 구현할 수 있을 것이다. 아울러 협동, 소통, 역할의 수행, 책임 등 인성적 요소를 교육하는 효과를 높일 수 있을 것이다.

높은 수준의 창의력을 도모하려면 기능 지향의 국어교육 활동과 주제 지향의 국어교육 활동이 서로 교차되고 융합될 수 있는 가능성을 모색할 필요가 있다. 주제를 탐색하는 과정에서 드러나는 기능을 새롭게 검토하고 이들 기능 체계를 주제와 연관짓는 모색이 있어야 한다. 요컨대 언어 활동의 성격이 다면적이고 복합적이며 통합적이라는 시각을 견지하는 일이 중요하다. 그래야 창의성과 인성을 기르기 위한 교과서 체재를 모색할 수 있을 것이다. 그리고 창의성과 인성을 기르기 위한 교수·학습도 그러한 방향으로 유도되어야 함은 물론이다.

2부

창의·인성 교수·학습 활동

1장 인간 이해의 창의·인성 활동

1. 동기와 욕구 이해하기

문학 가운데 소설 작품과 같은 창작물은 특정한 동기에 따라 행동하는 인간의 모습을 내러티브 형태로 서술한다. 작가 입장에서 동기화는 인물과 주체의 행동에 가치를 부여하는 방식으로 구체화되며, 독자 입장에서는 '어떤 인물이 왜 그렇게 행동을 하며 그것이 무슨 의미인가'라는 물음을 던지고 그 답을 얻기 위해 독자 나름의 이유를 찾는 방식으로 구체화된다. 이때 그 이유가 보편성을 지니면 다른 독자들과 공유되고 소통된다. 보편성의 발견은 곧 인물의 행동에서 개인적 차원이나 사회문화적 차원의 연관성을 발견하는 과정으로 그 자체가 창의성이 발현되는 국면이다. 인물 행동의 원인이 되는 동기나 욕구에 대한 이해는 공감으로 이어지는데, 공감은 일상생활에서 자신의 동기를 강화하고 자기화하는 과정에서 자기 점검과 역지사지하는 인성적 자질을 함양할 수 있기 때문이다.

'동기와 욕구 이해하기' 활동은 수업에서 다양하게 적용될 수 있다. 학습자와 유사한 성장 단계에 있는 주인공의 생활을 다룬 이야기 제재를 선택해 인물의 말과 행동에서 그 심리 상태를 유추해보게 하거나, 반대로 인물의 마음 상태를 다양한 말과 행동으로 표현하게 하는 것이 동기 이해 활동의 한 예이다. 이를 통해 학습자는 작품의 상황과 유사한 자신의 경험을 떠올리거나 '만약 나라면' 같은 가정법적인 사고로 등장인물의 마음 상태를 이해하고 공감하게 된다.

인물의 동기와 욕구를 이해하는 것은 작품뿐만 아니라 다른 이들의 감상에 공감하는 계기가 된다. 공감을 통해 학습자는 등장인물뿐만 아니라 인간의 본질적인 속성에 대한 이해의 단계로 나아가게 된다. 작품이나 이야기에 등장하는 인물에 대한 이해를 넘어 인간에 대한 이해로 나아갈 때 자연스럽게 '나는 어떤 존재인가'라는 물음에 대한 답을 모색하는 과정이 수반되는데, 이는 보편적인 인간의 삶에 대한 이해를 구체화하는 데 도움이 됨은 물론이다. 따라서 이 활동은 '자아 탐구하기' 활동과도 유의미하게 연관될 수 있다.

2. 공감 소통하기

공감은 타인의 감정, 의견, 주장 따위에 자기도 그렇다고 느끼는 것이다. 인간은 공유된 공통의 인식이나 정서를 확인하는 작업인 소통을 통해 서로 공감대를 형성하게 된다.[1] 학습자는 '공감 소통하기' 활동을 통해 공감된 정서·인식·내용을 이야기하거나 글로 써서 소통하고, 어떤 점에서 공감하게 되었는가 하는 공감의 요인을 찾는 과정에서 상대방의 창의적 아이디어를 수용할 수 있다.

대상이나 인물에 대한 공감 소통에서 무엇에 공감하느냐 또는 어떻게 소통하느냐에 따라 다양한 활동이 가능하다. 문학 작품[2]의 작가와 소통해보는 활동, 다른 독자들과 문학 작품에 대한 생각이나 느낌을 직접 주고받는 활동, 자신의 내적 자아와 소통해보는 활동 등이 구체적인 활동의 예이다. 공감 소통하기 활동으로 제안한 이 세 가지 활동—작가와의 소통, 독자와의 소통, 자아와의 소통—은 공감의 범위를 확장하고 심화하면서 절차적으로 지도할 수도 있다. 이 중에서 특히 '독자와의 소통'은 토의·토론 모형과 연계하여 절차적인 측면에서 보다 정련된 과정으로 지도할 수 있을 것이다.

1 대화 상황에서 흔히 공감적 경청이라고 하는 것은 상대방이 전하는 메시지에 대한 일차적인 이해를 넘어 감정이나 의도를 헤아려 공유하는 상태를 의미한다. 이때 '공감'은 대화 참여자 간에 메시지 내용의 주고받음에서 나아가 정서적 교류를 포함하는 높은 수준의 이상적인 소통 단계이다.

2 공감 소통의 대상이 되는 문학 작품은 독자에게 정서적 감흥을 유발한다는 점에서 의미가 있다.

공감 소통하기는 창의·인성 교육 내용 요소 중에서 '공감'의 구체적인 내용에 따라 다양한 인성적 자질을 함양할 수 있고, 창의성의 주요 요소인 '감수성'에 초점을 두어 효과적으로 지도할 수 있는 활동이다. 따라서 이 활동은 비교적 감수성의 자질이 풍부하게 녹아 있는 문학 작품을 제재로 활용한 독서 토론에 효과적이다.

3. 자아 탐구하기

자아 탐구는 인물의 가치적 본질을 읽어내는 능력을 지향하는 활동으로, 인간 탐구와 자기 존중으로 연계되고 인간에 대한 앎은 인간 존중의 윤리로 승화될 가능성을 지닌다. 인간에 대한 이해, 자아에 대한 이해를 다양하게 도모하려면 창의성이 밑받침되어야 한다. 이야기를 읽으면서 나를 찾아가는 과정은 물질적 존재로서의 자아, 동물적 존재로서의 자아, 감성적 자아, 이성적 자아, 윤리적 자아 등 자아의 층위를 다층적으로 상정할 수 있는 능력이 전제되어야 하는데, 이러한 능력은 곧 창의성과 연관되기 때문이다.

이야기를 해석하고 의미를 부여하는 과정은 자연스럽게 자기 자신의 가치에 대해 생각해보게 한다. 학습자는 이야기를 읽으면서 '나는 누구인가'라는 문제의 해답을 찾아보고 이야기 속에 전개되는 갈등의 양상을 보면서 '나라면 어떻게 할 것인가'를 끊임없이 생각하게 된다. 그렇게 함으로써 인물이 처한 상황과 자신의 상황을 비교하게 되고 자신의 위치와 현실을 깨닫게 된다. 수업의 국면에서 자아 탐구를 효과적으로 하기 위해 '나는 이러이러할 때 행복했다'와 같이 여러 상황과 관련된 문장을 완성하게 하는 활동, 자신만의 프로필 완성하기, 자신의 성격을 한 문단으로 표현해보기 등을 활용할 수 있다. 또한 등장인물의 대사와 행동에 대한 이해를 바탕으로 이와 같은 활동을 적용해보는 것도 가능하다. 질문과 답변을 만들어 인물과 가상 대담을 해보는 방법뿐만 아니라 친구들끼리 대화하기 활동을 통해 인물이 특정 시점에서 무슨 생각을 하고 있는지 다양한 자아들 내면의 목소리를 적어보는 것도 자아를 탐구하는 효과적인 방법이다.

'자아 탐구하기' 활동은 '반성적 사고 확장하기'와 ' 동기와 욕구 이해하기' 활동과도 연관된다. 자아 탐구하기 과정에서 반성적 사고가 확장되고 그를 통해 인물이 가진 동기와 욕구가 무엇인지 이해함으로써 자아를 탐구할 수 있기 때문이다. 또한 다층위의 자아를 통해 대상에 감정을 투사해보고 대상을 주관화해볼 수 있으므로 '감정 이입 모형'에도 유용하다. 또한 문학 작품이 관점에 따라 다양하게 해석됨을 전제로 잠정적으로 유보했던 작품의 주제나 인물의 행동에 가치를 부여하는 '관점 변환 모형'에도 의미 있게 적용될 수 있다.

4. 회의하기와 가치 유보하기

많은 내러티브는 다양한 해석의 가능성을 포함하고 있다. 인물의 분명한 행동을 서술해놓았어도 그러한 행동의 동기가 항상 밝혀져 있지는 않다. 또한 동기를 밝혀놓았다 해도 독자가 '나라면 어땠을까' 하고 인물과 대비하며 생각하는 단계에서 다른 해석이 가능하다. 이렇게 작품을 해석하는 과정에서 인물에 대해 회의(懷疑)하는 것은 작품에 창의적으로 접근하는 일차적 과업이다. 충분한 근거가 없을 때 독자는 가치 판단을 보류하거나 중지하고 여러 가지 조건을 따져보면서 다양한 해석을 시도한다. 이것이 창의적 사고 과정이자 해석의 다원성을 여는 계기이다.

창의·인성 활동으로서의 회의하기와 가치 유보하기는 각각 독립적인 활동으로 접근할 수도 있지만 하나의 통합된 활동으로 보면 '무엇을 어떻게 할 것인가'에 대한 구체적인 시사를 얻을 수 있다. 즉, 이야기 속 인물의 행동에 대해 통념적으로 소통되는 가치를 그대로 수용하지 않고 잠정적으로 유보한 상태에서 회의하거나 때로는 전복(顚覆)시킴으로써 새로운 의미나 가치를 도출할 수 있는 것이다. '왜'라는 질문을 던지며 이야기를 읽는 것, '만약 ~라면(if)'과 같은 가정법을 활용해 확산적 사고를 유발하는 것, 입장이나 관점을 바꾸어보는 것 등은 수업에서 활용할 수 있는 구체적인 학습 활동이다.

회의하기와 가치 유보하기는 '가치 탐구 학습 모형'에서 인물의 행동이나 이야기의 주제에 대해 충분한 근거가 없기 때문에 판단을 중지하거나 보류하면서 다양한 가치를 탐구할 때 활용할 수 있다. 또한 상식적으로 자명한 일이지만 전통적인 권위에서 벗어나 관점이나 입장을 바꿔보는 데 초점을 둔다면 '처지 변환하기'나 '관점 변환 모형'과 연계해 활동을 구성할 수도 있다.

5. 반성적 사고 확장하기

우리가 접하는 대부분의 서사는 반성적 사고를 촉구한다. 이야기를 서술하는 행위는 기억을 이야기하는 것이든 상상한 내용을 다루는 것이든 이야기 자체로부터 일정한 거리를 유지하는데, 이때 시공간의 격차는 물론 관점이나 해석 등이 개입할 수밖에 없기 때문이다. 그렇기 때문에 글로 서술한 이야기는 그 자체로 반성의 양식이다. 따라서 반성적 사고를 확장하려면 서사를 경험하는 과정에서 가능하면 다양한 생각과 상황을 떠올려보고 자신의 삶을 돌이켜보는 것이 중요하다. 따라서 반성적 사고가 드러난 글을 다른 이들과 공유하는 과정이 수반되어야 한다. 이 과정에서 학습자는 인간에 대한 이해를 확충하는 의사소통 능력을 함양하게 된다. 아울러 자신의 삶에 대한 해석과 가치 부여를 통해 인간 가치를 옹호하는 정신을 발견하는 계기가 마련된다. 이는 내러티브가 윤리성을 띠는 까닭이기도 하다.

자전적 글쓰기는 반성적 사고를 확장하는 효과적인 방법이다. 과거에 대한 기억을 회고하거나 자기의 내면을 들여다보는 글쓰기에는 반성적 사고가 드러난다. 자신의 삶을 해석하고 그것에 가치를 부여하며 기억을 재구성해 창조적인 글쓰기[3]를 하는 것은 곧 자신을 성찰하면서 다양한 가능성들에 대해 사고하고 의미를 부여하는 것이기 때문이다. 수업에서 학생들의 흥미를 유발하는 활동으로 묘비명 지어보기도 가능하다. 묘비명에 담긴 한 인간의 삶은 자신의 삶을 되돌아보게 하는 거울이 되기도 하고 미래를 방향 짓는 이정표가 되기도 한다. 그렇기 때문에 묘비명 짓기는 과거의 반성과 미래의 방향을 제시하는 하나의 방법이다.[4] 이 외에 감정 글쓰기, '고백'을 주제로 한 영상 편지 쓰기 활동도 의미 있게 활용해볼 수 있다.

'반성적 사고 확장하기'는 인간 이해에 바탕을 둔 창의·인성 활동으로서 '자아 탐구하기' 활동과 유사하다. 자아 탐구하기 과정에서 반성적 사고가 확장되기도 하며, 반대로 반성적 사고를 통해 자아 탐구에 이를 수 있기 때문이다. '반성적 사고 확장하기' 활동은 '가

3 우한용, 『우한용 교수의 창작교육론 – 삶 읽기, 글 읽기, 글쓰기』, 태학사. 2009, 192쪽.

4 하병학·문정희, 「묘비명에 대한 수사학적 소고」, 『수사학』, 제12집, 한국수사학회. 2010.

치 탐구 모형'에서 인물의 생각을 옹호하거나 인물을 현실에서 재생해보는 가치 합리화 활동으로 구현될 수 있으며, '감정 이입 모형'에서 대상과 나의 처지를 바꾸어 생각해보는 역지사지하기 단계의 활동으로 활용될 수 있다.

2장 언어문화 탐구의 창의·인성 활동

1. 전통문화 재발견하기

고전은 다음 세대로 전수되어야 하는 문화유산이다. 그러므로 전통문화 재발견하기로 고전을 접하고 고전에 담긴 우리 문화의 정수를 느낄 수 있는 기회를 제공해야 한다. 고전을 읽는 능력은 고전 독해 능력을 가리키는 것으로 문자 해독부터 문장의 의미 해석, 문장이 내포하고 있는 관련 고사(故事)에 대한 이해를 토대로 한 문맥 해석, 그것이 인용되어 의미를 결정짓거나 증폭시키는 사례에 대한 이해까지를 모두 포괄한다.[1]

고전을 통해 전통문화를 재발견하려면 학습자에게 고전이 '지금 여기'와 역동적인 상호작용 속에 존재하는 것임을 인식시키는 활동이 필요하다. 현재를 살아가는 학습자에게 고전이 의미 있는 것으로 여겨질 때라야 그 속에서 전통문화의 가치를 재발견할 수 있기 때문이다. 학습자와 고전 텍스트가 역동적으로 교섭할 수 있으려면 텍스트를 읽는 과정이 선행되어야 한다. 지금과는 다른 사회적 배경에서 서술된 작품인 만큼 시대적 상황, 단어의 의미, 당시 생활 풍속 등을 풍부하게 조사한 후 작품을 감상하게 할 필요가 있다. 그러

1 조희정, 「고전 리터러시(Literacy) 교육을 위한 새로운 구도」, 『국어교육학연구』, 21집, 국어교육학회, 2004.

한 과정에서 학습자는 고전 형태의 이야기가 나오게 된 연유와 그 이야기를 통해 풀어내고자 한 욕망이 무엇이었는지에 공감하게 될 것이다. 이렇게 작품을 전환적 관점에서 읽고 나면 작품에 반영된 문화 및 전통과 만나게 되고 그 가치를 새롭게 인식하게 된다. 나아가 작품을 읽으면서 발견한 전통문화가 현재를 살아가는 자신에게 어떠한 의미가 있는지, 우리 사회에서 어떤 역할을 할 수 있는지 토의함으로써 적극적으로 전통의 가치를 탐색해보는 활동도 의미가 있을 것이다.

2. 대중문화와 소통하기

학습자가 대중문화와 적극적으로 소통하면서 의미를 구성하고 비판적인 자세로써 좋은 문화를 창출하는 주체가 되도록 교육하는 것은 매우 중요하다. 대중문화에 내포된 의미를 해석하고 대중문화와 적극적으로 소통할 수 있는 학습자라야 대중문화를 자신의 실제 삶의 맥락과 연관시켜 의미 있게 받아들일 수 있기 때문이다. 그런데 대중문화 또는 대중문화 콘텐츠의 영역은 영화 · 음반 · 애니메이션 · 캐릭터 · 게임 · 드라마 · 공연 · 뮤지컬 등과 같은 장르, 웹 · 모바일 · TV · DVD · CD · DMB 등과 같은 매체, 기획 · 시나리오 · 창작기술 · 비즈니스마케팅 등의 분야를 고려할 때 매우 광범위하다.[2]

대중문화와 소통하기 활동을 효과적으로 구현할 수 있는 대표적인 사례는 대중문화 콘텐츠 정전[3] 구성하기 활동이다. 정전의 구성은 "가치 판단의 준거를 마련하고 그 가치 판단의 정당성을 입증하는 것과 관련"[4]된다. 따라서 상대적이고 가변적인 특성을 지닌 대중문화 콘텐츠의 가치를 고려해보고 학습자들과의 합의를 통해 정전 목록을 구성하는 과정에서 텍스트가 창출하는 사회문화적 가치, 경제적 가치 등을 검토해볼 수 있다.

OSMU(One Source Multi Use)로 부가가치 생산을 극대화한 대중문화 콘텐츠를 찾고

2 박기수, 「문화 콘텐츠 정전 구성을 위한 시론」, 『문학교육학』, 문학교육학회, 2008.

3 실제 수업에서 학생들이 이해하기 쉽게 정전이라는 용어를 '대중문화 콘텐츠 권장 목록' 또는 '추천 목록' 정도로 풀어서 사용하는 것이 효과적이다.

4 문영진, 「정전 논의에 관련된 몇 가지 문제에 대하여」, 『민족문학사연구』, 민족문학사학회, 2001.

감상해보기 활동도 효과적이다. 대중문화 작품을 원작과 비교·감상하면서 어떤 점이 변형되었고 어떤 콘텐츠가 대중에게 공감대를 잘 형성했는지 등을 생각해보는 것은 작품 감상뿐만 아니라 사회문화적 관점에서 작품이 수용되는 양상을 살피는 일까지 포함한다. 또한 대중문화 콘텐츠 품평회를 통해 가치 평가를 수반한 이해와 감상의 시간을 가져보게 하는 것도 가능하다. 이는 대중문화 콘텐츠 중 어떤 것이 의미 있는지 판단할 수 있는 나름의 안목을 갖게 하는 유용한 활동이다.

다양한 사상과 배경을 가진 문화가 범람하고 있는 현대 사회에서 어떤 것이 의미 있는 문화인지 스스로의 안목으로 판단할 수 있는 학습자를 교육하는 것은 이제 국어교육에서 중요한 부분이다. 대중문화에 직접 참여하고 비판하기도 하며 호응할 때라야 학습자는 기존의 문화에 계속해서 생산적인 자극을 주고 변화를 이끄는 주체로, 새로운 문화를 창출하는 주체로 성장할 수 있다.

3. 다른 문화와 대화하기

다양한 문화가 공존하는 오늘날, 문화에 대해 열린 자세를 갖는 학습자를 교육하는 것은 중요한 문제이다. 국어과 교육 과정이 추구하는 인간상이 문화적 소양과 다원적 가치에 대한 이해를 바탕으로 품격 있는 삶을 영위하는 사람[5]인 점은 이러한 시대 변화를 반영한 것이라 하겠다. 다른 문화와 대화하는 것은 직간접적으로 모두 가능하지만, 직접적인 대화는 시간과 공간의 제약이 있으므로 간접적인 대화가 교육 국면에서는 보다 현실적이고 효과적이다. 이때 문학 작품은 다른 문화와 대화할 수 있는 효과적인 매체이다.

다문화를 소재로 한 소설이나 영화를 활용하는 것이 가장 일반적인데 작품에 형상화된 인물과 사회에 대해 탐구하고 감상함으로써 이해의 폭을 넓히는 것이 가능하다. 문학 작품은 현실에서 존재 가능한 세계를 형상화하고 있기 때문에 현실 세상에 적용 가능한 태도를 교육할 수 있는 유익한 도구이다. 특히 '우리'의 관점에서 이주노동자, 결혼이주자,

5 교육과학기술부, 『국어과 교육 과정』, 2011. 추구할 인간상 항목.

탈북자 등이 재현되는 과정에 어떤 권력관계나 편견, 선입견이 작동하고 있는가를 비판적으로 살피는 활동은 다문화적 공존과 상호 존중을 위해서는 타자를 그 자체로 존중하고 제대로 이해할 필요가 있다는 차이의 윤리[6]를 교육하는 데 효과적이다. 또한 외국 문학을 읽고 감상하는 활동으로도 다른 문화와 대화를 시도할 수 있다.

'다른 문화와 대화하기'의 목적은 단순히 문화 간의 차이를 인식하는 데 있지 않고 상호 존중과 변화를 위한 소통에 있다. 따라서 학습자에게 차이나는 정체성 사이에서 이루어지는 소통 중 어떤 것이 바람직한지, 타자와의 차이나 불일치가 어떻게 소통되고 있는지, 그 소통을 통해 어떠한 공유와 변화가 생성되고 있는지, 그 소통이 이루어지는 방법이나 지향은 무엇인지[7] 등에 대해 생각해보는 기회를 제공하는 것이 수업의 초점이 되어야 한다. 학습자가 다양한 문화권과 교류하고 공유하며 새로운 문화의 모습이 무엇인지 모색해 보게 하는 것을 국어교육의 목표로 설정할 필요가 있다.

4. 표현 문화의 이해와 공유하기

생활 속에서 다양하게 사용하는 표현 문화인 속담, 관용적 표현, 언어 유희 등은 언어적 민감성을 향상시킬 수 있다는 점에서 의미가 있다. 언어적 민감성이 창의성의 본질적인 요건이 된다는 것은 주지의 사실이다. 언어적 민감성은 감성·논리·윤리 등 다양한 차원에서 논의될 수 있다. 그중에서도 언어에 대한 민감성을 흥미와 더불어 접근할 수 있는 영역이 '언어적 유희'이다. 말장난은 흥미라는 점에서 가치 있는 언어 행위이다. 특히 언어적 유희는 언어의 유창성을 기를 수 있는 단서가 된다. 예컨대 〈나무타령〉이나 〈바위타령〉 같은 노래에서 언어적 유희의 훌륭한 사례를 볼 수 있다. 그러므로 국어 수업에서 언어 놀이를 활용해 학습자의 언어적 유창성, 민감성, 서사적 감수성을 함양할 수 있다.

특히 말로 만들어진 가공의 세계인 내러티브 자체에 언어적 유희의 요소가 들어 있다

6 최인자, 「대중 영상 서사물에 나타난 한국적 다문화 담론 양상」, 『국어교육학연구』, 26집, 국어교육학회, 2010.
7 최인자, 같은 글.

는 점에 유념할 필요가 있다. 내러티브는 인간 삶의 광범한 영역을 포괄하기 때문에 살아 있는 언어의 풍부한 광맥이다. 다양한 인물이 등장할수록 다양한 계층의 언어가 뒤섞이게 된다. 예를 들어 리얼리즘 소설에서는 당대 언중의 언어가 거의 그대로 재현되며, 언어적 형상화를 도모하는 소설에는 문학 일반의 형상적 언어가 전범적으로 나타나 있다. 그러한 점에서 내러티브의 풍부한 체험은 어휘의 풍부성을 길러주는 바탕이 된다. 어휘의 풍부성은 언어적 민감성과 연관되며 사고의 다양성을 보장해준다. 어떤 대상을 다른 말로 표현해 보는 것은 의미의 분화를 가능하게 한다. 언어의 기본 기능 가운데 하나는 대상을 지시하는 것이다. 그런데 지시되는 대상은 텍스트 외적인 것이다. 그러므로 텍스트 외적인 코드와 연관해서 어휘의 사용 능력을 기를 수 있도록 교육 설계를 할 필요가 있다.

3장 체험을 통한 창의·인성 활동

1. 언어적 유희 활동

언어적 유희(pun)는 일종의 말장난으로 방귀 잘 뀌는 뽕나무, 십리 절반 오리나무, 키가 커도 잣나무[잔나무] 등처럼 말의 재미를 위주로 하는 언어 활동을 뜻한다. 이는 '언어적 인간'이 지니는 본성적인 부분으로 인간에게 재미와 흥미를 주고 언어 생활에 활력을 부여한다. 야니히(Nina Janich)는 사람들의 주의를 끌기 위해 언어 규범이나 의사소통 참가자들의 예상을 벗어나는 언어 행위를 하는 것을 언어적 유희라고 정의했다.[1] 그러므로 언어적 유희는 일탈 현상을 전제로 한다. 언어적 유희를 사용하는 학습자는 규범 규칙을 알고 있어야 하며, 수용자는 언어적 유희에서 사용한 일탈을 의도된 일탈로 인식하고 이로 인해 생긴 부가적 의미를 파악할 수 있어야 한다.

언어적 유희를 추구하고 수행함으로써 학습자는 언어적 유창성과 감수성을 함양할 수 있다. 유의어와 반의어를 재치 있게 활용하거나 진부하고 상투적인 언어보다 참신한 언어를 사용하려는 태도는 언어적 유창성과 관련되고, 언어적 유희를 활용하는 행위 자체는 일

1 Nina Janich, *Werbesprache. Ein Arbeitsbuch*, Tübingen: Gunter Narr Verlag, 1999.

상의 언어 표현에 민감하게 반응하는 언어적 감수성과 관련된다. 또한 각종 상황 맥락에서 열린 반응을 지향하고 각종 담화 상황에 주체적으로 참여해 주도한다는 점에서 개방성과도 관련된다. 언어적 유희가 창의성의 본질 요건이 된다는 것은 주지의 사실이지만, 단독적으로 수행되기보다는 집단적 또는 일정한 사회문화적 상황과 연관되는 경우가 많기 때문에 창의·인성이 결합된 대표적인 활동이라 할 수 있다.

언어적 유희 활동의 하나로 언어의 구조 단위에 따라 소리, 형태, 의미, 통사 차원으로 나누어 말놀이를 할 수 있다. 말놀이가 제대로 이루어지려면 놀이판에 들어가서 실제로 체험해야 하는데, 이 과정에서 다양한 소통 중심 놀이에 참여할 수 있고 기존의 말놀이에 새 규칙을 추가해 언어놀이를 재구성하는 활동도 할 수 있다. 이처럼 언어적 유희 활동은 언어를 기반으로 한 놀이 형태로 구현될 수 있다. 학습자는 언어에서 놀이 요소를 발견하고, 각종 언어 놀이를 체험해보는 과정을 통해 언어적 유창성과 감수성을 자연스럽게 향상시킬 수 있을 것이다.

2. 역할극 하기

몰입은 학습자가 주어진 상황에 대해 심도 있게 사유할 수 있는 기회를 제공한다. 그러나 수많은 텍스트가 학습자에게 주어지지만 그 텍스트를 심도 있게 사유할 만큼 몰입하는 경험을 가진 학습자는 그리 많지 않다. 아울러 공감하는 능력은 문학 작품의 이해뿐만 아니라 사람과 세계에 대한 이해와 관련된다. 때문에 주어진 상황이나 텍스트에 몰입하는 교육은 문학교육 그리고 세계에 대한 이해를 넓히는 교육과 관련된다.

역할극 하기의 과정에 참여하는 이들은 몰입을 체험하게 된다. 역할극 하기는 주어진 상황에 역동적으로 참여하기를 요구하기 때문이다. 학습자는 구체적인 역할을 수행하는 과정에서 인물의 처지에 공감하게 될 뿐만 아니라 인물을 둘러싸고 있는 환경 등에 대해 깊이 생각하는 기회를 갖게 된다. 이는 텍스트를 지면에서 읽을 때와는 다른 새로운 경험으로서 상황에 공감함으로써 깊은 몰입의 단계로 나아가는 계기로 작용한다.

여러 가지 역할극 가운데 수업에서 효과적으로 활용할 수 있는 것은 상호작용 역할극

(interactive theatre)[2]이다. 상호작용 역할극은 단편극 형식의 퍼포먼스를 연기하는 식으로 진행된다. 교실에서 상호작용 역할극은 학습자에게 연기하게 하고 청중이 된 교사와 나머지 학습자들이 캐릭터들에 대해 토의하고 상황에 따라 직접 연기자로 참여할 수 있는 방식으로 활용될 수 있다. 이때 학습자들은 퍼포먼스에 직접 참여하고 연기자가 되어보는 과정에서 여러 가지 상황을 간접 체험하게 된다. 상호작용 역할극은 기존의 역할극에 토의 과정을 더한 것으로 상호작용하는 과정에서 언제든 배우가 교체될 수 있고 관객과 배우의 역할을 유연성 있게 바꿀 수 있는 퍼포먼스 방식이다. 즉, 기존의 역할극과 달리 이 방식에서는 퍼포먼스 중간에 관련된 사항에 대하여 토의하거나 누구든 배우로 참여할 수 있다. 그래서 학습자들을 적극적으로 수업에 참여하게 하고 특정한 주제를 간접 체험하는 데 효과적이다. 이 외에도 모의법정 토의, 작품 속의 인물 가상 인터뷰, 가상 여행기 작성, 가상 '나의 문화 답사기' 작성 등은 역할극 하기와 효과적으로 연계될 수 있는 활동들이다.

3. 공동체 글쓰기

국어교육에서 텍스트 생산 주체로 참여하는 유형으로 창작을 고려할 수 있다. 학습자는 창작을 통해 세계를 자기 자신의 눈으로 바라보면서 재구성하며 자신의 존재를 증명할 수 있게 될 뿐만 아니라 자신이 소속된 사회의 일원으로 자리 잡게 된다.[3] 그러므로 공동체 글쓰기는 사회의 한 구성원으로서 학습자를 교육하는 효과적인 활동이다. 자신이 아는 것을 글로 표현하는 능력은 언어 운용의 최종 단계에 해당한다. 또한 글로 쓴 것을 소통하는 능력은 언어적 의미의 공유 능력이다. 완결성을 지닌 글, 형상화가 이루어진 글이라도 소통 맥락에 들어가야 비로소 글로서 자격을 얻게 된다.[4] 글쓰기 교육은 곧 삶의 의미를 발견하게 하는 교육으로서 의의를 지니는데, 공동체 글쓰기는 스스로 한 편의 텍스트를 완성해야

2 Suzanne Burgoyne and others, "Interactive theater and Self-Efficacy," in Matthew Kaplan & A. T. Miller(eds.), *Scholarship of Multicultural Teaching and Learning*, Jossey-Bass, 2007.

3 우한용, 『우한용 교수의 창작 교육론』, 태학사, 2009, 23쪽.

4 우한용, 같은 책, 27쪽.

한다는 부담이 없기 때문에 창작 교육을 위한 수업 현장에서 효과적으로 활용될 수 있다.

구체적으로는 이야기 이어쓰기 방법, 한 명이 글 쓰는 것을 전담하고 다른 구성원들이 이야기 전개 과정에 지속적으로 개입하는 방법 등을 활용할 수 있다. 공동체 글쓰기는 혼자 글을 쓰되 공동체를 소재로 여러 명이 한 텍스트를 완성하는 활동이다. 공동의 문제해결을 위한 글쓰기는 혼자 쓰는 것보다 모둠으로 쓰는 것이 효과적이다. 공동체의 문제가 무엇인지 인식하는 일부터 해결방안을 모색하는 과정은 개인에 한정된 문제가 아니므로 다양한 가치관을 가지고 있는 상호간의 의견 교류가 중요한 의의를 지니기 때문이다.

창작 수업의 한 방법으로서 공동체 글쓰기는 함께 글을 쓰고 소통하는 과정을 거치게 된다. 하나의 텍스트는 쓰는 과정뿐만 아니라 누군가에게 읽히는 과정에서 새로운 의미가 창출될 수 있기 때문에 지속적인 창조의 과정에 놓이게 된다.[5] 그러므로 텍스트로 의미를 생산하는 행위는 계속적이며 상호 소통 과정에서 더욱 풍부해질 수 있다. 공동체 글쓰기 활동은 공동 창작뿐만 아니라 공동체에 대한 글쓰기, 공동체의 문제해결을 위한 글쓰기 등 다양한 각도에서 활용할 수 있다. 학습자의 관점이 개인 내부에 머물지 않고 공동체와 연관되면 어떤 글쓰기라도 이 영역에 포함할 수 있다. 그만큼 교육적 활용도가 높다.

5 우한용 외, 『서사교육론』, 동아시아, 2001, 29-33쪽.

4장 창작을 통한 창의·인성 활동

1. 인물 살려내기

인물 살려내기는 이야기의 인물이 독자가 살고 있는 현실 세계에 존재한다면 어떤 생각을 하고 어떻게 행동할 것인가를 탐구해보는 활동으로 '인물 현동화하기(character actualizing)' 또는 '인물 구성하기(characterization)' 등으로 구체화할 수 있다. 이야기의 인물을 현실로 이끌어내는 과정은 발산적 사고 과정과 일맥상통한다. 나아가 이야기의 인물이 취한 생각과 행동은 현실 상황 맥락에 어울려야 한다는 점에서 수렴적 또는 유추적 사고와도 깊은 관계를 맺고 있다. 또한 인물 현동화의 과정 전체가 창작 주체의 고유한 상상 활동을 바탕으로 한다는 점에서 상상력의 신장에 크게 기여하는 활동이다.

인물 살려내기 활동은 기본적으로 이야기 인물의 역할과 상황 등을 이해하고 이를 창작에 적용하는 활동이되, 특히 인물의 상황과 입장을 중시한다는 점에서 '역할극 하기' 활동과 공유하는 부분이 크다. 이 활동으로 처한 환경이 바뀌었을 때 인물이 어떻게 행동할 것인가를 상상해보거나 인물과 사건이 서로 얽히면서 인물이 새로운 상황에 걸맞게 어떻게 변화하는지 탐구해봄으로써 현실적 문제를 해결하는 유연한 사고력을 신장시킬 수 있다. 또한 인물 살려내기 활동은 '가치 탐구 모형'의 세부 과정 활동으로 구성할 수 있다. 인물이 겉으로 드러내는 생각이나 숨은 생각 찾기, 인물의 생각과 유사한 사고의 흐름을 현실의 인물들에서 발견하기, 인물의 생각을 현실에 적용시키기 등은 '인물 살려내기'와 '가치 탐구 모형'의 결합으로 구성할 수 있는 활동들이다.

2. 비유로 사물 보기

비유로 사물 보기는 기존과는 다른 탈관습적인 방식으로 주변의 대상을 새롭게 지각하고 표현해보는 활동이다. 여기서 '새로움'의 본질은 말과 대상 사이의 커다란 간극을 사소한 동일성으로 메워가는 과정 자체에서 비롯된다. 비유는 기본적으로는 비유하는 말과 대상 사이의 유사성에 기초하지만, 그 둘 사이의 차이점과 동일성을 면밀히 관조하면서 단순한 '지시'가 아니라 참신한 관계가 생겨나는 것이다. 따라서 비유하는 능력은 추상적인 것과 구체적인 것, 보편적인 것과 특수한 것, 자아와 세계, 사상과 감정 등 대립되는 짝들을 포괄하고 융합하는 종합적인 능력이라 할 수 있다.[1] 이러한 점에서 비유하기는 그 자체로 수렴적 사고력과 발산적 상상력을 동시에 운용하는 고도의 창의적 활동이다. 나아가 비유를 통해 '사물을 보는' 과정, 곧 기존과는 다른 새롭고 참신한 시각으로 사물을 바라보고 표현하는 과정은 자연스레 문제발견력, 유추적 사고력 등을 신장시키기에 적절한 계기가 된다.

비유로 사물 보기 활동은 체험이나 놀이를 통한 창의·인성 활동인 '언어적 유희 참여하기'나 '모의 놀이하기' 활동을 구성하는 데 유익한 점이 많다. 체험이나 놀이를 구성하는 내용 자체가 비유로 사물 보기의 속성을 가지고 있는 경우가 많기 때문이다. 가령 관용어가 만들어지는 원리를 탐구할 때 비유가 등장하는가 하면, 간판 이름 짓기, 별명 짓기 활동 등도 모두 비유와 관련된다. 또한 비유로 사물 보기를 '은유적 사고 모형'과 연계해 지도하는 것 역시 효과적이다. 주변의 사물이나 현상을 구태의연하지 않은 방식으로, 즉 새롭고 창의적인 방식으로 지각하고 인식하고 표현하고 소통한다는 점에서 은유적 사고와 부합하기 때문이다.

1 김준오, 『시론』 제4판, 삼지원, 2010, 174-178쪽.

3. 상징 만들기

상징은 본질적으로 원관념이 숨고 보조관념만 제시되어 있다는 점에서 '암시적'이다. 암시성은 다의성으로 연결되는데, 독자마다 숨겨진 상징적 의미를 해석하는 반응이 다양해질 수밖에 없기 때문이다. 그래서 상징의 원관념과 보조관념의 관계를 '일대다의 관계'라 부른다. 상징 만들기는 상징의 고유한 '암시성'에 기초한 활동으로 반쯤 드러나고 반쯤 숨겨진 대상을 유추하는 능력을 길러줄 수 있다. 또한 대상의 상징적 의미를 시각적으로 표현하는 활동으로 시각화 능력을 함양시킬 수 있다. 상징 또는 알레고리가 활용된 소설을 이해함으로써 세상과 삶에 대한 문제발견력과 문제해결력을 신장시킬 수 있다.

상징 만들기 활동은 '비유로 사물 보기'와 속성이나 방법 면에서 유사한 점이 많다. 비유로 사물 보기가 원관념을 드러내는 활동이라면 상징 만들기는 원관념을 숨기는 활동이라는 점에서 두 활동은 서로 유기적으로 관련을 맺고 있다. 또한 상징 만들기를 언어적 관습 및 언어문화에 대한 이해 활동과 관련지어 '생활 속 표현 문화 공유하기'나 '관용어 속의 문화 읽기' 활동 등으로 구성할 수 있다. 상징 만들기 활동을 '은유적 사고 모형'과 연계해 지도하는 것이 효과적이다. 본격적인 은유를 설정하기 이전에 여러 방법으로 사물, 대상, 현상을 표현하는 단계에서 상징 만들기 활동을 활용할 수 있다.

4. 패러디

패러디는 텍스트 재창조의 방법으로 차이를 두고 원작 텍스트를 반복하는 활동,[2] 즉 텍스트의 내용이나 형식을 일정 정도 유지하는 가운데 새로운 시각으로 텍스트를 재창조해내는 활동이다. 이처럼 패러디는 본질적으로 원형 텍스트를 바탕으로 이루어지기 때문에 학습자는 패러디 활동을 통해 자연스럽게 원형 텍스트에 주목하게 된다. 다시 말해 패

2 Linda Hutcheon, 김상구·윤여복 역, 『패러디 이론』, 문예출판사, 1998, 54-56쪽.

러디 활동에서는 단순히 새로운 이야기를 만드는 과정뿐만 아니라 창작의 재료로 주어진 특정 이야기의 의미와 형식을 탐구하는 과정 자체가 매우 중요한 축이 된다. 이처럼 원형 텍스트의 잠재적 의미를 탐구하는 과정에서 학습자는 자연스레 작품에 대한 비평 능력을 신장시킬 수 있으며, 내용과 형식·맥락 등을 고려해 텍스트를 변형시키는 가운데 이야기의 규칙을 자연스럽게 습득할 수 있다. 또한 기존의 이야기를 바꾸어 새로운 이야기 한 편을 재구성하는 과정에서 상상력, 문제해결력, 언어적 민감성, 감수성 등의 창의·인성 능력을 신장시킬 수 있다.

패러디 활동은 패러디의 수준과 방식에 따라 다양하게 구안될 수 있다. 널리 알려진 이야기의 원형을 생산적으로 재창조하는 활동, 텍스트에 구체화되지 않은 '빈틈'을 찾아 패러디로 채우는 활동, 텍스트의 형식 맥락을 어느 정도 유지하면서 내용 자체를 변형시키는 활동 등 학습자의 수준이나 원형 텍스트의 성격 등을 고려해 패러디 활동을 구체화할 수 있다. 패러디 활동은 학습자에게 텍스트 감상법을 내면화시키고 장르의 규칙을 습득시키며 자신의 사고와 경험 세계를 글로 표현함으로써 언어 경험을 풍부하게 해준다. 이러한 점에서 패러디 활동은 '내러티브 재구성하기', '장르 변환하기' 등의 활동과 결합해 구안할 수 있다. 또한 패러디 자체가 창작의 한 방법이라는 점에서 '창작 모형'과 조우할 수 있는 활동이다.

5. 내러티브 재구성하기

내러티브 재구성하기는 작품의 인물을 새로운 관점에서 형상화하거나, 개연성을 살려 다른 결말을 맺거나, 관련 없는 이야기를 서로 연결해 새로운 이야기를 만들어내는 과정 등을 포괄하는 활동이다. 내러티브 재구성하기는 문학 작품에 대해 다른 방식으로 등장인물을 평가하고 새로운 결말을 구성한다는 점에서 기본적으로 상상력을 요하는 일이다. 내러티브를 재구성할 요소를 찾는 과정에서 문제발견력을, 내러티브를 재구성해 한 편의 이야기를 완성하는 과정에서 논리·분석적 사고력을 신장시킬 수 있다. 또한 기존의 해석을 뛰어넘어 새로운 이야기를 구성해가는 과정에서 사고의 개방성을 기를 수도 있다.

내러티브 재구성하기 활동은 이야기의 내용을 살리되 이야기를 요약하거나 발췌하는 형태, 이야기의 내용과 구조의 일부분을 바꾸는 형태, 이야기와 다른 이야기를 섞어서 새로운 이야기를 만드는 형태 등 다양하게 구안될 수 있다. 기존의 내러티브를 중심으로 인물이나 줄거리 등을 바꾸어간다는 점에서 '인물 살려내기', '패러디' 등의 속성과 유사한 면이 있다. 내러티브 재구성하기는 다른 창의·인성 활동이나 모형과 상호성이 높은 활동 중 하나이다. 특히 이야기를 재구성해서 새로운 이야기를 만든다는 점에서 '창작 모형'의 하위 단계 활동이 될 수 있으며, 인물의 성격을 비틀어서 새롭게 해석한다는 점에서 '해석 교환 모형'의 해석 과정에서 사용될 수 있다.

6. 역사적 상상력 확장하기

역사적 상상력은 시간을 거슬러 올라가 현재에서 멀리 떨어진 시간대의 시각에서 사건과 인물을 이해하는 능력으로 문학 텍스트를 깊이 있게 감상하는 데 필요한 정신적 능력이다. 시간적으로 거슬러 올라간다는 것은 '지금 여기'가 아니라는 점에서 상상 적용의 한 양상이라 할 수 있다. 따라서 역사적 상상력을 발휘하는 활동 자체는 상상력의 신장과 밀접한 관련을 맺고 있다. 또한 현재와 다른 시대적 상황을 이해하는 과정은 곧 공감 능력의 신장과도 깊이 관련되어 있다.

경험의 지평을 확장하는 과정, 즉 문학을 통해 형상화되어 있는 세계를 경험하는 과정에서 학습자는 자신의 시대와 다른 시대의 사람들과 만나게 된다. 이야기에 몰입한 학습자는 그 시대에 태어났다면 어땠을까, 나라면 어떻게 했을까 등의 질문에 답을 찾으면서 역사적 상상력을 확장할 수 있다. 요컨대 학습자가 역사적 상상력을 적극적으로 발휘할 때 복잡한 이야기의 인과관계와 역사적 맥락을 이해할 수 있으며, 나아가 역사적인 배경을 근간으로 하는 다양한 이야기들을 상상해낼 수 있다. 이러한 점에서 역사적 상상력은 발산적 사고력 및 논리적 사고력의 신장과도 깊이 관련된다. 역사적 상상력 확장하기는 경험의 지평을 넓힌다는 측면에서 '새로운 세계 창조하기' 활동과 밀접하게 연관된다. 창의·인성 학습 모형 중에서 해석의 지평을 넓혀주는 '소통 확장 모형'이나 작품에서 논쟁의 지점을 발견해보는 '가치 탐구 모형' 등과 연계될 수 있는 활동이다.

7. 새로운 세계 창조하기

새로운 세계를 창조하는 과정은 기본적으로 기존 세계를 비판하고 새롭게 구성하고자 하는 태도를 전제로 한다. 이러한 점에서 새로운 세계 창조하기 활동은 창의·인성 요소 중 비판적 사고력과 매우 밀접하게 관련되어 있다. 나아가 창조하는 세계에 따라서 인식적 상상력, 조응적 상상력, 초월적 상상력 등이 개별적으로 또는 복합적으로 영향을 미치기도 한다.[3] 새로운 세계 창조하기 활동의 결과물이 반드시 이야기 창작의 형태를 띨 필요는 없다. 만화, 그림, 보고서, 설계도 등 다양한 형태로 새로운 세계를 표현할 수 있다. 그러한 점에서 새로운 세계 창조하기 활동은 '내러티브 재구성하기'와 관련해 지도할 수 있다. 새로운 세계에서 인물에게 어떤 일이 어떻게 일어났는지 이야기하려면 서사를 재구성하는 능력이 필요하기 때문이다. 아울러 새로운 세계를 역사적 상상력을 발휘해 창조한다는 점에서 '역사적 상상력 확장하기'와도 깊이 관련된다.

새로운 세계 창조하기는 '창작 모형'의 근간이 되는 활동이 된다. 창작 모형 단계 중 '대안 그리기'는 비판적 상상력을 전제로 그 비판의 대안이 되는 상황이나 세계를 그리는 단계인데, 다른 창작 모형 단계에 비해 열려 있는 창작 활동이자 그 자체로 새로운 대안을 모색한다는 점에서 새로운 세계 창조하기와 가장 밀접하게 관련되는 활동이라 할 수 있다.

8. 연출가 되어보기

연출가 되어보기는 문학 장르의 인접 영역인 극 또는 영화 장르를 국어과의 문학 수업

3 구인환 외, 『문학교육론』 제6판, 삼지원, 2012, 48-54쪽.

에 적극 도입하는 활동이다. 연출가가 되어본다는 것은 그 자체로 언어로 내러티브를 구성하는 것과는 차원과 난이도가 매우 다른 형태의 창의 체험 활동이다. 작품에 어울리는 배우를 선정하고 음악을 결정하고 배경이 될 수 있는 장소를 선택하는 모든 과정 속에서 주어진 작품을 자기 나름의 관점으로 해석해내는 경험이 자연스럽게 이루어지기 때문이다. 연출가 되어보기는 텍스트를 그 자체로 표현하는 것이 아니라 텍스트를 감상하고 해석한 결과를 중심으로 극을 만들어가는 활동이기 때문에 매우 적극적인 형태의 작품 감상 과정을 포괄한다. 작품의 면밀한 감상과 해석 과정에서 문제해결력, 상상력, 언어적 민감성 등을 신장시킬 수 있다.

또한 연출가 입장에서 배우, 관객, 스텝 등과 협동하는 과정에서 협동심과 공감적 사고력, 비판적 사고력 등을 두루 신장시킬 수 있다. 무엇보다도 연출 구상을 통해 학습자들은 보다 섬세하게 작품을 감상하는 능력과 세계를 바라보는 성숙한 시각을 갖추게 된다. 이처럼 학습자들 스스로 창작한 이야기를 연출하거나 기존의 이야기를 극이나 영상으로 연출하는 과정은 '장르 변환하기'나 '패러디' 활동과 밀접하게 관련된다. 또한 여럿이 더불어 텍스트를 만들어가는 과정을 보여주는 '공동 창작 모형', 이야기를 다른 장르로 바꾸는 과정을 포괄하는 '텍스트 상호성 모형' 등과도 조우하는 활동이다.

9. 장르 변환하기

장르 변환하기는 도입부터 결말에 이르기까지 전체적으로 종합적인 사고력을 요하는 활동이다. 가령 소설을 영상으로 바꾸는 활동을 가정해보면, 학습자는 소설을 대화와 동작으로 바꾸어 스토리보드를 짜고 장면을 구성하는 배경과 음악을 선택해야 하고 적절한 배우를 골라야 하며 관객의 반응을 고려해 작품을 편집해야 한다. 이러한 일련의 선택 과정에서 문제해결력, 확산적 사고력, 협동심, 공감적 사고력 등 창의·인성의 주된 능력이 두루 신장될 수 있음은 물론이다. 물론 장르 변환하기 활동을 소설을 극화하는 형태로만 구안할 수 있는 것은 아니다. 그림을 이야기로 만들어내는 활동, 이야기를 그림으로 표현하는 활동, 시를 이야기로 짓거나 이야기를 시로 짓는 활동 등 다양한 장르 변환이 가능하다.

이러한 점에서 장르 변환하기는 '패러디'나 '내러티브 재구성하기', '연출가 되어보기' 활동 등과 다양하게 어울릴 수 있고 '창작 모형'이나 '텍스트 상호성 모형' 등의 하위 활동으로도 구안될 수 있다.

장르 변환으로 학습자는 장르 리터러시를 함양하게 된다. 장르성에 맞게 텍스트를 감상하는 것은 텍스트에 담긴 다양한 의미를 구성할 수 있는 능력을 갖추게 됐다는 말과 동일하다. 시를 읽을 때에는 언어의 비유와 상징을 고려해 행간걸림으로 달라지는 구체적인 의미들을 포착해내야 하지만 소설을 읽을 때에는 단어 하나하나보다는 플롯의 변화, 배경, 인물의 행동, 대화 등으로 의미를 구성해간다. 같은 소설이더라도 장편 소설과 단편 소설은 표현하는 세계가 다르다. 장편 소설은 총체적인 안목으로 세계 전체를 조망하려 한다. 반면 단편 소설은 제한된 범위에서 완결성을 지향한다. 문학 교육에서 이와 같은 장르 개념은 문학에 대한 기본 관념을 형성하기 때문에 교육적 의의가 크다. 이는 문학 현상을 이해하는 패러다임을 형성하는 문제, 문학을 문화 차원에서 생산하고 향유하는 문제와 직결되는 사항이다.[4]

4 우한용, 『문학 교육과 문화론』, 서울대학교출판부, 2007, 181쪽.

5장 언어적 문제해결로서 창의·인성 활동

1. 생활 언어 장르 활용하기

국어교육은 학습자의 통합적인 언어능력 신장을 목표로 한다. 통합적 언어능력을 리터러시라는 용어로 부르기도 한다. 『국어교육학사전』에 따르면, 문식성은 "의사소통을 목적으로 하는 문자 언어의 사용 능력, 즉 모어로 읽고 쓸 수 있는 능력을 가리킨다. 여기서 읽고 쓸 수 있는 능력이란 자소(字素)를 음소(音素)로, 음소를 자소로 바꾸는 최소한의 능력을 의미하는 것이 아니라 읽기와 쓰기의 활용에 대한 심적 경향이나 사고방식까지를 포함하는 것이며, 문자 언어로 된 메시지를 단순히 받아들이고 해석하는 것이 아니라 능동적이고 자율적으로 메시지를 생성해내는 것까지를 포함"[1] 하는 개념이다. 이러한 맥락에서 국어교육을 받은 학습자의 리터러시가 일상생활 전반에 두루 영향을 미치는 것은 당연한 귀결이다. 리터러시가 뛰어난 학습자는 문학적인 텍스트의 감상뿐만 아니라 언어를 수용하고 생성하는 데 두루 유능하다.

국어교육의 결과가 생활 언어 장르 활용 능력으로 이어지는 것은 자연스런 일이지만,

1 서울대학교 국어교육연구소 편, 『국어교육학사전』, 대교출판, 1999.

생활 언어 장르들을 쓰고 활용할 수 있는 능력을 기를 수 있도록 수업을 구성해서 학습자들이 그러한 능력을 일상생활에서도 활용할 수 있도록 배려해야 한다. 생활 언어 장르 중 하나인 자기소개서 쓰기, 광고 만들기, 홍보물 제작하기 등이 수업에서 활용할 수 있는 활동들이다. 자기소개서는 진실성을 바탕으로 자신의 삶을 서사화하고 삶의 경험 중 의미 있는 것들을 선택해 재구성하는 글쓰기이다. 이는 서사적 사고력에 바탕을 둔 것으로 자신의 삶에 의미를 부여하게 하는 교육적인 활동이다. 광고나 홍보물 만들기는 기존의 광고나 홍보물이 어떻게 메시지를 전달하고 대중을 설득하는지를 알게 할 뿐만 아니라 자신의 의도를 상대방에게 효과적으로 전달하는 방법을 터득하는 계기를 마련해준다.

2. 공동체 문제 발견과 해결하기

국어과에서의 문제 해결 학습은 엄격한 가설 검증과 일반화를 거친 결과에 초점을 두기보다 그 결과에 도달하기까지의 과정에 초점을 둔다. 즉, 교사나 친구들과 함께 해결할 문제를 확인하고 그 해결 방법을 모색하고 문제를 해결하고 이를 일반화하는 활동을 강조한다. 이때 최대한 학습자 스스로 해결 방법을 찾아 문제를 해결하도록 함으로써 자발적인 학습 참여를 유도하고 학습자의 탐구력을 신장시키는 데 초점을 둔다. 이 과정은 창의성의 문제해결력과 일치한다. 문제 발견과 해결의 과정에서 문제 발견의 대상을 '공동체'로 초점화하고 '공동체'가 문제의 발견과 해결의 주체로 개입하는 방식은 창의적인 문제해결 과정에서 자연스럽게 인성적인 덕목이나 판단력을 필요로 한다.

지식 기반 사회에서는 창의성과 문제해결력을 통합하는 창의적 문제해결력이 요구되는데 문제 찾기(problem finding)를 강조한다는 점에서 기존의 학교 교육에서 강조해온 문제해결력과는 차이가 있다. 즉, 기존의 문제해결력이 주어진 문제의 해결에 초점을 두는 반면, 창의적 문제해결 능력은 스스로 새로운 문제를 찾아서 해결하는 것을 강조한다.[2]

공동체 문제 발견과 해결하기는 공동체에서 발생하는 문제를 찾고 집단적으로 문제

2 D. J. Treffinger, S. G. Isaksen & K. B. Dorval, 김영채 역, 『CPS: 창의적 문제해결』, 박영사, 2004.

해결을 시도하면서 인성적인 요소 측면을 강조하고 새로운 문제 찾기와 다양한 문제 해결을 모색한다는 점에서 창의성을 함양할 수 있는 활동이다. 이 활동은 국어과 수업 모형으로 소개된 '문제 해결 학습 모형'과 높은 상호성을 발휘할 수 있다. 다만 문제 해결과 일반화가 아니라 문제 찾기와 다양한 해결 가능태를 모색해보는 데 초점을 둔다면 좀 더 확장된 국면에서 창의성을 지도할 수 있을 것이다. 또한 문제 해결의 국면에서는 '공동체 글쓰기' 활동과 연계해 지도할 수 있다.

3. 화용적 전략 활용하기

내러티브는 그 자체가 문제 해결 과정을 서술할 뿐만 아니라 문제 해결의 도구로도 사용될 수 있다. 사랑의 고민에 빠진 사람에게 사랑을 주제로 한 소설의 예를 들어 갈등을 해소해줄 수도 있고 도덕적 판단을 위해 소설의 갈등이 집약적으로 나타나 있는 부분을 활용할 수도 있다. 또한 작품의 내용을 끌어와 현실 사회에서 당면한 문제를 해결하기 위한 설득의 근거로 사용할 수도 있다. 내러티브는 복합적 소통의 핵심적 장치이다. 비유담, 일화, 예화, 역사적 사건의 이야기, 속담 등이 소통에 활용되는 예는 무수히 많다. 구체적인 내러티브를 특정 대화 장면에서 활용할 수 있는데 이는 넓은 의미의 '인용하기'에 해당한다.[3]

대화 상황에서 내러티브를 적절히 활용하는 데에서 창의적 능력이 드러나며 대화하는 쌍방이 공유하고 있는 내러티브를 활용하면 공감이 배가된다. 즉, 속담이나 이야기를 주장의 근거로 활용할 수 있으며 속담이나 이야기를 활용해 설득력 있게 주장을 할 수 있다. 속담이나 이야기에는 교훈적인 내용이 담겨 있는 경우가 많아서 적절히 활용할 경우 듣는 이의 공감을 이끌어내는 좋은 자료가 될 수 있다는 것이다. 화용적 전략으로 내러티브 활용하기는 현실의 담화 상황과 내러티브의 연관성을 고려한다는 점에서 '패러디'나 '내러

3 쓰기에서도 자신의 생각을 타당화하는 방법으로 인용하기 전략을 활용한다. 이때 인용한 내용과 자신이 쓴 글이 매끄럽게 연결되어야 한다. 마찬가지로 대화에서 인용되는 내러티브도 맥락에 적절하게 어울려야 한다.

티브 재구성하기'와 연계할 수 있다. 그리고 이러한 활동은 내러티브를 비유적 속성을 강조해 '은유적 사고 모형'이나 표현의 일반적인 과정에 따라 내러티브를 활용한다는 측면에서 '문제 해결 학습 모형'과 연계해 지도할 수 있다.

4. 비판적 사고와 대안적 사고 이어가기

비판적 사고는 어떤 준거를 마련하고 그 준거를 바탕으로 일의 가치를 평가하는 일이다. 이때 준거는 평가하는 사람의 내부에 존재하기도 하고 외적으로 주어진 조건이 되기도 한다. 일어난 일의 가치 평가는 현상에 대한 문제 인식을 전제하고, 그에 따른 대안 마련을 필연적인 과정으로 여기는 문제 해결의 구조 속에서 이루어지는 경우가 많다. 이렇게 비판에 따른 대안 마련은 창의성을 필요로 하는 사항이다. 문제에 대한 비판적 인식은 있되 대안이 없으면 무책임한 일이다. 비판에 따른 최선의 대안을 적극적으로 제시하는 태도를 지닌 사람은 비판에 대한 책임을 지는 인성적 자질을 겸비하는 경우라 할 수 있다.

비판적 사고는 대안적 사고를 동반한다. 이는 마치 창의적 사고 과정에서 확산적으로 많은 아이디어가 생성되지만, 그것의 분석 · 선별 · 평가는 수렴적 사고를 통해 완성되는 것과 유사하다. 그렇다면 비판적 사고와 대안적 사고를 이어가기 위한 구체적인 활동의 예를 살펴보자. 비판적 사고와 대안 이어가기 활동은 문제에 대한 비판적 사고를 통해 합리적인 대안을 모색하는 토론 수업의 본질과도 맞닿아 있다. 따라서 이 활동은 토의 · 토론 수업의 주된 활동으로 활용한다면 효과가 배가될 것이다. 또한 이 활동은 인간 이해를 위한 '회의하기와 가치 유보하기' 및 '반성적 사고 확장하기'와 밀접히 관련되는데, 갈등 이해 모형이나 감정 이입 모형을 기반으로 활용하면 효과적이다.

5. 보고서 쓰기 및 매체를 활용한 프레젠테이션 하기

자신이 쓴 글을 다른 사람들 앞에서 발표하는 능력을 갖추는 것은 현 시대가 요구하는 중요한 능력이다. 말하기, 듣기, 읽기, 쓰기 등을 종합적으로 가르치는 국어교육에서 이 부분을 담당해야 하는 것은 당연한 귀결이다. 실생활에서 나타나는 다양한 문제에 대한 해결책, 평소 사회 현상에 대해 갖고 있었던 생각부터 문학적인 글, 자전적인 글에 이르기까지 스스로 주제를 정해 보고서를 작성하고 매체를 활용해 프레젠테이션 할 수 있는 소재들은 무궁무진하다. UCC 만들기 등으로 국어과 수행 평가를 대신하고 있는 현실은 국어교육의 다양한 활용도를 잘 보여주는 예라 할 수 있다.

보고서 쓰기와 매체를 활용한 프레젠테이션 하기는 각각 유용한 활동이지만 둘을 결합시켰을 때 더욱 효과적이다. 왜냐하면 보고서를 쓰고 나서 발표를 통해 상대방과 소통하는 과정은 의사소통 능력 향상을 위해 필요할 뿐만 아니라 발표하면서 스스로의 보고서에 대해 다시 한 번 생각해보게 되고 타인과 의견을 교류하면서 새로운 아이디어를 얻게 되어 결과적으로 보고서의 완성도를 더욱 높일 수 있기 때문이다. 매체를 활용하게 되면 매체의 특성에 맞게 화면을 구성하고 전달 효과를 높이기 위해 어떤 전략을 사용해야 하는지에 대해서 두루 학습할 수 있다. 이러한 과정을 통해 학습자는 '협동심', '문제해결력', '의사소통 능력' 등을 신장시킬 수 있다.

좋은 보고서를 쓰려면 우선 자료를 풍부하게 수집하게 해야 한다. 따라서 자료 수집에 충분한 시간을 할애하도록 지도하고, 자료를 수집할 수 있는 다양한 방법을 소개할 필요가 있다. 그리고 보고서 작성이 끝나면 프레젠테이션을 통해 서로 의견을 교환하고 보고서를 보완하도록 지도할 수 있다.

3부

창의·인성을 기르는 국어 수업의 실제

1장 함께 만드는 이야기 - 창작 모형

1. 창작 모형이 어떤 점에서 유용한가

1) 창작 모형의 개념, 특성, 과정

인간은 경험을 통해 성장한다. 어떤 사건을 직접 보고 듣고 느끼며, 다른 이의 경험을 간접적으로 전해 듣거나 책으로 읽으면서 어제의 나보다 나은 내가 되어간다. 다른 이의 경험을 적극적으로 나의 경험과 연계하며 나의 경험을 다시 다른 이와 교환·공유함으로써 적극적이고 주체적인 성찰과 탐색의 과정을 학습할 수 있게 된다. 국어교육의 궁극적 목표도 이에 맞닿아 있으며 구체적인 구현 양상은 '창작 교육' 형태로 표현된다.

창작 활동과 창의성은 서로 긴밀한 연관 관계를 갖는다. 창작은 곧 세계를 이해하고 새로운 질서와 세계를 만들어내는 일과 맞닿아 있다. 그러므로 국어교육 안에서 창작 교육은 매우 중요한 입지를 차지한다. 창작 모형은 다양한 방식으로 디자인되어 수업에 활용될 수 있다.

창작 모형

창작 방법	주요 활동 내용
패러디하기	패러디하고 싶은 작품 선정하기(이유 밝히기), 바람직한 모방으로 창작 효과를 익힌다. 단순 패러디와 풍자 패러디 구분하기.
부분 재구성하기	텍스트의 일정 부분을 기존의 것과 다르게 재구성한다. 재구성 과정에서 창의적 발상과 설계가 나타나도록 한다.
텍스트 상호성 살려 재구성하기	두 개 이상의 작품을 상호 연관 짓는 과정에서 작품을 재구성하는 활동을 한다. 세계를 만들어내는 창의적 발상에 초점을 둔다.
대안 그리기	비교적 제한이 없는 창작 활동이다. 비판적 상상력을 전제로 그 비판의 대안이 되는 상황이나 세계를 그리도록 한다.

(1) 패러디하기

창작은 다른 이의 전범을 참조하는 모방에서 시작된다. 일반적으로 패러디는 풍자와 조롱의 의미를 담아 어떤 작품을 비틀어 표현하는 것을 가리키지만, 모작으로부터 새로운 의미를 담은 창작물을 이끌어내는 기법을 일컫기도 한다.[1] 두 가지 의미의 패러디 모두 교육 현장에서 유용하게 활용될 수 있다.

수업 상황에서 전문가가 아닌 교사가 창작을 가르치는 일 그리고 전문가가 되는 것이 목표가 아닌 학습자가 창작을 배우는 일은 모두 어려우며 불필요하다는 의견도 존재해왔다. 그러나 최근에는 창작 교육이 문학 교육에 필수적이며 전문가가 되기 위해 창작을 배우는 것이 아님을 많은 교육 전문가들이 인식하게 되었다. 패러디는 창작 교육에서 교사와 학습자 모두가 창작에 용이하게 접근할 수 있도록 하는 흥미롭고 매력적인 기법이다.

패러디하기는 기성 작가들에게도 주요한 창작 기법으로 활용되어왔다. 다음은 김춘수의 「꽃」과 그에 대한 패러디 작품들이다.

꽃

—김춘수

내가 그의 이름을 불러 주기 전에는

1 린다 허치언, 김상구 외 역, 『패러디 이론』, 문예출판사, 1998.

그는 다만
하나의 몸짓에 지나지 않았다.

내가 그의 이름을 불러 주었을 때
그는 나에게로 와서
꽃이 되었다.

내가 그의 이름을 불러 준 것처럼
나의 이 빛깔과 향기에 알맞는
누가 나의 이름을 불러 다오.
그에게로 가서 나도
그의 꽃이 되고 싶다.

우리들은 모두
무엇이 되고 싶다.
너는 나에게 나는 너에게
잊혀지지 않는 하나의 눈짓이 되고 싶다.

라디오와 같이 사랑을 끄고 켤 수 있다면
–김춘수의 「꽃」을 변주하여

–장정일

내가 단추를 눌러주기 전에는
그는 다만
하나의 라디오에 지나지 않았다.

내가 그의 단추를 눌러주었을 때

그는 나에게로 와서
전파가 되었다.

내가 그의 단추를 눌러준 것처럼
누가 와서 나의
굳어버린 핏줄기와 황량한 가슴 속 버튼을 눌러다오.
그에게로 가서 나도
그의 전파가 되고 싶다.

우리들은 모두
사랑이 되고 싶다.
끄고 싶을 때 끄고 켜고 싶을 때 켤 수 있는
라디오가 되고 싶다.

「꽃」의 패러디

– 오규원

내가 그의 이름을 불러주기 전에는
그는 다만
왜곡될 순간을 기다리는 기다림
그것에 지나지 않았다.

내가 그의 이름을 불렀을 때
그는 곧 나에게로 와서
내가 부른 이름대로 모습을 바꾸었다.

내가 그의 이름을 불렀을 때

그는 곧 나에게로 와서
풀, 꽃, 시멘트, 길, 담배꽁초, 아스피린, 아달린이 아닌
금잔화, 작약, 포인세티아. 개밥풀, 인동, 황국 등등의
보통명사나 수명사가 아닌
의미의 틀을 만들었다.

우리들은 모두
명명하고 싶어했다.
너는 나에게 나는 너에게.

그리고 그는
그대로 의미의 틀이 완성되면
다시 다른 모습이 될 그 순간
그리고 기다림 그것이 되었다.

김춘수의 「꽃」은 인간의 관계와 언어에 대해 이야기하고 있다. 이름 붙이는 순간 어떤 사물은 비로소 세계 안에서 의미와 존재를 획득하게 된다. 또한 서로가 서로에게 명명되는 순간 사람들은 관계 속에서 맺어지게 되고 비로소 하나의 온전하고 뜻있는 존재가 되는 것이다.

장정일의 「라디오와 같이 사랑을 끄고 켤 수 있다면」은 김춘수의 「꽃」을 패러디해 현대 사회의 일회적이고 손쉬운 관계 맺음을 비판적으로 이야기하고 있다. 장정일의 「라디오……」는 김춘수의 주제를 이어받아 새로운 이야기를 덧붙여 들려준다.

오규원의 「꽃의 패러디」는 명명하게 되는 순간 존재하게 된다는 김춘수의 주제를 또 다른 시선으로 풀어내고 있다. 꽃의 기다림은 '왜곡될 순간을 기다리는 기다림'이다. 내가 무언가 명명하는 순간 존재는 나의 명명에 의해 왜곡되고 그렇게 규정된다. 존재는 명명하는 범주보다 훨씬 더 크고 모호한 존재이다. 내가 명명하는 순간 존재는 나의 명명에 의해 좁혀지고 자신이 아닌 다른 무언가로 변질된다. 이러한 주제의식은 '이름 붙이기'에 존재론적 의미를 부여한 김춘수의 긍정적 시각과는 궤를 달리하며 새로운 생각거리를 던져준다.

「꽃」에 대한 각각의 패러디 시들은 원작으로부터 출발했으나 원작과 같지 않고, 원작

과 일정한 거리를 유지하면서 원작으로부터 새로운 의미를 끌어내는 즐거움을 준다. 이를 수업 현장에서 활용한다면 주어진 텍스트들 간의 의미 변화를 탐구하도록 한 후 새로운 의미를 부여하는 패러디물을 스스로 만들어보도록 하는 활동이 가능하다.

〔김춘수의 시 「꽃」에 대한 패러디 활동〕

| 활동 예시 1 |

- 패러디 시 읽기: 김춘수의 「꽃」과 그 패러디 시들을 읽고 각각의 의미 차이에 대해 탐구해보자.

| 활동 예시 2 |

- 패러디 시 쓰기: 김춘수의 「꽃」을 변주해 나의 패러디 시를 써보자.

패러디하기는 소설이나 설화 등 서사 장르에서도 활발하게 이루어진다. 최인훈의 『춘향뎐』이나 『소설가 구보 씨의 일일』은 원작을 자신의 시각으로 재구성한 대표적인 사례들이다. 특히 『소설가 구보 씨의 일일』은 박태원, 최인훈, 주인석에 의해 시대를 달리하며 패러디 작품으로 탄생했다. 시의 경우와 유사하게 작품을 읽고 이를 새롭게 써보는 활동을 구안해본다. 동화나 『토끼전』, 『심청전』 등의 고전소설을 재료로 하는 패러디 글쓰기부터 깊이 있는 소설 작품에 대한 패러디까지 학습자의 수준에 맞추어 적절하게 활용한다.

〔서사 장르에서의 패러디 창작 활동〕

| 활동 예시 1 |

- 『심청전』을 패러디해 새로운 주제의 소설을 써보자.

| 활동 예시 2 |

- 전광용의 『꺼삐딴 리』를 현대 사회의 시대적·사회적 상황에 맞게 패러디해보자.

(2) 부분 재구성하기

부분 재구성하기는 패러디와 유사하게 모작을 바탕으로 새로운 작품을 만들어내는 것으로, 완성된 작품을 만들어내는 기법이라기보다 교육적으로 활용하기에 유의미한 창작 기법이라 할 수 있다. '만약 등장인물이 그렇게 행동했더라면?' 또는 '다른 결말이 가능하다면?' 등의 질문을 던지고 이에 응답하는 방식으로 표현 활동이 이루어지게 된다. 개인 창작 활동도 가능하며 모둠별로 여러 가지 또 다른 재구성 방안을 브레인스토밍 방식으로 토의한 후 집단 창작하는 것도 가능하다.

〔부분 재구성하기 창작 활동〕

| 활동 예시 1 |

- 이문열의 『우리들의 일그러진 영웅』을 읽고 새로운 결말을 만들어보자. 왜 그런 결말을 구상했는지 말해보자.

| 활동 예시 2 |

- 주요섭의 단편소설 『사랑 손님과 어머니』를 읽고 새로운 결말을 구상해보자.

| 활동 예시 3 |

- 황순원의 『소나기』를 읽고 소년이 어른이 되었을 때를 가정해 '소나기 그 후'라는 설정으로 소설을 이어 써보자.

(3) 텍스트 상호성 살려 재구성하기

텍스트 상호성이란 텍스트들 간의 관계성을 의미한다. 어떤 하나의 텍스트는 다른 텍스트들의 메아리가 되거나 다른 텍스트들에 그림자를 드리우게 되고 다른 텍스트들과 불가피하게 연결된다.[2] 엄밀한 의미에서는 어떤 텍스트든 그 자체로만 고유한 특성을 지닐 수 없다. 모든 텍스트는 다른 텍스트를 흡수하며 생산 과정에서 다른 텍스트들을 전이시키거나 변형시킨다.[3]

텍스트 상호성은 읽기 교육에서 매우 중요한 의의를 지닌다. 하나의 텍스트는 그를 둘러싼 또 다른 텍스트들과의 관계 속에서 비로소 온전히 해명된다. 다른 텍스트와의 겹침과 다름을 통해 텍스트가 우리에게 주는 의미의 자장은 더욱 풍부해진다. 이러한 텍스트 간의 상호 연관성은 쓰기 교육에서도 유용하게 활용될 수 있다. 쓰기란 결국 텍스트와 나 사이에 새로운 상호성을 만들어내는 것이기 때문이다.

2 이명섭 편, 『세계문학비평용어사전』, 을유문화사, 1985, 470쪽.

3 S. J. 슈미트, 차봉희 역, 『구성주의 문예학』, 민음사, 1995, 71쪽.

〔두 가지 이상의 텍스트를 연결하여 새로운 텍스트 만들기〕

텍스트 간의 연관성을 포착하고 이로부터 새로운 창작의 실마리를 이끌어내는 활동이다.

| 활동 예시 1 |

• 황석영의 『아우를 위하여』와 이문열의 『우리들의 일그러진 영웅』을 읽고 두 작품의 유사점과 다른 점을 이야기해보자. 나라면 그러한 상황을 어떻게 소설로 쓸 것인지 생각해보고, 내가 생각하는 주제로 소설을 써보자.

| 활동 예시 2 |

• 주요섭의 『사랑 손님과 어머니』와 설화 「청상과부 딸을 시집보낸 대감 이야기」를 읽고 두 작품 사이의 공통점과 차이점을 말해보자. 설화를 바탕으로 『사랑 손님과 어머니』의 결말을 다시 써보자.

| 활동 예시 3 |

• 황순원의 『소나기』를 읽고 소년이 어른이 되었을 때를 가정해 '소나기 그 후'라는 설정으로 소설을 이어 써보자.

〔한 텍스트에 대한 응답의 의미로서 글쓰기 활동〕

하나의 텍스트에 대한 감상으로 새로운 텍스트를 만들어내는 사례를 보고, 그 과정을 직접 체험해 보도록 하는 활동이다.

| 활동 예시 |

• 박목월의 「나그네」는 조지훈의 「완화삼」에 대한 화답시이다. 두 시를 함께 읽고 난 감상을 이야기해보자. 내가 좋아하는 시 한 편을 골라 그에 대한 답시를 써보자.

(4) 대안 그리기

대안 그리기 활동은 비판적 상상력을 전제로 그 비판의 대안이 되는 상황이나 세계를 그리는 것이다. 언어와 관련해 상상력을 크게 인식적 상상력, 조응적 상상력, 초월적 상상력으로 구분할 수 있다. 인식적 상상력이 세계를 인식하는 상상력이자 세계를 형상화하는 상상력이라면, 조응적 상상력은 현실에 대한 비판 기능과 문학을 통한 세계의 개선 기능을 지닌 상상력이다. 초월적 상상력은 새로운 모델을 창조하고 세계에 대한 비전을 제공하고 세계를 재구성하는 상상력이다.[4] 우리는 문학을 통해 세계를 인식하고 개선하려 노력하며 또한 새로운 세계를 꿈꿀 수 있게 된다. 창작 교육은 문학을 통해 구현 가능한 이러한 가능성의 영역을 마음껏 탐색할 수 있는 장을 학습자들에게 제공할 수 있다.

『홍길동전』은 당대 조선 사회가 가지고 있던 문제들을 인식하고 이를 비판적으로 형상화한 작품이다. 주인공인 '길동'은 당대 사회의 모순과 정면으로 맞서다가 말미에는 이 땅을 떠나 '율도국'이라는 새로운 공간에서 이상적인 국가를 수립한다. 그가 수립한 나라는 조선 사회가 가진 모순을 해결한 유토피아로 당대 사람들이 그리던 사회적 이상의 한 국면을 엿볼 수 있게 한다. 작가는 당대 현실을 넘어서는 초월적 상상력으로 현실을 극복하는 방법을 모색하고 있는 것이다. 이러한 창작이 바로 '대안 그리기'이다. 창작 교육의 국면에서는 이를 자신의 삶과 연계해 우리 사회의 대안을 그려보는 활동으로 넓혀볼 수 있다.

〔『홍길동전』을 우리 사회로 끌어와 생각해보기〕

- 내가 생각하는 우리 사회의 모순이나 문제점은 무엇인가?
- 내가 만약 새로운 나라를 세운다면 어떤 사회제도를 만들어낼 것인가? 그 나라의 모습을 묘사해보자.

2) 창의성 요소와의 관련성

영역	일반적 창의·인성 요소	국어과 관련 창의·인성 요소
인지 영역	사고의 확장과 수렴	경험에 대한 재해석 및 새로운 의미 부여
정의 영역	몰입, 호기심, 흥미	발견 및 창조 활동에의 몰입
실천 영역	다양성의 존중, 협동과 책임	창작을 위한 개방성

국어과에서 창작은 창의성 요소 가운데 사고의 확장과 수렴 등 사고 방법과 밀접한 관련을 가진다. 자신의 경험을 적극적으로 재해석함으로써 깊이 있는 자아 탐구가 가능하고

4 구인환 외, 『문학 교육론』, 제6판, 삼지원, 2012, 52-54쪽.

주체를 확장하는 작업도 가능하게 된다. 또한 창작 활동 후 이를 수용·감상하는 과정에서 다양한 이들의 삶을 접함으로써 서로 다른 가치에 대한 개방성이라는 창의·인성적 가치를 획득할 수 있게 된다. 학생들은 서사를 새롭게 구성하는 과정에서 창조하는 기쁨과 즐거움을 느끼는 기회를 갖게 된다. 수업 활동에서 어떤 결과물을 만드는 작업은 학생들에게 만족감과 자신감을 부여하며, 그러한 결과에 이르기 위한 수업 과정에서 몰입과 호기심과 흥미라는 정의적 차원에서의 창의·인성 요소를 적극적으로 구현할 수 있다.

창작 과정은 개인적인 작업으로 이루어지지만 동시에 사회적인 속성도 지니게 마련이다. 다른 이들과의 상호 교감을 통해 창작해나가는 과정에서 개방적이고 책임감 있는 자세를 가질 수 있게 되기 때문이다. 개인이 제시하는 창의적인 발상이나 표현은 공동의 토의를 통해 진지하게 받아들여지고 신중하게 평가될 수 있다. 이 과정에서 학생들은 집단 내에서 자신이 수행하는 일의 중요성을 깨달으며 협동과 책임의 자세를 배우게 된다.

3) 모형 운용을 위한 전략 및 다른 모형과의 호응

창작 모형은 텍스트 상호성 모형과 연계해 구현될 경우 더욱 효율적이다. 서로 연관된 두 개 이상의 텍스트를 읽고 그 내용을 비교하며 의미를 확장한 후 새로운 이야기로 나아가는 것이 텍스트 상호성 모형이라면 창작 모형은 텍스트 상호성 모형의 마지막 단계로서 활용될 수 있다. 창작이 전적으로 새로운 것이 아니라 기존의 성과물들을 바탕으로 태어나는 것임을 생각할 때 텍스트 상호성 모형은 창작 모형의 필수 단계라고도 할 수 있다. 창작 과정에도 이전에 읽은 다른 글들, 즉 텍스트가 여러 가지 방식으로 연관성을 지니고 포함되어 들어오기 때문이다. 소통 확장 모형은 창작 모형을 기반으로 하여 더욱 효과적으로 운용될 수 있다. 읽거나 창작한 이야기를 일상생활에서 활용하고 매체를 통해 문학적으로 소통하고 특정한 문제 사태에서 해결 방안으로 활용해보도록 한다.

2. 창작은 어떤 방법으로 할까

1) 활동 아이디어와의 연관성

창작 모형은 창의·인성 교수·학습 활동 아이디어 가운데 '자아 탐구하기'와 깊은 연관을 맺는다. '자아 탐구하기' 활동은 인간의 자아가 다층적임을 알고 이를 성찰하면서 자신에 대한 이해를 더욱 깊게 하는 활동이다. 우리는 일상 가운데 다양한 사람들을 만나고 수많은 사건과 만나며 갖가지 생각과 감정을 떠올리고 경험한다. 이러한 경험들이 모여 '나'라는 현 존재를 구성하게 된다. 이때 우리가 겪은 경험들은 날것 그대로 '나'를 이루는 것은 아니다. 경험의 파편들이 모여 어떤 의미망을 형성하고, 그 의미망의 덩어리가 자아와 교섭하면서 형성작용을 한다. 자신의 경험을 어떻게 재구성하고 의미를 부여하는가의 문제는 자신의 자아를 어떻게 인식하고 그로부터 삶에 대해 어떤 가치를 형성하는가 하는 정체성의 영역과 깊은 관련을 가진다.

이러한 과정은 무의식적으로 진행되기도 하지만 개인의 적극적이고 주체적이며 자각적인 의미 형성 과정을 통해 이루어지기도 한다. 자신이 겪은 경험들을 적극적으로 돌아보고 되새기며 새롭게 그 의미를 자리매김하는 작업을 우리는 '성찰'이라고 부른다. '자아 탐구하기' 활동은 이러한 성찰의 과정을 적극적으로 모색하도록 하는 데 목적을 둔다. 또한 창작 모형은 현실적인 요구나 필요성에 따라 내러티브를 재구성해 활용하는 '내러티브 재구성하기' 활동과도 연관되며, '새로운 세계 창조하기'나 '공동체 글쓰기' 활동 등과 연관되어 활용될 수 있다.

특히 이러한 창작 과정을 공동으로 수행하는 방식은 창작에 어렵지 않게 접근할 수 있게 한다는 장점을 지닌다. 공동 창작 과정은 개인의 내부에서 일어나는 창작 과정을 외면화해 집단 구성원이 함께 아이디어를 내고 이를 구체화하는 과정을 체험한다는 데 의미를 지닌다. 창작 과정은 가능한 대안들을 세우고 그것들을 저울질해 하나의 대안을 선택하는 어렵지만 흥미로운 유희이다. 창작 과정을 경험하면서 학생들은 창의적인 발상을 하고 다양한 의견을 수렴해 하나의 결과물을 만들어가는 예술적 창조의 과정을 경험하게 되며, 다른 이의 견해에 대한 개방성과 협동의 자세를 배울 수 있다. 또한 어려운 창작의 과정을 함께 수행함으로써 학생들이 창작에 대해 느끼는 부담감을 덜어내고 흥미 있게 창작에 다가가도록 할 수 있다는 점이 창작의 교육적 매력이다.

2) 창작 방식의 구체적인 설명

창작 활동은 교사나 학생에게 다소 어렵고 부담스런 활동으로 여겨지는 경향이 있다. 창작에는 특별한 재능이나 전문성이 필요하다고 보는 선입견이 교사나 학생의 의식을 억압하기 때문이다. 창작은 일상적인 것이며 누구에게나 열려 있는 글쓰기의 한 유형이라는 인식이 우선 필요하다. 그리고 과정을 구체적으로 제시하며 교사나 학생이 어렵지 않게 창작에 접근할 수 있도록 하는 수업 설계가 필요하다. 기본 단계에서는 일부를 변형하거나 보완하는 활동이나 짧고 간단한 내러티브 만들기 등의 활동을 설계하고, 심화 단계에서는 창작의 전 과정을 온전하게 수행해볼 수 있도록 활동을 배치한다.

3. 창작 모형의 실천 사례는 어떤 것이 있을까

1) 학습 활동 사례 -「성장의 매듭」

창작 모형은 2009 개정 교육 과정의 성취 기준 가운데 '쓰기 (6) 자신의 삶과 경험을 바탕으로 독자에게 감동이나 즐거움을 주는 글을 쓴다'와 '문학 (9) 자신의 일상에서 의미 있는 경험을 찾아 다양한 작품으로 표현한다'와 관련이 깊다. 개정 교육 과정에서는 자신의 경험을 쓰거나 경험을 허구적으로 재구성하는 등 학습자가 주체적으로 텍스트를 생산하도록 하는 활동을 강조하고 있다. 이 단원에서는 이러한 교육 과정의 핵심 지침을 고려하면서 창작 모형 가운데 창의·인성적 요소를 더욱 부각할 수 있는 다양한 창작 활동을 모색해보도록 한다.

(1) 관련 성취 기준

창작 모형은 다양한 양상으로 구체화될 수 있다. 이 단원에서는 '서사' 장르에 주목해 모둠원이 함께 새로운 이야기를 만들어내는 수업 모형을 구안했다. 구체적인 활동 과정은 다음과 같다. 먼저 하나의 텍스트를 공유한 후 이로부터 개인의 다양한 반응을 이끌어내고 이 반응들을 모아 협의와 모색의 과정을 거쳐 새로운 이야기를 만들어내도록 했다.

핵심 구현 성취 기준	쓰기 (6) 자신의 삶과 경험을 바탕으로 독자에게 감동이나 즐거움을 주는 글을 쓴다.
적극적 연계 성취 기준	문학 (9) 자신의 일상에서 의미 있는 경험을 찾아 다양한 작품으로 표현한다.

(2) 제재 선정

경험 읽기를 위한 주 제시문은 박동규의 「성장의 매듭」이라는 수필로, 현재 교과서에 수록된 텍스트를 활용했다. 각 교과서마다 동일한 성취 기준을 다른 텍스트로 구현하고 있으므로 대상 텍스트는 교사의 판단에 따라 바꾸어 사용할 수 있다. 「성장의 매듭」은 삶 속의 우연한 계기가 변화를 이끌어내는 성장의 매듭이 될 수 있음을 성찰하면서 그러한 변화는 스스로 의미를 부여함으로써 일어나는 것임을 지적하는 글이다. 경험을 통한 성장이라는 주제가 잘 드러난 글로, 학생들의 자기 경험을 이끌어내기 위한 훌륭한 단서로서 역할을 할 수 있는 텍스트이다.

(3) 단원의 개관

본 수업 모형은 창작 모형을 공동으로 수행하도록 변형한 것으로 여기에 '성장의 서사 읽고 새로운 성장 서사 만들기'라는 내용 주제를 결합해 단계화한 것이다. 주요 골자는 텍스트 이해에서 새로운 텍스트 생성으로 나아가는 것이며, 이때 개인의 서사를 새롭게 공동의 서사로 재구성하는 것이다. 학생들의 경험을 모아 허구성을 부여한 새로운 서사를 구성하도록 한 것은 실제 창작의 과정이 그러하기 때문이며, 또한 학생들이 개인적 경험의 제약에서 벗어나 보다 자유롭게 성장의 의미를 탐색하도록 하기 위한 설정이기도 하다.

텍스트 감상

⬇

서사 이해: 성장의 지점 파악하기

⬇

나의 서사 발견하기: 나의 성장의 의미 찾기

⬇

우리의 서사 만들기:
경험 서사의 조각들을 모아 하나의 허구 서사 창조하기

⬇

생산 텍스트 상호 감상

⬇

생산 텍스트 평가

이 모형에 응용·결합할 수 있는 내용 모형으로 가치 탐구 모형, 감정 이입 모형, 텍스트 상호성 모형 등을 제시할 수 있다. 또한 국어 수업을 위한 다양한 방법론 가운데 협동 학습법, 프로젝트 학습법 등이 이 모형과 결합해 효과적으로 활용될 수 있을 것이다.

2) 주요 학습 내용

차시	학습 내용	학습 활동	창의·인성 요소 주안점
1	▶ 단원 안내, 학습 목표 제시 ▶ 학습 동기 부여 - 생각 트기 - 재미 붙이기 ▶ 「성장의 매듭」 본문 읽기 ▶ 작품 감상 및 내용 정리하기 - 성장의 의미 파악하기 ▶ 작품의 내용을 나의 경험과 연관 짓기	쓰기 발표하기 작품 읽기	호기심, 흥미
2	▶ 나의 경험을 모둠원과 함께 나누기 ▶ 각자의 경험을 재료로 새로운 성장 이야기 구상하기	토의하기 공동 창작하기	사고의 확장과 수렴, 몰입, 협동과 책임
3	▶ 새롭게 구상해 완성한 성장의 이야기를 상호 감상하기 ▶ 감상평 쓰기로 감상을 구체화하고 결과물 평가하기	감상하기 평가하기 발표하기	개방성

3) 세부 수업 내용

(1) 1차시: 성장의 이야기 탐색하기

1차시에는 본격적인 창작 모형 수업에 앞서 학생들의 흥미 및 동기 유발을 위해 확산적인 활동을 한다. 그다음 창작 활동을 쉽게 이끌어내기 위해 주제와 연관된 텍스트를 제시하고 내용을 파악하도록 한다. 제시글은 박동규의 수필 「성장의 매듭」이다.

먼저 텍스트에서 '성장의 매듭'이 된 경험 두 가지를 정리해보고 '나'가 어떤 면에서 어떻게 성장했는지 정리한다. 그다음 이를 바탕으로 자신을 성장시킨 경험을 떠올려보고 그 경험의 의미를 생각해보도록 한다. 주로 어떤 경험을 겪었는지, 그 경험에서 변화의 요인이 무엇인지, 어떻게 변화했는지를 생각해본다. 이렇게 떠올린 개인의 경험은 다음 차시에서 모둠원과 공유해 창작의 재료로 쓴다.

한비야의 『지도 밖으로 행군하라』와 같은 텍스트 역시 창작을 위한 재료로 사용하기 적합한 글이다.

| 활동 예시 | 성장의 이야기 탐색하기

- 이 글의 '나'에게 성장의 매듭이 된 경험 두 가지를 정리해보고, '나'가 어떤 면에서 성장했는지 말해보자.
- 나는 어떤 순간에 성큼 자라났다고 느꼈는가? 나의 경험을 떠올려보고 그 이후의 변화를 생각해보면서 그 경험이 나의 삶에 끼친 영향이나 의미를 생각해보자.

(2) 2차시: 모둠 토의를 통한 성장 서사 쓰기

2차시에는 모둠 활동으로 각자의 성장 경험들을 모아본다. 돌아가며 자신의 경험 중 한 가지를 골라 이야기해보고 모둠별로 그 내용을 정리한다. 그 이야기 나눔을 통해 '성장'의 의미를 생각해 보도록 한다. 이때 의견이 풍부하게 개진될 수 있도록 허용적 분위기를 유도한다.

이렇게 창작의 재료로 끌어낸 경험들을 재구성하여 공동으로 창작을 해보도록 한다. 각자 써야 할 부분을 분담하여 창작을 위한 계획을 세우고, 초고를 쓰기 시작한다. 이때 모둠의 구성원이 모두 토의에 참여할 수 있도록 동기를 부여하며, 교사가 적극적으로 모둠 활동 과정을 관찰하고 지도한다. 또한 자신의 의견을 적극적으로 개진하는 동시에, 다른 사람의 의견에 허용적으로 귀를 기울이는 태도가 중요함을 안내한다. 초안을 작성한 후에는 전체적인 흐름을 생각하며 함께 토의하며 수정 보완한다. 또한 문체나 글쓰기 방식에 대해서도 토의를 통해 공통된 기준을 마련해보도록 한다. 모둠원 전원이 고르게 역할을 배분하도록 하는 것도 중요하다.

| 활동 예시 | 모둠 토의를 통한 성장 서사 쓰기

- 모둠 토의를 통해 각자의 성장 경험들을 모아보자.
  - 돌아가며 자신의 경험 중 한 가지를 골라 이야기해보자.
  - 서로의 이야기를 들은 후 들은 내용을 정리해보자.
- 성장한다는 것은 어떤 의미일까? 어떤 경우에 성장하게 되는가? 나의 이야기와 친구들의 이야기를 통해 '성장'의 의미를 생각해보자.
- 모둠 구성원들의 실제 경험을 가지고 새로운 이야기를 만들어보자. 가상의 인물을 설정하고 이 인물이 여러 경험을 거쳐 성장해가는 과정을 모둠 토의로 구상해보자.
- 부분을 나누어 성장의 이야기를 공동 창작해보자.

(3) 3차시: 성장의 이야기 감상하고 평가하기

소설이 완성되면 전체 학생들이 이를 돌려가며 감상해보도록 한다. 자신의 모둠이 창작한 소설을 10부가량 복사해 준비한다. 각 모둠 구성원이 창작한 소설들을 모아 돌려 읽고 소설 뒷면에 댓글 형식의 평을 쓴다. 읽은 소설 중 마음에 드는 작품 3편을 골라 간단한 감상평을 써보도록 한다. 학생들의 감상평 역시 발표 등의 방법으로 함께 공유하며 좋은 평가를 얻은 작품은 전체 학생 앞에서 낭독한다.

| 활동 예시 | 성장의 이야기 감상하고 평가하기

- 완성한 소설을 전체 학급 학생들이 돌려가며 읽어보자.
  - 자신의 모둠이 창작한 소설을 10부 가량 복사해 준비한다.
  - 각 모둠 구성원이 창작한 소설들을 모아 돌려 읽고 소설 뒷면에 댓글 형식의 평을 쓴다.
- 읽은 소설 중 마음에 드는 작품 3편을 골라 간단한 감상평을 쓴다.

4) 그 외에 활용 가능한 자료 및 활동 아이디어와의 결합 예시

창작 활동은 텍스트를 통한 읽기 활동과 결합할 때 더욱 활성화될 수 있다. 시, 소설, 수필, 신문 기사 등 우리가 접할 수 있는 다양한 텍스트들을 모두 활용할 수 있다. 성장을 주제로 한 창작 활동을 이끌어낼 수 있는 수필 텍스트로는 최성각의 「달려라 냇물아」, 오에 겐자부로의 「왜 아이들은 학교에 가지 않으면 안 되는가」, 허수경의 「우울했던 소녀」, 김주영의 「소 먹이는 아이」 등이다.

〔성장과 관련된 소설 텍스트의 예〕

- 박완서, 「그 많던 싱아는 누가 다 먹었을까」
- 오정희, 「중국인 거리」
- 하이타니 겐지로, 「소녀의 마음」
- 박상률, 「봄바람」
- 빌리 도허티, 「할머니의 연애시대」
- 마리 오드 뮈라이유, 「열네 살의 인턴십」
- 공선옥, 「나는 죽지 않겠다」
- 이금이, 「주머니 속의 고래」

「달려라 냇물아」나 「왜 아이들은 학교에 가야 하는가」, 「우울했던 소녀」, 「소 먹이는 아이」 등의 수필이나 성장 이야기를 다룬 소설들은 학생들의 창작 과정에서 공감력을 높이고 창작 동기를 일깨우는 역할을 수행하기에 적합하다. 제시된 텍스트를 통해 학습자는 자신의 삶과 텍스트 속 인물의 삶을 비교·대조해보고 공감하거나 비판적으로 성찰하면서 스스로의 삶을 이야기로 구성하는 방법을 배우고 그 의미를 생각할 수 있다.

창작 모형에는 다음과 같이 다양한 활동 아이디어들을 결합할 수 있다. 제시한 활동 아이디어 외에도 새로운 각도에서 여러 가지 활동들이 구안되고 활용될 수 있다. 모든 가능성을 향해 열려 있는 개방성이 창작 모형의 한 특색이라고 하겠다.

(1) 작품의 인물과 가상 인터뷰하기

작품의 인물과 가상 인터뷰하기 활동은 인물의 심리 및 행동의 심층적 원인과 맥락을 깊이 있게 이해하고 인물의 내부로 이입해 들어가는 활동으로, 작품의 창조적 감상과 함께 작품의 비어 있는 부분을 스스로 메워가는 창작 활동으로 이어질 수 있다. 가상 인터뷰 활동은 그 자체로 창작 모형의 하나로 구성될 수도 있고 본격적인 창작 모형의 전 단계로서 인물을 구체화하고 깊이 있게 이해하는 부수적인 활동으로 활용될 수도 있다.

(2) 인물 살려내기 활동과 결합

인물 살려내기 활동은 과거의 인물 또는 소설 속의 인물을 우리 시대의 현실로 데려와 새로운 생명력을 불어넣는 활동이다. 인물 살려내기는 창작에 대한 두려움 없이 학습자가 흥미 있게 창작 활동을 할 수 있게 한다는 점에서 장점을 가진다.

고전소설 『홍길동전』은 당대 사회의 커다란 모순인 신분제도에 문제제기를 하면서 시대와 적극적으로 만나고 있는 작품이다. 작중인물인 홍길동을 우리 시대로 데려온다면 이 시대의 홍길동은 어떤 문제와 가장 적극적으로 부딪치게 될지, 또 이를 어떤 방식으로 풀어낼지 상상해 글을 써보도록 할 수 있다.

(3) 장르 변환하기

장르 변환하기는 문학 작품의 장르를 다른 장르로 바꾸어봄으로써 장르 특성을 이해하고 작품을 더 깊이 있게 감상하는 한편 새로운 창작의 가능성을 탐색해보는 활동이다. 시나 소설, 희곡 등의 문학 장르는 각각 다른 특성을 지니므로 변환했을 때 표현상 큰 차이를 드러낸다.

곽재구의 시 「사평역에서」에서 영감을 받아 이를 소설로 구현한 임철우의 「사평역」은 등장인물들의 분위기만을 전달하는 원래의 시와 달리 인물들의 구체적인 사연들을 풍부하게 상상해 표현하고 있다. 이처럼 시를 제시한 후 여기에 구체성을 더해 소설로 바꾸어내는 활동을 창작 모형과 결합해 활용할 수 있다. 주어진 시의 여백을 학습자의 상상력과 삶의 경험에 기반해 채워내는 것이다.

또한 박완서의 「그 많던 싱아는 누가 다 먹었을까」 또는 오정희의 「중국인 거리」 같은 소설을 제시한 후 이를 시로 바꾸어 써보게 하는 활동도 가능하다. 소설을 시로 표현하려면 인물의 정서나 사건 등을 함축적인 말로 압축하고 소설 속의 여러 이야기 장치들을 시의 은유나 비유로 바꾸어내는 과정이 필요하다. 이 과정에서 학습자의 창의적 표현 능력은 비약적으로 발전하게 된다.

소설을 희곡으로 바꾸는 과정 역시 각 장르에 대한 깊이 있는 이해와 상상력, 창의력을 요구한다. 공선옥의 소설 「나는 죽지 않겠다」를 희곡으로 바꾸려면 소설의 줄거리를 인물의 행동과 대사 중심으로 추려내고 갈등의 전개 선을 간명하게 재구성할 수 있어야 하며 소설에 드러나지 않은 여러 상황들을 맥락에 맞게 재창조하는 상상력을 발휘해야 한다.

4. 평가는 어떻게 할까

1) 평가 목적, 방법, 주안점 등

국어과 교과 수업 차원에서는 교육 과정상의 성취 기준을 활용한 평가를 실시하는 것이 타당하겠으나, 창의·인성 요소를 좀 더 부각시켜 평가하려면 다음과 같이 창의·인성 요소 중심의 영역과 기준에 따라 평가를 실시할 수 있다. 창의성 영역의 평가 기준은 국어과 교육 과정의 성취 기준을 참고하면서 국어적 창의성에의 지향을 담을 수 있다. 인성 영역의 평가 기준은 주로 얼마나 흥미와 자발성을 가지고 참여하였는지, 성취 기준과 관련하여 요구되는 태도를 갖추게 되었는지 등의 내용으로 제시될 수 있다. 또한 개별 수업의 상황을 고려해 평가 영역과 평가 기준 등을 다양하게 변용·활용할 필요가 있다. 창의·인성 요소의 특성상 결과 중심 평가에 치우치기보다는 과정 중심 평가를 병행하는 것이 더욱 바람직하므로 작품을 감상하고 반응하는 과정, 토의 및 활동 과정 등을 객관적으로 관찰해 학습자의 가능성과 잠재력을 평가할 수 있도록 접근할 필요가 있다.

특히 창작 모형과 관련한 평가는 창작의 수행 과정 및 그 결과물에 대한 평가로 이루어지는 것이 바람직하다. 학습자의 창작 과정을 관찰하고 과정 중에 수행한 포트폴리오를 전체적으로 평가 대상으로 삼아 결과물에만 국한된 평가가 되지 않도록 한다. 또한 창작 과정에서 교사 및 학습자들 간의 활발한 상호작용을 통해 학습자에게 충분한 피드백이 주어질 수 있도록 한다.

평가는 궁극적으로 학습자의 성장을 지향한다. 학습자의 능력을 진단하는 데에 그치지 않고 부족한 부분을 어떻게 메우면 좋을지 방향을 제시할 수 있는 평가, 학습자의 성취 의욕을 북돋울 수 있는 평가가 되도록 해야 한다.

다음은 이 장에서 창작 모형을 활용하여 구성한 쓰기 단원을 창의·인성 요소를 부가하여 평가하도록 작성한 평가표 사례이다.

평가 목표	- 성장의 의미를 발견하고 이를 자신의 삶과 적극적으로 연관시켰는가? - 공동 창작 과정에 적극적으로 참여하고 몰입하여 활동하였는가? - 모둠 활동 과정에 개방적이고 책임감 있는 자세로 임하였는가?							
평가 영역	**평가 기준**	**평가 방법**	**평가 척도**					
			매우 잘함	**잘함**	**보통**	**미흡**	**미완성**	**미제출**
창의성 중심 영역	• 가치 있고 감동적인 경험에 공감할 수 있는가?	서술형 평가	5	4	3	2	1	0
	• 다른 이의 경험을 읽고 글쓴이의 경험에 비추어 나의 경험을 성찰할 수 있는가?	서술형 평가	5	4	3	2	1	0
	• 나의 경험을 다른 이와 나누고, 이를 토대로 새로운 이야기를 만들 수 있는가?	과제물 평가	5	4	3	2	1	0
인성 중심 영역	• 자신의 경험을 재해석하고 새로운 의미를 부여하였는가?	관찰 평가	5	4	3	2	1	0
	• 새로운 발견 및 창조의 경험을 하였는가?	관찰 평가	5	4	3	2	1	0
	• 공동 창작을 위한 개방적이고 협동적인 태도를 가지게 되었는가?	관찰 평가	5	4	3	2	1	0
교사 의견 및 채점평	(예시) * 결과물의 완성도는 다소 미흡하나 활동 과정에서 진지한 토의와 개방적인 의견 수렴의 양상을 보임.	합산	30점 만점에서 ______ 점					

2) 수행 평가 및 서술형 평가

(1) 수행 평가 방안

창작 모형의 수행 평가 방법으로 창작 결과물에 대한 평가를 많이 활용하고 있다. 그러나 문학 영역의 특성상 결과물에 대한 평가에서 주관적 요소가 작용할 수밖에 없다. 이러한 측면을 보완하기 위해 창작 과정을 세분화해 과정마다 제출된 활동지 및 활동 양상을 기록해 최종 결과물 평가에 반영하는 방안이 필요하다. 또한 미리 평가 기준을 분명하게 세우고 그에 준해 평가하는 것도 합리적인 평가에 반드시 필요한 요소이다. 창작 모형은 수업 내용 자체가 그대로 수행 평가로 활용될 수 있다. 수행 평가 문항을 별도로 만들지 않고 제시된 창작 모형에 대한 결과물 자체를 수행 평가로 활용하는 것이 바람직하다. 수업 중 실시한 활동물을 모은 포트폴리오 등을 누적 평가하면 보다 객관적이고 종합적인 결과를 얻을 수 있다.

(2) 서술형 평가 방안

창작 모형의 경우 서술형 평가보다 수행 평가를 주로 활용하는 것이 바람직하다. 창작은 결과물 못지않게 과정이 중요하며 과정과 결과가 유기적으로 평가되어야 하기 때문이다. 창작 모형을 서술형으로 평가하고자 할 때에는 특정한 상황에 국한된 창작 모형의 일부를 제시하고 주어진 조건에 충실하게 창작했는가를 평가하도록 한다. 조건을 명확하게 제시하고 채점할 때에는 창작의 특성상 고정된 정답만을 인정하기보다는 창의적이고 열린 답안을 적절한 답으로 인정하는 포용력이 필요하다.

〔서술형 평가 사례 예시〕

• 예시 문항 1

소설 「소나기」의 결말 이후 이야기를 소설 전체의 분위기를 유지하며 400자 이내로 이어 쓰시오.

• 예시 문항 2

제시된 소설의 인물에 대한 가상 인터뷰를 작성하시오.

조건: 인물의 심리를 파악하는 질문과 답변을 3회 이상 이어가며 작성할 것.

• 예시 문항 3

소설 「동백꽃」의 결말 부분에서 느껴지는 분위기를 시로 표현해보시오.

조건: 1. 소설의 구체적인 정황이 시에 드러나도록 표현할 것. 2. 점순이와 '나'의 심리가 시에 드러나도록 표현할 것.

2장 문학의 갈등, 삶의 갈등 - 갈등 이해 모형

1. 갈등 이해 모형이 어떤 점에서 유용한가

1) 갈등 이해 모형의 개념, 특성, 과정

우리는 살아가면서 크고 작은 갈등과 대면하게 된다. '갈등(葛藤)'은 글자 그대로 칡과 등나무처럼 얽히고설켰다는 의미로, 개인이나 집단 사이에 목표나 이해관계가 달라 서로 적대시하거나 불화를 일으키는 상태이다. 희곡이나 소설 등에서 '갈등'은 의지적인 두 성격의 대립관계를 뜻한다. 인물과 인물, 인물과 환경 사이의 갈등을 외적 갈등이라 하며, 한 인물 내부의 대립적 욕구로 인한 갈등을 내적 갈등이라고 한다.[1]

삶의 의미를 탐구하려는 소설이나 극 등의 문학 갈래에서 갈등은 매우 큰 중요성을 가진다. 문학 작품에서 인물은 욕망이나 욕구를 갖고 있다. 인물은 그것을 이루기 위해 노력하며 그 과정에서 필연적으로 장애를 만나고 갈등하게 된다. 그러한 갈등의 전개 과정 및 해결의 과정 자체가 문학 작품의 핵심적인 요소라고 할 수 있다. 갈등 이해 모형은 문학 작

1 이상섭, 『문학비평용어사전』, 민음사, 2009.

품에서의 갈등 이해 과정을 교수·학습 모형으로 전환한 것으로, 학습자는 갈등의 원인과 전개 과정, 해결 과정을 이해하면서 인물의 성격 특성 및 심리 변화 추이를 함께 관찰하게 된다. 이러한 과정을 통해 학습자는 문제적 삶의 구체적이고 다양한 모습을 이해하고 주체적인 관점으로 해석하는 학습 경험을 쌓아갈 수 있다.

갈등 이해 모형은 ① 인물의 성격 분석하기, ② 갈등 요인 찾기, ③ 갈등 과정 분석하기, ④ 평가하기(내면화하기) 과정으로 일반화된다. 학습자들은 갈등의 주체인 인물의 성격을 분석하며 이로부터 갈등의 요인을 추측해본다. 갈등의 요인은 내적·외적으로 다양하게 존재하므로 이러한 다양성들을 폭넓게 관찰한다. 또한 갈등의 흐름 및 전개 과정을 분석하며 해결 과정을 평가해보면서 그 해결 방식을 내면화하게 된다. 이를 통해 학습자는 타인을 이해하고 자신을 이해하는 능력을 기르게 된다. 각 단계를 구체적으로 살펴보면 다음과 같다.

갈등 이해 모형

과정	주요 활동 내용
인물의 성격 분석하기	갈등의 주체인 인물의 성격을 분석한다. 개성 발견하기, 성격의 선천성·후천성 구분하기, 성격 특징 짚어내기(독창성, 공감적 이해력)
갈등 요인 찾기	갈등의 요인을 다양하게 발견하기, 먼 요인 가까운 요인 구분해보기, 요인들 간의 인과관계 찾기
갈등 과정 분석하기	갈등의 흐름 진단하기, 갈등의 방향 예측하기, 갈등으로 인한 나쁜 영향과 좋은 영향 분석하기
평가하기 (내면화하기)	심판하기, 인물들이 갈등을 만드는 방식 비교하기, 갈등을 해결하는 방식 평가하기, 현실 속 갈등과 비교·평가하기

* 비고: 갈등 이해 모형은 서사 텍스트에 초점을 두어 구성되었으나 문학 작품이 아닌 논설문이나 회의록 등 문학 외 장르와 관련해서도 유용하다. 이 경우 '인물의 성격 분석하기' 과정은 상황 맥락 이해하기 및 관련 인물의 입장 파악하기 등으로 변용될 수 있다.

(1) 성격 분석하기

갈등 구조와 연관해볼 때 작중인물은 개인과 사회 사이의 관계, 개인과 역사적 상황 사이의 관계, 자아와 세계 사이의 관계 등을 드러낼 수 있는 매개체로서 기능한다. 인물의 성격 또는 다른 인물이나 사회와의 갈등 상황 등은 서사의 플롯을 이끌어가는 강력한 요인으로 작용한다. 그러므로 등장인물의 성격이 어떠한가, 어떤 시대적·사회적·상황적 요인으로 인해 어떤 갈등과 대면해 있는가, 그리하여 어떤 심리 상태에 처해 있는가 등을 살펴보는 것은 서사 양식의 장르적 특성상 가장 본질적인 영역에 속한다고 할 수 있다.[2]

박완서의 소설 「자전거 도둑」에서 수남은 예의바르고 성실한 소년으로, 그가 일하는 가게의 주인이나 손님들로부터 좋은 평가를 받는 인물이다. 어려운 상황에서도 학업에 대한 열망을 포기하지 않고 학교에 다닐 꿈을 간직하고 있는 그는 훼손되지 않은 도덕적 기준을 지닌 인물이라고 볼 수 있다. 그러한 인물이기에 수남이 도덕적 선택의 상황에 놓였을 때 갈등의 진폭은 소설적으로 크게 확장된다. 그의 자전거가 다른 이의 자동차를 망가뜨리게 되어 큰돈을 물어주어야 하는 상황이 벌어지고 수남은 난처한 입장에 몰리게 된다. 옆에 있던 어른들이 자전거를 들고 도망가라고 부추기고 얼떨결에 자전거를 들고 달아나버렸는데, 가게 주인도 수남이의 행동을 잘했다며 칭찬해준다. 하지만 여기서부터 수남이의 갈등은 본격적으로 시작된다. 도둑질만은 하지 말라고 당부하시던 아버지, 수남이의 마음속에 새겨진 도덕의 준거를 제공한 그 아버지는 지금 수남의 곁에 없다. 수남은 점점 때 묻고 변질되어가는 자신에 대해 위기감을 느끼고 고민에 빠진다. 결국 수남은 세상의 논리에 따르는 대신 제 마음의 준거를 찾아 살기로 결심하고 그 결심으로 인해 수남의 얼굴은 소년다운 아름다움으로 환하게 빛난다.

수남의 갈등은 수남이라는 인물이 지니고 있는 본질적인 바탕으로 인해 생겨난다. 수남이 만약 진작에 세상의 물이 든 타락한 인물이었다면 소설의 갈등은 존재하지 않았을 것이다. 수남이라는 인물을 파악하고 분석함으로써 비로소 소설의 중심을 이루는 갈등에 대한 이해가 가능해진다.

수업에서 '인물의 성격 분석하기' 단계는 다양한 전략으로 접근될 수 있다.

• 영화 포스터 만들기 활동: 등장인물을 그림으로 그리고 각 인물에 대한 20자평을 포스터 문구 형식으로 작성해본다. 실제 배우들 중에서 그 인물에 어울리는 배우를 캐스팅해 인물에 대한 이해도를 확장하는 활동이다.

2 조남현, 『소설원론』, 고려원, 1983, 158쪽.

〔활동 예시: 「자전거 도둑」 인물 분석하기〕

인물	수남	가게 주인	신사	주변의 어른들
등장인물 그림				
20자평	어린 영혼, 병든 세상과 만나다			
캐스팅할 배우	OOO			

• 신문 기사 형식으로 만들기: '집중 탐구, 이 사람을 분석한다!' 같은 제목으로 인물에 대한 분석 글을 신문 기사 형식으로 작성해본다.

• 가상 인터뷰하기: 역할극 형식으로 각 인물을 맡고 그 인물의 심리 및 성격을 파악해본다. 동영상으로 제작하거나 기사 형식으로 작성할 수도 있다.

(2) 갈등 요인 찾기

갈등의 요인은 인물의 내부에 존재하기도 하고 인물이 속한 사회 및 시대 상황에 존재하기도 한다. 하나의 사건은 다양한 갈등 요인에 의해 발생한다. 그 요인들을 발산적으로 찾아내는 활동은 창의력 신장과 긴밀하게 연관될 수 있다. 또한 다양한 갈등 요인들 가운데 어떤 요인이 가장 강력하게 갈등을 유발하고 있는지, 각 요인들이 어떻게 사건 전개에 작동하는지를 파악하는 활동은 작품을 더욱 깊이 있게 감상할 수 있는 접근 방식이다.

현덕의 「나비를 잡는 아버지」에서 바우는 소학교 시절 친구였던 경환과 나비 문제로 다투게 되고, 그 갈등은 바우네 집안과 경환네 집안 사이의 갈등으로 확대된다. 이 소설의 갈등은 일단 바우와 경환을 둘러싼 상황의 차이에서 비롯된다. 넉넉한 마름집의 외아들로 서울의 상급 학교에 진학한 경환은 제 환경을 믿고 오만불손하게 행동한다. 경환네로부터 땅을 부쳐 먹는 바우네는 공부시킬 형편이 못 되었던지라 바우는 소학교를 졸업한 후 소를 키우고 농사를 지으며 고향 마을에 머물러 있다. 바우는 경환보다 공부를 잘했기에 그런 자기 자신의 처지가 더욱 억울하게 느껴진다. 두 사람 사이의 갈등은 바우라는 인물과 경환이라는 인물 사이의 갈등인 동시에 바우가 속한 소작농이라는 계급과 경환이 속한 마름이라는 계급 간의 갈등이기도 하다. 이는 바우에게 싸움에서 밀린 경환이 제 부모에게 다툼의 내막을 일러바치고, 바우네 부모에게 땅을 빼앗겠노라는 으름장을 놓도록 사주하는 장면에서 잘 드러난다. 생계가 달린 문제이므로 바우의 아버지는 아들의 자존심 같은 것을 생각해줄 여유가 없다. 바우는 그러한 전후 내막을 짐작하면서도 아이다운 막무가내의 고집을 부리며 경환에게 사과하지 않고 버틴다.

바우와 경환이라는 개별적인 인물 간의 갈등과 일제 식민지시대 당시 농촌의 계급 간 갈등 이외에도 이 소설에는 바우의 내적인 갈등이 존재한다. 그리 친하지도 않은 경환과 바우가 갈등을 빚게 되는 데에는 바우 자신의 문제도 한몫하고 있다. 충분한 가능성이 있지만 더 발전하지 못하고 제 자리에 머물러 있는 자신에 대한 열패감과 삶에 대한 분노가 경환과의 갈등을 유발하는 중요한 촉매가 되고 있다. 이렇듯 「나비를 잡는 아버지」에서는 인물의 내적 갈등, 인물 간의 갈등, 집단 간의 갈등 등이 긴밀하게 연관되어 전개되고 있다. 학습자는 이러한 갈등 요인들을 탐색하는 과정에서 인물과 사건에 대한 깊이 있는 이해에 도달하게 되며 발산적이고 논리적인 사고력을 키워가게 된다.

'갈등 요인 찾기'는 깊이 있는 탐색과 성찰의 작업이 필요한 단계이다. 모둠 토론이나 협동 학습 등을 통해 여러 사람의 의견을 함께 공유해보도록 한다.

- 소설 속의 갈등 찾기 모둠 토론: 소설 속의 갈등 요인을 찾아보고, 이를 구체적으로 설명해보자. 모둠별로 찾아낸 갈등 요인을 전체 학급에서 발표하며 공유해본다.
- 갈등 요인들을 찾아내 이를 다양한 방식으로 표현해볼 수 있다. 갈등 요인별 역할극 만들기, 정지 영상 만들기, 그림으로 그리기, 인물 간 가상 대화 만들기 등의 활동으로 성찰의 결과물을 표현물로 구성해본다.

(3) 갈등 과정 분석하기

갈등이 시작되고 전개되며 심화·해소되는 과정을 '긴장(tension)'과 '해결(resolution)'이라는 용어로 정리할 수 있다.[3] 어떤 갈등으로 인해 긴장이 조성되고 그것이 해소되

3 R. 숄즈·R. 켈로그, 임병규 역, 『서사의 본질』, 예림기획, 2001, 277쪽.

어가는 과정의 시작과 끝을 곧 플롯이라 할 수 있다. 갈등은 플롯을 만들어가는 중요한 요소로서 인물의 심리 상황 및 성격과 서로 침투하면서 하나의 서사를 형성한다. 전통적인 서사에서는 갈등이 반드시 해소되어야만 완결된 형식을 갖추었다고 보았지만 현대의 서사에서는 갈등이 해소되지 않은 채로 결말을 맺기도 한다. 갈등 과정 분석하기 단계에서는 갈등이 어떻게 전개되고 있는지 또한 앞으로 어떻게 전개되어갈지 흐름을 파악하며 갈등 과정을 진단해보도록 한다.

김유정의 「동백꽃」에서 표면적인 갈등은 점순이의 이상 행동에서 유발된다. 선머슴처럼 거칠 것이 없는 말괄량이인 점순이가 '나'에게 자꾸 시비를 걸어오는 것이다. 이 갈등은 점순이의 '나'에 대한 이성적 호감이 무참하게 거부된 데서 비롯되어 다른 방식으로 변형된 것이다. 이러한 내막을 독자는 알고 있으나 아직 '나'는 알지 못한다. 소설을 읽는 독자는 점순이의 심리가 뒤바뀐 형태로 표출되는 양상이나 '나'가 기어이 그 진의를 눈치 채지 못하고 왜곡된 반응을 보이는 지점을 흥미롭게 지켜보게 된다. '나'는 기실 점순이의 진의를 일부러 외면하고 있는 것이기도 한데, 여기에는 점순이가 마름집 딸이고 '나'가 소작농의 아들이라는 또 다른 갈등 요인이 잠재되어 있다. 사춘기에 접어든 두 남녀의 애정 전개는 계급 간의 갈등이라는 또 하나의 요인과 복합적으로 얽혀들다가 결국 동백꽃 속으로 함께 쓰러지는 해소의 단계를 맞이한다. 그러나 점순이와 '나'의 애정 전선은 긍정적인 전기를 맞이한 반면 둘 사이의 계급적 문제는 아직 미해결의 단계이다. 그렇기에 점순이를 부르는 어머니의 목소리에 점순이는 산 아래로, '나'는 산 위로 치뺀다.

수업에서 '갈등 과정 분석하기'는 소설 이해의 가장 중요한 단계라고 할 수 있다. 표면적인 중심 갈등이 소설 속에서 어떻게 전개되고 있는가를 일단 파악해야 하며, 그 이면에 또 다른 갈등이 작동하고 있는지의 여부, 앞으로의 전개 방향에 대한 예측 등이 이 단계에서 행해지게 된다. 학습자들은 다른 이의 의견을 경청하고 자신의 의견을 적극적으로 개진하면서 갈등의 전개 과정에 대한 총체적인 이해에 도달할 수 있다. 수업의 디자인은 대체로 스스로 생각하는 단계에서 서로의 생각을 나누는 단계, 이를 일정한 표현물로 조직해 발표하는 단계로 구성하는 것이 효과적이다.

- 개인 활동 및 집단 활동을 결합해 갈등 과정을 분석하고 이를 미니 드라마, 역할극, 정지 그림 등으로 나타내기

• 갈등의 향후 전개 양상을 예측해 상상적인 글로 쓰기

(4) 평가하기

평가하기 단계에서 학습자는 갈등이 왜 생겨났는지를 파악하고 갈등을 어떻게 해결하고 있는지 판단해보도록 한다. 또한 갈등을 어떻게 해결하는 것이 가장 현명한 방식인지 스스로 탐색해봄으로써 문학 작품의 갈등을 자기 삶의 자리에 가져와 실제적인 문제해결 능력을 기르는 체험의 장으로 활용할 수 있다. 더 나아가 학습자 자신이 현재 직면하고 있는 갈등과 문학 속의 갈등을 비교하고 그 전개 및 해결 방식을 스스로 평가해보도록 할 수 있다. 수업에서는 문학 작품의 갈등을 학습자가 적극적으로 자신의 삶과 연계시킬 수 있는 활동을 구안한다.

• 제3자의 입장에서 인물의 행동을 평가하는 편지를 써본다.
• 나라면 어떻게 이 갈등을 해결했을지, 내가 소설 속의 인물이라고 가정하고 소설의 결말을 새로 써본다.
• 자신이 직면하고 있는 갈등을 이야기해보고 이를 어떻게 해결하면 좋을지 전체 학급 구성원과 이야기해본다.

2) 창의성 요소와의 관련성

갈등 이해 모형은 창의성 요소 가운데 문학과 현실 사이의 유추 능력, 갈등의 이해와 해결 과정을 통한 문제해결력과 관련을 맺는다. 또한 다양성과 다원성, 독창성 등의 창의적 자질과도 관련이 깊다. 학습자는 어떤 사건이 단일한 요인에 의해 생겨나는 것이 아님을 서사의 간접 경험을 통해 깨닫고 이를 적극적으로 탐색하는 활동을 해봄으로써 삶과 세계를 보는 시야를 확장시키게 된다. 또한 문학 속의 등장인물이 갈등을 겪고 그 해결을 모색하는 과정을 함께 경험해봄으로써 학습자는 문제해결 능력을 학습하게 된다. 서사적 갈등을 이해하고 이를 자기 삶의 영역으로 확장해갈 수 있게 되는 것이다. 아울러 작중인물의 입장 및 심리를 깊이 있게 파악해봄으로써 타인의 입장에 대한 배려와 정의로움이라

는 인성 덕목을 함께 키워가게 된다. 또한 학습자들은 해결이 쉽지 않은 문제에 직면해 다양한 해결 방안을 함께 모색하는 과정에서 모호함에 대한 참을성 및 감수성, 개방성을 키우게 된다.

영역	일반적 창의성 요소	국어과 관련 창의성 요소
인지 영역	의사소통 능력 및 문제해결력	서사적 갈등에 대한 이해와 확장
정의 영역	모호함에 대한 참을성, 감수성, 개방성	정답이 없는 해결책 찾기, 공동의 의견을 모아 하나의 결과물로 만들어내기
실천 영역	배려와 정의로움	실생활에의 응용

3) 모형 운용을 위한 전략 및 다른 모형과의 호응

교사는 성취 기준을 고려해 수업 계획을 구안하며, 이때 활용하는 수업 모형은 수업의 큰 흐름을 잡아주는 역할을 하게 된다. 그러나 이러한 수업 모형은 절대적이고 변형 불가능한 것이 아니다. 수업 모형은 성취 기준 및 교사의 의도에 따라 추가·생략·변형 등이 가능하며, 어떤 의미에서는 이러한 변이 과정을 거쳐야만 모형으로서 진정한 생명력을 가진다고 말할 수 있다. 모형은 절대적인 틀이나 전범이라기보다는 예시 자료로서 일반적인 방향성을 제시하는 역할을 하게 되며, 교사는 적극적으로 이를 활용하되 나름대로 재해석할 수 있어야 한다.

갈등 이해 모형의 운용을 위해서는 갈등의 전개 과정이 잘 드러난 텍스트를 선택하는 것이 중요하다. 어떤 문학 작품이든 갈등 요소가 없을 수 없으나 효율적인 학습을 위해서는 학습자가 쉽게 갈등을 찾아내고 이를 자신의 눈으로 해석할 수 있게 분명한 갈등 요인이 드러나 보이는 텍스트를 선택해야 한다. 또한 갈등 이해 모형을 운용할 때에는 문학 속의 상황을 학습자가 적극적으로 자신의 삶과 연계하도록 하는 수업 구안이 요청된다. 문학 속의 상황은 문학 안에서만 머무르는 것이 아니라 적극적으로 학습자의 삶과 만날 수 있어야 한다. 학습자는 문학 작품 속으로 들어가 인물들의 갈등을 체험하고 그 해결 방법을 진지하고 구체적으로 모색해볼 수 있어야 하며, 또한 문학 작품 밖으로 나와 자신의 삶에서 만나는 갈등을 어떻게 해결할 것인지, 어떤 시각과 태도로 다루어야 할 것인지에 대한 힌트를 얻을 수 있어야 한다.

갈등 이해 모형은 다른 모형과 결합해 활용될 수 있다. 작품 내의 가치를 탐색하고 이를 자신의 가치와 비교해보고 현실 속에서 재생시켜보는 '가치 탐구 모형'은 갈등 이해 모형과 관련이 깊다. 서로 다른 인물들의 가치가 부딪쳐 만들어지는 것이 갈등이기 때문에 가치를 이해하고 탐구하는 과정은 갈등 이해의 과정과 쉽게 연결될 수 있다. 또한 갈등 이해 모형은 '해석 교환 모형'과도 호환이 가능하다. 해석 교환 모형은 작품을 대하는 독자의 반응에 주목하고 이를 적극적으로 이끌어내는 모형으로 독자의 주관적 해석을 상호 교환하는 과정에서 객관과 주관이 어떻게 교류하고 서로 영향을 주고받을 수 있는지 이해하는 교육적 경험을 유도한다. '소통 확장 모형' 역시 갈등 이해 모형과 연관될 수 있다. 문학 또는 내러티브를 일상생활에서 적극적으로 활용함으로써 소통을 확장하는 이러한 활동은 문학과 현실 사이의 벽을 허물면서 문제를 발견하고 해결하는 창의 자질을 습득하게 한다. 이를 통해 문학이 실존적인 의미를 가지고 학습자의 삶 안으로 침투할 수 있게 된다. 특정한 문제 상황에서 문학이 실제적인 해결 방안으로 작용할 수 있으며 친교나 설득 등 특정한 소통 목적을 이루는 데 활용될 수 있다는 점에서 소통 확장 모형은 갈등 이해 모형과 유사하면서도 상이한 특성을 지닌다.

2. 갈등 이해 모형을 어떻게 적용할까

갈등 이해 모형은 다양한 활동 아이디어와 결합할 때 더욱 효과를 높일 수 있다. 특히 '연출가 되어보기', '공동체 글쓰기' 등의 활동과 용이하게 결합할 수 있다. '연출가 되어보기' 는 서사의 극화 과정을 통해 작품을 재해석하고 이를 실제 연극이나 영상으로 옮겨보는 활동이다. 학생들은 작품 속의 내러티브를 파악하고 이를 극의 대본으로 전환하며 음악, 소품, 의상, 편집, 연기 등 극화에 필요한 다양한 요소들을 스스로 계획하고 마련해봄으로써 하나의 완성된 결과물을 만들어내게 된다. 학생들은 서로 다른 장르로의 서사 변이 과정을 통해 소설 장르 및 극 장르의 특성을 명료하게 이해하게 되며, 역할을 분담하여 하나의 과제를 수행하는 과정에서 리더십과 책임감, 다양성 존중 등의 인성을 함양하고, 아이디어의 발상 및 이를 구체화하는 과정을 경험함으로써 창의적인 체험을 할 수 있게 된다. 그러한 과정에서 작품의 갈등에 대한 이해가 깊어지고 전개 과정을 선명하게 인식할 수 있게 된다.

또한 갈등 이해 모형은 여러 사람의 생각과 의견을 모아 새로운 창작물을 만들어내는 '공동체 글쓰기' 활동을 통해서도 효과적으로 구현될 수 있다. 이야기란 이야기를 하는 사람과 듣는 사람의 욕구와 가치관이 맞부딪쳐 이루어지는 치열한 갈등의 결과물이다. 이야기를 만들어가는 과정에서 그 주체들은 각자가 가진 지향과 욕구를 이야기 안에 풀어가고자 하며, 이러한 과정을 집단적으로 수행한다면 필연적으로 그 지향과 욕구들은 부딪치고 변형될 수밖에 없다. 그 과정 자체가 갈등의 탐색과 해결 과정이라고 할 수 있다.

3. 갈등 이해 모형의 적용 사례는 어떤 것이 있을까

1) 학습 활동 사례 -「나비를 잡는 아버지」

갈등 이해 모형은 2009 개정 교육 과정의 성취 기준 가운데 '문학 (2) 갈등의 진행과 해결 과정을 파악하며 작품을 이해한다'와 관련이 깊다. 이 단원에서는 이 성취 기준을 대상으로 갈등 이해 모형의 적용 사례를 구현했다. 이 성취 기준은 소설이나 극 갈래에서 갈등이 어떤 형태로 나타나는지를 이해하고, 갈등의 해결 과정에서 인물의 성격이나 심리 상태가 어떤 식으로 변모하는지를 파악하는 능력을 기르는 데 중점을 둔다. 이 단원에서는 갈등 이해 모형을 통해 소설 작품을 읽은 후 실제 학습자의 현실에서 갈등을 발견하고 이를 해결하려는 모색 활동을 하게 함으로써 그 활용 가능성을 더욱 높이고자 했다.

(1) 관련 성취 기준

핵심 구현 성취 기준	문학 (2) 갈등의 진행과 해결 과정을 파악하며 작품을 이해한다.
관련이 깊은 성취 기준	문학 (6) 사회 · 문화 · 역사적 상황을 바탕으로 작품의 의미를 파악한다.
	문학 (9) 자신의 일상에서 의미 있는 경험을 찾아 다양한 작품으로 표현한다.
	문학 (10) 문학이 인간의 삶에 어떤 가치를 지니는지 이해한다.
	쓰기 (8) 영상 언어의 특성을 살려 영상으로 이야기를 구성한다.

(2) 제재 선정

주 제시문은 현덕의 「나비를 잡는 아버지」라는 소설로, 현행 교과서에 수록된 텍스트를 활용했다. 각 교과서마다 동일한 성취 기준을 다른 텍스트로 구현하고 있으므로 대상 텍스트는 교사의 판단에 따라 바꾸어 사용할 수 있다. 「나비를 잡는 아버지」는 갈등의 대립각이 분명하고 그 전개 과정이 명확해 학습자가 갈등을 이해하기에 적합한 텍스트라고 판단된다. 또한 중심인물인 바우의 심리 변화가 갈등 전개 과정에 따라 선명하게 드러나므로 이러한 면에서도 성취 기준 달성에 적합하다.

(3) 단원의 개관

본 수업 모형은 갈등 이해 모형의 일반적인 과정을 소개한 것으로, 개별적인 수업 상황에 따라 변형해 활용할 수 있다. 이 단원에서는 갈등 이해 모형을 연출가 되어보기 활동 및 공감 소통하기 활동과 결합해 다음과 같이 변형 · 활용했다.

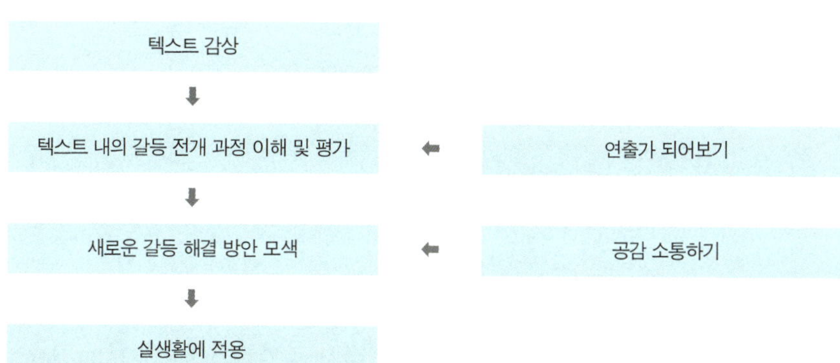

연출가 되어보기 활동은 갈등의 전개 과정 및 인물의 심리를 선명하게 이해하도록 하는 과정에서 사용되었으며, 갈등의 해결 방안을 모색하고 실제 삶의 갈등 해결에 이를 적용하는 과정에서 공감 소통하기 활동을 활용했다. 모형의 마지막 단계는 삶과 문학의 연관 짓기로 작품을 통해 배운 갈등 이해 및 해결 모색 방법을 실생활에 적용해보도록 했다.

2) 주요 학습 내용

차시	학습 내용	학습 활동	창의·인성 요소 주안점
1	▶ 단원 안내, 학습 목표 제시 ▶ 학습 동기 부여 - 생각 트기 - 재미 붙이기 ▶ 「나비를 잡는 아버지」 본문 읽기 ▶ 작품 감상 및 내용 정리하기 - 주요 갈등 파악하기 - 갈등의 원인 생각해보기 *소설의 사회적 배경 알아보기	쓰기 발표하기 작품 읽기	호기심, 흥미
2	▶ 갈등의 전개 과정을 드라마로 만들기 - 구성 단계 선택하기 - 대본 작성하기 - 역할 분담 토의하기 - 역할 연습하기 - 촬영하기	토의하기 공동 창작하기	개방성, 다양성
3	▶ 모둠별 발표 및 평가하기 ▶ 갈등 전개 과정 및 해결 방안 토의하기	감상하기 평가하기 발표하기	개방성, 모호함에 대한 참을성
4	▶ 삶의 갈등 해결하기 - 서로의 갈등 상황을 나누고 그 해결 방안을 함께 모색하기 - 발표하기	토의하기 발표하기	의사소통 능력 및 문제해결력, 배려와 정의로움

3) 세부 수업 내용

(1) 1차시

각 단원의 시작에서는 주로 학습할 창의성 및 인성 요소 주안점을 제시해 창의·인성 수업 목표를 분명히 한다. 이 단원에서는 서사적 갈등을 이해하고 이를 확장하며, 정답이 없는 해결책을 찾는 과정을 통해 창의성을 기르도록 한다.

창의성 신장이라는 기본 목표 외에 각 수업이 고유하게 가지는 학습 목표의 확인 역시 1차시에 이루어진다. 이 단원은 '작품에 나타난 갈등의 진행과 해결 과정을 파악하며 작품을 읽을 수 있다'는 학습 목표를 지향한다. 먼저 단원의 학습 목표와 관련해 창의·인성 요소를 자극하는 흥미 유발 활동을 하도록 한다. 다음으로는 단원 학습 목표를 중심으로 확산적인 동기 유발 활동을 하도록 한다. 이를 각각 '생각 트기', '재미 붙이기' 단계로 명명했다. 이러한 준비 작업을 거쳐 본 학습으로 진입하면 창의성 유발 효과를 더욱 확장할 수 있다.

▶ 단원 안내, 학습 목표 제시
- 작품에 나타난 갈등의 진행과 해결 과정을 파악하며 작품을 이해한다.
- 창의·인성 요소 주안점을 제시한다.

▶ 학습 동기 부여
- 생각 트기
- 재미 붙이기

1차시에는 주로 동기유발 및 소설의 내용에 대한 정확한 이해에 목표를 두어 수업을 진행한다. 성취 기준과 관련해 갈등 및 인물의 심리에 주목해 제시문을 깊이 있게 읽도록 한다.

| 활동 예시 1 |

- 「나비를 잡는 아버지」를 읽고 정리하기
  - 소설 속의 주요 갈등을 찾아본다.
  - 각 갈등이 생겨난 원인이 무엇인지 생각해보고 이야기를 나눈다.
  - 소설의 사회적 배경을 함께 알아보고, 그것이 소설 속의 갈등과 어떤 연관을 갖는지 생각해본다.

(2) 2차시

2차시에는 모둠별 토론 및 표현물 구성하기로 구성했다. 인물 분석 및 갈등의 전개 과정 파악이 잘 이루어지도록 교사의 안내 및 지도가 필요하다. 모둠의 구성원이 활동에 적극적으로 참여할 수 있도록 동기를 부여하며, 교사가 적극적으로 모둠 활동 과정을 관찰하고 지도한다. 자신의 의견을 적극적으로 개진하는 동시에 다른 사람의 의견에 허용적으로 귀 기울이는 태도가 중요함을 안내한다. 또한 연출가 되어보기 활동이 갈등 이해라는 학습 내용과 유기적으로 결합되도록 교사가 연결짓기의 역할을 수행한다.

| 활동 예시 2 |

- 모둠 협력을 통한 3분 드라마 만들기
  - 구성 단계 배분하기
  - 모둠 토의를 통해 드라마의 대본을 작성한다.
  - 드라마를 만들기 위해 역할을 분담한다.
  - 맡은 역할을 연습한다.

갈등의 전개 및 해결 과정을 드라마로 만들도록 한다. 구성 단계를 배분해 모둠별로 하나씩 선택하고 이를 영상으로 구성하도록 한다. 대본을 작성할 때에는 소설에 나오는 모든 대사나 행동을 담으려고 하지 말고 핵심적인 사건을 간추리도록 한다. 특히 갈등이 어떻게 전개되어가는가에 초점을 두어 대본을 작성하도록 한다. 소품이나 의상, 동작이나 촬영 방법 등에 대해서도 미리 계획을 세우도록 지도한다. 모둠별로 구성 단계를 배분하기 전에 학생들 스스로 구성 단계를 찾아보는 활동이 추가될 수 있다. 구성 단계의 첫 부분에 '예고편'을, 마지막 부분에 '등장인물 인터뷰' 편을 넣는 등 창의적인 단계 구성을 추가하는 것도 좋다.

이 수업 사례에서는 영상 구성 방식을 택했으나 연극의 방식으로 드라마를 만들어 발표하는 것도 창의성 신장을 위한 효과적인 방식이 될 수 있다. 연극은 현장성의 측면에서, 영상은 학생들에게 갖는 친밀도 및 흥미도의 측면에서 각각 장점을 가진다.

▶ 구성 단계 구분 예시

① 예고편: 전체 내용 요약 제시하기

② 발단: 사건의 시작

③ 전개: 갈등의 시작

④ 위기: 갈등의 고조

⑤ 절정: 갈등의 최고조

⑥ 결말: 갈등의 해소

⑦ 등장인물 인터뷰 편

▶ 과제 제시

-연습한 내용을 영상으로 옮겨 드라마로 완성하도록 한다.

-촬영 및 편집 방법을 안내해준다.

▶ 차시 예고

- 완성된 드라마를 모둠별로 발표하고 평가할 것임을 예고한다.

(3) 3차시

3차시에는 모둠별로 준비한 영상을 발표하고 공유한다. '활동 3'의 모둠별 발표에서 갈등의 전개 과정을 확인하고 이를 영상 속에서 제대로 표현하고 있는지 살펴보도록 지도한다.

| 활동 예시 3 |

- 모둠별 발표하고 그 내용을 평가해본다.

다음으로 '활동 4'에서 갈등의 전개 과정에 대한 모둠별 토론 단계를 제시했다. 발표 내용을 바탕으로 갈등의 흐름 및 종류를 파악하고 그 해소 방법을 모색해보며, 작품에서의 해소는 어떻게 이루어졌는지에 대한 평가를 해보도록 한다. 이 과정에서 학습자는 스스로의 눈으로 문학 작품을 검토해보며 가치관과 세계관을 재정립하게 된다. 또한 작중인물의 입장에서 편지를 써보는 활동을 통해 작품 속으로 자신을 이입시켜 갈등 및 인물에 대한 이해를 심화시킬 수 있다. 이러한 활동들은 다른 학습자와의 공유를 통해 더욱 확장되고 심화된다.

| 활동 예시 4 |

1. 모둠별로 바우-경환 간의 갈등을 토의한다.
   1) 바우와 경환 간의 갈등을 어떻게 해소할 수 있을지 토의한다.
      - 바우와 경환의 갈등이 생긴 이유
      - 갈등 해소 방법 모색하기
   2) 제3자의 입장에서 바우에게 조언하는 편지를 써본다.
   3) 쓴 편지를 모둠별로 돌려 읽고, 발표할 편지를 하나씩 뽑는다.

2. 바우-아버지 간의 갈등을 모둠별로 토의한다.
   1) 바우와 아버지의 갈등이 어떻게 해소되었는지 모둠원과 이야기한다.
      - 바우와 아버지 간의 갈등이 생긴 이유
      - 갈등이 어떻게 해소되었는가
      - 그에 대한 평가
   2) 바우가 아버지에게 보내는 편지를 써본다.
   3) 쓴 편지를 모둠별로 돌려 읽고 발표할 편지를 하나씩 뽑도록 한다.

'활동 5'에서는 문학의 갈등 이해를 넘어 자기 삶의 갈등을 이해하고 해결해가는 능력을 키우기 위한 적용 과제를 제시했다. '나'는 무엇과 갈등하고 있으며 그 갈등 원인은 무엇인지 생각해보고 이를 집단이 함께 모색하고 해결해감으로써 해결 능력을 창의적으로 확장시키게 된다.

| 활동 예시 5 | 삶의 갈등 해결하기

- 제시된 글을 읽으면서 자신의 갈등 상황에 대해 생각한다.

1. 현재 자신이 갈등하고 있는 상황을 구체적으로 적어본다.
2. 모둠별로 작성한 종이를 모은 후 그 내용을 함께 읽는다. 그중 함께 해결하고 싶은 갈등 상황을 골라서 해결 방안을 함께 토의한다.
3. 모둠별 토의 내용을 전체 학급에서 발표한다.

4) 그 외에 활용 가능한 자료 및 활동 아이디어와의 결합 예시

'갈등의 전개 과정 이해'라는 성취 기준을 달성하기에 알맞은 또 다른 텍스트들과 활동 내용은 다음과 같다.

- 김유정, 「동백꽃」
  - '나'와 '점순이'의 갈등 전개 과정을 시점 바꾸어 서술하기를 통해 이해하기
  - 두 인물의 갈등이 왜 생겨나는지를 모둠 토의를 통해 이해하기
  - 두 인물이 현대에 살아간다면 어떤 갈등을 겪게 될지 상상해서 글로 쓰기
- 하근찬, 「수난이대」
  - 작품에 등장하는 갈등의 종류를 모둠 토의를 통해 파악하기
  - 역할극 또는 인터뷰를 통해 각 인물의 상황 파악하기
  - 결말 이후의 상황을 상상해 글로 쓰기
- 하근찬, 「흰 종이수염」
  - 작품 속에 등장하는 갈등의 종류를 파악하고 인물의 입장이 되어 편지 쓰기
  - 시대를 바꾸어 작품 속의 갈등을 현재화해보기
- 박완서, 「자전거 도둑」
  - 작품 속의 갈등을 이해하고 그에 대해 비판적으로 입장 밝히기
  - 등장인물 중 한 사람이 되어 관찰기 쓰기
  - 연극으로 연출해보기
- 실러, 「빌헬름 텔」
  - 빌헬름 텔의 행동에 대해 찬반 토론하기
  - 희곡을 영상으로 바꾸어 연출 구상하기
- 위기철, 「아홉 살 인생」
  - 여러 등장인물의 심리와 행동의 이유를 분석하기
  - '나'의 갈등과 자신의 갈등을 연관 짓기
- 권정생, 「몽실언니」
  - 몽실언니의 삶의 자세에 대해 비판적으로 생각해보기
  - 작품 속의 갈등 양상을 파악하고 해결 방안을 모색하기
- 헤르만 헤세, 「나비」
  - 감정 이입을 통해 인물의 심리를 이해하고 갈등이 왜 생겨났으며 어떻게 해결할지 토의하기
  - 이후의 결말을 상상해 글로 쓰기
- TV 드라마 〈반올림〉, 〈사춘기〉
  - 작품 속의 갈등과 내 삶의 갈등을 연관시켜 해결 방안 모색하기
  - 갈등의 요인을 파악하기

- 그와 유사한 자신의 갈등 상황을 찾아보고 이에 대해 역할극 하기

위 텍스트들을 갈등 이해 모형으로 접근하면서 다음과 같이 다양한 활동 아이디어들을 결합할 수 있다.

(1) 인물 살려내기 활동과 결합

인물 살려내기는 문학 속의 인물을 현실 세계로 끌어내어 움직이도록 함으로써 인물에 생명을 부여하는 활동이다. 작중인물을 현실 세계로 이끌어내는 활동을 통해 문학 속 현실과 우리가 실제 존재하는 현실 사이의 거리를 지우고 생동하는 문제해결력을 기를 수 있게 된다.

김유정의 「동백꽃」에 나오는 두 주인공과 유사한 사례를 현실 세계에서 찾아본다면 어떤 남녀가 설정될 수 있을지, 그들이 오늘날의 사회에 살아간다면 어떤 고민을 하고 어떤 갈등을 겪으며 어떻게 풀어갈 것인지를 생각해봄으로써 갈등 전개 과정 및 해결 방법을 심도 있게 고찰할 수 있다.

(2) 화용적 전략 활용하기와 결합

'화용'은 말하기에서 언어의 실제 쓰임을 말한다. 화용론은 언어를 객관적 구조 체계로 보기보다는 화자와 청자 간의 의사소통 수단으로 보고 그 과정 및 의사소통에 영향을 미치는 요인들에 초점을 둔다.[4] 내러티브는 의사소통의 과정에서 문제해결을 위한 전략으로 다양하고 효과적으로 사용될 수 있다. 내러티브가 갖는 구체성의 힘으로 인해 청자에게 즉각적인 인지 효과를 줄 수 있기 때문이다.

하근찬의 「수난이대」는 시대적 비극의 희생자가 된 아버지와 아들은 서로의 빈 부분을 채워가며 화해하는 결말을 맺는다. 이 작품을 통해 어떻게 당대의 갈등을 풀어갈 것인지를 생각해보고 이 작품의 내용을 끌어와 설득의 근거로 사용할 수 있다.

4 최현섭 외, 『국어교육학 개론』, 삼지원, 1996.

(3) 비판적 사고와 대안 이어가기 활동과 결합

문학의 갈등은 해결하기 어려운 난제가 대부분이다. 우리 삶의 실제가 그러하기 때문이다. 간혹 문학의 갈등은 쉽게 해소되는 데 비해 삶의 갈등은 더욱 풀기 어려운 경우가 많다. 문학의 갈등이 어떻게 해소되고 있는지, 무엇을 갈등 요인으로 지목하고 있는지 등을 비판적으로 살피고 그 대안을 제시하는 활동이 가능할 것이다.

권정생의 「몽실언니」에서 주인공 몽실언니는 자신에게 끊임없이 다가오는 고난과 비극을 묵묵한 인내와 한없는 모성의 포용적 자세로 받아들이고 있다. 몽실언니의 현실 대응 방식에 대한 의견을 학습자 간 상호 교환해보고 자신의 삶과 대응시켜 또 다른 대응 방식을 생각해보도록 할 수 있다.

(4) 내러티브 재구성하기 활동과 결합

내러티브 재구성하기는 작품에 제시된 내러티브를 학습자의 상상력을 동원해 새롭게 재배치하는 활동이다. 실러의 「빌헬름 텔」에서 빌헬름 텔은 태수의 강압에 못 이겨 아들의 머리 위에 놓인 사과를 화살로 쏘게 되고, 그러한 부당하고 비인간적인 태수의 행태가 결국 대대적인 반란을 불러일으키게 된다. '만약'이라는 가정어를 활용해 빌헬름 텔이 '만약 이러이러하게 행동했다면' 하고 새로운 내러티브를 구성해보면 극중의 갈등에 대해 더욱 깊이 있게 이해할 수 있게 된다.

(5) 새로운 세계 창조하기 활동과 결합

새로운 세계 창조하기 활동은 크게 두 가지 방향으로 개진될 수 있다. 먼저 결말이나 부분을 새롭게 창작하는 부분적 창조 활동이 가능하다. 작품 속의 갈등이 어떻게 해소되었는지 또는 해소되지 않은 채로 결말을 맺었다면 어떻게 해소될 수 있을지를 상상하며 새로운 결말을 만들어보도록 한다. 헤르만 헤세의 「나비」에서 '나'가 왜 고민하고 있는지를 파악하고 그 고민에 자신을 이입해본 후 어떤 새로운 결말이 가능할까를 발산적으로 사고해보도록 한다. 학습자들이 창조한 새로운 결말을 상호 비교하면서 다양한 해결의 가능성을 모색할 수 있다.

두 번째로 문학 작품을 통해 촉발된 자신의 갈등 상황에 대한 인식을 작품으로 창작하는 활동이 가능하다. 문학 작품을 참조 텍스트로 자신의 삶을 쓰는 것이다. 자신의 현재 또는 과거의 갈등 상황 가운데 한 가지를 고르고 그 전개 및 해소 과정을 정리한 후 이에 허구적 요소를 결합해 새로운 서사를 만들어보는 것이다. 허구적 창작 과정에서 학습자는 편안하고 안전하게 다양한 갈등의 해답을 탐색해갈 수 있다.

4. 평가는 어떻게 할까

1) 평가 목적, 방법, 주안점 등

이 장에서는 갈등 이해 모형과 관련하여 문학 텍스트를 감상하고 텍스트 내의 갈등을 적극적으로 자신의 경험과 연관시키고 삶 속으로 확장시켜가도록 하였다. 갈등 이해 모형에 대한 평가 목표로 '문학의 갈등과 삶의 갈등을 파악하고 해결 방법을 적절하게 모색하였는가?' '모둠 활동에서 개방적이고 책임감 있는 자세로 임하였는가?' '모둠에 부여된 과제를 적절하고 효과적으로 수행하였는가?' 등을 제시할 수 있다. 창의성 요소로는 갈등을 파악하고 해결하는 문제 해결력 및 제시된 과제 해결 과정 및 결과 등을 평가하도록 하였다. 인성 요소로는 과제 수행 및 토의 과정에서 개방적인 자세로 참여하였는지, 다양한 입장을 이해하고 배려하였는지를 평가 기준으로 제시하였다. 평가 방법으로는 서술형 평가 및 과제 평가, 관찰 평가 등이 다양하게 활용될 수 있다. 학습자가 텍스트와 깊이 있게 만나고 다른 학습자와 협력하여 문제를 적절한 과정에 따라 해결해나가는지를 주로 평가하며, 결과물보다는 수행의 과정에 초점을 두어 평가하도록 한다.

평가 목표	- 문학 속의 갈등과 삶의 갈등을 파악하고 해결 방법을 적절하게 모색하였는가? - 모둠 활동 과정에 개방적이고 책임감 있는 자세로 임하였는가? - 모둠에 부여된 과제를 적절하고 효과적으로 수행하였는가?							
평가 영역	평가 기준	평가 방법	평가 척도					
			매우 잘함	잘함	보통	미흡	미완성	미제출
창의성 중심 영역	문학 속 갈등과 삶의 갈등을 파악하고 해결 방법을 모색하는 문제해결력을 보였는가?	서술형 평가	5	4	3	2	1	0
	과제 수행 과정에서 아이디어를 활발하게 제기하였는가?	관찰 평가	5	4	3	2	1	0
	소설을 극으로 만드는 과정을 잘 이해하고 창의적으로 수행하였는가?	과제 평가	5	4	3	2	1	0
인성 중심 영역	과제 수행 및 토의 과정에서 다른 사람의 의견에 대해 열린 자세로 참여하였는가?	관찰 평가	5	4	3	2	1	0
	사람들 사이에 존재하는 다양한 입장을 이해하고 배려할 수 있는가?	관찰 평가	5	4	3	2	1	0
교사 의견 및 채점평	(예시) * 결과물의 완성도는 다소 미흡하나 활동 과정에서 진지한 토의와 개방적인 의견 수렴의 양상을 보임.	합산	30점 만점에서 ____ 점					

2) 수행 평가 및 서술형 평가

(1) 수행 평가 방안

수행 평가의 방법으로는 모둠별 활동 수행 과정에 대한 교사의 관찰 기록, 모둠 내 구성원 간의 상호 평가, 모둠 활동 결과물에 대한 교사 평가 및 동료 평가, 활동 과정 기록지를 포트폴리오화해 평가하는 방법 등을 다양하게 활용할 수 있다.

(2) 서술형 평가 방안

서술형 평가의 경우에는 제시된 작품의 갈등 전개 양상을 잘 이해하고 이를 자신의 삶으로 끌어들여 적극적인 갈등 해결 방안을 모색했는가를 평가하는 문항을 구안하도록 한다.

• 제시문

현덕, 「나비를 잡는 아버지」

• 평가 문항

제시된 부분 속의 갈등 전개 과정을 설명하고 갈등의 해결 양상에 대해 평가해보시오.

• 평가 기준

1. 갈등의 전개 과정을 정확히 이해했는가?(10)
2. 갈등의 해결 양상에 대해 적절하게 평가했는가?(10)
3. 주체적이고 창의적인 시각으로 갈등 과정 이해 및 평가에 도달하고 있는가?(10)

3장 너의 마음을 느끼다 – 감정 이입 모형

1. 감정 이입 모형이 어떤 점에서 유용한가

1) 감정 이입 모형의 개념, 특성, 과정

문학 작품에는 인격화된 주체들이 다양하게 등장한다. 작품에 그려진 주체들 중 가장 대표적인 존재가 바로 '서술자', '초점화자', '인물'[1] 등이다. 작품에서 살아 숨쉬며 다양한 갈등을 겪어내고 타인과 의사소통하며 때로는 성장하기도 하는 이들 존재를 이해하는 과정은 실제 삶에서 만나는 인물들의 다양성을 이해하는 과정과 매우 흡사하다. 따라서 문학 작품의 인격화된 존재들의 상황과 감정을 이해해보고 이들의 속마음에 자신의 감정을 투영하는 과정을 통해 실제 삶에서 느끼는 감정의 폭과 깊이를 좀 더 다채롭게 할 수 있을 것이

1 서술자는 이야기를 전달하는 목소리의 주인을 뜻하며, 초점화자는 서술자가 누구의 눈을 빌려 작중 세계를 바라보는가를 의미하는 개념이다. 서술자는 인물로 등장할 수도 있고 아닐 수도 있으며, 초점화자는 한 인물일 수도 있고 여러 인물일 수도 있다. 서술자와 초점화자에 대한 이론은 쉬탄젤의 『소설의 이론』(문학과비평사, 1990)을 참고하기 권한다. 아울러 소설 이론의 기본적인 개념을 이해하기 위한 개론서로 권택영의 『소설을 어떻게 볼 것인가』(문예출판사, 1996)를 추천한다.

다. 특히 이들 인격화된 존재에 집중하는 과정은 그 자체로 배려심, 상상력, 다양성, 감수성 등 다양한 창의성 요소를 신장시키는 과정이 될 수 있다. 서술자가 초점화자로 정한 인물을 통해 사건을 서술하는 태도와 관점을 이해하는 과정을 중심으로 서술하지 않은 사건에 대한 상상력이나 인간의 마음을 이해하는 아량 등을 자연스럽게 터득하도록 이끌어줄 수 있기 때문이다. 또한 초점화자를 달리해 작품을 재구성하는 활동을 통해 학습자들 사이의 상호작용을 유도하고 자연스레 타인에 대한 배려와 다양한 의견을 존중하는 태도 등을 습득하는 기회를 제공할 수 있다. 이러한 과정을 통해 학습자들은 작중인물들의 다양한 입장과 감정을 깊이 있게 이해해봄으로써 자아와 타인을 이해하는 능력을 신장시킬 수 있다.

이처럼 작품 속 다양한 주체들의 경험과 감정에 다가가는 구체적인 방법으로 '감정 이입 모형'을 설계해 적용해볼 수 있다. 감정 이입 모형을 간단히 요약하면, 타인의 입장이 되어보는 과정을 통해 상상력과 감정 이입 능력을 향상시킬 수 있도록 하는 수업 모형이라 할 수 있다. 감정 이입 모형의 큰 흐름은 ① 대상에 감정을 투사하고, ② 대상을 주관적으로 이해한 후, ③ 역지사지의 태도로 대상의 상황과 처지를 상상력을 동원해 이해하고, ④ 특정 대상에 대한 공감적 이해의 과정을 다양한 삶의 국면에 적용하는 과정으로 나아가는 것으로 정리된다.

감정 이입 모형

과정	주요 활동 내용
감정 투사하기	작품 속 주체와 마주한 상황에서 감정 느끼기 및 표현하기
주관적으로 이해하기	작품 속 주체와 나의 공통점과 차이점에 대해 생각해보기, 자신의 삶에서 비슷한 경험이 있는지 성찰하기
역지사지(易地思之)	작품 속 주체가 현재의 상황에서 느끼고 있을 감정이 무엇인지 상상하기 및 표현하기
감정 이입 적용하기	현실에서 마주하는 타인의 속마음 상상하기, 타인의 기분과 같은 기분 되어보기, 타인의 감정 표현 들어주기, 자신의 언어로 타인의 감정 표현하기

* 비고: 이 글에서 다루는 감정 이입 모형은 소설을 중심으로 구안되었으나, 인물이 등장하는 문학 장르들이라면 다른 장르에서도 적용 가능하다. 희곡이나 시나리오에 적용해 자신과 인물의 감정을 연극이나 영상물로 표현하도록 수업을 이끌 수 있다. 수필 작품을 중심으로 모형을 활용할 경우 '주관적으로 이해하기' 과정을 바탕으로 글쓴이의 경험과 유사한 자신의 경험에 대한 수필 쓰기 활동을 구안할 수도 있다.

(1) 감정 투사하기

서사물에 표현된 희로애락(喜怒哀樂)의 감정, 이야기를 통해 느껴지는 분위기 등은 단순히 줄거리를 읽어내는 것으로 파악될 수 없다. 당연한 말이지만 감정, 분위기, 정서 등의 요소들은 지적 영역이 아니라 정의적인 영역에 속하기 때문에 논리적인 층위에서 사건의 인과 관계를 정리하는 수준의 활동만으로는 접근하기 어렵다. 이때 작품 감상의 단초가 되는 요소가 바로 작품에 등장하는 인물이나 초점화자, 목소리를 내고 있는 서술자 등의 주체이다.[2]

신경숙의 『엄마를 부탁해』는 치매에 걸린 엄마를 잃어버리게 된 이후 가족들 각각의 시점에서 엄마와 관련된 기억을 서술하고 있는 소설이다. 엄마가 가족들에게 얼마나 헌신했는지, 엄마가 아프게 되었을 때 가족들이 얼마나 무심했는지, 결정적으로 엄마를 잃어버리게 된 그 순간 각각의 가족들이 어떤 일을 하고 있었는지를 각 인물의 관점에서 이야기함으로써 연민과 후회가 뒤엉킨 엄마를 향한 복잡한 감정을 섬세하게 풀어내고 있다.

가족애, 특히 엄마를 향한 사랑은 인간으로서 누구나 지니는 보편적인 감정에 속한다. 그러나 물이나 공기처럼 언제나 곁에 있는 존재인 가족, 특히 엄마를 향한 사랑의 감정을 절절히 느껴보는 것은 어려울 수 있다. 소중함과 사랑을 불현듯 깨달을 수 있는 계기가 바로 상실이다. 상실의 경험은 항상 존재했지만 소중했던 그 무엇의 가치와 존귀함을 깨달을 수 있게 해준다. 그러나 특히 대부분의 중등 학습자들 입장에서 엄마를 잃어버린다는 극단적인 상황을 직접 체험해보았을 리 없기 때문에 한 번쯤 엄마를 향한 절절한 사랑의 감정을 느끼고 표현해볼 수 있는 계기를 마련해볼 가치가 있다. 신경숙의 소설 『엄마를 부탁해』의 서사 구조는 학습자들에게 '상실감'과 그로 인해 깨닫게 되는 '사랑'과 '정'의 감정을 투사해볼 수 있도록 해준다.

소설에서 엄마를 둘러싼 가족 각각의 모습은 그들 자신의 눈에 비친 기억을 통해서조차 '무심함'을 넘어선 '무시', '당연함' 등의 단어를 떠올리게 한다. 반면 이들의 기억 속에서 그려진 엄마의 모습은 항상 '양보', '헌신', '배려' 등의 단어로 요약됨 직하다. 인물 각각의 성격과 특징, 인물들의 관계 등을 먼저 파악함으로써 소설에 그려진 감정을 자신의 감정으로 투사할 수 있는 계기를 마련해볼 수 있도록 '감정 투사하기'와 관련된 다채로운 활

2 서사물을 중심으로 한 교수학습 방법 탐구와 관련해 우한용 외, 『언어·문학 영재교육의 가능성 탐구』, 한우리북스, 2010을 통해 더 깊이 이해를 도모할 수 있다.

동을 구안해볼 수 있다.[3]

• 등장인물의 겉모습 표현하기 활동

모둠별로 등장인물의 특징과 성격이 잘 드러나도록 인물의 외양을 표현해보는 활동이다. 인물의 모습을 구체적으로 상상해 표현해봄으로써 소설의 등장인물을 향한 감정 투사 과정을 이끄는 활동이다.

| 활동 예시 1 |

『엄마를 부탁해』에 등장하는 인물들의 모습과 특징을 다음과 같은 다양한 방식으로 표현해보자.

- 그림으로 표현하기
- 인물의 모습으로 분장하기
- 단어와 문장으로 인물의 얼굴 표정 묘사하기
- 인물에게 어울리는 색깔을 정하고 이유 말하기

| 활동 예시 2 |

『엄마를 부탁해』의 딸과 아버지 입장에서 '엄마' 또는'아내'란 어떤 사람이었을지 비유하는 단어를 적어보자.

- 딸에게 엄마는 ~
- 아버지(남편)에게 아내는 ~

• 인물과의 공감대 측정하기 활동

소설의 작중인물과 내가 얼마만큼의 공감대를 지니고 있는지 생각해봄으로써 작품 의 감정 영역에 더 깊이 개입하는 활동이다. 작중인물들 사이의 관계와 각 인물의 특성을 고려해 나의 감정을 투사하는 데 가장 적절한 인물을 골라보도록 한다.

| 활동 예시 |

모둠별로 『엄마를 부탁해』에서 가장 이해하기 쉬운 인물과 가장 이해하기 어려운 인물을 골라보고 그 까닭을 토의해보자.

3 수업 시간에 활용하기 적절한 창의·인성 학습 활동을 설계·제안하는 데 다음 서적을 참고했다. 이우경, 『교과서를 내던져버린 살아있는 국어수업』, 해오름, 2002; 허병두, 『즐거운 글쓰기 교실』, 문학과지성사, 2006.

(2) 주관적으로 이해하기

작중인물의 감정을 이해하는 과정은 곧 삶에서 자신과 타인의 감정을 이해하는 과정으로 연결될 수 있다. 삶에 대한 이해를 목적으로 하는 거대 담론에 굳이 기대지 않더라도 문학 작품을 읽으며 웃고 울어본 사람이 타인의 기쁨과 아픔에 좀 더 잘 공감할 수 있으리라는 점은 상식적으로 쉽게 수긍할 수 있다. 여기서 소설을 읽으며 눈물을 흘렸던 사람이 삶의 여러 인물들을 연민할 수 있음은 곧 '주관적 이해'의 과정을 통해 설명된다. 가령 『엄마를 부탁해』를 읽는 과정에서 학습자들은 실제 나의 삶에서 '엄마'가 어떤 사람인지에 대해 생각해보고 '엄마'와 나의 관계를 적극적으로 이해해보려 하는데, 이것이 바로 '주관적 이해'에 해당한다고 볼 수 있다. 작중인물들이 엄마를 잃어버리고 나서 후회와 슬픔을 느끼는 순간 학습자 역시 엄마를 잃어버린 순간의 상실감을 상상하면서 슬퍼할 수 있는 것이다.

이처럼 작중 상황에 자신의 감정을 투사하는 데서 한 발 더 나아가 작중 상황을 자기 삶의 상황으로 끌어내는 과정을 인도하는 활동을 소개하면 다음과 같다.

• 닮은 인물 선정하기 활동: 작품의 등장인물과 작품을 접하는 독자 사이의 공통점을 발견해봄으로써 인물을 주관적으로 이해하기 위한 단초를 설계하는 활동이다. 학습자들이 자신과 가장 닮았다고 생각하는 인물을 스스로 선정하는 과정에서 인물의 상황을 자기 삶의 상황으로 적극적으로 끌어올 수 있도록 독려하는 발문을 마련할 필요가 있다.

| 활동 예시 |

(ㄱ) 『엄마를 부탁해』에 등장하는 다양한 인물들 중 '나'와 가장 어울리는 인물을 고르고 그 이유를 말해보자.

(ㄴ) 『엄마를 부탁해』를 모둠 연극으로 만든다면 모둠원별로 어떤 배역이 적절할지 토의해 보고 그 까닭을 정리해보자.

(3) 역지사지

자신의 감정을 동원해 타인의 감정을 상상하고 이해하는 과정이 '주관화' 과정이라면, 타인이 처한 객관적 상황을 고려해 그러한 상황에 걸맞은 감정 표현의 범주를 상상해보는 과정이 바로 '역지사지'에 해당한다. 즉, 역지사지의 측면에서 타인을 이해한다는 것은 타인의 반응을 그러한 상황에 걸맞은 '정상적인 반응'으로 인지하는 과정이다. 역지사지는 삶에서 겪는 다양한 갈등 상황에 대한 융통성 있는 이해를 돕는 학습 과정이기도 하다.

• 인물의 입장 빌리기 활동: 등장인물의 입장에서 나의 감정을 이끌어내는 활동이다. 특정한 작중 상황을 빌려 학습자의 감정을 표현해보도록 함으로써 무의식적 검열로 평소에 느끼거나 표출하지 못했던 감정의 층위까지 효과적으로 끌어낼 수 있다.

| 활동 예시 |

『엄마를 부탁해』의 등장인물 중 한 사람의 입장을 빌려 잃어버린 '엄마'에게 보내는 편지를 써보자.

• 매체를 활용한 극화(劇化) 활동: 영상 매체를 활용해 등장인물의 입장을 직접 연기해보며 나와 다른 상황에 처한 인물의 입장에서 세계를 바라볼 수 있도록 해주는 활동이다. 인물의 상황과 감정에 걸맞은 대사가 무엇인지, 어떤 표정과 어조로 대사를 연기해야 할지, 배경과 음악은 어떠해야 할지 종합적으로 고민하면서 극중 인물이 처한 상황에 깊이 몰입하도록 이끌어주는 발문으로 활동을 끌어갈 수 있다.

| 활동 예시 1 |

각 인물의 입장에서 '엄마' 또는 '아내'에게 보내는 동영상 편지를 만들기 위한 토의를 해보자.

(ㄱ) 모둠원의 소질과 성격을 고려해 다음 역할에 가장 어울리는 친구의 이름과 그렇게 생각하는 이유를 적어보자.

연출가 ______________ 왜? ____________________________

연기자 ______________ 왜? ____________________________

촬영 담당 ____________ 왜? ____________________________

편집 담당 ____________ 왜? ____________________________

음향 담당 ____________ 왜? ____________________________

(ㄴ) 연출가로 뽑힌 친구를 중심으로 모둠이 선택한 인물의 관점에서 음악 동영상의 줄거리를 엮어 보자.

(ㄷ) 음향을 담당한 친구와 이야기를 나누며 작품의 줄거리에 어울리는 음악을 정해보자.

| 활동 예시 2 |

토의한 내용을 바탕으로 촬영 계획을 세우고 동영상 편지를 만들어보자.

(ㄱ) 촬영을 담당한 친구를 중심으로 동영상 편지를 만들기 위한 촬영 계획을 짜보자.

장면 배경	음악	대사 / 행동	소품

(ㄴ) 촬영 계획을 중심으로 전체 모둠원이 함께 동영상 편지를 만들어보자.

(4) 감정 이입 적용하기

잘 구조화된 발문과 활동을 통해 주관화와 역지사지의 과정까지 소화해냈다면, 실제 삶에서 자신의 감정을 타인에게 이입해 공감적 이해에 이르는 과정으로 학습자 스스로 나아갈 수 있도록 이끌어줄 수도 있다. 가령 『엄마를 부탁해』의 '딸'의 입장에서 '엄마'와의 관계를 중심으로 인물의 감정을 느끼고 표현해보는 과정을 통해 실제 삶을 살아가는 주체인 '나'와 '엄마'의 관계에 대한 성찰과 감정 표현의 계기를 마련해낼 수 있다. 이를 통해 학습자의 실제 삶에 대한 이해와 통찰 능력, 타인의 감정을 이해하고 자신의 감정을 이해하고 조절하는 능력을 키워갈 수 있을 것이다.

• 현실에서 타인의 속마음 표현하기 활동: 감상한 작품의 상황과 유사한 상황에 처했다고 가정해보고 실제 나와 관련 있는 인물을 골라 그 인물의 감정을 상상하고 표현해보는 활동이다. 이를 통해 타인의 감정을 직접적으로 이해하는 능력을 길러보는 한편 가상의 상황을 실감나게 상상하고 표현해보는 능력을 신장시킬 수 있다.

| 활동 예시 |

『엄마를 부탁해』에서와 같이 실제로 엄마와 갑작스럽게 이별하는 상황에 처한다면 엄마가 나에게 어떤 말씀을 하실지 상상해 적어보자.

2) 창의성 요소와의 관련성

모형의 흐름에 드러나듯, 감정 이입 모형을 적용해 기를 수 있는 창의·인성 요소는 대상을 깊이 있게 이해하려는 다양성에 대한 존중의 태도, 배려심, 그리고 대상의 상황을 적극적으로 상상하는 능력, 섬세한 감수성 등으로 정리될 수 있다. 즉, 내가 아닌 남을 깊이 이해하는 과정인 감정 이입 모형을 적용함으로써 창의·인성의 지적·정의적·인성적 측면을 두루 신장시킬 수 있는 결정적 계기를 마련할 수 있다.

감정 이입 모형은 남의 동기와 욕구를 이해하는 과정을 통해 타인에 대한 세심한 배려심을 높이는 것에 초점을 맞춘다. 또한 특정 서술자의 관점과 태도를 중심으로 감추어진 상황이나 사건, 앞으로 전개될 사건의 흐름, 다양한 인물들의 모습 등을 상상해봄으로써 상상력을 키우는 활동을 구안할 수 있다. 나아가 문학 작품의 주체를 이해하는 태도와 마음가짐을 바탕으로 다른 사람의 생각과 의견을 개방적으로 받아들일 수 있는 계기를 마련한다.

영역	일반적 창의·인성 요소	국어과 관련 창의·인성 요소
인지 영역	상상력	인물의 상황과 감정 상상하기
정의 영역	감수성	감정 느끼기, 감정 표현하기
실천 영역	다양성에 대한 존중 및 배려	다른 인물의 입장 헤아리기

3) 모형 운용을 위한 전략 및 다른 모형과의 호응

감정 이입 모형을 적용해 성공적으로 수업을 설계하려면 학습자의 수준, 제재, 관련 성취 기준 등 삼박자를 고려해야 한다. 이 중 가장 먼저 고려해야 할 것이 바로 학습자의 수준이다. 학습자가 느끼는 감정의 층위와 작품 속에서 표현되는 감정의 층위가 적절히 맞아떨어질 때 학습자가 감정 이입 과정에 흥미롭게 참여할 수 있음은 물론 수업 과정 자체를 자신이 실생활에서 느낀 감정에 대해 적절히 이름 붙이고 자유롭게 표현할 수 있는 계기로 삼을 것이다. 학습자가 갖고 있는 인간관계의 폭과 깊이, 삶의 경험, 관심사 등을 종합적으로 고려해 제재를 선정할 때 성공적인 감정 이입 모형 적용 수업을 기대해볼 수 있을 것이다.

학습자의 수준을 고려해 제재를 고르는 안목은 전적으로 교사의 몫이다. 다만 감정 이입과 관련된 적절한 제재를 고르는 최소한의 요령은 다음과 같다. 우선 인물들의 감정 표현이 전면에 드러난 작품을 선정하는 것이 좋다. 상황 전개를 중심으로 인물들의 감정 변화를 그리고 있거나, 현실에서 흔히 느낄 수 있는 감정의 영역을 섬세하게 그리고 있는 작품 등이 학습자 입장에서 쉽게 이해되기 때문이다. 또한 학습자 또래의 인물이 등장해 감정 이입의 과정이 무난히 이루어질 수 있는 작품을 선정한다. 그러나 지나치게 유년기 인물의 이야기에만 집중해 제재를 고르다보면 학습자가 감정 이입할 경험의 폭이 지나치게 좁아질 수 있으므로 주의할 필요가 있다.

관련 성취 기준에서 볼 때 문학 수업을 중심으로 수업 설계를 하는 것이 주된 과정이므로 문학 과정의 성취 기준 중 인물과 관련된 기준을 중심으로 삼는 것이 가장 효율적이다. 소설, 희곡, 시나리오 등 제재의 폭을 열어둔 채 등장인물이나 서술자 등의 학습 요소와 결합된 성취 기준을 선정해 수업을 설계한다면 감정 이입 과정을 통해 문학과 관련된 주요 개념을 학습하는 과정까지 함께 도모할 수 있다.

감정 이입 모형은 창의성 신장을 위한 다른 모형과도 결합될 수 있다. 특히 작중인물이 겪는 갈등의 해결 과정에 주목하는 '갈등 이해 모형'과의 호응도가 가장 높다. 인물의 성격을 분석해 갈등 요인을 추측해보고 작중 갈등과 현실적 갈등을 비교해보는 과정으로 요약되는 갈등 이해 모형은, 작중인물의 모습에 주목해 현실에 대한 이해를 높이는 과정으로 나아간다는 점에서 감정 이입 모형과 유사한 측면이 있다. 즉, 감정 이입 모형과 갈등 이해 모형을 결합해 수업을 설계한다면 인물의 갈등과 심리, 양 측면을 종합적으로 고려함으로써 세계에 대한 깊이 있는 이해의 과정으로 한 걸음 더 깊이 나아갈 수 있게 될 것이다.

관련 있는 텍스트를 비교·감상하는 모형인 '텍스트 상호성 모형' 역시 감정 이입 모형과 잘 어우러질 수 있다. 특정 작품 속 작중인물의 감정을 이해하고 표현하는 과정을 심화하는 방법으로 비슷한 상황이 그려진 다른 작품의 인물들의 감정을 두루 느끼고 비교해보는 활동으로 감정 이입의 층위를 다양화할 수 있기 때문이다. 다양한 텍스트를 접하면서 감정 이입의 층위를 다양화하는 것은 곧 삶의 다양한 감정에 대한 이해력과 공감력을 높이는 과정이므로 감정 이입 모형을 심화하는 차원에서 텍스트 상호성 모형을 적용하는 것은 매우 효과적인 수업 전략이 될 수 있다.

2. 감정 이입 모형을 어떻게 적용할까

문학 작품의 서술자나 등장인물 등 문학 작품의 '주체'에 집중하는 활동을 통해 인간이 지닌 동기와 욕구를 깊이 있게 이해하는 과정을 구안하는 '동기와 욕구 이해하기' 활동을 설계할 수 있다. 이 활동을 통한 수업의 성패는 작중 서술자나 인물이 '왜 그렇게 말(행동)하며, 그 말(행동)의 의미는 무엇인가'라고 묻는 학습자의 관심과 호기심을 끌어내는 데 달려 있다. 이처럼 작품 속 주체들의 동기와 욕구를 이해하는 과정을 통해 학습자의 상상력을 키우고 타인에 대한 이해심과 배려심을 기르도록 이끌어줄 수 있을 것이다.

또한 초점화자를 달리하여 작품의 내용을 재구성하는 활동인 '내러티브 재구성하기' 활동을 구안할 수 있다. 다양한 초점화자의 입장에서 작품의 상황을 깊이 있게 이해하는 과정을 마련함으로써 역지사지의 태도를 함양함은 물론 확산적 사고와 문제해결력을 길러줄 수 있다. 더 나아가 특정 초점화자의 입장을 중심으로 작품의 내용을 음악이나 영상물 등 다른 매체로 만들어내는 '연출 구상하기' 활동이나, 초점화자나 작중인물을 현실 세계의 일원인 양 상상해 사고하는 '인물 현동화하기' 활동 등을 다채롭게 구안할 수 있다.

감정 이입 모형을 문학 감상의 과정에 적용해 풀이하면 다음과 같이 정리된다. ① 문학 작품의 특정 주체(인물, 서술자, 초점화자 등)에게 감정을 투사하고 ② 그를 주관적으로 이해하는 과정을 거쳐 ③ 입장을 달리해, 즉 작품 속 상황에 처한 다른 주체의 입장을 선택해 감정과 기분을 상상해보거나 자기 자신이 작품 속 주체가 되어보는 상상의 과정을 통해 ④ 학습자가 스스로의 상황을 깊이 있게 이해하는 창의·인성을 길러가는 것이다. 이처럼 작품 속 장치의 개념으로 가르쳐왔던 서술자, 초점화자, 인물 등 작품 속 주체들을 적극적으로 활용함으로써 텍스트 이해의 과정을 인간의 세계를 이해하는 과정으로 심화시킬 수 있다.

3. 감정 이입 모형의 적용 사례는 어떤 것이 있을까

1) 학습 활동 사례 -『엄마를 부탁해』

(1) 관련 성취 기준

중등 학습자의 수준과 흥미, 관련 제재, 관련 제재의 지명도와 가독성, 관련 성취 기준 등 다양한 요소를 고려해 실제 학습 활동을 설계할 수 있는데, 앞서 언급한『엄마를 부탁해』를 중심으로 실제 수업 과정을 설계하면 다음과 같다. 관련 성취 기준은 2009 개정 교육 과정을 중심으로 선정했으며, 실제 중학교 국어 수업 상황을 가정해 장편소설『엄마를 부탁해』의 일부 텍스트를 중심으로 수업을 이끄는 과정으로 설계했다.

자신의 감정을 직접 투사해 타인의 입장에서 세계를 이해하고 다채로운 감정을 느껴보는 수업을 설계하려면 학습자 수준에서 상상해볼 수 있는 문제 상황이 제시된 제재로 수업을 설계할 필요가 있다. 이를 위해 엄마를 잃어버린 상황에서 각 가족들의 생각과 감정이 잘 드러나 있는 신경숙의 소설『엄마를 부탁해』를 중심으로 수업을 설계해보았다.[4]

단원 설계와 관련 깊은 성취 기준으로는 2009 개정 교육 과정 중 문학 (5) '작품의 세계가 누구의 눈을 통해 전달되는지 파악하며 작품을 수용한다'를 들 수 있다. 초점화자 또는 서술자의 입장을 이해하는 과정을 중심으로 각 상황에 감정을 투사해보는 활동과 가장 밀접한 관련이 있는 성취 기준이기 때문이다. 그 밖에 듣기·말하기 (7) '대화의 상황과 맥락을 이해하고 상대의 이야기에 공감하며 듣고 말한다', 읽기 (9) '자신의 삶과 관련지으며 글의 의미를 해석하고 독자의 정체성을 형성한다', 쓰기 (8) '영상 언어의 특성을 살려 영상으로 이야기를 구성한다' 등을 중심으로 이해와 표현을 통합하는 다채로운 활동을 엮은 수업을 설계해볼 수도 있다.

(2) 제재 선정

『엄마를 부탁해』는 '너' 또는 '당신'이라는 2인칭 지시어가 전면에 드러나는 소설로,

4 이 단원에서 제재로 삼은 작품은 신경숙,『엄마를 부탁해』, 창비, 2008이다.

초점화자가 명확하게 드러난 작품인 동시에 학습자의 관심과 흥미를 이끌어내는 데 적절한 작품이다. 치매를 앓고 있는 엄마를 잃어버린 사건을 중심으로 딸, 아들, 아버지 등의 인물들이 초점화자로 설정되어 각 장이 진행되고 있는 작품으로, 서술자가 '너' 또는 '당신'을 중심으로 사건에 대한 해석과 판단을 내리고 있어 인물의 마음과 행동을 재구성하는 데 적합하다. 또한 엄마를 잃어버린 안타까운 상황을 간접 체험함으로써 학습자의 인성 함양에 적잖은 자극이 될 수 있는 작품이다.

(3) 단원의 개관

감정 이입 모형을 중심으로 실제 인물이 되어보고 인물의 목소리를 연기하는 동영상을 제작하는 과정까지 활동을 구안하기 위해 '동기와 욕구 이해하기', '인물 살려내기' 등의 활동과 결합했다.

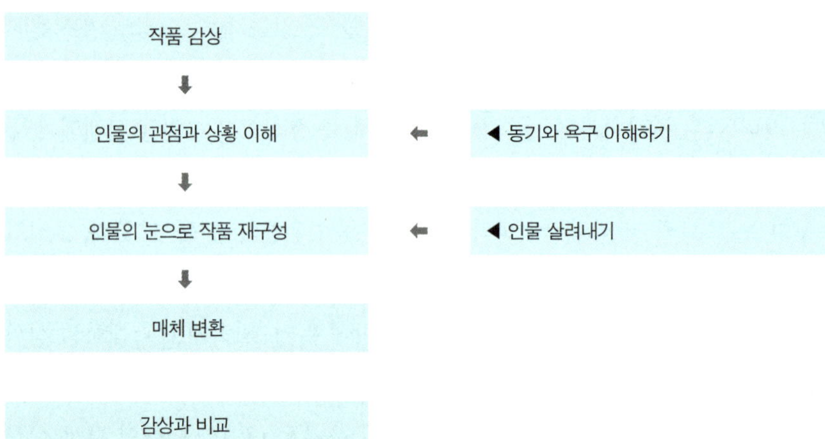

작중인물의 감정과 상황을 이해하는 과정은 곧 인물에 대한 객관적 이해와 맞물린다는 점에서 동기와 욕구 이해하기 활동과 맥이 닿아 있다. 이에 주목해 작중인물에 대한 감정 이입을 통해 자신의 실제 삶을 성찰해보고 자신의 감정을 돌아보게 하는 활동을 구안했다. 또한 실제 인물의 목소리로 감정을 표현해보는 계기를 학습 과정에 포함시키고 텍스트 속 인물을 실제 현실로 이끌어내는 인물 살려내기 활동을 구안했다.

2) 주요 학습 내용

차시	학습 내용	학습 활동	창의·인성 요소 주안점
1	▶ 단원 안내, 학습 목표 제시 ▶ 학습 동기 부여 - 친구들과 나의 눈에 비친 짝의 모습 비교 - 거꾸로 돌려 그림 감상 ▶ 『엄마를 부탁해』 본문 읽기 - 작품 감상	쓰기 발표하기 작품 읽기 .	상상력
2	▶ 작품 감상 내용 정리하기 - '너'와 '당신'의 입장 이해하기 - 동영상 편지 제작을 위한 준비와 제작	토의하기 매체 변환하기	상상력, 배려심
3~4	▶ 모둠별 동영상 편지 발표와 감상 - 동영상 편지 발표하고 감상하기 - 동영상 편지 비교하는 글 쓰기	발표하기 동영상 보기 감상문 쓰기	배려심, 다양성, 감수성
4	▶ 활동 마무리하기 - 활동 점검하기 - 단원 마무리 평가		

3) 세부 수업 내용

(1) 1차시

단원을 시작하는 차시에서는 주로 학습할 창의성 및 인성 요소 주안점을 제시해 학습할 창의·인성 수업 목표를 분명히 한다. 이 단원에서는 작중인물의 눈에 비친 세계를 중심으로 작품에 표현된 다채로운 감정을 적극적으로 이해해봄으로써 현실 세계에서 마주치는 여러 인물들의 감정을 이해할 수 있는 감수성, 상상력, 배려심 등을 기르도록 한다.

창의성 신장이라는 기본 목표 외에 이 수업이 고유하게 지향하는 학습 목표의 확인 역시 1차시에 이루어진다. 이 단원은 '작품의 세계가 누구의 눈을 통해 전달되는지 이해할 수 있다'는 학습 목표를 지향한다. 먼저 단원의 학습 목표와 관련해 창의·인성 요소를 자극하는 흥미 유발 활동을 하도록 한다. 다음으로는 단원 학습 목표를 중심으로 확산적인 동기 유발 활동을 하도록 한다. 이를 각각 '생각 트기', '재미 붙이기' 단계로 명명했다. 이러한 준비 작업을 거쳐 본 학습으로 진입하면 창의성 유발 효과를 더욱 확장할 수 있다.

▶ 단원 안내

- 문학 작품의 이야기를 전하는 주체에 대해 생각하기
- 창의·인성 주안점에 주목하기: 배려심, 상상력, 다양성

▶ 학습 목표 제시

- 문학 작품의 세계가 누구의 눈을 통해 전달되는지 파악할 수 있다.

▶ 생각 트기

- 내 짝과 관련된 일화를 중심으로 내 눈에 비친 내 짝의 모습과 다른 친구의 눈에 비친 내 짝의 모습에 대해 써 보기

▶ 재미 붙이기

- 주세페 아르침볼도의 그림 〈야채상〉을 감상해보고, 보는 각도에 따라 달리 보이는 그림이나 사진, 풍경 등을 찾아오기
- 과제부여, 차시 확인 예고

학습자들이 학습 목표를 주지하고 학습에 대한 동기를 유지할 수 있도록 활동을 이끈 다음, 등장인물의 눈에 비친 세계에 대해 파악할 수 있도록 작품을 감상한다. 등장인물을 '너', '당신' 등으로 명명하고 있는 작품의 특성을 간단히 안내한 후 학습자들이 진지하게 작품을 감상할 수 있도록 분위기를 이끌어준다.

▶ 텍스트 감상

- 신경숙의 『엄마를 부탁해』 감상하기

작품 감상 이후 수업을 정리하는 시점에서는 앞서 활동한 동기 유발 활동을 마무리할 수 있는 간단한 과제를 제시하거나 본 차시에서 읽은 내용을 바탕으로 차시 활동이 원활이 이루어질 수 있도록 간단히 생각할 거리를 제안하는 것도 좋다.

▶ 수업 내용 정리하기: 과제 확인, 차시 예고

- 보는 각도에 따라 달라지는 그림, 풍경, 사진 등 조사하기
- 소설 속 '너'와 '당신'의 입장에 대해 생각해보기

(2) 2차시

2차시의 시작은 1차시에서 부여한 과제를 확인함으로써 텍스트를 바라보는 '관점'에 대한 이야기로 수업을 자연스럽게 이끌어갈 수 있다. 과제 부여가 없었다면 앞서 읽은 작품의 내용을 가볍게 상기해보면서 등장인물에 대해 상상해보고 등장인물의 감정을 표현하는 활동을 할 것임을 주지시키는 것이 자연스럽다.

▶ 전시 학습 상기
- 보는 각도나 방향에 따라 달리 보이는 풍경이나 사진 등을 조사해 발표하기(과제 발표)

▶ 본시 학습 안내
- 초점화자의 처지와 심리를 파악하고, '엄마'에게 보내는 동영상 편지의 뼈대를 만드는 활동임을 주지시킨다.

학습자 개별 활동과 모둠별 활동을 따로 마련할 수 있는데, 우선 학습자가 등장인물의 모습과 성격 등을 상상해보는 활동과 인물들 사이에서 어떤 이야기를 나눌 수 있는지 정리하는 활동을 제안할 수 있다. 이 활동을 통해 감정 이입의 대상 인물을 적절히 선정할 수 있도록 학습자들을 독려할 수 있다.

▶ 혼자하기
- '너'와 '당신'이라고 불리는 인물에 대해 상상하기
- '너'와 '당신'의 입장에서 '엄마' 또는 '아내'에게 편지 쓰기

모둠별 활동의 경우 학습자들이 역할을 분담해 작품에 표현된 감정과 잘 어울리는 분위기의 영상물을 만들어보도록 활동을 구성할 수 있다. 작품을 영상화하는 과정에서 영상에 어울리는 배경이나 음악, 영상물에 등장하는 인물의 목소리 등을 학습자들끼리 직접 토의해봄으로써 작품의 분위기와 정서에 대해 깊이 생각해본다는 장점이 있다. 또한 등장인물의 감정을 깊이 이해하고 이를 직접 언어로 표현해본다는 점에서 감수성과 상상력을 발휘하는 계기가 되는 결정적인 활동이다.

▶ 함께하기

- 동영상 편지를 제작하기 위해 5~6명씩 모둠 편성하기
- 동영상 편지 제작을 위해 역할 분담하기
- '너'와 '당신' 중 한 인물의 입장이 되어 음악 동영상의 줄거리 엮기
- 분위기를 고려해 음악 선정하기
- 배경, 음악, 대사와 행동, 소품 등 촬영 계획 세우기
- 동영상 만들기
- 과제 부여, 차시 확인 예고

동영상 제작 계획이 완료된 이후 학습 여건에 따라 동영상 만들기를 과제로 제시하거나 직접 동영상을 제작하는 시간을 따로 안배할 수 있다. 동영상 만들기를 과제로 제시하는 경우 모든 모둠원이 적극적으로 참여할 수 있도록 계획이 꼼꼼하게 작성되었는지 검토할 필요가 있으며, 수업 시간에 동영상 만들기를 한다면 직접 관찰을 통해 모둠원들의 참여 태도를 파악할 필요가 있다.

▶ 수업 내용 정리하기

- 과제 확인, 차시 예고
- 동영상 완성해 오기
- 동영상 발표와 감상 예고

(3) 3~4차시

모둠별로 제작한 동영상을 발표·감상하는 한편, 감상 이후의 활동을 제시하는 차시이다. 비교 감상한 내용을 글로 표현하면서 영상물에 작품의 분위기 및 인물의 감정이 잘 표현되었는지 모둠별 상호 평가 과정을 이끌어볼 수 있다. 또한 실제 작품 속 상황과 같은 처지에 놓인다면 '나라면 어떤 말을 할까'라고 상상해보는 활동을 통해 감정 이입의 폭을 넓혀보도록 한다.

▶ 전시 학습 상기

- 동영상을 만들기 위해 엮은 줄거리 떠올리기

▶ 본시 학습 안내

- '엄마'에게 보내는 동영상 편지를 감상하며 비교하는 글을 쓸 것임을 주지

▶ 나누기

- 모둠별 동영상 편지 발표하기
- 우리 모둠과 다른 모둠의 동영상 편지를 비교하며 감상하기(내용, 분위기, 어조 등)
- 비교 감상한 내용 글로 쓰기
- 실제로 학습자의 엄마에게 하고 싶은 말을 글로 쓰기

수업 내용을 정리하면서 작중인물에 대한 감정 이입의 과정을 세상살이에 적용해볼 수 있을지 학습자들 스스로의 자기 점검 시간을 갖는다. 또한 이후에 만나게 될 다양한 사람들의 생각과 감정을 좀 더 진지하고 개방적인 자세로 받아들이도록 다짐하며 수업을 마무리한다.

▶ 수업 내용 정리하기

▶ 수업활동 스스로 점검하기(서술형 평가를 통해 평가하기)

▶ 단원 정리

- 작품 속 주체들의 관점과 감정을 진지하게 이해해보았듯, 세상 사람들의 다양한 관점과 감정을 깊이 있게 받아들여보기

4) 그 외에 활용 가능한 자료 및 활동 아이디어와의 결합 예시

작품의 초점화자를 이해하는 수업, 또는 감정 이입을 통해 작중인물의 세계를 이해하는 과정을 구안하는 데 적절한 제재와 활동을 제안하면 다음과 같다.

- 주요섭의 소설 『사랑 손님과 어머니』를 중심으로 한 활동
  - 아저씨의 감정, 옥희의 감정, 어머니의 감정 비교하기
  - 가장 공감할 수 있는 인물을 고르고 이유 이야기하기
  - 각각의 인물의 감정에 충실하게 결말 바꾸기
- 고전 소설 『토끼전』을 중심으로 한 활동
  - 용왕을 구하려는 별주부의 심정을 그림이나 글로 표현하기
  - 토끼와 별주부를 서로 바꾸어 변호해보며 어깨짝과 함께 상대방을 이해하는 역할극 하기
  - 토끼와 별주부의 내적·외적 갈등이 드러나는 장면을 고르고, 그러한 장면에서 어떤 감정을 느낄지 상상해보기
- 외국 소설 『트루먼 스쿨 악플 사건』을 중심으로 하는 활동
  - 악플을 읽은 주인공의 감정을 연기하기
  - 악플을 읽는다면 어떤 감정이 들지 글로 써보기
  - 악플을 쓰거나 읽었던 경험을 떠올려 발표하며, 어떤 감정이 들었는지 이야기하기
- 희곡 『오아시스 세탁소 습격사건』을 중심으로 하는 활동
  - 가족들 속마음을 알았다면 할머니의 심정이 어떠했을지 상상해보기
  - 가족들을 세탁기에 집어넣은 세탁소 주인의 생각과 감정 변호하기
  - 만일 내가 세탁소 주인이었다면 어떻게 행동했을지 상상해 발표하기
  - 극중인물을 실감나게 연기한 후 어떤 감정이 느껴지는지 발표하기

위 텍스트들을 중심으로 감정 이입 모형을 구안하는 경우 다음과 같은 다양한 활동 아이디어들을 활용할 수 있다.

(1) 내러티브 재구성하기

주어진 서사 내용을 다른 내용으로 전환해봄으로써 작품에 담긴 감정의 층위를 새롭게 바라보고, 새로운 관점에서 감정 이입을 적용해볼 수 있다. 가령 『사랑 손님과 어머니』를 각 인물들의 감정을 충실히 만족시킬 수 있는 내용으로 이야기를 바꾸어 구성하는 과정을 통해 새로운 감정의 영역에 들어가 볼 수 있다.

(2) 처지 변환하기

쫓는 자와 쫓기는 자의 갈등이 담긴 전형적인 이야기인 『토끼전』을 중심으로, 쫓고 쫓

기는 각각의 처지를 바꾸어 서로의 감정을 이해해보는 활동을 구안할 수 있다. 서로의 요구가 다른 인물들 사이에서 어떻게 서로의 감정을 이해하고 받아들여야 할지 고민해봄으로써 갈등의 대상이 되는 인물이라 하더라고 그 속마음을 이해하는 것이 불가능하지만은 않다는 점을 학습자들이 깨닫도록 할 수 있다.

(3) 반성적 사고 확장하기

중학생들 사이의 악플 문제를 다룬 소설 『트루먼 스쿨 악플 사건』을 중심으로 악플 문화의 문제점을 반성해보는 한편 악플 당사자의 고통스런 감정에 접근해보는 수업을 구안할 수 있다. 타인의 고통에 무심하지 않은 사회가 되어야 한다는 점, 타인의 감정을 항상 고려해야 한다는 점 등을 자연스럽게 터득하는 수업, 즉 감정 이입의 과정을 통해 반성적 사고의 계기를 마련하는 수업을 꾸려볼 수 있다.

(4) 역할극 하기

희곡 작품의 등장인물을 선택해 직접 역할을 연기해봄으로써 인물의 감정을 직접적으로 느껴보는 수업을 구안할 수 있다. 『오아시스 세탁소 습격사건』은 선악의 구도가 분명하게 드러나는 작품이므로 '선'의 편에서 '악'을 바라보는 감정에 대해 깊이 느껴보도록 이끌 수 있다. 이를 통해 정의롭지 못한 사건을 바라보면서 어떤 감정을 느끼는 것이 적절한지, 또는 자기 자신이 그러한 상황에서 주로 어떠한 감정을 느끼는지 되돌아보는 계기를 마련할 수도 있다.

4. 평가는 어떻게 할까

1) 평가 목적, 방법, 주안점 등

국어과 교과 수업 차원에서는 교육 과정상 성취 기준을 활용한 평가를 실시하는 것이 바람직하겠으나 창의·인성 요소를 좀 더 부각시켜 평가하려면 다음과 같이 창의·인성 요소 중심의 영역과 기준에 따라 평가를 실시할 수 있다. 또한 개별 수업의 상황을 고려해 평가 영역과 평가 기준 등을 다양하게 변용·활용할 필요가 있다. 창의·인성 요소의 특성상 결과 중심 평가에 치우치기보다는 과정 중심 평가를 병행하는 것이 더욱 바람직하므로 작품을 감상하고 반응하는 과정, 매체 변환을 위한 토의 과정 등을 객관적으로 관찰해 학습자의 가능성과 잠재력을 평가할 수 있도록 접근할 필요가 있다.

평가 목표	- 동영상을 만드는 과정에서 상상력을 충분히 발휘하였는가? - 다양한 감상 내용을 개방적이고 유연한 태도로 감상하였는가? - 다른 사람의 입장을 배려하고 존중하였는가?							
평가 영역	**평가 기준**	**평가 방법**	**평가 척도**					
			매우 잘함	**잘함**	**보통**	**미흡**	**미완성**	**미제출**
창의성 중심 영역	• 작중인물을 둘러싼 상황을 구체적으로 상상하였는가?	서술형 평가	5	4	3	2	1	0
	• 작중인물의 심리와 감정을 구체적으로 상상하였는가?	서술형 평가	5	4	3	2	1	0
	• 작중인물의 상황과 감정을 담아 동영상을 만들었는가?	모둠별 과제물 평가	5	4	3	2	1	0
인성 중심 영역	• 동영상 발표를 들으며 다른 사람의 감상 내용을 개방적으로 받아들였는가?	관찰 평가	5	4	3	2	1	0
	• 작중인물의 감정에 자신의 감정을 이입하여 반응하였는가?	관찰 평가	5	4	3	2	1	0
	• 토의 과정에서 다른 사람의 다양한 의견을 존중하였는가?	관찰 평가	5	4	3	2	1	0
교사 의견 및 채점평	(예시) * 개방적인 태도로 다른 사람의 의견과 생각을 이해하는 능력이 뛰어나지만, 작중인물의 상황을 상상하는 상상력이 다소 부족함	합산	30점 만점에서 _____ 점					

2) 수행 평가 및 서술형 평가

수행 평가에서 모둠별 활동에서의 관찰 평가, 모둠별 과제물을 중심으로 한 학습자 사이에 상호 평가를 구안할 수 있다. 또한 학습자들이 직접 작성한 글을 통해 감정 이입 능력을 엿볼 수 있도록 서술형 평가를 설계할 수 있다. 작품을 읽고 자신의 감정을 이입해 인물을 이해하는 능력을 갖추었는지 평가할 수 있는 서술형 문항의 예시를 제안해본다.

〈서술형 문항〉

1. 조세희의 『난장이가 쏘아올린 작은 공』을 읽고 작중인물 중 한 명을 골라 그 인물의 상황과 감정이 구체적으로 드러나는 일기를 한 편 작성하시오.(500자 내외)
2. 작중 상황을 고려해 '영희'의 마음을 위로하는 편지를 작성하시오.(500자 내외)

〈수행 평가 문항〉

모둠별로 작품 속 일부분을 선택해 인물을 둘러싼 상황과 인물의 감정이 충실히 표현되도록 10분 정도의 연극을 만들어 발표하시오.

〈서술형 평가 기준〉

	평가 기준	평가
1.	• 일기의 내용에 작품 속 인물이 처한 구체적인 상황이 표현되었는가?	상 – 중 – 하
	• 일기의 내용에 인물이 느끼는 감정이 반영되어 있는가?	상 – 중 – 하
	• 일기로서의 형식에 부합하는가?	상 – 중 – 하
	• 500자의 내외의 분량을 준수하였는가?	상 – 중 – 하
2.	• '영희'가 처한 작품 속 상황과 감정을 충분히 이해했는가?	상 – 중 – 하
	• '영희'의 감정에 공감하는 입장에서 위로하고 있는가?	상 – 중 – 하
	• 500자의 내외의 분량을 준수하였는가?	상 – 중 – 하

〈수행 평가 기준〉

평가 기준	평가
(모둠별) 공연 과정이 자연스럽게 진행되었는가?	상 – 중 – 하
(모둠별) 모둠원 전체가 연극에 참여했는가?	상 – 중 – 하
(개인별) 대화와 행동을 통해 인물의 상황과 감정을 적절히 표현했는 가?	상 – 중 – 하
(개인별) 연극에 참여하는 과정에 열의를 보이고 있는가?	상 – 중 – 하

〔'초점화자'의 개념 이해를 돕기 위한 참고 사항〕

서사학의 기본 틀을 형성하는 데 결정적인 영향을 준 이론은 문학 자체가 아닌 커뮤니케이션 이론의 영역에서 개발되었다. 특히 야콥슨과 바흐친에 의해 커뮤니케이션 모델이 서사적 언술의 이론 분야에 본격적으로 도입되었다. 야콥슨은 커뮤니케이션의 구성 인자를 다음 여섯 가지로 보았다(제럴드 프린스, 『서사론 사전』, 김용재·이기우 역, 민지사, 1992, 51쪽).

1) 발신자(addresser): 메시지를 보내는 이 또는 부호화자

2) 수신자(receiver): 메시지를 받는 이 또는 복호화자
3) 메시지 코드: 메시지를 전달하는 신호 체계
4) 콘텍스트(context) 또는 메시지가 지시하는 지시대상(referent)
5) 접촉(contact): 발신자와 수신자 사이의 심리적·물리적 관계
6) 메시지(message): 전달되는 의미 내용.

서사학이 커뮤니케이션 모델에 기초해 있다는 것을 이해하는 것은 문학 작품 독서 전략에 매우 중요하다. 문학 작품 독서의 일차적인 목표는 내포된 독자의 입장에서 내포된 작가가 전달하는 메시지를 최대한 비슷하게 이해하는 것이다. 여기서 내포된 작가란 작품 속에서 이야기를 이끌어가는 인물이다. 물론 작품 속에는 표면적으로 드러난 화자가 있다. 즉, 일인칭으로 진행되는 이야기 또는 3인칭으로 진행되는 이야기가 그러한 예이다. 내포된 작가는 사건과 등장인물, 배경 등을 평가하면서 이야기를 이끌어나가기 위해 일정한 규범과 가치, 그리고 세계관을 가지고 있다. 이처럼 내포된 작가가 세운 관점을 '평가적 관점(evaluative point of view)'이라고 한다. 일단 작품을 이해하기 위해서 실제 독자는 내포 작가의 관점을 일단 수용해야만 한다. 만약 내포된 작가의 관점을 수용하지 않는다면 작품 자체가 이해되지 않기 때문이다. 그 관점을 실제 독자가 수용할 것인지 거부할 것인지는 그다음 단계의 일이다.

내포된 작가와 구별해 작품 속에서 이야기를 이끌어가는 화자를 '초점화자'라고 한다. 초점화자는 스토리 안에 있을 수도 있고 외부에 있을 수도 있다. 외적 초점화의 서사물은 화자가 초점화자가 되며 내적 초점화의 서사물은 이야기의 서술자와는 관련 없이 대개 작중인물 중 하나가 초점화자가 된다. 가령 디킨스의 『위대한 유산』 서두 부분에 등장하는 어린 아이 핍은 인식의 주체자인 초점화자이지만 이야기의 서술자인 화자는 아니다. 이야기를 이끌어가기 위해 내세운 화자가 일인칭이든 3인칭이든 그것은 결국 나(내포된 작가)가 들려주는 것이다. 때문에 엄밀한 의미에서 모든 이야기는 일인칭일 수밖에 없다고 하는 것이다. 한편 내포된 독자는 내포된 작가로부터 이야기를 듣는 인물이다. 작품 속에 분명히 명시될 수도 있고 감추어져 있을 수도 있다. 그러나 모든 서사는 듣는 사람을 전제하지 않고 (그것이 자신에게 하는 독백일지라도) 이루어질 수 없다.

서사 텍스트의 구조

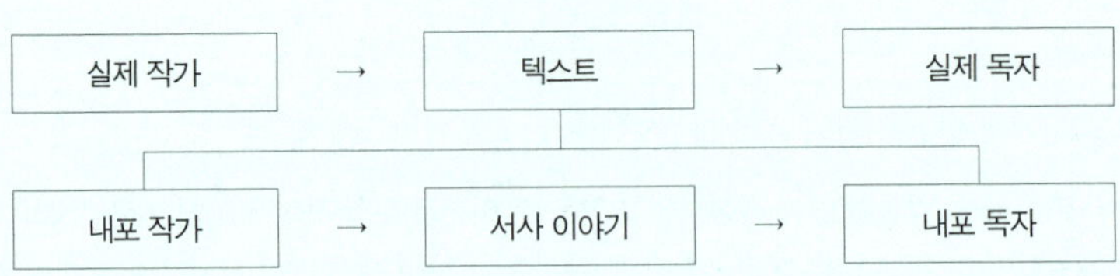

커뮤니케이션 모델에서 실제 작가는 작품에서 실제 작가를 의미하고 수신자는 실제 독자를, 메시지는 이야기를, 콘텍스트는 작품의 배경(내포된 작가와 독자의 관계, 시간과 공간, 사회문화적 배경 등)을, 그리고 코드는 문장을 의미한다. 그런데 실제 생활 속에서 일어나는 커뮤니케이션과는 다르게 문

학 작품은 작가가 그려낸 허구의 세계에서 일어나는 커뮤니케이션의 세계이다. 즉, 작품 속에서 작가의 상상력에 의해 인간의 현실이 재현되고 있다. 그런데 이 허구의 세계는 또 허구의 세계를 함축할 수 있다. 이야기 속에 이야기, 그 이야기 속에 이야기, 이야기 속에 이야기……이런 식으로 양파처럼 이론상 무한히 이야기가 계속될 수 있어서 그 구조가 매우 복잡해지는 것이다.

최근 월러스 마틴에 의해 개발된 서사 문학의 구조는 야콥슨과 바흐친의 모형을 발전시켜 아래 그림과 같이 정교한 모델을 제시한다(한용환, 『소설의 이론』, 문학아카데미, 1999, 342쪽).

일반 의사소통

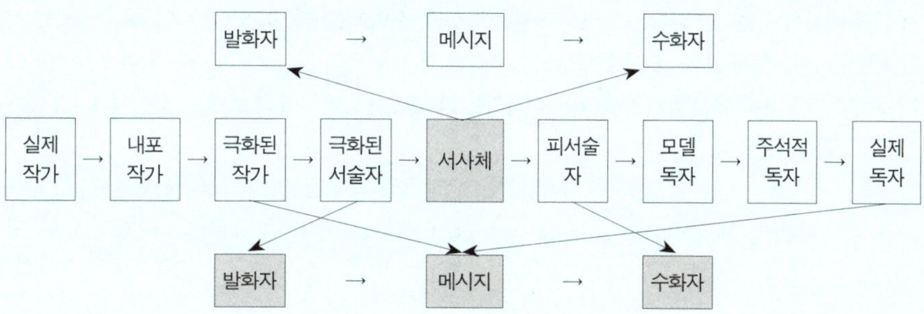

서사적 의사소통

그림에서 가운데 줄의 중심에 위치한 '서사체'란 서사 행위에 의해 글의 형태로 기록된 본문(text)을 의미한다. 서사체를 중심으로 위쪽에는 실제 상황에서의 의사소통을 가리킨다. 의사소통에는 발화자가 있고 발화자가 전달하고자 하는 메시지가 있으며 이 메시지를 받는 수화자가 있다. 그런데 이러한 실제 생활 속에서 이루어지는 의사소통 과정이 문학 작품에 서사체의 형태로 함축되어 있는 것이다. 따라서 문학 작품은 실제 작가와 실제 독자의 영역을 벗어나서도 그 자체로서 커뮤니케이션 과정을 함축하고 있다. 바로 이 점이 서사의 본문을 중요시하는 서사 비평의 근거가 된다. 즉, 문학 작품은 실제 작가의 손을 떠나는 순간 그 작가와 완전히 독립된 형태로 존재하면서 독자들에게 영향을 미친다. 실제 작가에 대한 아무런 정보가 없어도 완성된 문학 작품이 이해될 수 있는 것은 작품 속에 이와 같은 커뮤니케이션 과정이 함축되어 있기 때문이다.

서사체를 중심으로 아래쪽에는 서사적 의사소통이 있다. 서사적 의사소통 과정은 극화된 작가→극화된 서술자→서사체→피서술자(피화자)→모델 독자→주석적 독자까지를 포함하는 일련의 의사소통 구조를 포함한다. 서사체에서의 발화자는 작품 속에서 극화된 서술자를 말하며 수화자는 피서술자(피화자)와 대응한다.

이처럼 작품의 의사소통 구조를 세밀하게 분석하는 것은 작품 구조의 분석이 아니라 의미를 정확하게 이해하기 위한 하나의 과정인데 이는 커뮤니케이션 이론에서 가정하는 매우 근본적인 의사소통 원리에 근거한 것이다. 즉, '의미는 맥락이 결정한다'는 원리이다. '나는 너를 사랑한다'라는 문장은 '나'

라는 존재와 '너'라는 인물이 누구인지 밝혀지기 전까지는 아무런 뜻도 가지지 못한다. 또는 어떤 의미로도 쓰일 수 있는 형식에 불과한 것이다. 이 말을 사랑하는 남편과 아내 사이에서 주고받는 경우와 탈옥범이 다른 사람 자동차를 쓰다듬으면서 한 말이라면 그 의미가 얼마나 달라지는지 상상해보라! 의미는 맥락이 결정한다고 할 때 일차적으로 고려해야 할 맥락은 말하는 이와 듣는 이의 관계적 맥락이다. 같은 말이라도 어떤 관계이냐에 따라서 전혀 그 의미가 달라질 수 있기 때문이다. 같은 부부지간에 건네는 말이라도 두 사람이 친밀하게 사랑하는 사이인지 이혼 직전의 갈등관계인지에 따라서 완전히 달리 해석될 수 있다. 두 번째 중요한 맥락은 '상황(situation)'이다. 같은 말이라도 어떤 상황에서 하는 말인지에 따라 달리 해석될 수 있다. 자녀의 행동에 화가 난 부모가 '나가 죽어라'라고 했다고 해서 진짜 나가서 죽는다면 상황을 고려하지 않은 잘못된 의사소통이다. 이 밖에도 의미를 결정하는 시간, 공간, 사회문화적 콘텍스트가 입체적으로 고려될 때 작품 속의 한마디 한마디가 의미 있게 살아나는 것이다. 이런 원리에 입각해 작품 속의 이야기는 그 이야기 안에 내포하고 있는 작은 이야기의 콘텍스트가 됨을 알 수 있다.

— 이영식, 「문학 작품 독서 전략으로서의 서사학 탐구」 중 발췌
(http://bibliotherapy.pe.kr/jboard/?p=detail&code=lecture2&id=56&page=9)

4장 작품의 논쟁 공간을 찾아서 - 가치 탐구 모형

1. 가치 탐구 모형이 어떤 점에서 유용한가

1) 가치 탐구 모형의 개념, 특성, 과정

가치 탐구 모형은 작품에 나타나는 대상이나 세계 안에 존재하는 가치를 파악하고, 근거를 바탕으로 합리화하는 과정에서 그 가치에 대해 구체적으로 이해한 후 스스로 평가해 보면서 자신의 가치 판단을 형성하고 자아 성장을 도모하는 학습 모형이다. 이 모형은 가치 충돌로 인한 갈등과 가치에 대한 탐구가 주된 요소로 나타나는 소설 작품을 제재로 한 학습에서 유용하다.

가치 탐구 모형은 가치를 일방적인 강요로 주입하는 교육이나 가치를 명제화된 지식의 형태로 제시하고 이를 반복과 암기를 통해 무비판적으로 수용하도록 하는 가치 교육을 지양한다. 가치를 둘러싸고 있는 상황과 맥락, 가치를 정당화하는 근거, 하나의 가치 반대편에 서 있는 대립적 가치와 반론에 대해 스스로 탐구해보면서 인간의 삶과 사회, 자연과 우주에 대해 느끼고 모색하며 자신만의 가치를 구성하는 과정을 유도하는 것이 가치 탐구 모형의 목적이다.

이 과정에서 소설 작품의 중요한 요소인 '이야기'는 두 가지 측면에서 작용할 수 있다. 첫째, 이야기는 가치 탐구의 제재로서 작용한다. 문학 작품 안에서는 비록 허구이기는 하지만 가치의 충돌과 갈등이 인물의 삶과 사건의 핍진(逼眞)한 묘사를 통해 구체적으로 형상화된다. 독자는 이러한 작품을 읽음으로써 작품에서 펼쳐지는 이야기를 통해 가치와 그 근거를 현실 맥락에서 구체적으로 체험할 수 있다.

둘째, 이야기가 가치의 탐구 과정에서 수단으로 작용한다. 가치에 대한 탐구와 토론은 자칫 지나치게 형이상학적 논의로 치닫게 되는 경우가 많은데, 이야기는 토론에 구체성을 더해 가치 탐구가 뜬구름 잡는 이야기가 되는 것을 방지하는 역할을 한다. '사랑'이라는 가치를 논의할 때 사랑에 대한 개념적인 정의를 공부하는 것보다는 자신이 사랑했던 경험을 이야기하고 타인이 사랑했던 경험을 듣는 것이 보다 구체적이고 현실감 있게 '사랑'이라는 가치를 체험하는 방법이 된다. 가치에 형상을 부여해 보다 구체적으로 마음에 와 닿게 하는 것이 이야기이며, 아직 개념적이고 추상적인 사고에 익숙하지 않은 청소년 학습자에게는 이야기를 통한 가치의 탐구가 유효한 학습 방법이 될 것이다.

이러한 가치 탐구 모형의 일반적인 과정을 다음과 같이 구체화할 수 있다.

가치 탐구 모형

과정	주요 활동 내용
사건 분석하기	작품 세계를 재현된 상황에 따라 이해하는 활동을 한다. 사건의 인과적 관련 이해하기, 사건의 방향 예측하기 등(논리성, 총체성 이해)
인물의 생각 찾기	사건 맥락과 배경을 참조해 인물의 생각과 의식을 찾아내는 활동을 한다. 인물의 드러난 생각이나 숨은 생각 찾기, 생각의 흐름 찾기
가치 찾아보기	인물의 생각 일반화하기, 인물의 생각을 현실에서 발견하기, 인물의 생각을 현실 가치와 호응시키기
가치 합리화하기 (내면화하기)	인물의 생각에 맞서보기 또는 옹호하기, 인물의 생각을 확장해보기, 인물을 현실에서 재생해보기

(1) 사건 이해하기

작품에서 가치 충돌은 사건을 통해 이루어진다. 가치는 작품의 세계가 가지고 있는 전체적인 맥락에서 형성되고 경합하며 하나 또는 다수의 사건을 이루면서 의미 체계를 만들어간다. 사건 이해하기는 어떤 맥락과 상황에서 어떤 가치 충돌이 발생하는지에 대한 사실적 이해 활동이다. 사건 이해는 실제 작품을 읽고 작품 안의 가치 대립과 갈등, 해소가 어떤 사건을 통해 형상화되고 있는지를 파악하는 활동이며, 작품에 재현된 상황을 인과관계와 작품의 구조, 논리에 따라 명확히 이해하는 활동이다. 작품에서 가치의 갈등이 일어나는 상황의 구도를 그려보는 활동이라고 할 수 있으며, 개별 사건의 이해도 중요하지만 전체적인 맥락을 이해하는 것에 초점이 있는 활동이다.

오정희의 「소음 공해」에서 주요 사건은 아래층 여자와 위층 여자의 갈등이다. 사건은 주인공인 아래층 여자의 시점에서 제한적으로 독자에게 전달되며, 따라서 전체적인 사건의 구도를 그릴 수 있어야 소설의 내용을 제대로 파악할 수 있다. 그러기 위해서는 작품의 배경과 인물, 사건의 계기 등에 대한 세밀한 독서가 필요하며, 정리 및 발표를 통해 읽은 내용을 확인하는 활동이 있어야 한다. 필요에 따라 교사가 적극적으로 관여해 작품에 함축되거나 암시된 의미를 파악해낼 수 있도록 유도하는 것이 바람직하다.

또한 사실적으로 이해하는 것이 목적인 단계이지만, 이후 단계를 통해 점차 학습자가 자신의 맥락에서 갈등 관계를 실감하고 의견을 생성하는 것이 목표이므로 사건에 대한 사실적 이해 단계에서부터 배경이나 인물에 대한 이미지를 현실감 있게 잡아낼 수 있도록 실제 상황과 연관하여 연상해보는 활동이 필요하다. 예를 들어 「소음 공해」의 배경은 시간적으로는 현대 서울이고 공간적으로는 아파트 단지이다. 현대 서울의 아파트 단지가 어떠한 특성을 가진 시공간인지에 대해 발산적으로 생각하고 의견을 나누는 과정에서 이러한 배경이 함축하고 있는 사건의 가능성을 살펴보는 활동이 필요하다. 구체적으로는 학습자 스스로가 아파트에 거주했던 경험을 발표하고 그 경험들을 유형화하고 정리해 특성과 의미를 도출해내는 활동 등이 가능하다.

(2) 인물의 생각 찾기

사건의 전개에 따라 가치의 충돌과 갈등이 형상화되면서 작품의 가치들은 인물의 생각과 행동을 통해 상징적으로 드러난다. 인물의 생각 찾기는 앞의 사건 이해하기를 통해 그려진 작품 속 사건의 구도 가운데 각각의 인물들이 어디에 위치하는지 살펴보는 활동이다. 이 역시 사실적 이해에 중점을 두는 활동으로, 가치의 충돌과 갈등 속에서 인물들이 어떤 입장을 취하고 있는지를 살펴보는 활동이다.

이는 인물의 성격이나 유형 파악의 연장선상에 있으나 다소 다른 초점을 가진 활동이다. 즉, 앞선 사건 이해하기에서는 전체적인 맥락과 인물의 성격 및 행동을 파악했다면, 이 단계에서는 구체적인 사건의 흐름 속에서 사건에 대해 인물이 어떤 입지를 가지고 있는지를 생각해보는 활동이다. 예를 들어 오정희의 「소음 공해」에서 아래층 여자의 성격을 파악할 때 '교양 있다', '여유를 즐긴다' 등 사건과 직접적으로 관련되지 않은 인물이 가지고 있는 사건의 가능성을 파악하는 데 초점을 두지만, 인물의 생각 찾기의 단계에서는 직접적으로 사건과 관련된 인물의 태도를 파악하고 그것이 가치의 충돌과 대립 속에서 어떤 위치를 점하고 있는가를 생각해보는 데에 초점을 둔다. 아래층 여자는 소음 피해로 인한 갈등이 벌어지는 상황 속에서 '아파트 같은 공동생활 공간에서 타인에게 피해를 주는 행동을 하는 사람들은 몰상식한 사람들이다'라는 태도를 가지고 있다.

사건 이해하기와 인물의 생각 찾기는 본격적인 가치 탐구 활동 이전의 작품 이해에 초점을 둔 활동으로 작품의 사실적 요소들에 대한 정확한 이해를 목적으로 하고 있으나, 본격적인 가치 탐구를 위해 작품의 맥락을 학습자들의 현실 맥락과 연관시키는 요소가 첨가되어야 한다. 작품을 구조적으로 이해하는 활동뿐만 아니라 연관된 경험을 떠올리게 하는 등의 활동을 통해 가치 갈등이 일어나는 상황을 학습자가 현실 맥락에서 생각해보고 체험할 수 있도록 유도하는 것이 바람직하다.

| 활동 예시 |

작품의 주인공은 한 가정의 어머니인 중년의 여성이다. 여러분의 어머니를 떠올려보고, 중년 여성의 일반적인 일상에 대해 생각해보자. 그리고 그러한 모습과 주인공의 모습의 공통점과 차이점을 생각해보자.

(3) 가치 탐색하기

가치 탐색하기는 앞의 활동을 통해 사건의 전개에서 인물이 점하고 있는 위치를 파악한 후 그것이 상징하는 것이 무엇인지에 대해 추론하고, 나아가 작품에서 충돌하고 있는 가치를 추상화·일반화해 추출하는 활동이다. 이는 본격적인 가치 탐구를 위해 '가치' 자체를 대상화하는 활동이다. 인물의 생각 찾기 단계까지 사건이 발생하는 구체적인 상황과 맥락, 인물의 행동과 태도, 생각을 정리하는 활동이 이루어졌다면, 가치 탐색하기는 그러한 정리를 바탕으로 작품에서 전반적으로 대립하고 있는 가치들을 추출하고 어떤 인물 또는 어떤 행동이 어떤 가치를 표상하고 있는지를 정리하는 단계라고 할 수 있다.

작품에 드러나는 가치들은 명확하게 대립적 구도를 가지고 나타날 수도 있지만 그렇지 않은 경우가 많으며, 따라서 학습자에 따라 포착해서 문제 삼는 가치가 다르게 나타날 수 있다. 이런 경우에는 중심적 가치를 바탕으로 교사가 학습자가 도출해낸 가치의 대립 구도를 일방적으로 교정하기보다는 어느 정도 열린 진행을 하는 것이 좋다. 발표와 토론을 통해 문제 삼은 이유를 스스로 살펴보고 공유한 후 타당한 합리성을 가지고 있는 의견으로 인정되면 그 의견을 중심으로 수업을 진행할 수도 있다.

작품에 나타나는 가치는 「소음 공해」처럼 대립적인 인물로 구도화될 수도 있고, 채만식의 「태평천하」처럼 대립하는 가치가 인물로 직접 표상되지 않을 수도 있다. 인물 대 인물의 구도로 가치 대립이 형상화되면 학습자가 대립적 가치를 파악하기 수월하다는 장점이 있으나, 그렇지 않은 작품들에서도 전체 맥락에서 대립되는 가치를 살펴보는 활동을 통해 대립적 가치들을 설정할 수 있다.

「태평천하」에서는 시대적 아픔을 외면한 채 일신의 안일을 추구하는 인간의 모습이 윤직원 영감과 그의 삶의 궤적을 통해 형상화되지만, 그 반대편에 있는 가치들은 특정 인물로 초점화되어 형상화되지는 않는다. 이러한 경우에는 인물 대 인물의 대립 구도가 아니라 인물 대 시대 또는 인물 대 세계로 대립 구도를 잡거나 세계 대 세계로 대립 구도를 잡아 활동을 진행하는 것이 학습효과가 높다. 김동인의 「광염 소나타」는 예술을 위해 반인륜적인 행동을 서슴지 않는 주인공과 그를 바라보는 서술자를 통해 이야기를 전개하고 있는데, 두 인물 모두 인륜을 뛰어넘는 예술에의 열망에 집착하고는 있으나 반인륜적 행동 자체를 긍정하지는 않으면서 그 사이에서 고뇌하는 인물들이다. 이런 경우에는 논란이 되는 인물의 행동을 일반적인 윤리의식에 비추어 초점화할 수 있도록 유도하는 것이 효율적이다.

이 단계에서는 가치를 추상화·대상화해 작품의 내용을 넘어서는 가치 탐구의 계기를 만드는 것이 목적이다. 가치 탐구 모형은 작품의 내용에 대한 심도 있는 토론이라기보다는 작품을 바탕으로 새로운 사고와 토론을 이끌어내는 활동 모형이다. 작품에 나타난 가치를 체험해보고 자신의 맥락에서 서로 의견을 나누는 활동이기 때문에 작품에 대한 사실적 이해가 바탕이 되기는 하지만 지나치게 작품의 구체성에 얽매일 필요는 없다. 그러기 위해 작품의 구체적인 형상화 양상을 통해 이해한 가치를 개념화해 대상화할 필요가 있으며, 해당 가치를 작품의 맥락뿐만 아니라 현실 맥락에서 생산적으로 생각해볼 수 있는 기회를 학습자에게 제공해야 한다.

(4) 가치 합리화하기

가치 합리화하기는 앞의 단계들에서 가치가 형상화되고 충돌하는 맥락과 인물이 표상하고 있는 가치에 대한 탐색을 마친 후 해당 가치들에 대한 근거를 찾는 활동이다. 이 단계에서는 학습자가 찾아낸 가치들 중에 스스로 합리적이거나 좋다고 생각하는 가치를 선택하고 그 가치가 옳다고 생각하는 이유를 작품 내외에서 찾는 활동을 한다. 작품에 표상되는 가치는 이유 없는 억지라기보다는 수많은 상황과 맥락, 이유 등을 전제하고 있다. 작품 속에 나타나는 가치의 대립이 단지 그 순간의 대립이 아니라 작품 전반적인 대립이며, 이는 학습자가 살고 있는 현실 세계에서도 마찬가지다. 근거 없이 생겨나는 가치는 없으므로 자신의 가치가 기반하고 있는 근거들을 설명하고 타인의 가치 근거에 대한 설명을 들음으로써 공감을 바탕으로 보다 깊이 있는 가치 소통이 가능해진다.

이 활동의 핵심은 작품에 나타나는 가치가 단지 신념 차원의 선언적 가치라기보다는 작품의 내용이 되는 맥락, 인간의 삶과 세계의 모습을 통해 뒷받침되고 설명되는 가치라는 것을 인식하고, 그러한 가치를 자신의 맥락 안에서 근거를 찾아 다시 설명하고 정당화해보는 체험을 하는 것이다. 따라서 가치에 대한 근거를 작품 안에서 찾을 때에는 작품에 대한 꼼꼼한 읽기가 바탕이 되어야 한다. 작품 속에는 나타난 가치에 개연성을 부여하기 위한 상징적 소재들과 각종 복선과 암시들이 들어 있으므로 이를 파악해 자신이 선택한 가치를 합리화하는 근거로 삼을 수 있다. 또한 작품 속에서 정당화되는 가치들은 작품의 전체적 맥락의 연관 속에서 정당화되는 것이기 때문에 작품 속의 사실을 바탕으로 가치를 정당화할 때에는 그 사실이 제시된 맥락을 함께 고려해야 한다.

작품 바깥에서 근거를 찾는 것은 작품의 내용을 바탕으로 정당화된 가치가 실제 자신의 삶 속에서는 어떤 관계 구도에서 정당화될 수 있는지를 생각해보는 활동이다. 발산적 사고를 통해 고려할 수 있는 경험의 폭을 넓히는 것이 좋으며, 자신의 직접 경험과 함께 다양한 매체에 나타나 있는 경험 양상도 폭넓게 활용할 수 있도록 한다. 실제 생활 속에서 경험했던 일화를 소개하는 것은 다른 학습자에게 실감을 주고 공감을 얻기 쉽지만 논리적 인과관계 없이 흥밋거리에 그치거나 감정에만 호소하는 오류를 범하기 쉬우므로 일화 소개에만 그칠 것이 아니라 그 일화의 의미와 소개하는 의도를 명확히 밝히도록 유도한다.

하나의 가치를 선택한 후 다시 작품을 꼼꼼히 읽으며 근거를 찾는 활동은 작품에 대한 또 다른 시각과 해석을 제공할 수 있다는 점에서도 의미가 있다. 또한 이 단계는 작품 바깥에서 해당 가치를 정당화할 수 있는 구체적 사례들을 다양하게 생각해봄으로써 작품 속 가치의 갈등을 자신의 맥락으로 보다 깊이 끌어들일 수 있는 계기를 제공한다.

(5) 가치 재구성하기

가치 재구성하기 단계에서는 합리화한 가치들을 학습자들이 토론이나 역할놀이를 통해 공유하고 검증함으로써 가치를 재구성 및 내면화하는 단계이다. 앞의 활동들을 통해 작품 속에서 가치를 추출하고 그 가치를 뒷받침할 수 있는 근거들을 수집한 후 자기 스스로가 선택한 가치를 대변하는 논리를 세워서 다른 학습자들과 소통하는 활동이다. 이 활동은 작품 속에 나타난 가치 대립에 대해 보다 실천적이고 현실적인 맥락에서 생각을 전개하고 작품에 대한 공감적 이해와 발산적 사고뿐만 아니라 의견 공유와 조정 과정을 통해 가치의 공동체적 소통까지 경험할 수 있게 한다.

이 활동에서는 가치를 둘러싼 활발하고 생산적인 학습자들의 소통이 진행될 수 있도록 유도하는 교사의 역할이 중요하다. 학습자의 맥락에서 다양한 사고와 이야기를 유도하다보면 논리적인 의견보다는 일화의 흥미도와 학습자의 성격 특성 등을 바탕으로 흥미 위주의 이야기나 억지스런 의견이 주가 되어 소통의 의미를 잊게 되는 상황이 벌어지기 쉽다. 따라서 어느 정도의 통제가 필요한데, 발언권을 제한하는 등의 직접적인 통제보다는 지속적인 설명을 요구하는 추가 질문 등으로 무책임한 발언을 통제하는 방식 등이 적절하다.

또한 앞의 활동들을 바탕으로 학습자들의 가치 체험이 절정에 이르는 활동이므로 스스로 몰입할 수 있게 하는 것이 중요하다. 따라서 놀이 차원의 접근이 필요하게 되는데, 이를 위해서는 역할놀이 방식을 취하는 것이 적절할 것이다. 직접적인 토론으로 가치를 소통하고 공유할 수도 있으나, 직접 토론 방식은 밀도 있는 의견 교환이 가능하다는 장점이 있는 반면 학습자가 다소 딱딱하고 접근이 어렵다고 느끼기 쉽다는 단점이 있다.

직접 토론과 역할놀이라는 두 방식을 절충해서 역할놀이 방식을 취하되 직접적인 의견 교환이 이루어질 수 있도록 배경이나 조건을 설정하는 것이 하나의 방법이 될 수 있다. 예를 들어 김동인의 「광염 소나타」의 주인공이 체포되어 법정에서 재판받는 상황에서 검사와 변호사의 역할을 설정한다든지, 채만식의 「태평천하」에서 체포된 손자를 면회하는 대목에서 윤직원 영감과 손자의 대화 상황을 설정하는 등의 방법을 활용할 만하다. 또한 역할과 상황을 설정할 때 꼭 작품에 직접 드러난 인물이 아니어도 관계없다. 작품의 전체 맥락 속에서 가능한 인물을 가상으로 설정해 토론 상황을 구성하는 것도 좋은 방법이 될 수 있다. 예를 들어 염상섭의 「만세전」에서 주인공 이인화의 행동에 비판적인 인물을 설정해 대화 상황을 연출하거나 주인공이 현실 세계로 나와 학습자들과 대화하는 상황을 연출하는 것도 한 방법이 될 수 있다. 가상의 인물은 교사가 제시할 수도 있고, 학습자 스스로 필요에 따라 설정할 수도 있다.

2) 창의성 요소와의 관련성

서로의 상황을 알지 못한다는 관점의 한계는 남에 대한 오해의 시작이고, 갈등이 심화되는 것은 자신의 관점에서 벗어나지 못한 시각 탓인 경우가 많다. 서로가 가지고 있는 배경을 안다면 상대의 상황과 감정·어려움 등을 이해할 수 있을 것이고, 갈등 상황을 해소하는 소통에 도움이 될 것이다. 이것은 상대의 상황을 이해하고 배려하는 동시에 나의 입장이 아닌 상대의 입장에 대한 고려이므로 상상력이 필연적으로 작용하게 된다.

가치 탐구 모형에서는 작품에 나타나는 인물의 삶을 인물 간에 갈등이 만들어지는 원인과 전개되는 양상을 중심으로 살펴보고 각 인물이 처한 상황과 태도를 이해한 후, 역할놀이를 통해 인물의 입장에서 생각해보고 자신의 삶과 연관지어보는 활동으로 구체화시킬 수 있다. 역할놀이를 통해 작중인물에 몰입한다면 작품을 보다 현실감 있게 체험할 수 있으며 학습자의 흥미와 호기심을 자극해 학습 동기 유발의 측면에서도 효과를 가질 수 있으리라 예상된다. 인물들의 상황과 삶의 태도를 대변하는 입장에서 가상의 토의·토론을 함으로써 사고의 확장과 의사소통 능력의 향상이 기대되며, 작품에서 함께 삶을 살아가는 인물들 간의 합리적인 의사소통을 통한 이해와 상생을 추구함으로써 공정성과 상대에 대한 배려도 활동의 효과로 기대할 수 있다.

작품을 바탕으로 가치를 탐구하는 활동은 작품에 대한 해석과 평가를 전제로 한다. 문학 작품에 대한 해석과 평가가 독자의 지식이나 경험, 가치관, 인식 수준, 관심 등의 요소에 의해 달라질 수 있다. 그러나 가치 탐구는 단순한 기호의 표현이 아니라 근거를 들어 옳고 그름을 판단하고 논증하는 활동이기 때문에 이를 위한 작품 해석 역시 직관적이고 추상적인 감상 차원이 아니라 납득할 수 있는 근거를 가진 해석과 평가가 필요하게 된다.

작품에 대한 근거를 가진 해석 이후에는 그러한 해석을 통해 구성된 가치 요소들에 대해 발산적인 사고를 하게 된다. 문학 작품에서 이야기하는 가치들은 대부분 인간의 본질에 연결되어 있는 문제의식들이며, 특수한 작품 속의 상황을 통해 형상화가 되었지만 독자들의 삶의 맥락과도 충분히 연관될 수 있다. 자신의 삶과 경험을 돌아보면서 가치에 대해 고민해보는 활동은 학습자의 발산적인 사고를 유도하면서 동시에 작품에 대한 새로운 측면의 의미 구성 활동이 될 수 있다.

문학 작품의 내용을 있는 그대로 이해하기보다 인물과 상황을 현실 세계로 끌어내어 작품의 내용과 자신의 맥락을 바탕으로 다양한 근거와 이야기를 구성하는 과정은 작품에 반영된 가치와 인물의 상황에 대한 다양한 해석과 평가 활동을 통해 창의 요소를 자연스럽게 발현시킬 수 있다. 또한 역할놀이 모형과 연결해 가상적인 가치 탐구의 장을 설정하고 가상 인물이 되어 가치에 대해 상대방과 상호작용을 벌이는 활동은 보다 고차원적인 창의력을 자극할 수 있을 것이다.

- 인지 영역: 의사소통능력, 사고의 확장과 수렴(가치가 충돌하는 상황에서 근거를 바탕으로 한 논쟁을 통해 의사소통 능력 향상)
- 정의 영역: 몰입, 호기심, 흥미(실제 연행을 해봄으로써 작품의 인물에 몰입, 학습 동기 유발)
- 실천 영역: 배려, 공정(가치 탐구의 논쟁 과정에서 합리성과 공정성을 강조. 갈등의 해소를 지향함으로써 상대를 이해하고 배려하는 인성 요소를 함양)

3) 모형 운용을 위한 전략 및 다른 모형과의 호응

가치 탐구 수단으로서의 이야기를 통해 가치 탐구 모형은 역할놀이 모형과 이어질 수 있다. 가치를 찾고 근거를 찾는 과정에서 작품의 배경에서 가능한 구체적인 맥락과 자신의 경험을 바탕으로 각각의 가치를 정당화할 수 있는 이야기들을 상상력을 발휘해 구성하는 활동을 해본다. 이렇게 만들어진 이야기를 바탕으로 역할놀이를 통해 보다 역동적인 수업이 가능하게 된다.

역할놀이 모형은 학습자 스스로가 가상의 역할놀이를 통해 학습 내용을 직접 체험하는 것으로, 가치 탐구 모형과 함께 사용하면 학습자가 가치에 대해 명제적인 이해를 넘어서서 자신의 맥락에서 보다 다양하고 구체화된 이해를 할 수 있게 된다. 역할놀이를 통해 직접 연기하면서 인물과 그가 가지고 있는 가치를 자신의 맥락으로 끌어와 다양한 이야기들로 구체성을 부여해 정당화하고 작품의 상황과 인물의 이야기에 몰입하는 과정에서 이해를 심화하고 내면화하는 것이다. 그리고 상대와 토론하는 상황의 역할놀이를 통해 상대에게 자신의 가치와 상황을 설명하고 상대의 가치를 이해하면서 갈등을 해소하는 과정도 체험할 수 있다.

2. 가치 탐구는 어떤 방법으로 할까

가치 탐구 모형의 구체적인 실현을 위한 활동 유형으로는 인물 현동화하기, 가치 유보하기, 집단 창작하기 등을 들 수 있다. 인물 현동화하기는 인물을 현실의 세계로 끌어내어 구체화시킴으로써 작품에 대해 확산적으로 사고하고 이해를 심화하는 활동으로 상상력을 통한 창의적 사고, 작품 속의 인물과 현실 맥락의 접목에 대한 유추적 사고 등이 결합되는 활동이다. 실제 교수·학습 상황에서는 인물과 인물이 가진 가치에 대해 보다 현실적이고 구체화된 맥락에서 살펴볼 수 있도록 인물 현동화하기의 요소를 적용할 수 있으며, 학습자가 새로운 상황을 설정하고 그 상황 속에서 해당 인물들을 연기하는 활동을 구성할 수 있다.

가치 유보하기는 작품에 등장하는 인물과 사건에 대해 판단을 유보하면서 가치를 탐구하는 활동이다. 이해할 수 없는 인물과 사건을 접했을 때 그것을 거부하거나 비난하는 것이 아니라 일단 인정하고 가치 판단을 유보한 채 그것에 대해 자세히 탐구해보는 활동으로 모호함에 대한 참을성과 연관되며 해석의 다원성을 여는 계기가 된다. 가치 탐구 활동을 통해 가치에 대해 논쟁적인 상황이 교실 안에 연출되면 서로의 가치에 대해 지금 당장 이해하지 못하더라도 일단 배려하고 존중하는 태도가 특히 중요하게 되며, 따라서 가치 유보하기는 활동의 태도 측면에서 학습자들에게 강조되어야 할 것이다.

집단 창작하기는 작품 창작을 집단을 이루어 하는 활동으로 협동을 통해 학습자 서로의 창의성이 상승 효과를 일으키며 창작에 어려움을 느끼는 학습자들이 좀 더 쉽게 창작에 접근할 수 있게 하는 효과를 기대할 수 있다. 실제 교수·학습 상황에서 가치에 대한 탐구는 다소 추상적인 사고와 판단 능력을 필요로 하기 때문에 학습자들이 생산적인 논의로 나아가지 못하는 경우가 있다. 이런 경우 가치의 근거가 되는 이야기를 구성하는 활동에 집단 창작하기를 적용하면 보다 다양하고 구체적인 이야기가 만들어질 수 있도록 유도할 수 있을 것이다.

3. 가치 탐구 모형의 적용 사례는 어떤 것이 있을까

1) 학습 활동 사례 소개 - 오정희 「소음 공해」

(1) 관련 성취 기준

이 장에서 설계한 수업 사례는 가치 탐구 모형을 기본으로 역할놀이를 통한 의견 교환 활동을 담고 있다. 따라서 이 활동에는 주로 듣기·말하기와 문학의 성취 기준이 관련된다. 구체적으로는, 2009 개정 교육 과정의 중등학교 듣기·말하기 성취 기준 중 '(5) 주변에 일어나는 문제에 대해 의견을 조정하며 토의한다' 와 '(6) 다양한 논제에 대해 토론하고 토론의 과정과 결과를 평가한다'를, 그리고 문학의 성취 기준 중 '(2) 갈등의 진행과 해결 과정을 파악하며 작품을 이해한다'와 '(8) 자신의 주체적인 관점에서 작품을 평가한다'를 생각해볼 수 있다. 작품을 읽고 내용을 자신의 관점에서 해석하여 가치 요소들을 인식한 후, 이를 바탕으로 의견을 나누어보는 이 장의 학습 활동 사례에는 각 성취 기준의 요소들이 반영되어 있다.

(2) 제재 선정

주 제시문으로 오정희의 「소음 공해」를 선정했다. 「소음 공해」는 소설의 분량이 많지 않아 내용에 대한 이해보다는 발산적인 사고에 초점을 맞추는 활동에 적합하다. 등장인물도 많지 않고 사건을 일으키는 중심인물이 '나'와 '위층 여자' 두 사람으로 압축되어 작품에서 대립하고 있는 가치의 갈등 양상을 학습자가 파악하기 수월한 구조를 가지고 있으며, 소재인 층간 소음도 학습자가 일상 속에서 경험할 수 있는 친숙한 소재이다.

또한 소설에서 사건이 발생하고 전개되는 주요한 원인이 상대에 대한 관심과 배려·이해의 부족이기 때문에 작품의 갈등 상황을 이해하고 각 인물의 입장에 자신의 맥락을 반영해 상상으로 이야기를 재구성해보면서 자연스럽게 갈등을 해소하고 서로를 이해하는 경험을 할 수 있을 것이다. 또한 소설에서는 '나'의 몰이해가 보다 부각되는 결말을 택하고 있지만, 활동을 통해 양자의 가치를 이해하고 비판해보면서 소설에 대한 평면적 이해에서 보다 생산적이고 심화된 이해로 나아갈 수 있을 것이다.

(3) 단원의 개관

문학 수업의 학습 활동에 가치 탐구 모형을 적용해 구체화시키기 위한 단계로 '사건 이해하기', '인물의 생각 찾기', '가치 탐색하기', '가치 합리화하기', '가치 재구성하기'를 설정할 수 있다. 이러한 수업 과정은 가치 탐구 모형의 일반적인 과정을 소개한 것이며, 개별적인 수업 상황에 따라 과정을 생략하거나 순서를 바꾸어 활용할 수 있다. 이를 바탕으로 총 3차시의 수업을 구성했으나, 차시 구성이나 시간 계획 역시 상황에 따라 융통성 있게 수정 가능하다. 작품 읽기는 시간 운영의 편의상 과제로 대체하는 방법도 있다.

전체적인 수업의 흐름은 가치 탐구 모형을 바탕으로 하되 가치 재구성하기 단계에서 역할놀이를 방법으로 활용했다. 역할놀이는 인물이 되어 역할놀이를 통해 가치를 설명하고 소통하며 학습자 자신의 가치를 구성하는 과정에 사용되었으며, 이외에도 개별 수업 상황에 따라 다양한 수업 방법이 활용될 수 있다.

2) 주요 학습 내용

차시	학습 내용	학습 활동	창의·인성 요소 주안점
1	▶ 단원 안내, 학습 목표 제시 ▶ 생각 트기 및 재미 붙이기 - 자신의 경험 이야기하기 - 그림을 보고 이야기 상상하기 ▶ 사건 분석하기 - 작품 감상	개별 활동 쓰기 발표하기 작품 읽기	사고의 확장과 수렴, 호기심, 흥미 - 단원 도입 부분에서 생각 트기 및 재미 붙이기 활동을 통해 학습자의 호기심과 흥미를 유발하면서 갈등의 발생 원인과 해소 방법에 대해 사고를 시작할 수 있도록 유도. 자신의 경험을 떠올리며 이야기를 구성하는 도입 활동으로 확산적 사고를 유도하고, 단원의 소개를 통해 학습 목표로의 수렴적 사고를 유도.
2	▶ 인물의 생각 찾기, 가치 탐색하기 - 등장인물의 가치 이해하기 - 가상 역할놀이 준비하기	모둠별 활동 토의하기	사고의 확장과 수렴, 의사소통 능력 - 인물의 상황에서 일어날 수 있는 상황과 나의 경험을 비교·유추하는 활동을 통해 사고의 확장이 나타나며, 그러한 발산적 사고를 인물의 가치를 정당화한다는 목적을 바탕으로 정리함으로써 수렴적 사고가 나타난다. 이러한 사고 작용을 바탕으로 모둠별로 의견을 모으는 과정을 통해 의사소통 능력 함양.
3	▶ 가치 확인하기, 가치 재구성하기 - 역할놀이 하기 - 활동 점검 및 평가하기 - 단원 마무리하기	모둠별 활동 역할놀이하기 활동 평가하기	의사소통 능력, 몰입, 배려, 공정 - 논쟁적 상황에서 역할놀이를 통해 인물의 가치를 설득하고 서로 이해하는 과정을 통해 의사소통 능력 함양. 가상의 인물을 새로운 상황으로 끌어내어 실제로 연기를 함으로써 인물과 상황에 몰입하는 체험을 할 수 있으며, 역할놀이의 목적이 상대에게 자신의 상황을 합리적으로 설명하여 설득하고 상대를 이해해 갈등을 해소하기 위함임을 인지시켜 상대에 대한 배려심을 기름. 청중 역할을 하면서 합리성을 바탕으로 역할놀이를 현장에서 바로 평가해 피드백 하는 활동을 통해 판단의 공정성에 대해 학습.

3) 세부 수업 내용

(1) 1차시

각 단원의 시작에서는 주로 학습할 창의성 및 인성 요소 주안점을 제시해 수업의 목표를 분명히 한다. 이 단원에서는 '작품에 나타난 인물의 삶과 갈등을 비판적으로 이해하고 우리의 삶과 연관지어 살펴본다'를 학습 목표로 한다. 1차시는 본격적인 수업을 앞둔 도입 부분으로 학습 목표의 소개와 함께 앞으로 생각해볼 가치의 탐구와 소통에 대한 소개와 동기 부여 측면에서 수업을 구성한다. 또한 더불어 살아가는 삶 속에서 상대에 대한 이해와 배려, 소통의 중요성에 대해 배우게 될 것임을 소개하며 다음 활동으로 연결한다.

〔도입 활동 1〕

1. 살아오면서 오해로 인해 곤란한 일을 경험했거나 다른 사람에게 잘못했던 경험이 있나? 있다면 어떤 경험이었는지 써보자.
2. 누가 무엇에 대해 오해를 했나? (또는 누구의 무엇에 대해 오해를 했나?)
3. 사실은 어떤 사정이 있었나?
4. 왜 오해를 받게 되었나? (또는 왜 오해를 하게 되었나?)

생각 트기 활동은 앞으로 진행하게 될 수업 내용을 바탕으로 사고의 방향을 초점화하기 위한 활동이다. 가치의 충돌은 서로의 상황과 의도에 대한 오해와 몰이해에서 시작되고 그 충돌은 서로에 대한 이해와 소통으로 해소된다. 일상생활에서 겪었던 그런 경험을 떠올려보고 그 과정을 다시 생각하게 함으로써 어느 부분에서 오해가 만들어지는지를 생각해보는 활동이다. 이 활동에 이어서 다음과 같은 활동을 할 수 있다.

〔도입 활동 2〕

어머니: 너는 어째 하고한날 컴퓨터만 하고 앉아 있니?
철수: 만날 엄마는 나만 혼내. 컴퓨터는 소통 매체란 말예요.

1. 어느 날 저녁 이와 같은 상황이 벌어졌다고 가정해보자. 어머니는 왜 화가 났을까? 단지 컴퓨터를 하고 있는 아들이 미워서일까 아니면 다른 이유들이 있을까? 이 일이 있기 이전에 어머니가 하루 동안 겪었을 일과 어머니가 본 아들의 모습이 어땠을지 상상하며 이야기를 만들어보자.
2. 철수는 꾸중을 들으면서 어떤 생각을 할까? 철수가 하루 동안 어떤 일을 겪었을지 상상하며 아들의 입장에서 이야기를 만들어보자.

두 번째 도입 활동은 앞서 이야기했던 갈등 상황을 학습자들이 친숙한 상황으로 한정해서 그 갈등 상황 이전에 각각의 입장에서 어떤 일들이 있었을지, 어떤 과정을 거쳐 그러한 갈등이 생겨났는지를 상상해보도록 함으로써 갈등이 벌어진 현재 상황을 보다 맥락적으로 바라보는 시각을 갖게 하기 위한 활동이다.

이야기를 만들 때에는 갈등 상황을 가능한 구체적인 모습을 나타낼 수 있도록 구성하며, 하나의 관점에서는 이해할 수 없는 일이 해당 인물의 구체적인 맥락에서는 이해될 수 있음을 인지할 수 있도록 유도한다. 마지막으로, 그러한 경험들을 바탕으로 서로 간에 가치에 대한 이해와 소통의 중요성을 소개하면서 도입 활동을 정리한다.

이후에는 제시 작품을 읽는 과정이 나아가야 하는데, 이 과정은 과제로 대체할 수 있다. 제시된 작품을 읽기 전에 작품에 대한 대략적인 정보를 제공하는 것이 좋으며, 층간 소음에 대한 기사나 동영상 등 기타 자료를 제시하는 것도 효과적이다. 독서 후에는 어려운 단어나 잘 이해가 안 되는 내용에 대한 질의응답 시간을 갖는다. 이러한 활동은 수업 단계에서 사건 이해하기에 해당하는 활동이다.

(2) 2차시

2차시부터는 본격적인 가치 탐구 모형이 적용된다. 가치 탐구 모형 단계 중 '사건 이해하기', '인물의 생각 찾기', '가치 탐색하기', '가치 합리화하기'에 해당하는 활동으로 직접 역할놀이를 통해 가치를 소통하기 전의 준비 단계에 해당한다. 가치 탐구 모형의 단계 중 사건 이해하기와 인물의 생각 찾기 단계는 실제로 작품을 읽고 작품 안에서 가치의 대립과 갈등 그리고 해소가 어떤 사건을 통해 형상화되고 있는지를 파악하는 활동이다. 사건 이해하기는 작품에 대한 사실적 이해에 중점을 두어 작품 안에 재현된 상황을 인과관계와 작품의 구조, 논리에 따라 명확히 이해하는 활동이며, 인물의 생각 찾기는 그러한 갈등의 구조 속에서 각각의 인물이 어떤 입장에 있는지 파악하는 활동이다. 또한 작품의 이해와 관련해 학습자들이 자연스럽게 자신의 경험을 떠올릴 수 있는 열린 질문으로 작품의 내용을 실제 삶의 맥락에서 이해할 수 있도록 유도한다.

작품을 사실적으로 이해하는 것이 이 단계의 일차적 목적이지만, 이후 단계에서 학습자가 점차 자신의 맥락에서 갈등 관계를 실감하고 의견을 생성하는 것이 목표이므로 사건에 대한 사실적 이해 단계에서부터 배경이나 인물에 대한 이미지를 현실감 있게 잡아낼 수 있도록 실제 상황과 연관해 연상해보는 활동이 필요하다. 이 단계에서는 다음과 같은 활동이 가능하다.

〔본 수업 활동 1〕

1. 작품의 배경은 아파트이다. 자신의 경험을 바탕으로 좁은 공간 속에 여러 가족들이 함께 사는 아파트라는 생활공간은 어떤 곳인지 생각해보자.
2. 작품의 주인공은 중년 주부이다. 여러분의 어머니 또는 여러 미디어를 통해 나타나는 모습을 바탕으로 중년 주부의 삶에 대해서 생각해보자(생활패턴, 즐거움, 고민, 슬픔, 가치관 등).
3. 이 작품 속에서는 두 인물이 서로 다른 상황과 가치를 바탕으로 갈등을 일으키고 있다. 어떤 입장이 서로 어긋나고 있는지, 그리고 왜 그렇게 되었는지 생각해보자.

첫 번째와 두 번째는 작품을 읽고 작품의 배경이 되는 아파트와 중심인물인 주인공의 상황을 자신의 맥락으로 끌어들여 현실적인 형상을 형성할 수 있도록 의도된 활동이다. 첫 번째 활동은 배경의 상징성과 그 의미를 추론하고 학습자로 하여금 자신의 맥락에서 이를 추체험하게 하는 활동이다. 이 활동은 두 가지 방향으로 실행이 가능하다. 첫 번째 방향은 작품의 의미에 초점을 맞추어 학습자에게 내용을 염두에 두도록 한 후 작품에 나타난 상황과 비슷한 자신의 거주 경험을 이야기함으로써 작품의 의미를 현실 맥락에서 유사하게 체험하게 하는 것이다. 두 번째 방향은, 일단 작품의 구체적인 내용은 뒤로 미루고 학습자 스스로 아파트에 거주했던 경험이나 드라마·영화 등 여러 매체를 통해 나타나는 아파트라는 공간의 모습에 대해 자유롭게 발표하도록 한 후 그 내용들을 학습자들과 함께 정리하고 유형화해 시공간의 특성과 의미를 추론해내는 활동이다.

두 방향 중 전자는 보다 제시문과 활동에 초점을 맞추어 집중도 있는 수업을 구성할 수 있고, 후자는 발산적인 사고를 통해 학습자 스스로 소설의 배경이 갖는 상징성과 의미를 깨우칠 수 있다는 장점이 있다. 반면에 전자는 경험의 공유와 발표가 피상적 차원에서 머물러 소설의 시공간이 학습자의 현실 맥락으로 전이되는 효과가 적을 수 있고, 후자는 수업이 중심을 잃기 쉬우며 시간이 많이 걸린다는 단점이 있다. 수업 맥락에 따라 융통성 있게 선택해야 함은 물론이다.

두 번째는 현실적 맥락에서 등장인물에 대한 상을 형성하도록 의도된 활동이다. 중년의 주부인 주인공의 시각을 바탕으로 이야기가 전개되고 있기에 학습자가 공감하기 어려운 정서적 측면이 있으며, 그렇기 때문에 소설의 인물에 대한 학습자의 정서적인 간극을 다소간 해소할 필요가 있다. 이 활동을 가까운 자신의 어머니나 다른 중년 여성의 행동 양태를 생각해보면서 해당 인물에 대한 현실적인 이미지를 형성하도록 하는 목적을 가진 활동이며, 이 역시도 앞의 활동과 마찬가지로 두 방향으로 실행할 수 있다.

세 번째는 앞선 활동에서 살펴본 인물과 배경을 바탕으로 작품에서 어떤 사건이 일어났는지를 정리해보는 활동이다. 앞의 두 활동과는 다소 맥락이 다른 활동으로, 발산적인 사고보다는 작품 속의 사건이 전개되는 구도를 그려보는 것이 목적이다. 작품에서 그려내고 있는 특정한 사건 속에서 앞서 살펴본 인물과 배경이 어떻게 움직이고 있는지를 살펴보는 활동이기 때문에 '구성 요소들이 어떻게 움직이고 작용하는가'를 살피는 데 중점을 두고 작품 속에서 대립하는 가치를 명확히 포착할 수 있도록 고려한다. 이는 수업의 단계 중 '인물의 생각 찾기' 및 '가치 탐색하기'의 단계이다.

〔본 수업 활동 2〕

1. 모둠을 구성해 작품에서 대립하는 두 인물 중 한 사람을 선택하고 그 인물의 입장을 옹호할 수 있는 근거들을 찾아보자. 자신의 경험을 떠올려 구체적인 이야기를 바탕으로 근거를 찾아보자.
   - 작품 내적 맥락에서
   - 일상적 현실에서
2. 두 모둠씩 짝을 지어서 다음과 같이 상황을 설정하고 각각의 상황에서 각자 맡을 역할을 정해보자. 상황은 예시이니, 다른 참신한 상황을 설정해도 좋다(논쟁할 두 사람과 청중을 정한다).
   - 아침에 쓰레기를 버리러 나가다가 경비실 앞에서 위층 여자와 아래층 여자가 마주친 상황(청중: 경비원 아저씨, 지나가는 아파트 주민, 출근하는 남편)
   - 반상회에 참석해 위층 여자와 아래층 여자가 마주친 상황(청중: 반상회 회장, 반상회에 참석한 아파트 주민)
   - 아래층 여자가 위층 여자를 고소해 법정에서 만난 상황(청중: 판사와 법정의 청중들, 배심원 또는 증인)
   - 아파트 인터넷 커뮤니티 게시판에서 위층 여자와 아래 층 여자가 만난 상황(청중: 커뮤니티의 관리자, 댓글을 달거나 추천을 하는 다른 회원)
3. 선택한 상황에서 각각의 인물이 이야기할 내용을 각 모둠에서 토의를 통해 함께 정리해보자.

- 상황
- 태도
- 이야깃거리(경험담, 일화 등)
- 근거 자료

[본 수업 활동 2]는 가치 탐색하기와 가치 확인하기에 해당한다. 이 활동을 하기 전에 먼저 모둠을 구성한다. 4~5명이 한 모둠을 구성할 수도 있고 반 전체를 두 모둠으로 구성할 수도 있으나, 다양한 상황을 설정하여 다양한 입장을 대변하는 경험을 위해서는 5~6개 모둠으로 구성하는 것이 좋다. 단, 대립되는 입장을 대변할 것이기에 가능한 한 짝수의 모둠으로 구성한다.

앞서 확인했던 가치들 중에 어떤 쪽을 옹호할지를 결정하되, 조별로 짝이 맞도록 배분한다(예를 들어, 6개 조이면 각각 3개 조씩). 모둠별 배분이 끝나면 모둠별 토의를 통해 해당 입장을 옹호하기 위한 근거를 찾도록 한다. 1번 활동은 옹호할 대상이 가진 가치가 어떠한 이야기로 구체화될지를 상상하여 이야기의 소재를 모으는 활동으로 최대한 다양하고 재미있는 이야기를 구성할 수 있도록 유도한다. 막연하여 논의가 활성화되지 않을 경우에는 교사가 자신의 경험을 예화로 들어주는 것도 한 방법이다. 구체적인 일화를 근거로 드는 것이 좋지만, 토론에 준하는 논쟁을 할 것이므로 일화 속에 담긴 논리적인 인과관계에 대해서도 생각해볼 수 있도록 이끌어간다.

2번 활동은 대응되는 모둠과 짝을 지어 역할놀이를 할 상황을 설정하는 활동으로, 예시된 상황 이외에도 구체적이고 재미있는 상황이 설정될 수 있도록 발산적 사고를 유도한다. 공통적으로 들어가야 할 요소는 '나'와 위층 여자가 온라인이든 오프라인이든 직접 대면하는 구체적인 상황 맥락과, 그 당시에 주변에서 토의에 소극적으로 참여하는 청중이다. 모둠별로 대표가 각각 '나'와 위층 여자를 연기하며 나머지 모둠원들은 청중을 연기하면서 역할극에 참여하도록 한다. 상황 설정이 구체적이고 현실 맥락에 가까우며 흥미로운 상황일수록 역할놀이가 활성화되므로 가능한 발산적으로 사고할 수 있도록 유도한다. 같이 역할놀이에 참여할 두 조가 합의해 하나의 상황을 설정하도록 한다.

3번 활동은 1번 활동에서 발산적으로 모은 소재를 2번 활동에서 설정한 상황에 맞게 다시 구체화·정리하는 활동이다. 발산적인 토의를 통해 많은 근거 자료가 모였다고 해도 모든 근거 자료를 해당 상황에 그대로 쓸 수 있는 것은 아니다. 상황에 따라 근거 자료를 적절하게 변형시키거나 가감해야 할 경우가 있으며, 해당 상황에 따라 근거 자료를 논리적인 연관관계에 따라 구성하고 상대를 설득할 전략을 세울 필요가 있다. 이 활동에서는 설정한 상황 맥락을 고려해 논리적으로 설명하고 설득할 수 있는 전략을 모둠별 토의를 통해 구성하도록 유도한다.

(3) 3차시

3차시 수업은 실제 역할놀이를 통해 가치를 재구성하고 활동을 정리 및 평가하는 단계이다. 이 단계에서는 다음과 같은 활동이 가능하다.

〔본 수업 활동 3〕

1. 각 모둠에서 역할을 맡은 사람들이 설정한 장면을 실제로 연기해보자.
    - 위층 여자와 아래층 여자를 연기하는 조원은 상대를 존중하는 태도를 가지고 논리와 근거를 갖추어 자신의 입장을 상대에게 설득하고 상대의 입장을 반박한다.
    - 나머지 조원들은 청중을 연기하면서 두 사람의 말을 듣고 논리의 합리성과 근거의 적절성을 바탕으로 맞장구를 치거나 중재하거나 비판하는 발언을 한다.
2. 다음 사항을 고려하여 각 조원들의 연기를 평가해보자. 자기 모둠뿐만 아니라 함께 연기한 다른 모둠 조원들의 연기도 평가해보자.
    - 각 입장을 적절하게 반영했는가?
    - 자신의 경험이나 일화를 들어 설득력 있게 이야기했는가?
    - 토론 중에 상대의 입장을 존중했는가?
3. 역할놀이를 한 이후 작품 속의 갈등 상황에 대해 자신의 생각과 느낌을 정리해보자.

1번 활동에서는 앞 차시 수업을 통해 준비한 자료들을 바탕으로 짝이 되는 모둠끼리 실제 역할놀이를 수행한다. 실제 역할놀이에 들어가기 전에 활동에 제시된 것과 같은 역할 분담을 학습자들에게 주지시키고, 역할놀이의 목적은 상대를 악의적으로 공격하기 위함이 아님을 인지시킨다. 자유롭게 연기하되, 상황 맥락에서 지나치게 벗어난 연기, 인신공격적인 발언, 감정적인 공격은 가능한 자제하도록 주의를 환기한다.

설정한 각 상황에 맞게 대표자들은 '나'와 위층 여자를 연기하고, 나머지 조원들은 각 상황에서 설정된 청중을 연기한다. '나'와 위층 여자를 중심으로 역할놀이가 진행되지만, 청중도 상황에 따라 이야기에 참여할 수 있다. 예를 들어 경비원은 중간에서 중재 역할을 할 수 있으며, 두 사람 중 개인적으로 선호하거나 합리적이라고 판단되는 사람의 편을 들어줄 수도 있다. 인터넷 게시판에서 두 사람이 논쟁하는 상황 설정이라면 다른 이용자들은 각 인물의 글에 '추천'이나 '반대'로 의사를 표현할 수 있으며(각 표현 방식을 상징하는 푯말을 각자 들고 있다 흔들거나, 한 사람이 추천과 반대 횟수를 집계하는 등의 재미있는 설정이 가능할 것이다.) 직접 간략한 댓글을 달아 의견을 표현할 수도 있다. 같은 모둠원이라고 반드시 같은 편을 들어야 하는 것은 아니며, 자신의 판단에 따라 옳다고 생각되는 의견을 자유롭게 지지할 수 있다. 필요에 따라서는 직접 역할놀이에 참여하는 모둠원 외에 다른 학습자들도 청중으로 참여할 수 있다. 청중의 적극적인 참여는 역할극에 역동성을 더하는 요소이지만 대표자의 발언을 아예 막아버리는 주객전도 상황이 일어날 수도 있으니 교사의 세심한 진행이 필요하다.

역할놀이 중에 대표자들이 말이 막히거나 논리적으로 열세가 될 경우 모둠원들의 도움을 받거나 임시 작전회의를 할 수 있게 하는 것도 흥미를 더하는 방법이 될 수 있다. 예를 들어 1회 30초, 총 2회까지 작전 타임이 가능하다는 식의 규칙을 설정하면 대표자의 부담을 상대적으로 줄이고 모둠원들의 적극적인 참여를 독려할 수 있을 것이다. 단 지나치게 잦은 중단은 역할극에의 몰입을 방해하므로 횟수를 제한하는 것이 좋다. 마지막으로 2번과 3번 활동을 통해 학습자 스스로 역할놀이의 결과를 평가하고 의미화할 수 있도록 한다.

2) 그 외에 활용 가능한 자료 및 활동 아이디어와의 결합 예시

작품 속의 가치 충돌을 포착하고 그 근거를 찾아 합리화해보는 활동을 통해 가치의 소통을 체험하는 가치 탐구 모형에 적절한 다른 제재는 다음과 같다.

- 채만식, 「치숙」, 「태평천하」
- 김동인, 「광염 소나타」

- 박완서, 「자전거 도둑」
- 조세희, 「난장이가 쏘아올린 작은 공」

위 자료들을 가치 탐구 모형으로 접근하면서 다음과 같이 다양한 활동 아이디어들을 결합할 수 있다.

① 채만식, 「치숙」, 「태평천하」

인물 현동화, 역사적 상상력 확장하기. 채만식의 「치숙」과 「태평천하」는 일제강점기를 살아가는 인간 군상의 모습을 풍자적으로 형상화한 작품이다. 당시의 시대상과 인물들이 현실감 있으면서도 재치 있게 그려져 있어서 시대적 상황과 당시의 삶과 사상을 추체험하기 좋은 제재라고 할 수 있다. 인물 현동화를 통해 구체적인 형상을 부여한 후 당시 사회·문화적 배경에 대한 고려를 바탕으로 한 상상력을 통해 학습자로 하여금 작품과 그 배경이 되는 과거에 대해 창의적으로 독해할 수 있는 경험을 하게 할 수 있다. 역사적 배경을 바탕으로 다양한 상황을 상정하고 역할놀이를 포함한 가치 탐구 모형을 적용할 수 있으며, 반대로 당시를 살아가던 인물들을 현대 사회나 또는 가상의 미래 사회로 옮겨 상상력을 발휘하는 것도 가능하다.

② 김동인, 「광염 소나타」

인물 현동화, 동기와 욕구 이해하기. 김동인의 「광염 소나타」 전반에 나타나는 가치의 충돌과 갈등의 양상은, 「소음 공해」처럼 단순한 생활습관이나 편의의 충돌에서 오는 갈등이라기보다 인간의 존엄성, 윤리, 예술적 극한의 추구 등 보다 본질적이고 극도로 추상적인 가치들의 충돌에서 오는 갈등이다. 그렇기에 일단 인물의 현동화를 통해 추상적인 가치를 자신의 삶으로 대변하고 있는 인물로 실체화하여 구체적으로 학습자들이 상상할 수 있도록 하는 것이 좋다. 또한 이 작품의 갈등은 그 양상보다는 인물 행동의 근본적인 이유, 동기에 대한 이해와 비판에 초점을 맞추는 것이 보다 적절하다고 할 수 있다. 그렇기에 작품 속에 형상화된 인물의 행동과 사고를 살피면서 인물들이 왜 그렇게 행동하며 그것이 작품 속에서 어떤 의미를 가지는가에 대한 탐구와 이해 과정이 필요하다. 가치 탐구 모형의 단계 중에 '인물의 생각 찾기'와 '가치 탐색하기', '가치 합리화하기' 단계에 보다 초점을 맞추어 학습자들이 인물의 심층적인 동기에 대해 이해할 수 있도록 수업을 구성하는 것이 바람직하다.

③ 박완서, 「자전거 도둑」

자아 탐구하기, 비판적 사고와 대안적 사고 이어가기, 동기와 욕구 이해하기 등의 활동 아이디어와 결합해 가치 탐구 모형의 제재로 활용될 수 있다. 「자전거 도둑」은 주인공이 청소년이며, 윤리적으로 아직 때 묻지 않은 청소년이 할 수 있는 소박하지만 진지한 삶에 대한 고민이 담겨 있기 때문에 청소년 학습자들에게 적절한 제재라고 판단되고, 이와 연관되어 작중인물의 동기와 욕구 이해하기 활동이 가능하다. 또한 작품의 배경과 인물의 구도가 비교적 선명하게 대립적 가치 갈등 구조를 그리고 있으며, 그 속에서 인물이 비교적 명확한 선택을 통해 자신의 정체성을 새롭게 규정하면서 결말을 맺기 때문에 가치 탐구 모형의 탐구 제재로 적합하고 동시에 자아 탐구하기나 비판적 사고와 대안적 사고 이어가기 활동이 자연스럽게 이루어질 수 있는 여지가 많은 제재이다.

④ 조세희, 「난쟁이가 쏘아올린 작은 공」

자아 탐구하기, 비판적 사고와 대안적 사고 이어가기. 조세희의 「난쟁이가 쏘아올린 작은 공」은 처절한 현실 상황에 대한 냉정한 형상화와 더불어 몽환적이고 환상적인 기법으로 그 속에서 살아가는 인물들의 정체성을 상징적으로 규정한다. 이 작품을 바탕으로 수많은 등장인물들의 자아가 그려내는 다층적인 스펙트럼을 다양한 방향에서 살피고, 그 인물들이 드러내거나 대표하고 있는 가치를 탐구하는 과정을 통해 인물의 정체성을 구성하는 가치적 본질을 읽어내는 활동이 가능하다. 또한 그러한 현실과 자아정체성 간의 관계 속에 드러나는 절박한 문제 상황에 대한 비판적 사고를 바탕으로 대안적 사고까지 나아가도록 지도할 수 있으며, 가치에 대한 비판과 대안 탐구를 하는 과정을 통해 가치 탐구 모형과의 접점을 찾을 수 있다.

4. 평가는 어떻게 할까

1) 평가 목적, 방법, 주안점

특정 성취 기준과 연계된 수업을 진행했다면, 해당 성취 기준을 바탕으로 평가를 해야 할 것이다. 그러나 활동을 통해 드러나는 가치 탐구 모형의 특성에 따라 발현되는 창의 인성 요소에 대한 평가도 함께 이루어져야 한다. 이를 위해 평가의 영역을 창의성 영역과 인성 영역으로 나누어 아래와 같은 평가 항목을 제시했다. 필요에 따라 수업에 관련된 성취 기준을 평가하는 항목을 추가할 수 있다.

평가의 유의점	창의·인성 요소의 특성상 결과 중심 평가에 치우치기보다는 과정 중심 평가를 병행하는 것이 더욱 바람직할 것이다. 합리적인 논쟁의 태도를 가지고 상대를 배려하고 이해하려 노력했는가도 중요한 창의·인성적 평가 요소가 될 것이다.							
평가 목표	- 작품의 내용을 이해하고, 창의적으로 재구성하였는가? - 역할놀이 과정에서 의사소통능력이 향상되었는가? - 전체 활동 과정에서 서로를 배려하고 공정한 태도를 가졌는가?							
평가 영역	**평가 기준**	**평가 방법**	**평가 척도**					
			매우 잘함	**잘함**	**보통**	**미흡**	**미완성**	**미제출**
창의성 중심 영역	• 인물을 둘러싼 상황을 구체적으로 풍부하게 상상했는가?	모둠별 활동결과물 평가	5	4	3	2	1	0
	• 설정된 상황에 적절한 근거와 전략을 다양하게 구성했는가?	모둠별 활동결과물 평가	5	4	3	2	1	0
	• 역할놀이를 통해 해당 인물의 상황과 의견을 효과적으로 전달했는가?	모둠별 활동결과물 평가	5	4	3	2	1	0
인성 중심 영역	• 활동에 흥미를 가지고 능동적인 태도로 임했는가?	관찰 평가	5	4	3	2	1	0
	• 상대의 의견을 듣고 판단할 때 합리성에 바탕해 공정한 태도를 가졌는가?	관찰 평가	5	4	3	2	1	0
	• 역할놀이 과정에서 상대를 배려하고 존중하는 태도를 가졌는가?	관찰 평가	5	4	3	2	1	0
교사 의견 및 채점평	(예시) * 구체적인 상황을 설정하는 능력은 뛰어나나 토론 시 상대에 대한 배려가 부족함.	합산	30점 만점에서 _____ 점					

2) 수행, 서술형 문항 예시

가치 탐구 모형을 바탕으로 한 수행 평가와 서술형 문항은, 해당 텍스트나 주어진 상황에서 가치를 포착하는 능력, 포착한 가치를 구체적인 맥락 속에서 이해하고 설명할 수 있는 능력, 그러한 가치 요소들을 다양한 활동을 통해 서로 나누고 자신의 삶 속에서 재구성하고 내면화할 수 있는 능력을 평가하는 데에 초점을 두어야 한다. 또한 수행 평가는 그러한 경험들을 다양하게 할 수 있는 활동으로 구성되어야 하는데, 활동의 계기가 되는 작품은 교사가 선정하거나 학습자 스스로 선정한다. 갈등을 일으키는 가치 요소에 대해 진지하게 성찰하고 내면화하기 위해서는 스스로 선정한 인상깊은 작품을 대상으로 활동을 하는 것이 보다 효율적이다.

〔수행 평가 예시〕

자신이 읽었던 소설 작품 중 인물들 사이의 갈등이 잘 드러나는 작품을 선택하여 아래의 활동을 해보자.

1. 작품에서 갈등을 일으키는 인물들을 찾아보고, 인물들의 가치관과 입장을 정리해보자.
2. 내가 해당 인물이 되었다고 가정하고, 그 인물의 관점에서 자신의 입장을 설명하고 다른 사람들의 공감을 얻어내기 위한 홍보물을 만들어보자. 포스터, 팸플릿, 신문 및 라디오 광고, TV광고, UCC, 단편영화 등 다양한 미디어를 활용하여 인물의 가치관을 표현해보자.
3. 친구의 홍보물을 감상하고 아래 기준에 따라 평가해보자.
   - 작중인물의 가치관과 입장을 명확하게 이해했는가?
   - 갈등을 일으키는 가치들 사이에서 발표자는 자신의 입장을 분명하게 정했는가?
   - 말하고자 하는 바가 홍보물을 통해 뚜렷하게 드러나는가?
   - 홍보물의 설득 전략에 논리적인 오류는 없는가?
   - 홍보물을 보고, 어떤 점이 공감을 이끌어내며, 어떤 점이 공감을 방해하는지 생각해보자.

〔서술형 평가 예시〕

최인훈의 『광장』을 읽고 주인공과 정선생의 대화에 나타나는 대립적인 갈등 요소와 이를 상징하고 있는 소재를 찾아보고, 갈등의 원인을 설명해보자.

〔채점 기준 예시〕

- 작품에 제시된 갈등 요소를 잘 파악했는가?
- 가치 요소를 상징하고 있는 소재를 찾아냈는가?
- 갈등의 원인을 구체적으로 이해했는가?

〔경험과 이야기의 관계에 대한 참고 사항〕

인간은 서사적 존재이다. 인간은 이야기 속에서 살아간다. 이야기 속에서 태어나고 이야기를 만들며 살다가 한 편의 이야기를 완성하면서 생을 마감한다. 그것이 얼마나 가치가 있는 이야기인가, 얼마나 위대한 이야기인가 하는 평가는 차후의 일이다. 누구든지 문화적으로 규정되어 있는 서사 속에서 태어난다. 집안의 내력이며, 부모의 인생 역정, 지역의 삶의 방식 등이 문화와 연관되는 문화소들인데, 그러한 맥락을 이루는 이야기 속에서 태어나는 것이다. (중략)

서사를 통해 경험을 정리하는 것이 서사의 일차적 기능이다. 서사는 경험을 정리하는 언어적 처리 과정과 결과이다. 인간이 겪는 경험은 매우 복합적인 상황 속에서 다양한 맥락으로 이루어진다. 서러움의 경험은 춥고, 배고프고, 친구도 없고 하는 식으로, 몇 가지 연관되는 수식어와 더불어 정리된다. 어떻게 결혼을 했는가 하는 물음에 대한 답은 결혼에 이르기까지 겪었던 일들과 결혼 전후의 정황을 요약해줌으로써 경험을 정리하는 방식으로 설명된다. '결혼'이라는 주제를 둘러싸고 있는 어느 부분은 강조되고 어느 부분은 소거되는 가운데 하나의 서사를 이루게 된다. 한국인은 어떻게 살아왔는가, 식민지를 탈피하여 독립을 얻기 위해 어떻게 투쟁했는가, 어떤 인간이 가장 바람직한 인간으로 취급되는가 하는 등이 이야기로 전환될 때, 그것은 곧 경험을 정리하는 일이 된다. 경험을 정리하는 서사의 진폭은 매우 넓다.

경험을 정리하면서, 그때 만일 이러했더라면 하는 가정을 함으로써 경험을 뛰어넘는 일까지 한다. 서사는 경험을 뛰어넘게 한다. '허구적 상상력'을 통해 경험의 한계를 뛰어넘는 것이 서사의 기능 가운데 하나이다. 허구적 상상력을 발휘한 서사를 논리적 과정을 서술한 것과 대비하여 뮈토스(mythos)라고 하는 것은 플라톤 이래 널리 사용된 용어이다.[1] (중략)

서사는 시대의 변화를 따라 양상을 달리하게 되었다. 거대 서사에 대한 반성이 이루어지기 시작한 것은 최근의 일이다. 서사는 현대에 와서 의혹의 대상이 되었다. 현대를 논하는 담론의 특징 가운데 하나는 세계를 합리적으로, 이성적으로 설명하기 어렵다는 점을 강조하는 것이다. 그러한 통일성과 정합성보다는 분편화(分片化)된 이미지의 세계가 되었다고 보는 것이 일반적이다.[2] 세계를 이렇게 파악하

1 Platon, 박종현 역주, 『국가』, 서광사, 1997, 165쪽 등 참조.

2 장 보드리야르, 하태환 옮김, 『시뮬라시옹』, 민음사, 1993 참조.

는 데는 나름의 논리가 있다. 세계를 총체성의 시각에서 파악하기에는 개인의 능력이 미치지 않는다는 점, 전체성으로 파악하기 어려운 개별 세계가 엄존한다는 인식이 서사에 대한 반성을 촉구하게 된 원인이다. 작은 것의 아름다움을 강조하는 논리는 이러한 발상의 연장선상에 놓인다. 이러한 인식은 거대 서사의 위상을 격하시켰다.

분편화된 이미지를 통합하고, 그에 대한 의미를 추구하는 데 서사가 재사용된다는 사실은 역설이다. 전통적인 서사가 어떤 경로를 거쳐 현재의 상황에 이르게 되었는가 하는 이야기는 또 하나의 서사를 이루는 것이다. 서사가 역설적 상황에 처하게 된 것이다. 언어 문화와 연관된 현상에는 많은 역설이 나타난다. 책이 필요없다는 이야기를 하기 위해 책을 쓴다. 서사의 종말을 논의하기 위해 다시 서사를 구성한다. 그리하여 서사를 가지고 서사를 반성하는 일을 하게 된 것이다. 서사의 철학적 획득이 논의의 대상이 되는 것은 이러한 맥락에서이다.

- 우한용 외, 『서사교육론』

5장 한 세계 너머에 다른 세계가 있다 - 은유적 사고 모형

1. 은유적 사고 모형이 어떤 점에서 유용한가

1) 은유적 사고 모형의 개념, 특성, 과정

은유는 사물을 직설적으로 이야기하지 않고 다른 사물과의 관련성을 통해 나타내는 언어적 활동으로, 인문학의 '문학' 영역에서 다룰 수 있는 본질적인 창의 활동 중 하나이다. 여기에서 은유적 사고란 구체적인 시적 표현법 중 하나인 '은유'를 가리킨다기보다는 사물을 보고 의미화하는 문학적인 발상법을 가리킨다. 비유와 상징을 넓게 포괄하는 개념으로 사용하며, 둘 이상의 상이한 대상들 사이에서 또는 다수의 대상들 속에서 공통성을 추출해 그 공통성에 기반한 사고를 진행하는 유형의 사고를 전반적으로 일컫는다. 은유적 사고는 문학 작품 특히 시 영역에서 두드러지게 나타나며, 세계에 대한 독창적인 시각을 표현하고 소통하는 효과적인 방법으로 알려져 있다.

이러한 은유적 사고 모형은 문학적 발상에 기반하는 모형이기 때문에 일반적으로 수용과 창작 중 창작 영역에 적용되기 쉬운 측면이 있다. 그러나 은유적으로 구성된 문학 작품 속에서 표상된 대상들을 파악하고 그 대상들이 연결된 얼개를 파악하는 활동 역시 은유적 사고라 이야기할 수 있다. 따라서 은유적 사고 모형은 창작 영역뿐만 아니라 수용 영역에도 적용될 수 있는 여지가 있다. 이 장에서는 먼저 그러한 수용 영역에 초점을 맞추어 작품에 대한 이해를 진행하고, 그 결과를 바탕으로 창작으로 연결하는 수업을 구성했다. 먼저 시에서 은유로 표상된 대상들을 파악하고 그 연결망의 구조를 살펴보았다. 그것을 바탕으로 하나의 이야기를 꾸며보는 활동을 통해 은유로 표현된 시의 의미에 대한 해석을 드러내고 그 해석이 새로운 이야기 창작의 시발점이 되도록 계획했다. 또한 그 이야기의 타당성을 학습자 간에 서로 비교하게 함으로써 이해와 창작과 소통이 총체적으로 연계되도록 수업을 구성했다. 시의 은유를 해석하고 그 의미 구조를 바탕으로 이야기를 만드는 과정에서 이야기를 통한 은유적 사고가 진행되며, 시에서 서사로 전환된 은유적 사고는 구체성을 가진 형상으로 나타나 해석의 형태를 보다 구체적으로 공유하는 데에 도움을 줄 수 있을 것이다.

시의 은유는 수많은 이야기의 가능성을 내포하고 있다. "내 마음은 호수요"라고 이야기할 때 마음과 호수라는 서로 다른 대상들이 연결되는 은유적 사고 안에는 수많은 다양한 의미적 연결고리가 존재할 수 있으며, 이것은 하나하나의 이야기로 구체화될 수 있다. 은유적 사고가 가지는 직관성과 상징성에 특수성과 구체성을 부여할 수 있는 것이 이를 바탕으로 한 이야기다. 이야기를 만드는 과정에도 시의 은유적 사고와 유사한 맥락의 사고가 나타나는데, 서사적 상징을 바탕으로 하는 형상화가 그것이다. 시적 이미지를 서사적 형상으로 전환하는 과정에서 독자의 해석이 창의적으로 드러나며, 그 과정과 이야기를 서로 공유하고 비교함으로써 각자의 해석을 비교할 수 있다. 시의 은유에 대해서 직접 상위 인지적 관점에서 해석 텍스트를 쓰는 것보다 직관적인 사고를 바탕으로 은유적 이미지를 서사적 이미지로 치환한 후 그에 대한 상위 인지적 평가를 하는 활동이 학습의 효율성과 학습자의 창의·인성적 성장에 보다 나은 효과를 발휘할 수 있다.

은유적 사고 모형의 일반적인 절차와 주요 내용은 다음과 같다.

은유적 사고 모형

과정	주요 활동 내용
표상할 대상 찾아보기	관심 있는 사물, 대상, 현상을 찾아서 그것을 표상(설명)할 수 있는 전략을 세워본다.

직설적으로 표상하기	은유 이전 단계의 여러 방법으로 선정한 사물, 대상, 현상을 직설의 언어, 영상, 아이콘 등 다양한 방법으로 표상해본다.
은유로 표상하기	은유적 방식으로 표상한다. 다양한 은유를 경험하고 표상해본다. 여러 은유의 질적 차이를 경험한다.
효과 정리	은유의 효과를 다양한 소통 맥락에서 평가해본다. 새로운 은유 전략을 마련해본다.

(1) 표상할 대상 찾아보기

은유적인 사고를 활성화하기 위해서는 은유적인 사고에 동기 유발을 할 수 있는 적절한 대상을 선정해야 한다. 은유적 사고는 대상에 대한 추상적·형이상학적 해석과 접근이며, 이러한 활동은 대상에 대한 관심과 흥미가 전제되어야 원활하게 진행될 수 있다. 교사가 표상할 대상을 직접 제시하는 것이 학생의 혼란이나 막연함을 보완할 수는 있지만, 학생 스스로 관심을 가지고 있는 대상을 선정하는 것이 보다 적극적이고 생산적인 은유적 사고를 이끌어내는 데 기여한다.

또한 은유적 사고는 선정한 대상을 있는 그대로 보여주는 것이 아니라 새로운 방식의 연결고리를 발견해 표상하는 것이기 때문에 실제 표상하기 활동 이전에 충분하고 풍부한 의미 생성이 이루어져야 한다. 우리가 일상적인 대상을 바라볼 때에는 의식이 자동화되어 아무런 감흥이나 감동 없이 자동적으로 대상과 그에 대한 인식을 연결하게 된다. 처음 그 대상을 접했을 때에는 그 대상이 우리의 마음속에 수많은 호기심과 경이, 신비로움, 두려움 등 많은 반응들을 이끌어내고, 그러한 반응들 속에서 처음 접하는 대상을 인식하기 위해 적극적이고 능동적인 인식작용을 수행해야 한다. 그러나 반복적으로 대상을 접하게 될 경우 대상과 그 대상이 가지는 의미 사이에 자동적인 연결고리가 생긴다.

눈 덮인 히말라야의 연봉을 처음 본 이는 그 경이로움에 흥분해 눈부시게 빛나는 산봉우리에 감탄하게 된다. 감탄한 후에는 산의 높이, 바람의 방향, 햇빛이 비치는 강도 등을 생각하게 된다. 하지만 그런 관찰과 인식이 반복되면 머릿속에 설산이라는 대상의 개념이 정립되고, 이후에는 그러한 능동적이고 역동적인 인식 작용을 하지 않더라도 설산이라는 대상을 보는 순간 그 대상의 형상이 머릿속의 개념과 자동적으로 연결되게 된다. 이러한 작용이 인식의 자동화이며, 은유적 사고는 이러한 인식적 자동화를 깨고 대상을 낯설게 보는 문학의 방법 중 하나이다.

따라서 은유적 사고방식에 따라 본격적인 활동을 진행하기 전에 대상에 대한 자신의 자동화된 인식을 점검하고, 그 안에서 새롭게 발견할 수 있는 요소가 있는지, 그리고 표현하고자 하는 맥락과 표상하려는 대상들의 연관관계 속에서 새로운 의미가 만들어질 가능성에는 어떤 것이 있는지 등에 대한 개방적이고 자유로운 발산적 사고가 필요하다. 예를 들어, 은유적 사고의 대상을 '가을'로 선정했다면 먼저 가을에 대한 자신의 경험과 인식을 다양하게 돌아보아야 한다. 구체적인 일화나 가을에 대해 인상 깊은 기억, 평소에 가지고 있었던 생각 등을 자유롭게 떠올리며 지금까지 가을에 대해 가지고 있었던 인식을 점검하고, 그러한 과정에서 자신이 보지 못하고 있었던 의미를 새롭게 발견할 수 있는 계기를 찾는 것이다. 그리하여 "꽃기억의 무게에 눌려 낙엽은 땅으로 떨어진다" 같은 은유를 얻을 수 있다.

(2) 직설적으로 표상하기

대상을 선정하고 그에 대한 발산적인 사고까지 마쳤다면 실제로 구체적인 은유의 방법을 통해 사고하는 활동을 할 차례다. 하지만 은유는 추상적인 사고방식이라 학습자들에게는 다소 어렵게 느껴질 가능성이 있고 활동에 막연함을 느낄 수 있다. 그래서 본격적인 은유적 사고로 들어가기 전에 대상을 직설적으로 표현하되 일반적인 방식과 다른 방식으로 표현해보는 활동이 필요하다. 앞 단계에서 발산적으로 사고한 가능성들을 직접적인 표현으로 옮겨보는 활동이라고 할 수 있다. 가을을 서리, 낙엽, 푸른 하늘, 코스모스, 이별 같은 것들과 연관지어 직설적으로 표현할 수 있다.

예를 들어 앞 단계에서 '가을'이라는 대상에 대해 발산적으로 생각을 해보았으면, 여러 가지 방법으로 가을에 대해 표현하는 활동을 하는 것이다. 가을의 이미지에 대해 직접 서술해도 좋고, 그림으로 그리거나 사진으로 찍어 표현해도 좋다. 또 UCC 동영상을 활용할 수도 있다. 다양한 방식으로 가을을 표현하는 방법을 생각해보고 체험해봄으로써 가을에 대한 다양한 관점과 시각을 경험하고 대상에 대한 틀 깨기와 관점 전환을 유도한다. 김현승의 시 「가을의 기도」가 활용할 만한 자료이다.

(3) 은유로 표상하기

발산적인 사고와 직설적인 표현으로 대상에 대한 풍부한 의미와 관점 전환을 경험한

다음에는 이제 본격적인 은유로 표현해볼 단계이다. 은유적 사고와 관련해서는 은유, 직유, 비유, 환유, 상징 등 다양한 표현 양식들이 있으며 이러한 표현 양식에 맞추어서 다양한 방법으로 은유 표상 활동을 해보고 각 방법들 간의 질적 차이를 체험한다. 이 과정에서는 각각 방법에 대한 교사의 지식적 설명이 필요하다.

은유로 표상하는 활동을 할 때 초점을 맞추어야 할 부분은 기존 대상의 일반적인 이미지 벗어나기와 대상들 간의 공통성 찾기다. 은유의 여러 가지 방식을 학습하고 체험하는 것은 필요하지만 그것 자체가 목적이라기보다는 그러한 경험을 통해 대상의 일상성을 깨고 새로운 의미망을 연결하는 체험을 하고 그러한 사고방식을 내면화하는 데 활동의 목적이 있다. 따라서 가능한 자유로운 분위기 속에서 다양한 방식의 은유 표상을 할 수 있도록 학생 주도의 활동을 하는 것이 좋다.

단편적인 은유 표현을 만들어보는 활동에서부터 실제 시나 소설을 창작하는 활동, 나아가 은유적 영상물이나 뮤직비디오, 광고물 등을 창작해보는 활동 등이 가능하다. 단편적 은유는 '봄은 고양이이다'처럼 A=B 식의 도식을 만들어보는 과정에서 훈련할 수 있다. 서사적 은유는 '내 인생은 낙타의 삶이다' 식의 은유 도식을 설정하고, 그러한 은유의 근거를 찾아봄으로써 학습 활동을 전개할 수 있다. 그러나 진지하지 않은 자세로 무책임하고 무의미한 은유 표상을 하는 학습자들이 있을 수 있으므로 틀을 깨고 새로이 연결된 의미망이 어떤 방법과 어떤 과정을 거쳐서 어떤 근거를 바탕으로 형성된 것인지에 대한 합리적인 설명을 학생 스스로 하도록 하는 것이 좋다. 은유적 의미 연결에는 정답이 없으며, 해석 공동체에서 납득할 수 있을 정도의 내적 합리성을 가지고 있다면 모두 은유적 사고로 인정받을 수 있다.

(4) 효과 정리

마지막으로 학습 활동의 결과를 정리하고 확장하는 단계이다. 앞의 활동을 통해 학습한 은유적 사고의 결과를 학급에서 서로 공유하고 그 효과와 참신함, 완성도 등을 교사 또는 학생 상호간에 평가하는 시간을 갖는다. 의견 공유를 통해 자신의 은유적 사고를 설명하고 다른 사람의 사고를 들음으로써 스스로 보지 못했던 것을 발견하거나 오류를 바로잡을 수 있는 기회를 갖게 된다. 학습자가 구성한 은유에 대해서는 너그러운 수용이 학습 효과를 높인다. 유치한 은유는 없는 셈이다.

나아가 그러한 은유적 사고의 효과를 실제 소통 맥락에서 다양하게 활용할 수 있는 방법이나 상황을 생각해볼 수 있다. 은유와 상징으로 구성된 속담이 일상생활의 대화 속에서 의미 있는 쓰임을 보이듯이, 은유적 사고를 통한 언어 생활은 문학 작품의 창작과 수용의 범위를 넘어서서 일상의 언어 생활 속에서 효용성을 가질 수 있다. 은유적 표현은 일반적인 표현에 비해 직관성을 바탕으로 보다 강한 표현 효과를 가지며 의사전달과 동시에 공감과 감동을 유발하는 효과를 가진다. 그러한 활용 경험을 통해 단순한 은유적 사고의 창조를 넘어서서 은유적 사고의 소통과 그를 위한 전략적 차원까지 학습의 범위를 확장할 수 있다.

2) 창의성 요소와의 관련성

수업 사례 예시에서 제시한 시 작품을 감상하고 그 감상의 결과를 서사적 상상력을 바탕으로 재구성해보는 활동은 창의성 요소와 여러 측면에서 관련성을 가진다. 시 작품에 제시된 시어와 상황을 바탕으로 의미를 파악하는 활동에서는 은유적 사고에 대한 이해와 더불어 상당한 수준의 논리·분석적 사고가 발현된다. 단순히 감상을 이야기하는 데에서 그치는 것이 아니라 자신이 느끼고 생각한 의미의 근거를 작품 속에서 찾아 설명하는 활동이기 때문이다. 김춘수의 「나의 하느님」 같은 작품을 예시할 만하다.

논리·분석적 사고를 거쳐 해석된 의미를 바탕으로 새로운 이야기를 만드는 과정에서는 사고의 확장과 수렴이 일어나게 된다. 우선 시에서 제시된 인물과 상황을 새로운 인물과 새로운 상황, 사건으로 재구성해 이야기로 만들어내는 과정에서 서사적 상상력이 발휘되어 확장된 발산적 사고를 하게 된다. 『춘향전』을 예로 들어, 춘향이 이도령과 재회를 못한 경우를 상정하고 이야기를 만들어볼 수 있다. 시에 제시되는 상황 맥락적 설정이나 규정은 서사 문학에 비해 풍부하지 못하므로 그것을 바탕으로 이야기를 구성하려면 본래 작품에서 이야기되지 않은 무수한 변수와 구성요소들, 그리고 그들을 엮어내는 개연성에 대해 상당한 수준의 발산적 사고를 해야 한다.

그러나 한편으로는 원 작품과 의미적 연관성을 유지해야 한다는 조건이 있기 때문에 그렇게 확장된 사고를 갈무리해 작품의 의미에 수렴시키는 사고도 동시에 필요하게 된다.

작품과 관계없이 상상력을 발휘하는 것이 아니라 상상력을 발휘하되 그 뿌리를 작품의 요소에 두어야 한다는 것이다. 그러기 위해서는 작품에 대한 정확한 이해가 선결되어야 하고, 그러한 이해를 바탕으로 원 작품이 가지고 있는 요소와의 연결고리 속에서 개연성 있는 이야기 구성이 이루어져야 한다. 마지막으로 그러한 활동의 결과물을 서로 발표하고 설명하고 소통하는 과정을 통해 해석과 이야기 재구성의 개방성을 인식하고 상대를 배려하는 태도의 학습 효과를 기대할 수 있다.

- 인지 영역: 논리 분석적 사고, 사고의 확장과 수렴
- 정의 영역: 개방성
- 실천 영역: 배려

3) 모형 운용을 위한 전략 및 다른 모형과의 호응

은유적 사고 모형은 인간의 본질적인 사고방식 중 하나인 은유를 주제로 하는 모형이기 때문에 다른 모형과의 연계가 비교적 용이하다. 역할놀이 모형이나 토의·토론 모형 같은 절차 모형과 연계해 은유적 사고를 바탕으로 역할극을 구성해 서사 체험을 하게 한다든지, 은유적 사고의 타당성과 효과성을 토의·토론을 통해 도출하게 한다든지 하는 방식이 가능하다.

그리고 다른 방향에서 은유적 사고 모형을 다른 모형의 학습 도구와 연계해 교수·학습에 활용하는 방법도 있다. 은유적 사고는 대상 간의 유사성에 기반한 사고방식이기 때문에 추상적 대상을 상징적·직관적으로 인지할 수 있게 하는 효과를 가진다. 따라서 추상적 개념을 다루는 가치 탐구 모형 같은 모형들과 연계될 수 있다. 생활이나 작품에 나타나는 가치의 갈등과 대립을 탐구하는 가치 탐구 모형에서 은유적 사고 모형은, 갈등을 일으키는 요소와 갈등의 상황, 갈등에 얽힌 인물들의 정서 등을 상징적으로 표현할 수 있게 해준다. 따라서 가치에 대한 이해와 검토에 도움을 줄 수 있다.

2. 은유적 사고 모형은 어떤 방법으로 적용할까

은유는 세계 해석의 한 방법이다. 은유로 해석하고 표상하기 활동은 수사학적 차원의 은유가 아닌 은유의 동기와 목적 차원에서 은유적 사고 자체를 이해하고 자신의 창의·인성적 요소를 발현시키는 활동이다. 서정주의 「동천」과 같은 시에는 시인이 세계를 은유적으로 해석하고 표상해놓은 이미지들이 담겨 있으며, 이효석의 「메밀꽃 필 무렵」 같은 소설은 소설가가 세계를 은유적 발상으로 해석하고 형상화해놓은 결과물이다. 이 단원에서는 시의 은유적 코드를 해석해 그것을 기호로 삼아 내러티브를 만들어내는 활동으로 연계했다. 활동 과정에서 은유를 통해 만들어진 이미지를 학습자가 경험하고 시적인 은유를 이야기로 바꾸어보는 활동을 통해 은유적 사고를 직접 체험해볼 수 있을 것이다.

한편 시에 담긴 은유의 구조를 기호의 체계로 보면, 이 체계를 바탕으로 이야기를 만드는 활동을 내러티브 기호의 해석 활동으로 볼 수 있다. 시에 그려진 은유적 이미지는 다양한 이야기의 계기를 만들어준다. 이은상의 「가고파」 같은 시에 '그리움'이라는 의미가 은유를 통해 형상화되어 있다면, 은유의 의미를 읽어내고 그리움을 이야기를 통해 재형상화함으로써 의미에 대한 해석과 자신의 해석의 고유성 및 다양성 표현을 동시에 할 수 있을 것이다.

참고로, 활동 아이디어는 이 단원의 성격과 창의·인성 모형의 유형에 따라서 적용 가능한 인문 영역의 활동에 대한 예시이다. 제시한 활동 아이디어 외에도 이 단원의 성격에 적합한 다양한 아이디어를 활용하여 수업을 구안할 수 있다.

3. 은유적 사고 모형의 적용 사례는 어떤 것이 있을까

1) 학습 활동 사례 소개 – 백석, 「여승」, 체리필터, 〈낭만 고양이〉

앞에서 설명한 은유적 사고 모형을 바탕으로 실제 수업에 활용 가능한 수업 모형 및 학습 활동 사례를 소개하기로 한다.

(1) 제재 선정

학습 제재로는 백석의 「여승」과 체리필터의 〈낭만 고양이〉를 선정했다. 백석의 「여승」은 그 자체가 하나의 이야기를 내포하고 있기 때문에 시의 서정적 이미지를 바탕으로 이야기를 구성하는 데 막연한 두려움이나 어려움을 느끼는 학습자가 보다 수월하게 접근할 수 있는 제재이다. 그에 더해 이야기 구조가 여승의 삶과 그것을 보는 시적 화자인 '나'의 삶으로 구분되어 이야기를 만들 때 시점과 구성의 다양성을 이끌어낼 수 있으며, 이야기의 소재가 되는 사건들의 이미지가 구체적이며 다양하게 제시되어 학습자가 창의적으로 이야기를 만들어낼 풍부한 계기가 확보되어 있는 작품이다.

체리필터의 〈낭만 고양이〉는 비교적 최근의 대중가요이기 때문에 학습자가 거부감 없이 접근할 수 있는 제재이며, 가사의 내용이 우화적 환상성을 가지고 있기 때문에 청소년 학습자들의 상상력과 호기심을 자극할 수 있는 제재이다. 그리고 작품 속에 담긴 이미지들이 이상과 반이상으로 비교적 뚜렷하게 구분되어 대립하는 구도를 명확히 드러내고 있기 때문에 이미지 간의 상관관계를 파악하기 수월하며 이야기를 구성하기도 어렵지 않을 것이다.

(2) 단원의 개관

은유적 사고를 다루기 위한 일반적 수업 모형으로 '표상할 대상 찾아보기', '직설적으로 표상하기', '은유로 표상하기', '효과 정리'를 제시할 수 있다. 이러한 모형을 그대로 적용하는 것도 의미가 있을 것이나, 보다 다채로운 활동을 위해 이 단원에서는 일반적인 은유적 사고 모형을 재구성하여, 은유로 표현하는 활동이 아니라 은유를 해석하는 활동으로 수업을 계획했으며, 그 과정에서 또 다른 은유를 통해 은유에 대한 해석을 표현하는 활동을 계획했다. 그 단계로는 '은유로 표상된 대상 찾아보기', '은유의 연결 구조 구성하기', '이야기 만들기', '이야기 비교하기'를 설정했다. 그리고 '이야기 만들기'의 과정에서 '표상할 대상 찾기', '은유로 표상하기', '효과 정리'의 단계를 반영해 활동을 계획했다.

2) 주요 학습 내용

차시	학습 내용	학습 활동	창의·인성 요소 주안점
1	▶ 단원 안내, 학습 목표 제시 ▶생각 트기 및 재미 붙이기 - 두 글의 효과와 느낌 차이 생각해보기 - 주어진 상황을 그림으로 표현해보기 ▶ 은유로 표상된 대상 찾기 - 작품 감상 및 의미 해석	개별 활동 쓰기 발표하기 작품 읽기	사고의 확장과 수렴 · 논리 분석 사고 - 단원 도입 부분에서 생각 트기 및 재미 붙이기 활동을 통해 학습자의 호기심과 흥미를 유발하면서 은유적 사고의 대체적인 개념에 대해 생각해보도록 유도. 작품을 감상하고, 그에 대한 나름의 해석을 구성하는 과정을 통해 논리 · 분석적 사고 발현.
2	▶ 은유의 연결 구조 구성 - 등장인물의 가치 이해하기 - 가상 역할놀이 준비하기 ▶ 이야기 만들기	개별 활동 (모둠별 활동) 쓰기 (토의하기)	사고의 확장과 수렴 - 시에 나타난 의미 구조를 유추를 통해 이야기로 전환하는 활동을 통해 사고의 확장이 나타나며, 발산적으로 사고하되 시의 의미와의 연관성을 가져야 한다는 측면에서 수렴적 사고가 함께 나타난다.
3	▶ 이야기 만들기 ▶ 이야기 비교하기 - 역할놀이 하기 - 활동 점검하기 및 평가하기 - 단원 마무리하기	전체 활동 발표하기 발표 내용 비판하기	의사소통 능력, 개방성, 배려 - 작품에 대한 자신의 해석과 설정한 이야기 사이의 연관성을 발표를 통해 설명하고 타인의 발표를 듣는 소통과정을 통해 의사소통 능력 함양. 설명과 토론을 거치면서 상대의 해석을 이해하는 활동을 통해 작품에 대한 해석이 사람과 관점에 따라 달라질 수 있음을 인식하여 사고에 개방성을 가질 수 있으며, 대화 과정에서 상대를 존중하고 배려하는 태도를 유지하도록 지도.

3) 세부 수업 내용

(1) 1차시

각 단원의 시작에서는 주로 학습할 창의성 및 인성 요소 주안점을 제시해 수업 목표를 분명히 한다. 이 단원에서는 '작품에 나타난 은유적 이미지를 해석해 이야기로 만든 후 서로 비교하고 생각해보기'를 학습 목표로 한다.

1차시는 본격적인 수업을 앞둔 도입 부분으로 학습 목표의 소개와 함께 앞으로 생각해볼 가치의 탐구와 소통에 대한 소개와 동기 부여 측면에서 수업을 구성했으며, 다음과 같은 활동을 통해 이를 구체화했다. 활동을 통해 문학 속에 나타나는 세상을 보는 눈으로서의 은유적 사고에 대해 소개하고 그것에 대한 해석과 이야기 만들기를 통한 체험이 이 단원의 목적임을 학습자들이 인지하도록 한다.

〔도입 활동 1〕

(가) 글의 표현과 (나) 글의 표현이 가지는 차이에 대해 생각해보자.

(가) 나의 하늘을 본 적이 있을까
조각구름과 빛나는 별들이 끝없이 펼쳐있는
구석진 그 하늘 어디선가
내 노래는 널 부르고 있음을
넌 알고 있는지.

나의 정원을 본 적이 있을까
국화와 장미 예쁜 사루비아가 끝없이 피어있는
언제든 그 문은 열려있고
그 향기는 널 부르고 있음을
넌 알고 있는지.

(나) 난 널 처음 본 순간부터 좋아했어.
늘 너만 생각하고, 너만 바라보고 있었어
우리 사귀자.

이 활동은 앞으로 진행하게 될 수업 내용을 바탕으로 사고의 방향을 초점화하기 위한 활동이다. (가) 글은 김광석의 〈너에게〉라는 대중가요의 가사이다. 사랑에 대한 은유적인 표현을 담고 있는 노래를 통해 은유적으로 말하는 것과 직설적으로 말하는 것의 차이를 느껴보도록 의도된 활동이며, 제시된 글은 흥미 유발을 위해 학습자들에게 익숙한 다른 대중가요나 블로그 글 등으로 대체해도 무방하다. 대중가요 가사의 경우 가요를 들려주거나 뮤직비디오를 상영하는 것도 흥미 유발과 상상력 활성화를 위해 좋은 방법이다. 그러나 대중가요의 뮤직비디오는 가사에 대한 서사적 재해석을 담고 있는 경우가 많기 때문에 뮤직비디오를 상영할 경우 학습자의 상상력이 뮤직비디오의 재해석에 갇힐 위험이 있다는 점을 주의할 필요가 있다.

학습자에 따라서 (나)와 같은 직설적 대화가 더 좋다는 반응을 보일 수 있으나, 여기에서는 좋다 또는 나쁘다의 선택이라기보다는 두 표현이 주는 효과와 느낌이 어떻게 다른지를 비교하도록 유도한다. 예를 들어, 각각의 글을 연애 상황의 어떤 시점에서 이성에게 보여주는 것이 좋을지 생각해보도록 유도할 수 있다.

〔도입 활동 2〕

■ 아래의 제시어에 맞는 그림을 그려보자.
기쁨, 슬픔, 화남, 더위, 추위, 봄, 여름, 가을 등

두 번째 도입 활동은 주어진 감정을 그림으로 표현해보는 활동으로, 추상적인 의미에 구체적인 형상을 부여함으로써 의미를 다른 대상에 연결해 표현하는 은유적 사고를 체험해보는 활동이다. 언어를 통한 은유를 본격적으로 체험하는 본 학습 시작 전에 그림이라는 다른 매개체로 은유적 사고를 체험해봄으로써 흥미 유발과 본 학습에 대한 소개를 목적으로 한 활동이다. 제시어들은 교실 상황에 따라 다양하게 수정해도 좋다. 예컨대 추위, 곤란함, 재미있음, 지루함, 짜증남, 맛있음, 사랑, 우정, 온화함, 난폭함 등등.

(2) 2차시

이후 본 학습에서는 제재가 되는 글을 읽는 과정이 먼저 이어진다. 제시 작품을 읽기 전에 작품에 대한 대략적인 정보를 제공하는 것이 좋으며, 대중가요인 〈낭만 고양이〉의 경우 직접 노래를 들려주어 구체적으로 분위기를 느끼게 한다. 뮤직비디오도 제작되어 있으나, 이 역시 도입 활동과 마찬가지로 본 활동인 '이야기 만들기'의 상상력을 제약할 수 있으니 피하도록 한다. 그러나 학습자의 수준에 따라 본 학습에서 이야기 만들기를 지나치게 막연하게 느끼거나 활동에 어려움을 느끼는 학습자의 경우에는 만들어진 이야기의 한 사례로 뮤직비디오를 제시하는 것도 방법이 될 수 있다. 어려운 단어나 잘 이해가 안 되는 내용에 대한 간단한 질의응답 시간을 갖는다.

■ 제시된 글은 하나는 시이고 하나는 대중가요의 가사이다. 두 작품 중 마음에 드는 작품을 선정하여 아래의 질문에 답해보자.

1. 그 작품을 고른 이유는 무엇인가?
2. 작품 속에서 시적 화자(또는 대상)는 어떠한 상황에 처해 있나?
3. 그 상황을 이루는 요소는 무엇인가?
   - 상황이 일어나게 된 원인

- 상황 속에서 시적 화자가 갖는 생각과 느낌
- 상황 속에서 시적 화자가 하는 행동과 그 의미

위의 활동들은 작품의 의미와 이야기적 요소에 대한 학습자의 해석을 유도하는 활동이다. 서사적 상상력을 발휘해 이야기를 만들기 전에 먼저 작품 속에 은유적으로 잠재된 의미를 해석해내는 활동이다. 시적 화자의 상황과 대응을 살펴본 후 아래에 제시된 것 전체적인 맥락 안에서 작품의 시어들이 어떤 은유적 의미를 가지고 있는지를 표로 정리하게 한다. 이때 엄밀한 의미에서 수사법적으로 은유가 쓰인 시어만이 아니라 주요 시어들을 함께 정리해 시 전체의 의미구조를 파악할 수 있도록 한다.

시적 화자의 삶은 여러 가지 시어(가사)들을 통해 나타나는 은유적 이미지를 바탕으로 시 속에서 형상화된다. 시어(가사) 들이 시적 화자의 삶 속에서 어떠한 의미와 역할을 가지고 있는지 전체적인 구조 속에서 생각해보자.

시어(가사)	의미와 역할
돌무덤	딸의 죽음, 시적 화자에게 외로움과 절망을 주는 역할을 함

시 작품의 의미를 해석하는 활동은 비교적 난이도가 높은 활동이기 때문에, 이 활동을 할 때에는 교사의 적절한 도움이 필요하다. 경우에 따라서는 몇 가지 시어의 역할과 의미에 대해 교사가 시범을 보이는 것도 수업을 활성화할 수 있다. 다만 시의 의미를 해석할 때에 정답을 찾듯이 정해진 획일적인 해석만을 지향해서는 안 된다. 교사의 도움은 근거와 논리만 갖추면 스스로 시를 해석할 수 있다는 자신감과 의욕을 불러일으켜주는 수준에서 이루어지는 것이 문학 감상의 원리에 맞는다.

표에 채워 넣은 시어들을 몇 가지로 분류해보고, 왜 그렇게 분류했는지 각각 분류의 기준을 생각해보자.

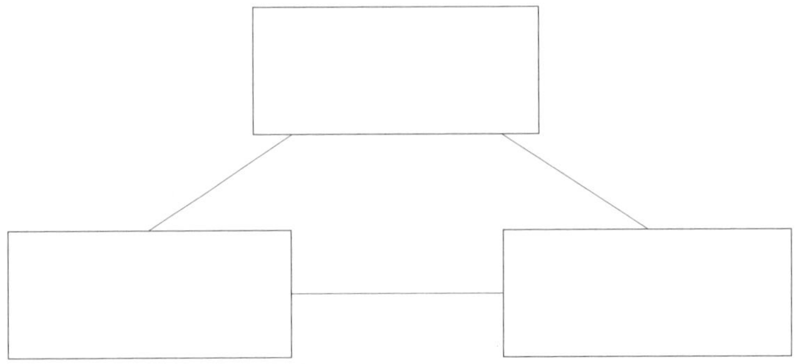

위 활동은 앞서 표를 통해 살펴보았던 시어의 의미를 다시 상기하고 그 의미 사이의 관계를 생각해보는 활동이다. 시에 사용되는 시어는 시 전체의 의미를 형상화하기 위해 고도의 은유와 상징을 통해 선택되며, 그러한 시어들은 전체적인 의미의 흐름 속에 자리하게 된다. 예를 들어 '시적 화자에게 긍정적으로 인식되는 시어', '시적 화자에게 부정적으로 인식되는 시어', '시적 화자에게 중립적으로 인식되는 시어' 등으로 시어를 분류할 수 있다. 이외에도 시에 따라 다양한 기준이 설정 가능하며, 이 기준을 학습자 입장에서 스스로 세우는 것은 난이도가 다소 높은 활동이므로 교사가 도움을 주는 것이 좋다. 전체 시어를 기준을 세워 분류함으로써 전체적 의미 구도망을 그릴 수 있게 된다.

이 활동은 본 작품의 전체적인 의미의 구조를 개괄적으로 파악해 이야기 구조로의 전환을 보다 쉽게 하기 위한 활동이다. 직관적인 기준으로 시어를 몇 묶음으로 분류해보고 (학습자 스스로 판단에 따라 묶음의 수는 조절해도 된다), 분류된 시어들을 바탕으로 분류의 기준을 생각해봄으로써 시의 이미지들이 어떠한 관계와 구조를 가지고 의미를 만들어내고 있는지를 살펴보는 활동이다.

이 수업 사례의 학습 활동들은 하나의 완결된 이야기를 만드는 것보다 시의 은유적 코드를 서사적으로 변용해보는 과정에서 드러나는 상상력의 작용과 그로 인한 다양한 해석의 가능성을 학습자로 하여금 경험하도록 하는 데 목적이 있다. 따라서 소설처럼 줄글로 완결된 이야기를 만들기보다는 해석한 의미를 바탕으로 이야기의 요소를 구체적으로 설정하고 그 이유를 생각해보는 활동에 중심을 맞춰 수업을 진행한다면 은유에 대한 어려움을 느끼는 학습자에게 좀 더 쉽게 다가갈 수 있을 것이다.

■ 앞에서 살펴본 시의 요소를 바탕으로 이야기를 만들어보자. 시의 이야기를 그대로 따라가도 좋지만, 의미와 구조를 바탕으로 새로운 배경, 새로운 인물을 생각해보는 것이 좋다.

1. 앞서 살펴보았던 시어들이 가지는 의미를 이야기에 어떻게 반영할 수 있을지 생각해보고 시어에 이야기의 설정을 대응시켜보자. '분류' 부분에 대응시킬 요소를 이야기의 구성 요소인 '인물', '사건', '배경' 등으로 구분해 표시하라.

시어	분류	설정

2. 시어의 어떤 점을 바탕으로 이야기를 설정했는지, 위에 설정한 이야기 요소들의 이유와 설정의 효과를 적어보자.
   - 배경 설정의 이유
     - 공간적 배경
     - 시간적 배경
   - 인물 설정의 이유
     - 중심 인물
     - 주변 인물
   - 사건 설정의 이유
     - 중심 사건
     - 기타 사건

위의 활동은 앞선 활동을 통해 시의 의미와 은유적 이미지를 학습자 나름의 관점에서 해석한 결과를 바탕으로 이야기를 만들 때 그러한 의미를 어떻게 다시 서사적 형상으로 이야기 속에 녹여 넣을 것인지를 구상해보는 활동이다. 표 중에 '분류'라고 설정된 난은 해당 시어의 속성이나 시적 화자와의 관계에 대한 대략적인 설명을 쓰는 칸이다. 굳이 '분류'라는 난을 설정한 이유는, 시에서 은유로 표현된 대상의 의미를 이야기로 전환할 때 반드시 시의 인물＝이야기의 인물, 시의 사건＝ 이야기의 사건 등으로 일대일 대응이 아니어도 된다는 점을 인식시키기 위함이다. 이 부분에 대해 교사의 부연 설명이 필요하다.

예컨대 「여승」의 등장인물 어린 딸은 '여승이 소중히 여기던 대상'이며 죽음을 통해 '여승의 상실감과 슬픔을 극대화시키는 인물'로 해석될 수 있는 소재이다. 이를 바탕으로 이야기를 만들 때 학습자는 상투적으로 '어머니와 딸'의 인물 구도만을 생각하기가 쉬운데, 구체적 소재가 꼭 모자관계나 다른 인물과의 관계일 필요는 없으며, '소중하게 간직하던 곰인형' 같은 대상(사물)으로 설정하거나, 인생을 걸고 간절히 준비해오던 자신의 꿈이 실패하는 '사건'으로 설정해도 된다. 구체적인 시의 표현인 '어머니와 딸'이라는 틀을 고수하지 않고 '분류' 난에서의 전환을 통해 시의 인물을 이야기에서는 사건으로 변환시킬 수도 있다는 것이다. 이 점을 교사가 학습자들에게 시범을 통하여 인지시켜야 한다. 혹여 분류라는 카테고리가 학습자에게 지나치게 추상적으로 다가온다면, 분류 대신 '속성'이라는 카테고리를 설정하는 방법도 있다. 시의 의미에서 해당 시어의 속성을 적고 그 속성을 연결고리로 이야기의 설정에서는 다양한 양상의 변화가 가능하게 하는 방법으로 활동을 진행할 수도 있다.

또한 이야기의 시점을 설정할 때도 직접적인 화자인 '나'의 관점에서 여승과의 만남이 자신의 일상에 던져주는 의미를 회상하는 설정을 할 수도 있고, 여승 자체를 중심 인물로 설정할 수도 있는 등 최대한 자유로운 설정이 가능하다는 점을 인식시킨다. 이런 점을 예를 들어 설명하면서 학습자로 하여금 시의 인물과 사건과 배경을 그대로 가져오기보다는 그 경계를 허물고 자유롭게 사고할 수 있도록 유도한다. 다만 그 안에 담긴 의미적 공통성을 바탕으로 해야 설정의 개연성이 확보됨을 주의해야 한다. 다시 말해, 「여승」의 예에서 구체적인 설정은 달라지더라도 '목숨처럼 소중한 존재의 상실'이라는 의미적 공통성을 유지해야 한다는 것이다.

(3) 3차시

이렇게 이야기의 뼈대를 설정한 후에는 그 설정한 의도와 전략에 대해 이야기하고 공유하는 시간을 갖는다. 막연하게 모든 절차를 설명하도록 요구하기보다는 위의 학습 활동에서처럼 인물, 사건, 배경에 따라 어느 정도 구체적인 항목을 제시해 학습자가 구체적으로 접근할 수 있도록 유도하는 것이 서사의 구체성에 기여한다. 이러한 설정의 설명과 공유를 통해 작품에 대한 해석과 그를 바탕으로 한 창의적 상상력의 발현 양상이 동시에 설명되고 소통될 수 있다. 이야기 설정하기는 일반적으로 학습자가 흥미를 가질 수 있는 활동이지만, 활동에 막연함과 어려움을 느끼는 학습자가 있을 수 있다. 이런 경우에는 모둠별 수업을 진행하는 것이 어려움을 덜어준다. 혼자 설정을 하기보다는 토의를 통해 함께 아이디어를 모은다면 학습자의 부담을 덜어줄 뿐만 아니라 그 과정에서 자연스럽게 창의적 사고가 자극될 수 있다. 발표를 듣는 학습자들에게는 아래의 학습 활동 사례처럼 평가와 분석의 기준을 제시해주는 것이 바람직하다.

앞의 활동 내용을 서로 발표하며 공유해보자. 그리고 다음과 같은 기준으로 친구들의 발표를 점검해보자.

- 시의 화자를 어떻게 해석했는가?
- 시에서 화자가 처한 상황을 어떻게 보았는가?
- 시의 소재를 어떻게 해석했는가?
- 시에 대한 해석과 이야기의 설정이 잘 연결되었는가?

발표할 때에는 먼저 두 시 중 자신이 선택한 시를 밝히고 선택의 이유를 간단히 설명한 후, 시에서 주목한 시어와 그 이유에 대해 설명하고 그것을 어떻게 이야기로 전환했는지를 밝힌다.

(예) 섶벌같이 나간 지아비는 사실 다른 명분이 있었을지 모르지만, 가족의 입장에서는 무책임한 행동이라고 생각해서, 주인공을 배신하는 친구로 설정했다. 딸은 여승이 사랑하는 존재고, 딸이 죽는 것으로 여승에게 절망과 외로움을 주는 존재이니까, 주인공이 모든 것을 걸고 매진하던 어떤 대회(신춘문예나 공모전, 또는 자격시험이나 입사시험 등. 마지막 기회라는 설정이 필요)로 설정했고, 친구의 배신으로 인해 주인공이 대회에 실패하는 과정을 설정하여 그 과정을 통해 주인공이 세상과 인간에 대해 절망하는 것으로 설정했다.

발표할 때에는 해석과 설정의 이유를 충실히 밝히도록 유도한다. 한편 발표를 듣는 학습자에게는 발표자의 발표를 존중하는 태도를 지녀야 하며 발표자의 의견을 비난하기 위해서가 아니라 다른 해석과 발상이 가능하다는 해석의 개방성을 전제로 그 이유를 이해하고 자신의 해석과 비교하기 위해서 하는 활동임을 인식시킨다.

이야기를 듣고 평가할 때에는 단순히 이야기의 흥미에만 주목할 것이 아니라 이야기의 설정에 드러나는 시의 의미와의 연관성에 주목하도록 대응된 각각의 소재와 사건의 특성을 묻는 질문 등을 통해 연결성을 생각해보도록 유도한다. 그리고 그러한 발표와 평가가 마무리된 후에는 각 모둠이나 학습자에 대한 평가를 평가서로 작성하고, 활동을 통해 느낀 점을 정리하는 것으로 전체 활동을 마무리한다. 평가표를 만들어 나누어주도록 한다.

4) 그 외에 활용 가능한 자료 및 활동 아이디어와의 결합 예시

은유적 사고 모형은 특정 작품에 한정할 수 있는 모형이라기보다 문학적 사고 자체와 연관되어 있는 사고 모형이기 때문에 특별히 적합성의 기준에서 누락되는 작품을 따로 배제할 필요는 없다. 다만 시 작품의 경우 학습자가 해석하기에 난이도가 적절한 시를 활용하는 것이 바람직하다.

은유적 사고 모형은 그 구체적인 활동에서 '내러티브 연관 기호 해석하기'의 활동 아이디어와 결합할 수 있다. 내러티브 연관 기호 해석하기는 기호가 의미를 상징적·간접적으로 드러내는 장치라는 점에 주목해 문학적 차원은 물론 그 경계를 넘어선 세상의 다양한 기호를 내러티브적으로 해석해내는 활동을 말한다. 이 장에서 수업 사례로 제시한 '시 읽고 이야기 구성하기' 활동과도 근본적으로 맥을 같이하는 활동으로, 극히 한정된 화소를 가진 기호를 바탕으로 상상력을 발휘해 다양한 의미를 끌어내는 활동은 은유적 사고의 본질과 이어진다고 할 수 있다.

또한 은유적 사고와 직접적으로 연결되는 '은유로 해석하고 표상하기'와도 결합할 수 있다. 이는 은유적 사고 모형과 맥을 같이하는 활동으로 은유적 사고 모형의 실천 방법으로 활용될 수 있다. 사물이나 대상에 은유적 상상력을 통해 별명이나 이름을 붙이는 행위에서부터 사물 차원, 현상 차원, 세계 차원 등 다양한 차원에서 은유 창작 경험을 통해 세계 해석의 장치로서 은유적 사고를 경험하게 할 수 있다.

그다음으로 가능한 활동 아이디어는 '화용적 전략으로 내러티브 활용하기'이다. 이 활동은 비유담이나 일화, 예화, 역사적 사건 등의 이야기가 소통에 활용되는 현상에 주목해 이루어지는 활동이며 넓은 의미에서 인용하기에 해당한다고 할 수 있다. 이는 보다 실천적인 차원에서 내러티브를 비롯한 문학적 자질들을 문제해결 도구로 활용하는 활동이며, 대화와 소통에 긍정적인 효과를 발휘한다. 실제 상황에 일화나 비유담을 삽입해 사용하는 방법은 현재 상황과 다른 상황 사이의 유사성을 바탕으로 의미적 연결고리를 만들어내는 행위이기 때문에 은유적 사고방식과 맥이 닿아 있는 행위라 할 수 있다. 내러티브 활용에서 의미의 폭을 넓혀 문학적 자질을 화용적으로 활용한다는 측면에서 이러한 활동은 의미를 가진다.

4. 평가는 어떻게 할까

1) 평가 목적, 방법, 주안점

은유적 사고 모형을 바탕으로 한 수업에 대해 평가를 할 때에는, 먼저 은유적 사고에 대한 이해도를 측정해야 한다. 은유적 사고는 일반적인 서술로 표현되는 명제와는 다른 문학적 사고에 해당하므로 그 특성을 알고 활용할 수 있는 능력을 가지는 것이 중요한 학습 목표 중 하나가 된다. 그러나 단지 지식 수준에서 차이점을 아는 것에 그쳐서는 안 되며, 은유적 표현을 해석하고 그것을 다시 자신의 은유적 표현으로 재구성하는 활동을 통해 실제로 은유적 사고를 경험하는 것이 중요하다. 이를 위해 평가의 영역을 창의성 영역과 인성 영역으로 나누어 아래와 같은 평가 항목을 제시했으며, 필요에 따라 수업에 관련된 성취 기준을 평가하는 항목을 추가할 수 있다.

평가의 유의점	창의·인성 요소의 특성상 결과 중심 평가에 치우치기보다는 과정 중심 평가를 병행하는 것이 더욱 바람직할 것이다. 합리적인 논쟁의 태도를 가지고 상대를 배려하고 이해하려 노력했는가도 중요한 창의·인성적 평가 요소가 될 것이다.
평가 목표	- 작품의 내용을 이해하고, 창의적으로 재구성했는가? - 발표 토론 과정을 통해 의사소통 능력이 향상되었는가? - 소통 과정에서 해석의 개방성을 인정하고 상대를 배려하는 태도를 가졌는가?

평가 영역	평가 기준	평가 방법	평가 척도					
			매우 잘함	잘함	보통	미흡	미완성	미제출

창의성 중심 영역	• 다양한 사고를 통해 풍부하고 창의적인 이야기를 만들어냈는가?	모둠별 활동결과물 평가	5	4	3	2	1	0
	• 해석해낸 시의 의미와 만든 이야기 사이의 연관관계가 적절하게 설정되었는가?	모둠별 활동결과물 평가	5	4	3	2	1	0
	• 자신의 해석과 이야기 설정을 발표를 통해 효과적으로 전달했는가?	모둠별 활동결과물 평가	5	4	3	2	1	0
인성 중심 영역	• 활동에 흥미를 가지고 능동적인 태도로 임했는가?	관찰 평가	5	4	3	2	1	0
	• 작품의 해석이 다양할 수 있다는 해석의 개방성에 대해 인식하고 있는가?	관찰 평가	5	4	3	2	1	0
	• 발표와 토론 과정에서 상대를 배려하고 존중하는 태도를 가졌는가?	관찰 평가	5	4	3	2	1	0
교사 의견 및 채점평	(예시) * 창의적이고 재미있는 이야기를 만들기는 했으나, 원작품과의 연계성이 부족하다.	합산	30점 만점에서 ______ 점					

2) 수행 평가 및 서술형 평가

▶ 수행 평가 예시

'겨울'에 대해 인상 깊었던 경험을 떠올려보고 다음 활동을 해보자.

1. 떠올린 경험 중에 가장 기억에 남는 대상, 그 대상과 비슷한 느낌을 주는 대상, 반대로 그 대상과 가장 동떨어지거나 대립되는 대상을 꼽아보자.
2. 1번 활동을 통해 떠올린 대상들 간의 관계도를 그림으로 그려보자(대상들을 배치한 후 선으로 이어 관계를 표시하는 관계도 그림).
3. 실제 경험했던 대상의 이미지와 잘 표현할 수 있는 은유적 대상을 생각해보고, 실제 대상을 은유적 대상으로 바꾸어 표현해보자.

▶ 평가 기준

- 자신의 경험을 잘 설명할 줄 아는가?

▶ 서술형 평가 예시

박목월의 시 「가정」을 읽고 질문에 답해보자.

1. 시에서 은유적 표현이라고 생각되는 부분을 찾아보고 그 의미를 생각해보자.
2. 은유적 표현들이 시 전체의 맥락에서 서로 어떠한 관계를 맺고 있는지 생각해보자.
3. 은유적 표현이라고 생각되는 부분을 직설적 표현으로 바꾸어 설명해보고 시와 바꾸어 설명한 글이 주는 느낌이 어떻게 다른지 생각해보자.

▶ 평가 기준

- 은유적 표현의 특성을 알고 있는가?
- 은유적 표현과 직설적 표현의 차이를 알고 바꾸어 쓸 수 있는가?
- 시의 전체 맥락 속에서 은유적 표현의 구조를 파악할 수 있는가?

6장 삶을 나누다 – 소통 확장 모형

1. 소통 확장 모형이 어떤 점에서 유용한가

1) 소통 확장 모형의 개념, 특성, 과정

문학과 연관된 수업에서 양분법은 무리를 범하기 쉽다. 단순한 '이해 – 표현' 또는 '감상 – 창작'의 틀에서 수업을 설계하면 문학 작품은 대부분 이해(감상)의 대상 또는 표현(창작)의 밑거름 역할에 머물게 된다. 이러한 틀에 맞추어 문학 수업을 진행하면 학습자 입장에서는 한 편의 문학 작품을 충실히 읽고 그것에 감흥을 받아 다른 작품을 써보는 과정을 선순환적으로 경험할 수 있지만, 작품을 중심으로 한 활동에 집중한 나머지 타인과의 문학적 소통 과정을 놓치기 쉽다. 즉, 작품 감상과 창작 과정에만 집중한 나머지 창작한 작품을 매개로 실제로 타인과 소통해보는 학습 경험의 축을 놓치게 되기 쉽다.

물론 학습자별로 개별화된 문학 감상 – 창작 경험이 개인의 창의성과 인성 성장에 일조하는 측면을 간과해서는 안 되겠으나, 예술 창작의 궁극적인 목적이 개인적 만족의 측면만이 아니라 '소통'의 측면과도 깊이 닿아 있다는 점을 간과해서도 안 된다. 작품을 쓰는 것은 결국 독자와 만나기 위해서이다. 작품의 창작 주체는 작품을 통해 비로소 독자와 만나 독자의 반응을 접함으로써 작품의 새로운 의미를 발견하기도 하고, 독자의 비평을 통해 자신의 작품 세계에 대하여 더욱 진지하게 탐구해나감으로써 성장의 기회를 얻기도 한다. 따라서 문학 작품의 존재 이유가 본질적으로 독자와 작가의 소통에 있다고 보아도 과언이 아니다.

'소통 확장 모형'은 문학 작품 창작-감상의 가운데에 놓인 중요한 어휘인 '소통'을 되살리는 것으로 요약된다. 문학 작품을 읽은 내용 또는 작품을 창작한 내용을 중심으로 타인과 더불어 의미를 부여하고 소통하는 과정을 통해 감상(창작) 주체는 스스로를 의미 있는 존재로 자각하게 되고 공동체 안에서의 문화적 실천의 주체로 거듭나게 되는 것이다. 소통의 의미를 되살리는 '소통 확장 모형'의 큰 흐름은 ① 문학 작품을 실제 삶에 어떻게 활용할지 생각해보고, ② 문학을 친교 활동에 직접 활용하며, ③ 한걸음 더 나아가 매체를 통해 문학적 소통을 실천하고, ④ 학습자 자신의 문학적 경험[1]을 적극적으로 활용해 삶의 국면에서 마주친 문제 상황에 대한 해결 방안을 모색해보는 것으로 정리된다.

소통 확장 모형

과정	주요 활동 내용
문학적 경험을 삶으로 끌어오기	감상하거나 창작한 작품을 일상생활에서 어떻게 활용하면 좋을지 활용 상황과 활용 효과를 떠올려보기
문학적 경험으로 친교하기	기존의 대인관계 상황에서 문학적 경험 활용하기, 새로 알게 된 인물과의 친교활동에 문학적 경험 활용하기
매체를 활용해 소통하기	문학 소통의 상황과 목적에 따라 다양한 매체를 이용하기, 매체 이용의 경험을 반성적으로 평가하고 새로운 소통 전략 세우기
문학적 경험을 활용해 문제해결하기	특정한 문제 상황에서 문학을 통해 그 문제를 해결할 수 있는 방안 찾아보기, 문제해결을 실천하고 평가하기

* 비고: 이 글에서 다루는 소통 확장 모형은 시를 중심으로 구안되었으나, 학습자의 삶에 적용하기 적절한 내용과 형식의 작품이라면 다른 장르 역시 다양하게 적용해볼 수 있다. 소설이나 희곡, 시나리오 등 줄거리가 있는 문학 장르를 중심으로 '이야기'를 활용해 타인과 소통하는 활동을 구안할 수도 있고, 수필 작품에 드러난 경험을 자신의 실생활에 적용해 타인과 소통하는 활동을 구성할 수 있다.

1 이 글에서 일컫는 '문학적 경험'이란 문학 감상과 문학 창작을 아우르는 의미다. 시간의 흐름에 따라 개인에게 일어난 사건들의 목록을 '체험'이라 한다면 그러한 체험들 중 개인의 삶에 의미 있는 영향력을 갖는 부분들을 가리켜 '경험'이라 지칭할 수 있다. 이와 같은 맥락에서 본다면 '문학적 경험'이란 '개인의 삶에 의미를 갖는 문학 감상 및 창작 경험'이라고 정의될 수 있다.

(1) 문학적 경험을 삶으로 끌어오기

문학 작품을 감상하고 창작한 경험은 단순히 자족적인 활동에 머무는 것을 넘어 타인과의 소통을 통해 새로운 의미를 부여받음으로써 진정으로 가치 있는 '경험'의 자리를 차지할 수 있게 된다. 작품을 통해 알게 된 세계를 타인과 이야기해보는 경험은 곧 공동체 안에 문학을 소통시키는 과정으로 연결된다는 점에서 문화적 실천의 기본이 되는 경험이다. 여기서 한걸음 더 나아가 스스로 창작한 작품을 통해 타인과 소통하는 것, 또는 자신의 감상 경험과 창작 경험을 동원해 삶에서의 문제점을 해결해가는 과정은 가장 적극적이고 능동적인 형태의 문화적 실천이다. 이러한 활동을 학습자 수준에 걸맞게 구안해 제공한다면 문학 작품을 삶의 한 부분으로 받아들일 수 있는 인문학적 감수성은 물론 문학 작품과 더불어 인생의 품격을 높일 수 있는 창의적인 자질을 학습자 스스로 키워갈 수 있게 될 것이다.[2]

소통 확장 모형을 적용해 성공적인 수업을 구안하려면 먼저 학습자가 삶으로 이끌어내기 적합한 내용의 제재를 선별할 필요가 있다. 이는 곧 학습자가 삶의 문제로 여기고 있는 것이 무엇인지에 대한 치열한 고민을 전제로 한다. 현대의 중등 학습자의 삶에서 가장 많이 소통하려 하지만 소통되지 않는 문제가 무엇인지, 또는 스스로의 힘으로 해결하기 힘들어하는 문제는 무엇인지, 학습자의 의사소통의 수준을 한층 높여줄 만한 문학적 경험을 제공하는 제재가 무엇인지 깊이 고려해볼 필요가 있다.

이 글에서 예로 들고자 하는 학습자 삶의 문제적 경험은 '애정 어린 존재와 관련된 경험'이다. 학교와 학원 수업에 지친 중등 학습자 입장에서 '애정 어린 존재'에 대한 이야기는 흔히 의사소통의 주제로 삼지 않는 이야기이지만, 역으로 이러한 삶의 삭막함을 극복하기 위해서는 잘 논하지 않던 애정 어린 존재에 대한 이야기를 복원할 필요가 있다. 또한 '애정' 또는 '사랑'은 수세기에 걸쳐 수많은 문학 작품의 주된 주제가 된 문제들이기도 하다. 애정 어린 존재와 관련된 추억, 또는 애착을 느끼는 대상을 상실한 경험 등을 중심으로 문화적 소통을 실천할 때 창의성의 주된 요소인 몰입 능력, 의사소통 능력, 자아성찰 능력, 감수성 등을 두루 신장시킬 수 있을 것이다. 애정 어린 존재의 부재 경험을 노래한 시, 소설, 수필 등을 다양하게 활용해봄으로써 학습자가 작품을 읽은 경험을 자신의 삶으로 끌어

2 문학 수업 또는 독서 과정이 삶의 질에 기여하는 측면 및 구체적인 기제와 관련해 다음을 참고했다. 우한용 외, 『언어·문학 영재교육의 가능성 향상탐구』, 한우리북스, 2010; 스테파니 하비 외, 『독서 몰입의 비밀』, 남택현 역, 커뮤니티, 2008.

올 수 있도록 하는 활동을 구안해볼 수 있다.[3]

• **책 만져보고 고르기**: 작품의 의미 해석에 깊이 들어가기에 앞서 작품 제목이나 작품집의 표지, 작품집의 편집 상태, 작가의 약력이나 사진, 작품을 시작하는 첫 구절 등을 살펴보며 가볍게 마음에 드는 작품을 골라보는 활동이다. 이 활동을 통해 자유로운 분위기에서 능동적으로 작품을 선택해봄으로써 문학 작품 만나는 경험 자체를 즐겁고 친숙한 삶의 경험으로 인식하도록 인도할 수 있다.

〔활동 예시〕
도서관의 시집 중 '사랑하는 대상'과 관련되었을 것 같은 시집을 세 권씩 고르고, 친구들 앞에서 그 시집을 고른 까닭을 발표해보자.

• **특정 주제에 맞는 작품 골라 발표하기**: 여러 작품집 중에서 특정 주제에 맞는 작품을 골라 발표하는 활동을 통해 '작품 선택의 과정' 자체를 경험해보는 활동이다. 여기서 교사가 제시하는 주제는 학습자의 일상적 경험과 잘 어우러질 수 있는 것이어야 한다. 학습자가 작품을 선택하는 과정을 자신의 삶과 문학의 만남이라는 측면으로 즐겁게 받아들일 수 있도록 활동을 세심히 이끌어주도록 한다.

〔활동 예시〕
가족 이야기가 담긴 시나 소설을 몇 편 골라보고, 각 작품의 분위기와 주제에 대해 발표해보자.

(2) 문학적 경험으로 친교하기

친교하기 활동에 문학적 경험을 활용하는 과정은 곧 문학을 삶으로 끌어와 타인과의 관계를 좀 더 '독창적인 관계'로 만드는 계기가 되는 활동이다. 이런 의미에서 친교 활동과

3 이어지는 활동을 구안하는 데 아이디어를 제공한 서적은 다음과 같다. 허병두, 『즐거운 글쓰기 교실』, 문학과지성사, 2006; 성하성, 『내가 한 글쓰기 수업 — 누구나 할 수 있게』, 나라말, 2000; 오철수, 『시가 되는 체험은 따로 있다』, 동랑커뮤니케이션즈, 2009.

문학적 경험의 결합은 창의적 삶의 시초라 의미 부여할 만하다. 그러나 작품을 감상한 경험이나 창작한 경험을 중심으로 친구나 가족, 선생님 등 주변 인물들과 대화를 나누어보는 경험이 거의 없는 학습자들 입장에서는 문학적 경험을 바탕으로 친교 활동을 나누는 시작이 매우 어색할 수 있다. 이러한 어색함을 허물어주고 자연스러운 분위기에서 문학적 경험을 의사소통 상황에 끌어올 수 있도록 세심하게 지도할 필요가 있다.

• **작품에 담긴 경험과 나의 경험 비교해 말하기**: 학습자별로 자유롭게 작품을 선택해 읽고 난 후, 작품 속에 드러나는 작가의 경험을 추측해보고 그 경험과 나의 경험을 비교해 이야기하는 발표 활동을 구안할 수 있다. 이 과정을 통해 자연스럽게 자기 경험을 이야기함으로써 문학적 경험을 대화 상황에 활용하는 활동을 이끌 수 있다.

〔활동 예시〕

(ㄱ) 기형도의 「엄마 걱정」을 감상한 후 시에 담긴 경험과 비슷한 경험을 이야기해보자.

(ㄴ) 소설 「수난 이대」를 감상한 후 누군가의 등에 업혔던 기억이나 누군가를 업어주었던 경험을 떠올려 당시의 상황과 작품 속 상황을 비교해 이야기해보자.

(3) 매체를 활용해 소통하기

친교적 의사소통을 중심으로 한 앞의 활동들이 사적 의사소통의 영역에 속한다면, 매체를 활용한 소통은 공적 의사소통의 영역을 포괄하는 활동이다. 작품을 감상하거나 창작했던 경험을 음악이나 영상, 사진 등으로 제작해 발표하는 등 의사소통의 폭과 깊이를 더할 수 있는 활동을 다양하게 구안할 수 있다. 이 활동을 통해 학습자는 자신의 문학적 경험을 효과적으로 드러내기 위해 어떤 방식을 선택하면 좋을지 아이디어를 생성하는 과정에서 창의성을 신장할 수 있음은 물론 문학적 경험을 활용해 공적 의사소통의 질을 높임으로써 문학적 경험의 의미 자체를 좀 더 창의적으로 받아들일 수 있게 될 것이다.

• **문학 작품을 영화로 제작해 발표하기**: 모둠별로 작품을 선택해 읽고 시나리오로 고쳐 쓴 후 배우, 연출, 소품, 음향 등 역할을 결정해 한 편의 영화를 제작하는 활동을 구안할 수 있다. 시나 소설을 자유롭게 선택하도록 장르의 폭을 열어줌으로써 학습자들이 줄거리

가 없는 문학 작품까지도 줄거리가 있는 영상물로 창작해볼 수 있도록 독려한다. 또한 작품을 영화로 만드는 과정을 작품을 그대로 영화화하는 것이 아닌, 모둠원들의 경험과 생각이 자유롭게 반영되는 개방적인 활동으로 받아들일 수 있도록 수업을 이끌어준다.

〔활동 예시〕

'아버지'와 관련된 소설이나 시를 한 편 선정해 읽고 난 후 영화로 제작해 발표해보자.

(ㄱ) 작품의 경험과 모둠원들의 경험을 비교해 자유롭게 이야기해보자.

(ㄴ) 작품의 내용과 모둠원들의 경험을 고르게 반영해 10분 분량의 영상물을 찍기 위한 시나리오와 스토리보드를 작성해보자.

(ㄷ) 모둠원들의 적성과 흥미를 고려해 다음의 역할을 결정해보자.

- 연출:
- 출연:
- 소품:
- 음악:
- 편집:

(ㄹ) 영화를 통해 느낀 점이 무엇인지를 중심으로 영화를 감상한 다른 모둠원들을 인터뷰해보자.

• **직접 창작한 작품을 영상으로 만들어 발표하고 토의하기**: 기존의 작품이 아닌 학습자가 직접 창작한 작품을 영상으로 만들어보는 활동으로, 개인별 또는 모둠별 활동 모두를 구안할 수 있다. 스스로 쓴 시나 소설을 영상으로 제작해 발표한 후 영상을 통해 전하고자 하는 주제의식을 감상자들이 잘 이해했는지 서로 확인해보는 토의시간을 겸함으로써 문학적 경험을 영상화해 공적 의사소통에 활용하는 활동 전체를 총체적으로 수행해볼 수 있다.

〔활동 예시〕

창작한 작품을 영상으로 만들어 발표한 후 친구들과 함께 작품 품평회를 열어보자.

(ㄱ) 작품 창작자 입장에서 자신의 영상물을 감상할 때 어떤 점에 주목하면 좋은지 제시해보자.

(ㄴ) 작품 감상자 입장에서 영상물을 창작한 친구에게 궁금한 점이나 조언하고 싶은 점, 칭찬하고 싶은 점 등을 정리해 발표해보자.

(4) 문학적 경험을 활용해 문제해결하기

문학적 경험을 실제 의사소통 상황에 적극적으로 활용해보는 활동의 궁극적인 목적은 문학을 통한 삶의 문제해결에 있다. 문학 작품에서 읽은 이야기, 작품을 통해 깨닫게 된 점, 또는 자신이 창작한 이야기나 시 자체, 작품을 창작했던 경험 등을 두루 활용해 일상에서의 문제점을 직접 해결해보는 활동을 통해 인간과 삶, 인간과 문학, 그리고 문학과 삶의 관계를 좀 더 긴밀하게 만들어볼 수 있다.

활동을 성공적으로 구안하려면 교사 입장에서 학습자들이 일상에서 어떤 고충을 안고 살아가는지 세심히 관찰해 어떤 문제를 해결하는 데 어떤 작품을 활용할 것인지 깊이 고민할 필요가 있다. 작품을 선정해 감상하거나 창작하는 과정은 물론 학습자의 몫이지만, 문학적 경험을 삶에 적용시켜본 경험이 많지 않은 학습자에게 삶의 여러 문제들 중 문학적 경험을 활용해 해결할 수 있는 문제가 어떤 것인지 생각할 수 있도록 기본적인 방향을 제시해주는 것은 교사의 몫이라 할 수 있기 때문이다. 문학적 경험을 활용한 문제해결의 과정을 담는 활동으로 다음과 같은 활동을 구안해보았다.

• **문학 작품 속 인물의 입장에서 토의하기**: 삶에서 부닥친 문제와 유사한 상황을 겪는 문학 작품 속 인물을 찾아본 후, 그 인물의 입장에서 문제해결 방안에 대해 토의하는 활동이다. 작품을 통해 작중인물의 상황을 추체험하고 해결 방안을 상상해보는 한편 작품에서 제시된 해결 방안을 비판적으로 검토해봄으로써 삶에서 겪는 갈등 상황에 대한 대처 과정을 경험해볼 수 있도록 활동을 제시한다.

〔활동 예시〕

'어린아이가 지나치게 어른스러울 때 어떤 문제가 있는가'라는 문제에 대해, 다음 과정을 중심으로 토의해보자.

(ㄱ) 소설 「기억 속의 들꽃」을 읽은 후 '어른스러운 아이'의 모습이 누구인지 찾아보고, 그 인물을 바라본 자신의 느낌을 이야기해보자.

(ㄴ)「기억 속의 들꽃」에 나오는 각 인물의 입장을 선택해 모둠별로 '어른스러운 아이'에 대한 생각을 토의해보자.

(ㄷ) 어린아이가 어떠한 환경에서 어른스럽게 변화하는지 생각해보고, 그러한 환경의 문제점을 정리해보자.

2) 창의성 요소와의 관련성

모형의 전체적인 흐름을 통해 드러나듯, 소통 확장 모형을 통해 신장시킬 수 있는 창의성 요소들은 주로 자기 자신 및 타인과의 의사소통 능력과 깊은 관련을 맺고 있다. 우선 자기 자신의 경험을 들여다보며 문제적 상황을 발견하는 과정을 통해 즐겁고 의미 있는 일에 집중하는 몰입 능력과 자아 성찰의 태도를 함양할 수 있다. 또한 자신의 문제적 경험을 이해하는 한편 이를 타인과 더불어 이야기함으로써 문제를 정리해가는 토의 과정을 중심으로 다른 사람과 의미 있는 문제에 대해 깊이 이야기할 수 있는 의사소통 능력을 키워갈 수 있다. 또한 문학 작품을 감상하거나 창작하는 경험을 통해 실제 문제적 상황을 해결하는 과정에서 문학 작품을 섬세하게 읽어내는 감수성과 문제 상황에 유연하게 대처하는 개방성, 문학적 경험을 빌려 세상을 통찰할 줄 아는 철학적 안목 등을 두루 신장시킬 수 있다.

영역	일반적 창의·인성 요소	국어과 관련 창의·인성 요소
인지 영역	자아성찰	자신의 문제 상황 떠올리기
정의 영역	감수성, 개방성	문학 작품을 읽거나 창작한 경험을 삶에 적용하기
실천 영역	의사소통능력, 문제해결력	문제해결 과정에서 타인과 의사소통하기

3) 모형 운용을 위한 전략 및 다른 모형과의 호응

소통 확장 모형을 적용한 수업이 의미 있는 성과를 거두려면 자유롭게 문학 작품을 감상하거나 창작하고, 감상한 결과나 창작한 결과물을 서로 긍정적으로 존중할 수 있는 학습 분위기 조성이 선행되어야 한다. 작품을 읽은 후의 반응에 대해 정답과 오답을 가르는 활동, 창작물의 완성도를 평가하는 활동, 심지어 학습자들이 문학적 경험을 얼마나 진지하고 의미 있게 받아들이는지 관찰하고 평가하는 활동 등 일체의 '평가와 관련된 활동'을 배제할 필요가 있다는 뜻이다. 이 수업에서 평가의 대상은 문학적 경험의 충실성 그 자체에 있는 것이 아니라 문학적 경험을 활용해 타인과 의사소통하고 자신이 겪는 삶의 문제를 실제로 해결해보는 과정의 충실성에 있기 때문이다. 문학 작품을 읽은 반응이나 창작물의 완성도에 집착하다보면 교수·학습 과정 전체가 이해 – 표현의 틀 안에 다시 갇히게 되어 문학적 경험을 활용한 '의사소통' 영역으로 깊이 나아갈 수 없게 된다. 이러한 점에 유의해 작품을 자유롭게 감상하고 창작할 수 있는 분위기가 조성될 수 있도록 지도할 필요가 있다.

소통 확장 모형의 성패는 학습자가 작품과 만난 경험을 얼마나 능동적으로 자신의 경험 세계로 끌어오는지에 달려 있기 때문에 학습자가 실생활에 잘 적용할 수 있는 상황과 분위기가 드러나는 재제를 선정하는 것이 효과적이다. 학습자가 효과적으로 다루기 어려운 특정한 '감정'과 관련된 문제를 다루거나, 입시 교육으로 인해 지친 학습자에게 위안을 안겨줄 수 있는 작품, 진로 선택에 대한 갈등과 고민이 담겨 있는 작품 등이 활동의 훌륭한 바탕이 될 것이다. 다만 소통 확장 모형에 적용될 수 있는 작품군은 학습자를 바라보는 교사의 안목과 교사와 학습자 사이에 형성된 라포(rapport), 학습자 개별 특성에 대한 이해 정도 등에 따라 무한히 다양화될 수 있을 것이다.

실제의 차시별 수업 설계 시 학년군에 따른 관련 성취 기준을 적절히 선택할 필요가 있는데, 실제 삶의 문제를 해결한다는 점에 초점을 맞추어 갈등과 관련된 성취 기준에 주목하거나 문학적 감상과 관련된 성취 기준을 중심으로 수업을 설계해볼 수 있다. 반드시 문학과 관련된 성취 기준이 아니라 하더라도 독자로서 책과 만나 어떤 의미 있는 경험을 하게 되는지, 독자로서의 정체성을 어떻게 형성하는지와 관련 깊은 읽기 관련 성취 기준을 제시할 수도 있다.

소통 확장 모형은 창의성 신장을 목표로 하는 다른 모형들과도 다양하게 조우할 수 있다. 우선 학습자 나름대로 작품 속에 그려진 가치에 대하여 판단해보는 '가치 탐구 모형'과 결합해 활동을 구안할 수 있다. 가치 탐구 모형의 경우 작중인물의 생각에 담긴 가치를 현실의 가치와 비교해보는 과정을 통해 인물의 생각을 현실적 삶의 층위에 적용해보는 활동으로 나아갈 수 있는데, 이는 곧 문학적 경험을 삶으로 적극적으로 끌어오는 소통 확장 모형과 맞닿는 지점이기도 하다. 소통 확장 모형과 가치 탐구 모형의 조우를 통해 학습자 스스로 인물의 생각을 한층 비판적으로 이해해봄으로써 문학적 경험을 활용한 삶의 문제해결의 실마리를 발견하도록 할 수 있다.

특정 작품에 대하여 새롭게 패러디하거나 여러 작품을 상호 연결 지어 새로운 작품을 구성하는 '창작 모형'과의 결합도 가능하다. 두 모형을 결합해 작품을 패러디하거나 새롭게 창작하는 과정을 중심으로 실제 상황에 특정 문제를 가상으로 해결해보는 활동, 작품을 패러디 및 재창작한 경험 자체를 중심으로 타인과 의사소통해보는 활동, 작품 창작을 통해 삶의 문제 상황에 대한 대안을 제시해보는 활동 등을 다양하게 구안해볼 수 있다. 앞서 제시한 활동에서와 같이 작품 창작의 경험을 친교적 의사소통 상황에 활용하거나 창작한 작품을 매체를 통해 재구성함으로써 공적 의사소통 상황에 활용할 수 있다는 점에서 창작 모형은 소통 확장 모형을 정교하게 가다듬는 데 가장 깊이 기여할 수 있는 모형이다.

2. 소통 확장 모형을 어떻게 적용할까

자신의 삶을 되돌아보며 문제적 경험을 떠올리는 과정은 곧 '자아 탐구하기' 활동으로 구안될 수 있다. 자신의 삶에서 현재 겪고 있는 문제의 본질을 깊이 이해하려면 자신의 속마음은 물론 타인과의 의사소통 과정까지 두루 살펴봄으로써 내적 또는 외적 갈등의 실체를 파악하는 과정이 필요하다. 그러나 중등 학습자가 아무런 매개 없이 직접적으로 자아를 성찰하는 과정은 지난한 일이므로 자신의 경험에 대한 '글쓰기'라는 활동을 중심으로 자기 자신을 심층적으로 들여다보는 과정은 나 자신에 대해 새롭고 깊이 있게 이해하는 계기가 될 것이다.

또한 문학적 경험을 활용해 새로운 의사소통 방식을 만들어내거나 삶의 문제 해결에 문학적 경험을 적극적으로 활용하는 과정은 그대로 '새로운 세계 창조하기' 활동으로 구안될 수 있다. 이 활동은 기존의 세계, 즉 자기 자신의 문제적 상황을 해결하지 못한 채 머물러 있던 자아를 새롭게 뒤집어보며(기존 세계의 부정) 새로운 자아로 성장해가는 과정이므로 비판적 사고력 신장과도 관련된다고 볼 수 있다. 또한 문학적 경험을 바탕으로 타인과 깊이 있게 소통하는 과정인 '공감 소통하기' 활동, 자기 자신의 경험을 들여다보며 인간의 가치를 옹호하는 단서를 찾아가는 '반성적 사고 확장하기' 활동 등과도 적극적으로 연계될 수 있다.

3. 소통 확장 모형의 적용 사례는 어떤 것이 있을까

1) 학습 활동 사례 - 기형도의 「엄마 걱정」, 이시영의 「무지개」

(1) 관련 성취 기준

중등 학습자의 수준에서 실제 삶의 문제에 자신의 문학적 경험을 능동적으로 활용할 수 있도록 수업을 설계하려면 학습자의 흥미와 부합하면서도 문제 상황이 선명하게 제시된 제재를 선택해 학습자가 능동적 의사소통의 주체로서 그리고 문화론적 실천자로서 정체성을 형성하는 과정을 담는 성취 기준을 중심으로 수업을 설계할 필요가 있다. 이를 위해 앞서 언급한 '애착이 느껴지는 존재'와 관련된 두 편의 시, 즉 기형도의 「엄마 걱정」과 이시영의 「무지개」를 주요 제재로 선택해 수업을 설계해보았다.[4]

단원 설계와 관련 깊은 성취 기준으로는 2009 개정 교육 과정 중 '독자의 정체성'과 관련된 성취 기준을 살펴볼 수 있다. 특히 읽기 (9)의 '자신의 삶과 관련지어 글의 의미를 해석하고 독자의 정체성을 형성할 수 있다'와 같은 성취 기준은 작품 감상 과정을 통해 자신의 경험을 반추할 수 있도록 한다는 본 수업의 틀에 가장 근접한 기준이라 볼 수 있다. 그 밖에 듣기·말하기 (10)의 '화법의 다양성을 이해하고 서로 다른 집단 간의 소통의 중요성을 안다', 쓰기 (9)의 '매체의 특성이 쓰기의 내용과 형식에 미치는 영향을 고려하여 글을 효과적으로 쓴다', 문학 (9)의 '자신의 일상에서 의미 있는 경험을 찾아 다양한 작품으로 표현한다' 등의 성취 기준을 접목해 수업을 설계해볼 수 있다.

4 작품들의 출처는 다음과 같다. 기형도, 『잎 속의 검은 잎』, 문학과지성, 1989; 이시영, 『사이』, 창작과비평사, 1996.

(2) 제재 선정

학습자가 애착 어린 존재에 대한 기억을 자연스레 떠올릴 수 있도록 하기 위해 엄마(어머니)와 관련된 작가의 경험과 감정이 담긴 작품을 제시했다. 「엄마 걱정」은 생계를 위해 일하러 나간 엄마를 기다리며 홀로 숙제를 해야 했던 유년의 기억을 담은 작품이다. 애착 어린 존재에 대한 간절한 기다림, 사랑하는 존재와 함께하지 못하는 순간의 불안이나 상실감 등의 감정을 느껴봄으로써 애착 어린 대상을 향한 간절함을 떠올려보도록 유도하기에 적절한 작품이다. 「무지개」는 어린 시절 천둥소리에 놀라 들길을 뛰어 달린 '나'를 간절히 찾던 어머니의 모습이 담겨 있는 시로, '무지개'로 표상되는 훈훈하고 아름다운 애정을 느낄 수 있는 작품이다. 앞선 작품에 비해 가벼운 일화를 담고 있으면서도 잃어버린 나를 찾던 어머니에 대한 애정과 그리움이 듬뿍 담겨 있어 학습자의 애착 어린 존재에 대한 기억을 자극하는 매개가 되는 작품이다.[5]

(3) 단원의 개관

작품 감상 후 자신의 문제적 경험을 떠올려보고 문학적 경험을 적용해 문제를 해결해보는 과정을 전체적으로 구안하기 위해 '자아 탐구하기', '새로운 세계 창조하기' 등의 활동과의 결합 과정을 제시했다.

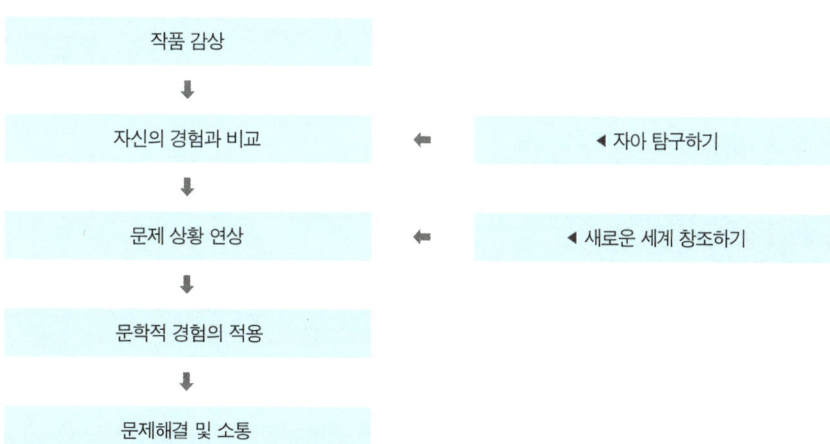

5 시 제재를 중심으로 하는 수업 구안을 위해 다음 서적의 도움을 받았다. 오철수, 『시가 되는 체험은 따로 있다』, 동랑커뮤니케이션즈, 2009.

자신의 삶에서 문제적 상황을 발견하는 과정은 곧 자기 자신에 대한 면밀한 탐구와 관련 깊다는 점에서 자아 탐구하기 활동을 통해 구안될 수 있다. 문학적 경험을 적용해 문제적 상황을 바라본 후 문제 해결을 모색하는 새로운 작품을 창작하거나 문학적 경험을 활용해 타인과 의사소통하는 방식을 새롭게 구안하는 활동은 곧 학습자 입장에서의 '새로운 세계'에 해당한다고 볼 수 있다. 이에 주목해 새로운 세계 창조하기 활동을 중심으로 학습 과정을 구안했다.

2) 주요 학습 내용

차시	학습 내용	학습 활동	창의·인성 요소 주안점
1	▶ 단원 안내, 학습 목표 제시 ▶ 학습 동기 부여 - '문제해결법 장터'에서 문제해결의 경험을 사고파는 놀이 - 시집의 겉표지를 보고 어떤 문제해결의 실마리가 담겨 있을지 추리하기 ▶ 「엄마 걱정」, 「무지개」 본문 읽기 - 작품 감상	보기 발표하기 작품 읽기	감수성
2~3	▶ 작가의 경험과 나의 경험 비교 - 작가의 경험 상상하여 삽화 그리기 - '나'에게 애착 어린 대상 떠올리기 ▶ 내가 처한 문제 상황 연상 - 모둠원과 더불어 경험담 나누기 - 경험을 중심으로 생각나무 키우기 - 문제 상황 정리하기	그리기 자유연상 말하기 쓰기	의사소통 능력, 개방성
3~4	▶ 문학적 경험을 적용한 문제해결 및 소통 - 애착 어린 존재와의 문제해결을 위한 작품 인용하기 - 발표에 대한 감상문 쓰고 나누기	읽기 쓰기	의사소통 능력, 문제해결력
4	▶ 활동 마무리하기 - 활동 점검하기 - 단원 마무리 평가		

3) 세부 수업 내용

(1) 1차시

단원을 시작하는 차시에서는 주로 학습할 창의성 및 인성 요소 주안점을 제시해 수업 목표를 분명히 한다. 이 단원에서는 애착 어린 대상과 관련된 경험이 담긴 작품을 감상한 후 실제 삶에서 애착 어린 대상과 관련된 문제를 해결하는 과정에 작품을 감상한 경험을 활용하는 과정을 통해 감수성, 개방성, 의사소통능력, 문제해결력 등을 기르도록 한다.

창의성 신장이라는 기본 목표 외에 이 수업이 고유하게 가지는 학습 목표의 확인 역시 1차시에 이루어진다. 이 단원은 '자신의 삶과 관련지으며 글의 의미를 해석하고 독자의 정체성을 형성한다'는 학습 목표를 지향한다. 먼저 단원의 학습 목표와 관련해 창의·인성 요소를 자극하는 흥미 유발 활동을 하도록 한다. 다음으로는 단원 학습 목표를 중심으로 확산적인 동기 유발 활동을 하도록 한다. 이를 각각 '생각 트기', '재미 붙이기' 단계로 명명했다. 이러한 준비 작업을 거쳐 본 학습으로 진입하도록 하여 창의성 유발 효과를 더욱 확장할 수 있다.

▶ 단원 안내

- 독자로서 작품과 접한 경험을 실제 삶에 어떻게 활용할 수 있을지 생각해보기
- 창의·인성 주안점에 주목하기: 의사소통능력, 문제해결력, 감수성, 개방성

▶ 학습 목표 제시

- 자신의 삶과 관련지으며 글의 의미를 해석하고 독자의 정체성을 형성할 수 있다.

▶ 생각 트기

- '문제해결법 장터'를 차린다고 상상하며, 친구들과 함께 나만의 문제해결 경험을 장터에 내놓고 사고파는 놀이하기

▶ 재미 붙이기

- 다양한 시집의 겉표지만 살펴보고, 어떤 문제를 겪는 이에게 잘 어울리는 시집일지 상상하여 이야기해보기

학습자들이 학습 목표를 주지하고 학습에 대한 동기를 유지할 수 있도록 활동을 이끈

다음, 애착 어린 존재와 관련된 경험이 담긴 시 작품을 진지하게 감상할 수 있도록 분위기를 조성하면서 작품 감상 활동으로 이어간다. 앞선 동기 유발 활동이 문학적 경험과 삶의 문제를 두루 연결지어보는 활동이었다면, 작품 감상 과정은 '애정 어린 존재와의 문제'라는 특정한 범주의 문제와 문학적 경험을 연결 짓는 활동이다. 학습자들이 각자에게 가장 애정 어린 존재가 누구인지 떠올려보며 작품을 진지하게 감상할 수 있도록 세심히 이끌어 주도록 한다.

▶ 텍스트 감상
- 기형도의 「엄마 걱정」, 이시영의 「무지개」 감상

작품 감상을 마무리하며 각 작품을 통해 느껴지는 분위기와 정서에 대해 간단히 발표해보면서 수업을 마무리하도록 한다. 차시 활동에서 작품을 감상한 내용을 본격적으로 정리하고 자신의 삶과 작품의 내용을 적극적으로 연결 짓는 과정이 이루어질 것임을 예고한다.

▶ 수업 내용 정리하기

(2) 2차시

2차시는 1차시에서 제시했던 작품을 중심으로 자신의 삶에서 애정 어린 존재와 관련된 기억을 더듬어보고 그 존재와 겪었던 갈등이나 문제 상황을 적극적으로 떠올려보는 차시이다. 학습자가 최대한 자유롭고 편안한 분위기에서 자신이 가장 애착을 갖고 있는 대상이 누구인지 떠올려 보고, 그 대상과 관련하여 겪었던 갈등이나 문제점을 솔직하게 떠올리고 표현할 수 있도록 개방적인 분위기를 조성해줄 필요가 있다.

▶ 전시 학습 상기
▶ 본시 학습 안내
- 어머니와 관련된 두 편의 시를 중심으로 애정 어린 존재와 관련된 문제적 경험을 해결해보는 활동임을 주지
▶ 혼자하기

- 어머니와 관련된 작가의 경험 상상하기
- 내가 사랑을 느끼는 존재와, 그 존재와 겪은 문제점에 대해 떠올려 보기

학습자들이 작품에 몰입해 감상함으로써 어머니를 비롯해 애정 어린 존재와의 관계에 대해 깊이 추억해볼 수 있도록 개방적인 분위기를 조성해준다. 잔잔한 음악을 틀거나 모둠별로 진지한 분위기에서 작품을 낭송해보는 것도 좋다. 애착을 느끼는 존재와 관련한 기억을 각자 떠올린 후 모둠별로 함께 이야기하면서 각자의 문제점의 본질에 접근해볼 수 있도록 모둠별 토의 분위기를 자연스럽게 유도해준다.

▶ 함께하기

- 모둠원들과 더불어 애착을 느끼는 존재와 관련된 경험을 이야기하기
- 서로 이야기를 나눈 경험을 중심으로 생각나무 키우기
- 경험 속에서 문제 상황을 발견해 정리하기

각자 자신이 떠올린 애정 어린 존재와의 경험을 이야기하며, 이야기한 내용 중 어떤 점에서 문제가 있는지 모둠별로 함께 토의해보도록 한다. 중등 학습자들의 입장에서 생각해볼 수 있을 법한 애정 어린 존재와의 문제점을 예로 들면 다음과 같은 것들이 있다.

- 아버지와의 대화 시간이 점점 줄어들고 있어 아쉽다.
- 짝사랑하는 대상 OO에게 마음을 표현하지 못해 안타깝다.
- 내게는 가장 친한 친구인 OO가 나보다 다른 친구와 더 친한 것 같아 슬프다.
- 몇 년간 키워온 강아지를 잃어버려 서운하고 걱정된다.
- 내가 가장 존경하는 선생님께서 다른 학교로 전근을 가셔서 섭섭하다.
- 내 동생 OO가 요즘 몸이 아파서 속이 상한다.

모둠별로 각자의 문제점에 대해 되도록 깊이 이야기를 나누어봄으로써 그 문제를 해결하는 데 작품을 감상한 경험을 어떻게 활용할 수 있을지에 대한 힌트를 얻을 수 있을 것이다. 학습자들이 충분히 자유롭고 진지한 분위기 속에서 이야기를 나눌 수 있도록 충분히

이끌어준 후 수업 내용을 정리하도록 한다.

▶ 수업 내용 정리하기

(3) 3~4차시

애정 어린 존재와의 문제점을 해결하는 가장 좋은 방법은 아마도 자신의 감정을 솔직하게 표현하는 방법일 것이다. 3~4차시 수업 과정은 기존에 읽은 문학 작품을 활용해 애정 어린 존재와의 갈등을 효과적으로 해결해보는 과정이다. 또한 갈등을 해결하는 데 선택한 또는 창작한 문학 작품이 적절한지에 대해 감상평을 작성해봄으로써 상호 평가가 이루어지는 과정이다.

▶ 본시 학습 안내

- 애정 어린 존재와 관련된 문제적 상황을 발견하고 이에 문학적 경험을 적용할 것임을 주지

'혼자하기' 활동을 통해 애착 어린 존재와의 갈등 또는 문제를 해결하기 위해 어떤 마음을 표현할지 진지한 자세로 생각해보도록 한다. 어떤 존재와 어떤 갈등을 겪고 있는지에 따라, 어떤 문제 상황에 놓여 있는지에 따라 표현할 감정의 층위는 매우 다양할 것이다. 그리움, 슬픔, 애틋함, 섭섭함, 미안함, 반성, 응원, 원망, 후회 등 자신이 표현하려는 감정의 층위가 무엇인지 깊이 생각해보도록 이끌어준다.

▶ 혼자하기

- 애착 어린 존재를 향해 어떤 마음을 표현할지 떠올리기

개인별로 표현하고자 하는 감정의 층위를 결정한 후에는 모둠별 토의 과정을 통해 각각의 감정을 표현하기에 적절한 작품을 상호 추천하는 과정을 이어가도록 한다. 이때 적절한 작품을 추천할 만큼 작품에 대한 애정과 관심도가 높은지 학습자별로 세심히 관찰함으로써 추천과 인용에 어려움을 겪는 학습자들이 활동을 제대로 이어갈 수 있도록 이끌어줄

필요가 있다.

▶ 함께하기

- 마음을 표현하기에 적절한 작품 추천하고 추천받기 및 인용하기

'함께하기' 활동은 개인별로 떠올린 마음 속 감정을 잘 드러내주는 작품을 모둠별로 찾아보는 활동이다. 서로의 감정 표현을 위해 잘 어울리는 작품을 서로에게 추천해주고, 자신의 감정 표현을 통한 문제해결에 도움이 되는 작품을 추천받는 과정을 충실히 수행함으로써 의사소통능력과 문제해결력을 키울 수 있도록 학생들을 독려한다.

▶ 나누기

- 작품을 인용해 감정 표현하는 글 쓰고 발표하기 및 감상하기
- 발표 감상평 작성하여 공유하기

모둠별 활동을 통해 작품을 적절히 인용하여 서로의 감정을 표현해보았다면 이후 서로의 감정 표현을 들으며 발표 감상문을 작성하고 나누는 시간을 갖는다. 상대방의 발표를 들으며 어떤 감정이 들었는지, 상대방이 해결하고자 하는 문제가 잘 해결되리라고 보는지 비평해봄으로써 문학적 경험이 문제해결에 적절히 활용되는지에 대한 상호 평가의 시간을 갖도록 한다.

▶ 수업 내용 정리하기

▶ 수업 활동 스스로 점검하기(서술형 평가를 통해 평가하기)

▶ 단원 정리

4) 그 외에 활용 가능한 자료 및 활동 아이디어와의 결합 예시

문학적 경험을 활용해 실제 의사소통 상황에 적용해보는 과정, 나아가 실제 삶의 문제

를 해결하는 과정을 수행해보는 수업을 위해 다음과 같은 자료와 활동을 소개해본다.

- 성석제의 소설 『경두』를 중심으로 한 활동
  - 주인공 '경두'를 둘러싼 현실과 자신의 삶의 현실 비교하기
  - 소설에서 다루고 있는 문제점과 관련해 친구, 부모님, 선생님 순서로 인터뷰하기
  - 소설 속 인물들의 갈등 해결 방식에 대하여 친구들과 토의하기
- 고전 소설 『박씨전』을 중심으로 한 활동
  - 박씨 부인이 문제를 해결하는 과정을 비판적으로 검토하기
  - 문학 작품 속 영웅의 프로필을 모아 영상물 만들어 발표하기
  - 우리가 살아가는 현실의 문제점 중 하나를 골라, 그러한 문제를 통쾌하게 해결해주는 내용의 소설 창작하기
- 외국 소설 『스피릿 베어』를 중심으로 하는 활동
  - 작품 속 주인공이 겪은 부적응 문제와 비슷한 문제를 겪고 있는 실제 인물 사례 조사해보기
  - 주인공과 비슷한 방법으로 실제 학교의 부적응 문제를 해결한다고 가정하고 새로운 소설 창작해보기
  - 『스피릿 베어』의 전체 줄거리를 학급회의에 적용해 학교 폭력 및 부적응 문제와 관련된 학급 규칙 세우기
- 윤오영의 수필 「방망이 깎던 노인」을 중심으로 하는 활동
  - '우리 시대의 장인' 조사하여 발표하기 및 '장인'의 요건 토의하기
  - 개인별로 '일일 장인 체험' 활동하기: 학급 활동 중 특정 분야에서 장인이 되어 보는 날짜를 정해 활동하고 자기 평가하기
  - 작품 속 상황을 현대적으로 재구성한 영상물 및 소설 창작하기

위 텍스트들을 중심으로 소통 확장 모형을 구안할 때, 다음과 같은 다양한 활동 아이디어들을 활용해볼 수 있다.

(1) 공동체 문제 발견 및 해결하기

청소년 주인공이 등장하는 소설인 『경두』나 『스피릿 베어』 등의 작품을 중심으로 실제 중등 학습자들이 현실에서 겪고 있는 문제를 발견하고 이야기해보는 수업을 구안해볼 수 있다. 문학 작품을 통해 학교에서 부적응하는 학생을 바라보는 개인과 사회의 시각에

대해 알아보고 이를 공식적으로 담론화하는 과정에서 중등 학습자들이 실제로 겪을 수 있을 법한 삶의 문제해결에 문학적 경험이 큰 도움이 된다는 점을 실감할 수 있다.

(2) 모의 체험하기

『경두』나 『스피릿 베어』에 등장하는 문제적 주인공을 중심으로 모의 법정 토의를 진행하거나, 가상 인물 인터뷰 등의 활동을 구안해볼 수 있다. 이 과정을 통해 중등 학습자의 중요한 삶의 공간인 '학교', '가정', '지역 사회' 등의 바람직한 모습에 대해 깊이 사고해볼 수 있음은 물론 문학 작품을 감상한 내용이 삶의 문제해결에 직접적인 영향을 끼칠 수 있다는 점을 깊이 깨달을 수 있다.

(3) 패러디하기

작품 자체가 역사적 사건에 대한 문제해결 과정이라고 볼 수 있는 『박씨전』을 중심으로, 우리가 살아가는 현 시대의 문제점을 발견하고 이를 개선하는 내용의 소설을 직접 창작해보는 수업을 설계해볼 수 있다. 수필 「방망이 깎던 노인」 역시 전통적인 상황을 현대적으로 바꾸어 재창작해보면서 '장인정신 부재'라는 현실의 문제에 대해 생각해보는 수업을 진행할 수 있다. 이처럼 실제 우리가 살아가는 현실의 문제를 '문학적으로 해결하는 과정'을 직접 수행해봄으로써 현실 문제에 대한 문학 작품의 영향력에 대해 학습자 스스로 생각해보는 계기가 마련될 수 있다. 또한 패러디 과정에서 현실의 문제점을 허구의 힘을 빌려 해결하는 만족감을 느껴봄으로써 창작에 대한 동기를 얻는 계기가 마련될 수 있다.

(4) 전통문화 재발견하기

「방망이 깎던 노인」을 중심으로 현대에 점차 사라져가는 '장인정신'의 의미를 생각해보고 '장인정신'을 되살리기 위한 구체적인 노력이 필요하다는 점에 대해 토의해보는 수업을 진행할 수 있다. 이를 통해 우리의 전통문화에 깃든 '장인정신'의 의미를 깊이 생각해보고 이를 중심으로 현대의 많은 문제점들을 찾아봄으로써 문학 작품을 통해 알게 된 특정한 관념을 중심으로 실제 삶의 문제를 조망하고 분석해보는 과정을 학습자들 스스로 경험해볼 수 있다.

4. 평가는 어떻게 할까

1) 평가 목적, 방법, 주안점 등

국어과 교과 수업 차원에서는 교육 과정상 성취 기준을 활용한 평가를 실시하는 것이 바람직하겠으나, 창의·인성 요소를 좀 더 부각해 평가하려면 아래와 같이 창의·인성 요소 중심의 영역과 기준에 따라 평가를 실시할 수 있다. 또한 개별 수업의 상황을 고려해 평가 영역과 평가 기준 등을 다양하게 변용·활용할 필요가 있다. 창의·인성 요소의 특성상 결과 중심 평가에 치우치기보다는 과정 중심 평가를 병행하는 것이 더욱 바람직하므로 작품을 감상하고 반응하는 과정, 경험을 떠올리는 모둠별 활동 과정, 창작물을 감상하는 과정 등을 객관적으로 관찰해 학습자의 가능성과 잠재력을 평가할 수 있도록 접근할 필요가 있다.

평가 목표	- 자신의 경험과 감정을 떠올리는 일에 몰입했는가? - 타인과 세심하고 깊이있게 의사소통했는가? - 작품을 읽은 독자로서의 경험을 활용하여 문제를 해결했는가?							
평가 영역	**평가 기준**	**평가 방법**	**평가 척도**					
			매우 잘함	**잘함**	**보통**	**미흡**	**미완성**	**미제출**
창의성 중심 영역	• 작가의 경험과 감정을 구체적으로 상상했는가?	서술형 평가	5	4	3	2	1	0
	• 자신의 경험과 감정을 다채롭게 떠올렸는가?	서술형 평가	5	4	3	2	1	0
	• 문학적 경험이 문제 상황을 해결하는 데 적절한가?	상호 평가	5	4	3	2	1	0
인성 중심 영역	• 모둠별 이야기 규칙을 준수하여 활동했는가?	관찰 평가	5	4	3	2	1	0
	• 다른 친구의 경험담에 대해 깊이 이해하며 능동적으로 반응했는가?	관찰평가 상호평가	5	4	3	2	1	0
	• 다른 친구의 발표를 진지한 태도로 감상했는가?	관찰 평가	5	4	3	2	1	0
교사 의견 및 채점평	(예시) * 경험과 감정을 떠올리는 자아 성찰 능력과 활동에 몰입하는 능력은 뛰어나지만, 타인의 작품을 감상하는 태도 면에서 진지함이 조금 부족함	합산	30점 만점에서 ______ 점					

2) 수행 평가 및 서술형 평가

▶ 서술형 문항

황순원의 「별」을 읽고 아이가 겪고 있는 갈등의 내용을 설명하고, 아이가 스스로 갈등을 잘 해결하기 위해 읽으면 좋을 작품과 추천 이유를 서술하시오.(500자 내외)

▶ 수행 평가 문항

모둠별로 작품을 감상한 후 작품 내용에서 삶의 문제와 관련지어 토의할 만한 주제를 두 가지 이상 찾아 토의한 후 모둠별 토의록을 작성해 제출하시오.

▶ 서술형 평가 기준

• 작품 속 아이의 갈등 내용을 정확히 이해하고 있는가? 상 – 중 – 하
• 아이에게 추천하는 작품을 한 편 이상 제시했는가? 상 – 중 – 하
• 아이의 갈등과 관련해 작품 추천 이유가 논리적인가? 상 – 중 – 하
• 답안을 500자 내외의 분량으로 작성했는가? 상 – 중 – 하

▶ 수행 평가 기준

• 삶의 문제와 관련된 문제를 토의 주제로 적절히 선택했는가? 상 – 중 – 하
• 토의 과정에 열의를 갖고 임했는가? 상 – 중 – 하
• 주제와 관련된 토의 내용의 핵심을 토의록에 기록했는가? 상 – 중 – 하

7장 생각하는 재미의 터득 - 해석 교환 모형

1. 해석 교환 모형이 어떤 점에서 유용한가

1) 해석 교환 모형의 개념, 특성, 과정

교실 수업에서 문학 작품의 의미를 해석하는 과정을 이끌어가다 보면 학생 개개인의 해석 내용을 어떻게 처리할지 당혹스런 경우가 자주 있다. 이러한 고민을 해결하는 데 도움이 되는 모형이 해석 교환 모형이다. '해석'을 '교환'한다는 것은 곧 텍스트에 형상화되어 있는 언어에 초점을 맞추어 작품을 해석하고, 해석한 내용을 서로 의사소통해보는 활동으로 문학의 아름다움을 보다 깊이 있게 느끼고 풍부한 의미를 발견하는 과정이라 할 수 있다. 독자는 텍스트를 통해 새로운 의미를 생산하는 해석 주체이다. 창조적인 의미 생성 과정으로서의 해석 활동은 텍스트와의 교류 속에서 학습자의 인식 지평을 넓히며 삶에 대한 문제의식을 새롭게 갖는 계기로 작용한다. 해석 교환은 이러한 내적 반응을 보다 확장하고 타인을 이해하는 과정을 포함한다.

문학은 인간의 삶을 형상화해 표현하는 데 어떤 언어를 사용하느냐에 따라서 똑같은 상황도 달리 표현할 수 있고 다른 감동을 불러일으킬 수 있다. 작품에 등장하는 다양한 사람들의 목소리들, 다양한 층위의 언어들이 생생하게 운용되어 풍부한 의미를 조직해가기 때문이다. 바로 이러한 언어의 역동적인 운용이 텍스트에 생명력을 불어넣어주며, 그렇게 창조된 생동감 있는 세계는 문학의 아름다움을 만들어내는 바탕이 된다. 그러하기에 문학 작품을 감상할 때에는 언어로 형상화되어 있는 텍스트의 다양한 요소들을 종합적으로 읽어내야 한다. 텍스트에 어떤 어휘, 어떤 자료, 어떤 매체 등을 선택했는지에 따라 같은 내용을 전달하는 글이더라도 그 글이 담고 있는 의미는 달라진다.

해석 교환 모형을 통해 학습자에게 신장시킬 수 있는 능력은 문학적 판단력이다. 문학적 판단력은 문학에 대해 가치 판단을 하는 능력이다.[1] 해석 활동을 통해 학습자는 텍스트 내적·외적인 요소들의 역동적인 관련성을 인식[2]하는 가운데 기호론적 실천의 과정 속에서 텍스트의 의미를 풍부하게 확장하고 비평적 안목을 바탕으로 창의적으로 사고하는 능력을 신장시키게 된다.

텍스트를 해석하는 것은 의미 생산자인 독자의 역량과 관련되는 일이며, 이는 작가의 의도를 수동적으로 읽어내는 것과는 차이가 있다. 작가가 작품을 통해 독자에게 어떤 주제 의식을 전달하는 것이 문학이 될 수는 없다. 작가의 의도나 의미와 독자가 수용하는 그것은 같지 않기 때문이다. 문학은 다양한 해석을 통해 풍부한 의미를 구성해가는 열려 있는 텍스트이다. 따라서 텍스트를 읽고 학습자가 타당한 근거를 바탕으로 해석해나갈 수만 있다면 텍스트의 풍부한 의미를 구성해내고 이를 통해 세계에 대한 인식의 지평을 확장시킬 수 있다.

문학 작품을 지도할 때 작품을 읽은 독자의 반응을 중시하라는 원리는 그간에도 반응

1 이는 문학적 비평 능력이라도 할 수 있다. 헤르나디가 『비평이란 무엇인가』(최상규 옮김, 예림기획, 1998)에서 문학 비평을 문학의 거래를 활성화하고 문학의 구조를 설명하며 문학의 가치를 평가하는 일로 규정한 것처럼, 문학의 가치 평가는 다층적인 평가 작업이 된다. 문학의 가치 평가는 문학의 역사성이나 시공간적인 규제에서 자유롭지 못하다. 아울러 개인 층위와 집단 층위에서 평가가 이루어진다. 이는 취향의 문제와도 연관된다. 취향은 다시 어느 시대의 지배적 담론과 연관되기 때문에 개인과 시대의 상호관계 속에서 판단되어야 함은 물론이다(우한용, 「문학 교육과 문학 능력: 문학 교육의 목표이자 내용으로서 문학능력의 개념, 교육 방향」, 『문학교육학』, 2009).

2 "텍스트를 읽는다는 것은 텍스트 생산의 주체와 해석의 주체 사이의 기호학적 실천 과정과 결과를 뜻한다. 이를 기호의 생산자와 해석자의 사이의 소통이라 할 수 있다. (……) 텍스트 외적인 요소들이 텍스트의 내적 문제와 동시에 고려되면서 언어적 텍스트의 안팎을 동시에 연계한다는 점에서 이러한 방법론은 사회기호학(socio-semiotics)의 성격을 띠게 된다"(우한용, 「기호와 21세기 문화: 해석의 기호학에서 생산의 기호학으로. 문학텍스트의 생산과 해석의 관계」, 『기호학 연구』, 2007).

중심 수업 모형을 통해서 강조된 바 있다. 교조적이고 주입식의 정답 찾기 방식의 문학 교육을 극복해야 한다는 주장에는 모두가 공감하고 있다. 그러나 실제 문학 교실에서 학습자들의 다양한 해석, 오독일 수도 있는 반응들을 모두 수용하면서 수업을 해나가는 것은 현실적으로 어려우며 적절한 방법도 아니다. 독자 반응을 중시하는 것이 곧 수용자의 모든 반응이 타당하다는 것을 의미하지 않기 때문이다. 해석 활동은 텍스트, 독자 그리고 이 둘 사이에서 일어나는 상호작용 속에서 분석되어야 하고 이루어져야 한다. 문학 작품 읽기는 텍스트에 의해서 야기된 것, 그중에서도 독자가 자율성을 발휘해 인지한 것이 텍스트의 의미를 구성하는 과정이다. 그래서 독서는 곧 텍스트와 독자 사이의 역동적인 상호작용인 것이다.[3]

해석 교환 모형 수업에서 중요한 것은 학생들 각자의 반응과 해석을 서로 교환하며 교류하고 순환해봄으로써 해석의 정당성을 스스로 모색하고 발견해나가는 과정을 경험하게 하는 것이다. 이를 통해서 학습자들은 작품이 지니고 있는 여러 가지 해석의 가치와 주제의 다양성을 경험할 수 있게 된다. 그리고 이 과정에서 자연스럽게 풍부한 창의적 경험을 자극받을 수 있게 된다. 해석 교환 모형은 반응 중심 수업 모형과 같은 효과를 도모하면서도 학생들 반응의 일반화, 합리화 과정을 더 충실하게 반영한 것이라 할 수 있다.

학습자들의 다양한 반응을 일반화하고 합리화하는 과정을 잘 이끄는 것은 교사의 몫이다. 이때 해석적 원리란 결코 알고리즘처럼 적용 가능한 기계적 규칙이 아니며, 규칙이 맞게 적용되었는지 여부에 따른 합리적 불일치의 여지가 있다. 그러나 그런 불일치가 해석의 다수성 중 한 가지 원천이다. 수업 과정에서 보여주는 학습자들의 다양한 해석들은 의미 있는 공통 부분을 갖고 있을 것이다. 그러한 공통 부분에 속하는 것들 또는 그중 몇몇은 아마도 논쟁의 여지가 없을 것이다. 이처럼 여하한 수용 가능한 해석의 공통적인 핵심을 구성하는 그러한 것들은 참으로 간주되어야 한다. 일반적으로 하나의 해석적 주장은 그것이 텍스트의 모든 최대한의 해석에 속해 있는 한 참이고 그러한 해석에 속해 있지 않다면 거짓이다.[4] 또한 텍스트 내에서 비롯되었으며 텍스트 내적·외적으로 충분한 상호작용 속에서 이끌어진 해석이라면 타당하게 평가될 수 있다. 이 수업 모형에서 학습자의 해석이

3 볼프강 이저, 이유선 역, 『독서행위』, 신원문화사, 1993, 186쪽.
4 그레고리 커리, 김숙 역, 『이미지와 마음』, 한울아카데미, 2007, 322쪽.

타당한지를 판단하는 것은 교사의 몫이며 교사는 문학 비평가의 안목에서 수업을 이끌어야 한다.

해석 교환 모형은 ① 객관적 해석 과정, ② 주관적 해석 과정, ③ 해석의 교환 절충, ④ 해석 일반화하기 과정으로 정리할 수 있다. 이 과정을 통해 학습자는 작품을 스스로 해석하며 의미를 생산해내는 한편으로, 다른 학습자의 해석을 경험하게 되면서 자신의 해석 지평을 넓히게 되고 작품에 대한 보다 의미 있는 해석 텍스트를 생산하는 데 이를 수 있다. 텍스트는 열려 있고 독자는 그 의미를 완성하는 주체이지만 텍스트에 대한 보다 타당한 감상은 존재하기 때문에 해석 교환 모형은 학습자가 텍스트를 풍부하고 타당하게 감상하게 되는 적절한 과정으로 안내하는 효과적인 수업 모형이 될 것이다.

해석 교환 모형

과정	주요 활동 내용
객관적 해석 과정	해석의 기본 단계로 객관적 준거를 중심으로 한 반응과 해석을 한다.
주관적 해석 과정	주관적 기준에 따른 해석을 하면서 텍스트의 심층을 파악한다.
해석의 교환 절충	객관:객관, 객관:주관, 주관:주관 사이의 해석들을 교환·순환한다.
해석 일반화하기	해석의 공유(차이) 부분 정리하기, 일반화하기, 새로운 해석 가능성 발견하기.

(1) 객관적 해석 과정

해석의 기본 단계는 객관적 준거를 바탕으로 나타난 반응에 대한 해석이다. 어떠한 언어 표현이 사용되었고, 작가가 누구이며, 어떤 매체를 사용했고, 시대적 배경이 무엇인지 등을 인지하는 것이 구체적인 내용이라 할 수 있다. 채만식의 작품 중 『탁류』와 『태평천하』를 일례로 든다면, 이 두 작품이 모두 전지적 작가 시점으로 씌었다는 점, 아이러니를 통해 시대를 풍자한 채만식의 대표작이라는 점, 1930년대 작품이라는 점 등을 고려하며 작품을 읽는 것이다.

채만식의 소설을 감상할 때 특히 서술자가 인물의 의식과 괴리되는 진술을 함으로써 아이러니를 발생시키고 있음을 인식하며 작품을 읽는 것은 이후 주관적 해석의 과정으로 나아가는 토대가 된다. 그리고 판소리 서술 방식을 활용해 작품의 언어를 새로운 맥락으로 조직하고 속담이나 고사성어 등의 사용으로 독자의 일반적인 공감대를 이끌고 있다는 점들을 인식하는 것도 작품의 내적 의미를 심층적으로 파악하는 데 도움이 된다.

객관적 해석 과정은 쉽게 말해 텍스트를 꼼꼼히 읽으며 텍스트 내적·외적으로 관련되어 있는 다양한 요소들을 검토하는 과정이다. 텍스트와 관련된 다양한 요인들의 고찰을 통해 텍스트의 의미는 더욱 풍부하게 구성될 수 있다. 『태평천하』를 윤직원 영감이라는 문제적 인물의 비상식적인 행위만을 중심으로 읽는 것과, 당시 시대와 관련된 작가 의식뿐만 아니라 서술자의 직설적인 진술을 활용해 부정적인 인물을 전면에 내세움으로써 풍자의 효과를 내고 있음을 인식하며 읽는 것은 해석의 깊이 차원에서 명백한 차이가 있다. 당시 시대적 상황과 역동적으로 관련되어 있음을 인식하며 읽게 되면 『태평천하』를 보다 심층적으로 해석하는 과정이 된다.

특히 언어적 표현을 객관적으로 분석하며 읽는 것은 텍스트 해석의 한 방법이 될 수 있다. 김유정의 소설에서는 우리말의 탁월한 구사가 돋보인다. 어려서부터 한학을 배웠던 그의 이력과 그가 평소에 썼던 잡문에 한자가 많다는 점을 고려할 때 그의 소설 문장에서 한자를 찾아보기 힘든 것은 특이한 점이라 할 수 있다. 또한 이 점은 그가 소설의 언어를 우리말로 구별하여 썼음을 알게 한다. 김유정의 소설마다 나오는 우리말의 살아 있는 표현들은 하층민들, 보통 이하의 사람들의 생생한 '말'들이었다. 이러한 '말'들은 한자로는 써낼 수 없는 것이었다. 작가에 대한 지식을 바탕으로 텍스트의 문체를 보면 그러한 언어적 표현이 드러내는 특별한 의미가 있을 수 있음을 인식하게 된다.

> 그들은 괴망히도 치밀(緻密)한 묘사법(描寫法)으로 인간심리(人間心理)를 내공(內攻)하여[5]

> 그믐 칠야 캄캄한 밤이었다. 하늘에 별은 깨알같이 총총 박혔다. 그 덕으로 솔숲 속은 간신히 희미했다. 험한 산중에도 우중충하고, 구석배기 외딴 곳이다. 버석, 만하여도 가슴이 덜렁한다.[6]

김유정의 평소에 쓰는 글의 문체와 소설 「노다지」의 문체는 차이가 있다. 문장이 길고 한자 표현이 많은 「병상의 생각」과 달리 「노다지」의 문장은 우리말로 씌었고, 짧고 의성어

5 김유정, 「병상(病床)의 생각」, 『조광』, 1937.

6 김유정, 「노다지」, 전상국 편, 『김유정 소설전집 산골 나그네』, 강원대학교 출판부, 2002, 56쪽.

와 의태어가 있다. 어려운 표현 없이 쉬운 우리말로 캄캄한 밤의 모습이 생생하게 그려진 이 대목은 짧은 분량임에도 불구하고 '캄캄', '총총', '우중충', '버석', '덜렁'의 의성어와 의태어를 사용했다. 이러한 표현은 그믐밤의 모습을 실감나게 나타내고 있다. 또한 희미한 솔숲, 구석배기, 버석 소리만 나도 가슴이 덜렁하는 곳이라는 표현은 이곳에서 벌어지는 일이 남몰래 이루어지는 일이라는 점, 등장인물이 긴장하고 있음을 알게 한다. 「노다지」는 이렇게 남몰래 무언가를 찾고 있는 두 인물의 이야기다. 이렇게 볼 때 이 작품에서 언어의 운용이 사건의 분위기와 전개를 암시하는 역할을 하고 있다. 이러한 인식을 바탕으로 독자는 주관적으로 작품의 의미를 심층적으로 해석하는 단계로 자연스럽게 나아가게 된다.

이 단계에서 학습자가 텍스트를 통해 풍부한 해석의 요인들을 발견하는 것은 해석 교환 모형 수업 성패의 중요한 부분이다. 텍스트 내적이든 외적이든 학습자가 다양한 요인들을 발견하고 감상으로 연결시킬 수 있도록 작가의 전기(傳記)를 비롯해 텍스트 내의 다양한 표현들에 집중해 텍스트를 읽을 수 있도록 안내하는 교사의 역할이 중요하다. 다음의 활동을 통해 보다 효과적으로 학습자의 객관적 해석 과정을 도울 수 있다.

• **텍스트에 숨은 보물찾기**: 모둠별로 텍스트의 의미 해석에 도움이 될 수 있는 단서를 찾아 발표하는 활동이다. 텍스트의 요인들은 풍부한 해석을 가능하게 하는 보물과도 같다. 이 활동에서는 타당한 요인을 가능한 많이 찾는 것이 목표이다. 가장 많은 요인을 발표하는 모둠에게 간단한 상을 주는 식으로 진행하면 학습자들의 참여를 독려하는 요인이 되기도 할 것이다. 그리고 서로 발표하는 과정 속에서 어떠한 요인이 텍스트 해석에 중요한 역할을 하며 풍부하게 의미화하는 데 기여할 수 있는지 생각하게 될 것이다.

• **작가의 전기문 쓰기**: 텍스트와 관련성을 지니는 작가의 일대기를 써보게 하는 활동이다. 작가의 인생의 어떤 시점에 작품을 집필하게 되었는지, 어떤 사회·문화적 상황을 경험하면서 살아온 작가인지 아는 것은 이후 주관적 해석을 풍부하게 하는 바탕이 된다.

(2) 주관적 해석 과정

텍스트 내적·외적으로 객관적인 해석의 요인들을 찾았다면 이제 학습자는 자율적으로 텍스트의 의미를 구성해나가야 한다. 이는 텍스트의 의미를 발견하고 자신의 인식의 지평과의 상호작용 속에서 풍부한 의미를 생성해가는 창조적 활동이라 할 수 있다.

채만식의 언어적 표현을 분석함으로써 "뿌리 없는 자들의 의식을 재현적 언어로 비판하고 뿌리 깊은 자의 의식은 아이러니로 비판함으로써 부정의 정신으로서의 산문정신을 발휘한 것"[7]으로 의미 부여한 것은 객관적으로 드러난 요인들을 주관적으로 해석한 예다. 한편 일제 치하를 태평천하로 보는 작중인물의 의식이 사실 세계와 대응되며 발생하는 아이러니를 통해 현실을 비판하고 있다고 해석한 것은 텍스트를 객관적으로 분석한 후 의미를 구성한 것이다.

소설 텍스트를 감상할 때뿐만 아니라 시 텍스트를 감상할 때에도 객관적 해석 과정 이후의 주관적 해석은 작품의 풍부한 의미를 구성할 수 있도록 돕는다. 이용악의 작품을 일례로 들면, 한국 현대 문학사에서 길의 여로를 내적 구조로 하는 문학 작품은 대개 떠남과 돌아옴 또는 이향과 귀향의 구조를 보이고 있다. 그러나 이용악의 경우에는 이미 고향을 떠난 상태에서 고향을 그리는 귀향의 이미지가 대부분이다. 고향을 떠난 상태에서 고향을 그리는 화자는 '북쪽'을 그리며 '그 북쪽'에서 많은 시간을 보낸다. 그리고 '그 북쪽'의 체험은 어느새 유년기의 기억과 개인적인 수난사, 민족의 암울한 역사로 점철된다.

갓주지 이야기와
무서운 전설 가운데서 가난 속에서
나의 동무는 늘 마음 졸이며 자랐다.
당나귀 몰고 간 애비 돌아오지 않는 밤
노랑 고양이 울어 울어
종시 잠 이루지 못하는 밤이면
어미 분주히 일하는 방앗간 한 구석에서
나의 동무는
도토리의 꿈을 키웠다
……
지금은 아무도 살지 않는 집
마을서 흉집이라고 꺼리는 낡은 집

7 우한용, 「채만식 소설의 언어적 기법」, 『국어교육』 53, 한국어교육학회, 1985.

제철마다 먹음직한 열매
탐스럽게 열던 살구
살구나무도 그루터기만 남았기에
꽃피는 철이 와도 가도 뒤울 안에
꿀벌 하나 날아들지 않는다

– 이용악, 「낡은 집」 중에서

낡은 집은 이제 마을에서도 꺼리는 흉집이 되었다. 꿀벌 하나 날아들지 않은 폐허가 되어버린 이 집에서 나의 동무는 성장했고 꿈도 꾸었다. 그러나 늘 마음 졸이며 자라왔던 나의 동무의 불길한 예감처럼 비극적인 야반도주로 귀결되었다. 이들은 삶의 터전을 떠나 '무서운 곳'으로 갔다. 그 무서운 곳에서 이들은 불행한 시간들을 보낸다. 그럼에도 불구하고 이들은 낡은 집이 있는 고향을 잊지 못한다. 그래서 다시 '북쪽'으로 다시 돌아가고자 한다. 그러나 그의 시에는 '그 북쪽'에서의 체험들이 더욱 생생하게 그려져 있다. 텍스트에서 생생하게 표현된 것이 무엇인지 객관적으로 인식한 것은 '불행한 과거사가 있는 그곳에서의 삶이 식민지 현실을 인식하는 계기이자 상실감의 근원'이라는 주관적 해석으로 나아가는 토대가 된다. 그리고 이는 다른 작품들과 연계해 더욱 풍부한 의미를 구성하는 근거가 된다. 그래서 그의 작품이 의미를 보다 깊이 있게 파악하게 된다. 이와 같은 학습자의 주관적 해석 활동을 돕기 위해 다음의 활동을 활용할 수 있다.

• **한 가지 요인에 중점을 둔 해석 텍스트 쓰기**: 보통 학습자들은 감정적 반응에 치우친 서술 일색으로 감상문을 쓰곤 한다. 이때 감상의 요인들을 교사가 제시하고 그 부분들을 작품에서 찾아서 의미화하는 활동을 하게 하면 텍스트를 깊이 있게 보는 방법을 교육하는 데 유용할 것이다. 언어적 표현, 시대적 상황, 작가의 인생, 활용한 매체 등이 교사가 제시할 수 있는 요인이다.

(3) 해석의 교환 절충

해석 교환 모형을 적용한 문학 교실에서 교사의 역할은 비평가라고 할 수 있다. 일차적으로는 작품에 대한 능동적인 해석을 할 수 있는 비평가이며, 이차적으로는 학습자의 해석을 메타 비평하고 타당성을 검증할 수 있는 비평가이다. 문학 교실이 해석 교실이 되고 학습자의 능동적인 의미 구성이 가능한 공간이 되게 하려면 교사의 역할이 매우 중요하다. 그래서 교사가 작품의 의미를 생산하고 구성하는 창조적 독자로서 학습자들의 다양한 해석을 이끌어낼 수 있는 조력자임을 인식하고 수업을 이끄는 태도가 요구된다.

해석의 교환과 절충은 해석 교환 모형 수업에서 가장 중요하고 핵심적인 과정이다. 절충하는 과정은 객관적 해석 단계 이후에 객관적인 요인들끼리 의견 교환이 이루어지게 할 수도 있고 주관적 해석 단계 이후에 객관적 요인과 주관적 요인을 아울러서 교환하고 서로 절충하는 시간을 갖게 할 수도 있다. 이는 교사의 판단에 따라 유동적으로 그 흐름을 주도할 수 있다. 다른 학습자의 해석과 자신의 해석을 비교하고 절충하는 과정을 통해 학습자들은 자신이 발견하지 못한 텍스트의 요인들을 새롭게 발견하게 되며 이를 통해 작품의 의미를 더욱 풍부하게 구성하게 된다. 그리고 자신이 발견한 요인 중 텍스트의 맥락에서 벗어나는 것들, 작품의 의미를 위해 반드시 고려해야 할 요인들이 무엇인지 판단하게 되며 이를 종합하여 텍스트의 타당한 의미에 더욱 다가가게 된다.

해석 교환 모형은 텍스트에서 비롯된 모든 반응을 의미 있는 것으로 여기는 수업 모형이 아니라 텍스트에서 비롯되었고, 독자 그리고 세계와 상호작용 하는 속에서 구성될 수 있는 풍부한 의미를 발견해나가는 수업 모형이다. 따라서 문학 교실을 해석의 교환과 절충을 통하여 타당하고 의미 있는 해석의 장으로 만들어가는 과정이 무엇보다 중요하다.

• **해석 텍스트 가치 매기기 장터**: 이는 해석 텍스트를 서로 발표하면서 장터처럼 가격을 매겨주는 활동이다. 서로 어떤 해석 텍스트가 의미 있었는지 자연스럽게 평가하는 시간을 가질 수 있으며 메타 비평이 이루어지게 할 수 있다. 장터의 개념을 접목시키면 학습자들이 흥미를 가지고 참여하게 되며, 가장 비싼 값이 매겨진 해석 텍스트를 쓴 학습자에게 보상해주는 식으로 수업을 진행하게 되면 수업의 목표에 부합되면서도 적극적인 참여를 이끌어내는 것이 가능하다.

(4) 해석 일반화하기

학습자들은 객관적인 요인을 고려하며 텍스트를 읽고, 주관적으로 그 의미를 생산하며 다양한 학습자들과 의견 교류를 한 후에는 나름대로 하나의 텍스트가 지닌 의미를 정리할 수 있게 된다. 먼저 의견을 고려하는 과정에서 발견한 공통점과 차이점을 정리하고 텍스트의 맥락을 고려하여 일반화할 수 있다. 그리고 일반화해나가는 과정에서 새로운 해석의 가능성도 발견하게 된다.

여기에서 해석 일반화는 하나의 해석으로 작품을 규정하는 것을 의미하지 않는다. 오히려 타당한 해석으로 독자가 작품의 의미를 자율적으로 생산할 수 있음을 의미하는 것이다. 따라서 역설적이게도 일반화된 해석은 다양할 수 있으며, 텍스트에서 비롯되었고 텍스트 내적 외적 맥락과 역동적으로 상호작용하면서 생산된 의미라면 모두 타당한 것으로 받아들여질 수 있다. 이 점에서 학습자들은 텍스트가 열려 있으며 다양한 의미의 장에서 받아들여질 수 있음을 체험하게 되고 이는 이후 문학 감상의 올바른 태도를 정립하는 데 긍정적으로 기여할 수 있다. 텍스트를 통해 풍부하게 의미를 구성해본 경험이 있는 학습자라면 다양한 텍스트를 의미 있게 감상하는 즐거움을 느껴보았기 때문에 문학을 향유하는 학습자로 성장해나갈 것이다.

• **메타 비평문 쓰기**: 메타비평은 비평에 대한 비평이다. 수업에서 제재로 삼은 텍스트의 비평문을 제시하고, 비평문의 타당성을 평가하는 메타 비평문 쓰기 활동을 제시하면 학습자는 해석의 타당성을 평가하기 위해 텍스트를 분석적으로 읽게 되고, 해석에 관련된 요인들을 찾아내게 된다. 그러면서 자연스럽게 객관적 해석과 주관적 해석의 과정을 거치게 되고 그 타당성을 검토하면서 일반화할 수 있는 해석의 내용을 발견하게 된다. 비평문에 공감하거나 반대하는 내용들을 따져보면서 일반화할 수 있는 타당한 해석과 더불어 학습자들은 새로운 해석의 가능성을 발견하게 될 수 있을 것이다.

2) 창의성 요소와의 관련성

해석 교환 모형은 문학 작품의 내용을 깊이 있게 감상하여 학습자가 비평적 안목을 갖출 수 있도록 돕는다. 학습자는 작품을 둘러싼 다양한 요인에 대해 깊이 있게 사고해보고, 자신의 감동 현상을 분석하는 메타적 사고 훈련을 통해 텍스트와 관련한 각종 기호들을 해석하는 능력을 키워나가게 된다. 또한 해석을 교환하고 절충하는 과정 속에서 나와 다른 감상의 내용을 개방적이고 유연한 태도로 받아들이는 습관과, 작품을 중심으로 토의하는 과정을 통해 세상의 다양한 사람들의 입장을 세심히 이해할 줄 아는 배려심도 기르게 된다. 이러한 태도는 앞으로 문학 작품을 깊이 있게 감상할 수 있는 기반으로 작용할 것이다.

문학 작품에 대해 비평적 안목을 갖추는 것은 창의성에 중점을 둔 활동으로 보다 효과적으로 달성될 수 있다. 해석 교환 모형을 통해 '작품에 대한 자유로운 상상을 바탕으로 사고를 확장시키고 타당한 근거를 바탕으로 사고를 수렴하는 활동'은 주체적으로 작품을 판단하는 비평 활동으로 자연스럽게 이어질 수 있기 때문이다. 이때 객관적 해석과 주관적 해석을 거쳐 작품을 둘러싼 작가 요인, 사회·문화적 요인, 독자 요인을 고려하는 것은 비평적 안목을 갖추는 유용한 방법이다. 이 모형을 통해 학습자는 스스로 작품을 읽으면서 느낀 감동을 분석하고 주체적으로 작품을 판단하는 과정을 체감하게 된다. 과정 속에서 발현되는 메타적 사고는 작품에 더욱 몰입하는 기제로 작용할 것이다.

텍스트를 읽고 상상하고 인물에 공감하는 과정에서 자연스럽게 학습자는 사고의 확장과 수렴을 경험하게 된다. 작품 감상에 관여한 다양한 요인들을 검토해보는 메타적인 사고의 과정은 상상과 공감, 주관적 해석을 통해 확장된 사고를 수렴시키기 때문이다. 이때 학습자는 각자 주체적인 해석 활동을 하게 되는데, 학습자 개개인의 감상 내용들이 모두 다양한 해석으로 존중받아야 한다. 작품에 내재하는 작가의 의도가 있다든지, 작품의 의미가 고정되어 있다든지 하는 식의 결론은 적절하지 않다. 문학은 다양한 주체들의 소통 속에서 다양한 요인들의 역동적인 상호작용 속에서 새롭게 해석되고 생산될 수 있는 것이기 때문이다. 따라서 비평적 안목을 길러주는 것은 다양성을 존중하고 모호함에 대한 참을성을 덕목으로 삼는 창의성 교육의 맥락에서 보다 효과적으로 달성될 수 있다.

영역	일반적 창의성 요소	국어과 관련 창의성 요소
인지 영역	사고의 확장과 수렴	비판적 사고, 문제 발견 능력
정의 영역	몰입, 호기심, 흥미	다양성, 개방성
실천 영역	다양성의 존중, 실천적 사고	모호함에 대한 참을성, 공감 소통하기

3) 모형 운용을 위한 전략 및 다른 모형과의 호응

해석 교환 모형은 자신이 텍스트를 심층적으로 감상할 뿐만 아니라 다른 학습자와의 의견 교류로 자신의 해석 지평, 세계에 대한 지평을 넓힐 수 있는 유용한 수업 방법이다. 이 수업을 활용하면 교사는 학습자에게 문학 작품을 문학 작품으로서 감상하는 바른 태도를 확립시켜줄 수 있으며 감상문 쓰기의 올바른 예시를 제시할 수 있다. 학습자의 감상문이 줄거리와 느낀 점으로 정형화되고 있는 문제를 해석 교환 모형 수업을 통해 자연스럽게 작품에 대한 깊이 있는 해석 텍스트로 변화시킬 수 있을 것이다. 이를 위해 교사는 다음과 같은 점을 고려해야 한다.

첫째, 학습자의 다양한 반응을 수용하는 태도를 보여야 한다. 객관적 해석 단계에서부터 학습자는 자신의 해석 근거들을 발표해야 한다. 이때 교사가 엄격한 지적을 한다든지 학습자의 감상을 일정한 방향으로 유도하려고 하면 이 수업의 의도를 제대로 살리기 어렵다. 학습자가 다양한 반응을 보이되, 수업의 단계를 경험해가면서 어떤 것이 타당한 감상이고 수용할 만한 감상인지 스스로 판단할 수 있도록 이끌어주어야 한다. 그래서 수업 초반에는 학습자들이 보이는 모든 반응에 대해 수용적인 태도를 보여주어야 한다. 그리고 학습자의 다양한 반응들이 텍스트의 맥락을 고려한 풍부한 의미 생산으로 이어질 수 있도록 수업의 단계에서 비평가로서의 역할을 담당해야 한다.

둘째, 문학 교실은 논쟁의 장이 되어야 한다. 해석 교환 모형의 핵심은 의견의 교환과 절충이다. 이는 학습자들이 자신이 해석한 내용을 발표하고 서로 의견을 교류해야 하는 과정이 반드시 존재해야 함을 의미한다. 경직된 수업 분위기에서는 자신의 의사를 자유롭게 발표하기 어렵다. 조금은 시끄럽더라도 자유로운 분위기에서 학습자들이 자신 있게 의견을 발표하고 토의하는 분위기를 이끌어야 한다. "우리의 문학 교실도 살아 있는 미술관이 되어야 하며 문학 교사는 큐레이터 또는 미술관 가이드가 되어야 한다. 문학에는 많은 사이와 차이, 그로부터 빚어지는 많은 대화와 논쟁거리들이 있다. 한편으로는 소통이 되는 듯 서로 공유하면서도 다른 한편으로는 메울 수 없는 틈이 항상 존재하기 때문이다."[8]

셋째, 다양한 반응을 수용하되 타당한 해석이 있음을 인식시켜야 한다. 학습자들의

8 정재찬, 「텍스트 상호성을 통한 현대시 교육 연구」, 『국어교육학연구』, 29, 2007, 257쪽.

해석 중 타당한 해석이 있음을 인식시킬 필요가 있다. 텍스트의 해석은 텍스트와 독자, 세계의 역동적인 상호작용이다. 텍스트의 맥락과 부합되는, 그러면서 세계에 대한 인식을 넓히는 타당한 해석이 존재하며 텍스트에서 벗어나거나 단순한 감정적 반응에서 심층적인 텍스트의 의미를 발견하는 과정으로 해석이 이루어져야 함을 인식시키는 것은 교사의 몫이다. 또한 해석 교환 모형은 다음과 같이 다양한 모형과 접목하여 수업에 적용할 수 있다.

(1) 해석 교환 모형과 텍스트 상호성 모형의 결합

해석 교환 모형은 작품에 대한 깊이 있는 이해가 있을 때 보다 풍부한 감상으로 발전할 수 있다. 따라서 학습 활동 과정에서 자신의 해석을 발표하고 다른 이들과 의견을 교환하면서 자신의 해석을 절충화하고 일반화하는 활동 속에서 다양한 상호 텍스트들이 자연스럽게 활용될 수 있다. 이를 통해 학습자는 자신이 연계한 상호 텍스트를 통해 해석의 타당성을 확보하고, 자신이 감상한 내용의 질도 높일 수 있다. 이 과정에서 학습자들은 텍스트와의 소통 능력뿐만 아니라 타인과의 소통 능력, 자기 내적 소통 능력도 확충할 수 있다.

(2) 해석 교환 모형과 가치 탐구 모형의 결합

텍스트에서 다양한 요인들을 발견하는 과정에서 학습자는 텍스트 내의 스토리에 집중하고 인물 간의 갈등, 인물을 둘러싼 사회를 인식하면서 가치 판단의 주체가 된다. 이 과정에서 가치를 학습자 나름대로 발견하고 정당화해보는 수업으로 적용·변형할 수 있다. 특히 소설과 같은 서사 장르는 삶의 이야기이기 때문에 가치 탐구 모형을 통해 학습자가 세계에 대한 문제의식을 갖고 바람직한 세계관을 갖게 하는 데 의미 있게 활용할 수 있다.

(3) 해석 교환 모형과 갈등 이해 모형의 결합

해석 교환 모형을 통해 심층적으로 발견한 문학 세계 안에서 펼쳐지는 여러 가지 문제적 삶의 구체적이고도 다양한 모습을 이해하고 주체적인 관점으로 해석하는 데 갈등 이해 모형을 접목시킬 수 있다.

(4) 해석 교환 모형과 소통 확장 모형의 결합

해석 교환 모형은 소통 확장 모형과 공통점이 많다. 그러나 소통 확장 모형보다 텍스트의 깊이 있는 감상에 초점이 맞추어져 있다. 텍스트의 깊이 있는 감상과 소통의 확장을 결합한다면 학습자에게 문학 작품을 의미 있게 감상할 수 있는 좋은 습관을 형성시켜줄 수 있다. 문학을 해석한 경험을 소통하고 나아가 이를 바탕으로 자신의 해석을 확장하는 경험은 문학을 향유하는 올바른 태도를 교육하는 데 유용하다.

이외에도 모형 간의 혼합 및 변용은 교사의 자율적인 선택에 달린 일이다. 수업의 목표에 적절하게 창의적으로 수업 모형을 적용하고 활용할 필요가 있다.

2. 해석 교환 모형을 어떻게 적용할까

감동 현상 분석하기는 해석 교환 모형을 보다 효과적으로 학습자에게 적용시킬 수 있는 활동 아이디어다. 학습자는 자신의 감동 현상을 분석하는 과정에서 작품의 다양한 표현을 발견하고 풍부하게 작품을 해석할 수 있다. 이러한 비평 활동은 학습자의 다양한 해석으로 이어지는데, 이는 다양성을 존중하고 개방적 사고를 지향하는 창의·인성 교육의 내용으로도 적합하다.

문학 작품의 다양한 요소들을 분석적으로 감상하면서 작품을 읽고 받은 감동의 이유에 대해 메타적으로 사고해보도록 하는 활동을 통해 본 수업 모형이 지향하는 바를 보다 효과적으로 달성할 수 있다. 이 모형의 핵심은 학습자가 스스로 자신의 감상에 대해 생각해 보는 기회를 제공하는 것이라 할 수 있다. 이는 자연스럽게 작품의 다양한 요소들의 영향을 받고 있는 주체를 인식하게 하고 풍부한 해석으로 나아가게 하는 데 효과적이다.

학습자는 자신의 감상을 메타적으로 돌아보면서 작품 안의 요소뿐만 아니라 작품 밖의 요소 등 다양한 요소들이 작품 읽기에 관여하고 있음을 인식하고 작품을 둘러싼 다양한 요인들을 명확하게 인식하게 된다. 이를 바탕으로 학습자는 내러티브와 관련한 다양한 기호들을 해석하게 될 것이다. 이러한 과정에서 학습자는 창의적으로 사고를 확장하고 수렴하는 기회를 갖게 되며, 모둠별 토의 과정에서 다양성을 존중하며 작품을 해석하게 된다. 한편, 감동의 발견, 전달, 공유, 소통 차원과 관련된 감동 현상 분석하기는 진정한 감동이 무엇인지에 대한 깊이 있는 문제의식을 바탕에 두고 실행되어야 한다.

그래서 이 수업을 구성할 때 교사는 학습자가 내러티브와 연관된 다양한 요인들을 해석하는 활동을 통해 자신의 감동 현상을 분석하여 작품을 보다 풍부하게 감상하는 것에 초점을 맞추어야 한다. 이를 위하여 텍스트에 사용된 표현들의 다양성에 집중하여 선택된 어휘의 성격, 시각적 자료의 의미 등을 종합하여 작품을 감상할 수 있는 활동, 작가 요인을 고려하여 작품을 감상할 수 있는 활동, 독자 요인을 고려하여 작품을 감상할 수 있는 활동 등을 제시할 수 있다. 이러한 활동 외에도 비평적 안목을 길러줄 수 있는 다양한 아이디어를 활용하여 수업을 구안할 수 있다.

3. 해석 교환 모형의 적용 사례는 어떤 것이 있을까

1) 학습 활동 사례 -「이별가」,「이 사진 앞에서」

해석 교환 모형은 2009 개정 교육과정의 성취 기준 가운데 문학 (1) '섬세한 읽기를 바탕으로 작품을 다양한 맥락에서 이해하고 감상하며 평가한다'와 직접적으로 관련된다. 섬세한 읽기를 바탕으로 작품을 감상하는 행위는 비평적 안목을 가진 학습자를 교육하기 위함이다. 학습자들에게 비평적 안목을 갖게 하려면 문학 작품 속 담론을 주체적으로 판단하게 해야 한다. 비평적 안목은 작품을 주체적으로 해석함으로써 길러질 수 있는 것이다. 학습자는 텍스트의 다양한 표현을 종합해 주체적으로 감상하는 활동을 통해 자연스럽게 작품의 풍부한 의미를 발견하고 해석하는 경험을 하게 될 것이다.

문학 작품에 대한 깊이 있는 감상은 이야기 차원에 머무르지 않는다. 학습자가 담론의 역동성을 느끼면서 작품을 감상함으로써 주체적으로 작품을 읽고 공감하며 서로 소통하는 과정을 바탕으로 다양한 해석을 경험하고 타당한 해석으로 일반화할 수 있도록 하는 것이 중요하다. 작품의 해석은 다양하며 그 다양성은 모두 존중 받아 마땅하다. 그러나 타당한 해석은 존재한다. 그 해석의 내용이 작품의 본질에서 비롯된 것이어야 한다는 점을 강조해

둔다.

이러한 목표에 적합한 창의·인성 모형은 해석 교환 모형이다. 작품의 해석은 고정되어 있지 않으며 다양한 존재의 기호론적 실천 양태로 존재하는 것이다. 즉, 여러 주체와의 소통을 통해서 새롭게 생산되는 것이 작품의 해석이고 수용인 것이다. 해석 교환 모형은 이 점에 주목해 작품의 해석이 개인 차원에 머무르지 않으며 텍스트와 소통하고 타인과 소통하는 것임을 명확히 보여준다. 이는 객관적 해석에서 주관적 해석으로 나아가고, 다양한 해석들을 교환하고 절충하여 일반화하는 과정을 통해 드러난다.

(1) 관련 성취 기준

해석 교환 모형은 텍스트에 대한 독자의 반응을 가치 있는 감상으로 여기며, 텍스트에 존재하는 다양하고 풍부한 감상의 요인들을 토대로 작품을 감상하는 수업을 지향한다. 텍스트를 해석하는 과정에서 학습자들은 내용과 형식의 긴밀한 연관성을 인식하게 되고, 그 연관성 속에서 새로운 의미들을 발견하게 된다. 이는 기존에 교사가 제시해주는 감상을 받아 적거나 수동적으로 감상했던 태도에서 벗어나 작품을 비판적이고 창의적으로 수용하는 태도를 갖게 한다. 또한 작품에 대해 깊이 있게 감상해본 경험은 자신의 삶과 연계하는 과정을 통해 내면화되고 사회에 대해 문제의식을 갖고 자신의 관점을 확립하는 계기가 된다. 그뿐만 아니라 다른 학습자와 해석을 교환하는 과정에서 타인에 대한 이해가 깊어질 수 있으며 다양성을 수용해 텍스트를 더 풍부하게 감상할 수 있게 된다. 이러한 활동은 섬세한 읽기를 바탕으로 작품을 다양한 맥락에서 이해하고 감상하며 평가하는 것을 가능하게 한다.

문학 작품은 다양한 내적 요소들의 결합체이면서 또한 사회·문화적 맥락, 문화사적 맥락, 상호 텍스트적 맥락과 연계되어 있다. 문학 작품의 이해 ·감상·평가는 수용자가 이러한 내적 요소들의 결합 관계를 분석하고 작품에 작용하는 다양한 맥락을 함께 고려하면서 이루어진다. 문학 작품을 꼼꼼히 읽으면서 작품의 의미를 도출하고 작품 생산 시점뿐만 아니라 수용 시점에서의 여러 맥락을 고려해 문학을 수용하는 능력을 기름으로써 작품을 이해하고 감상하는 폭을 넓히고 작품의 가치를 평가하는 안목을 높이도록 한다.[9]

9 교육과학기술부, 『별책 -5: 국어과 교육 과정』, 2011, 144쪽.

이 모형은 학습자가 내용과 형식이 긴밀하게 연관되어 작품을 이루고 있음을 이해하고 감상하게 할 뿐만 아니라 작품을 비판적 · 창의적으로 수용하고 이를 발표해 서로 평가하는 데까지 나아갈 수 있게 한다. 이는 결과적으로 작품의 이해와 감상의 결과가 자신의 삶과 관련하여 내면화하는 데 이르게 될 것으로 기대된다.

(2) 제재 선정

선정한 작품들은 모두 특정한 어휘의 사용, 시각적 자료의 활용, 문장 배열 등의 개성이 명확한 작품이다. 박목월의 시 「이별가」는 사랑하는 이를 잃은 슬픔을 사투리로 더욱 애절하게 표현한 작품으로 단어의 반복, 말줄임표를 통한 생략법으로 풍부한 의미를 드러내고 있다. 이승하의 시 「이 사진 앞에서」는 인류의 어려움을 외면한 채 자신의 삶을 살아가는 데 급급한 현실을 시각적 이미지로 직접적으로 표현한다. 이 시는 사진과 행간걸림 등 시각적 요소들이 작품 전체를 지배하며 의미를 드러내고 있다. 이들 작품 모두는 내적 · 외적으로 다양한 요소들을 종합해 풍부한 감상에 도달하게 하는 데 적합하며, 학습자들이 자연스럽게 다양한 요소들을 종합해 작품을 감상하고 해석함으로써 비평적 안목을 갖게 하는 데 적절하다.

(3) 단원의 개관

이 단원에서는 주로 문학 (1) 섬세한 읽기를 바탕으로 작품을 다양한 맥락에서 이해하고 감상하며 평가한다'는 성취 기준을 대상으로 학습 내용을 구현했다. 이 성취 기준은 문학 작품을 둘러싼 다양한 요인, 즉 독자, 사회 · 문화적 배경, 작가 요인을 다양하게 고려해 보고 작품의 의미를 풍부하게 의미화하는 본 단원의 활동 내용과 직접적으로 관련된다. 모든 텍스트의 의미는 세계 속의 다양한 요인들과 역동적으로 상호작용하며 존재한다. 이 단원의 활동은 학습자가 담론의 역동성을 느끼면서 보다 의미 있게 작품을 감상하고 비평적 안목을 갖추는 계기가 될 것이다.

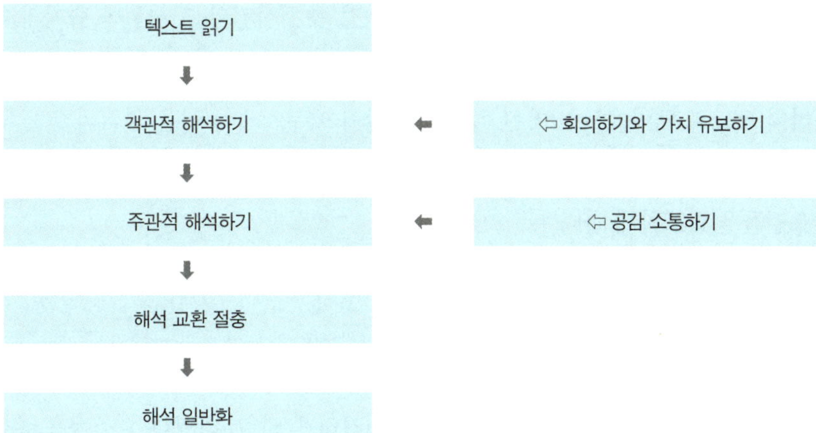

차시	학습 내용	학습 활동	창의·인성 요소 주안점
1	▶ 단원 안내, 학습 목표 제시 ▶ 도입 학습 -「봄 · 봄」의 한 장면 어휘 표현 바꿔 쓰기 - 그림의 의미 생각하기 ▶ 작품 감상	작품 읽기 쓰기 발표하기	개방성, 흥미, 사고의 확장과 수렴
2	▶ 시 작품 읽고 공감하기 - 작품 속 인물의 심정 공감하기 - 감동 현상 분석하기 - 작품의 의미 이해하기	작품읽기 발표하기 토의하기	사고의 확장과 수렴, 몰입, 상상력, 모호함에 대한 참을성, 배려심, 다양성의 존중
3	▶ 시 작품 낭송하고 토의하기 - 시 낭송하기 - 작품의 의미 해석하기	감상문 쓰기 발표하기 토의하기	
4	▶ 감상문 나누기를 통한 해석 교환 절충 ▶ 활동 점검하기 - 평가		

3) 세부 수업 내용

(1) 1차시

첫 수업에서는 본 단원에서 주안점을 둔 창의·인성 요소와 학습 목표를 구체적으로 밝혀야 한다. 평소와 달리 작품의 심층적 의미를 구성해나가는 것이 목표이며 스스로 의미를 발견하는 과정 속에서 의미를 생산할 수 있음을 주지시킨다. 교사는 학습자의 다양한 답변을 모두 수용하되, 학습자에게 어떠한 이유로 그러한 해석을 하게 되었는지 근거를 설명하게 하여 텍스트 맥락에서 비롯된 타당한 감상이 이루어져야 함을 인식시킬 필요가 있다. 1차시 수업의 마무리 시점에서 「이별가」와 「이 사진 앞에서」를 통해 발견한 객관적인 텍스트 요인들을 발표하게 한다.

▶ 단원 안내

단원을 여는 글을 함께 읽으면서 작품의 비평적 안목은 언어의 다양한 표현에 집중하고 해석하는 것에서 비롯되는 것임을 생각하게 하고, 다양한 요소들을 종합하여 작품을 감상하는 활동을 할 것임을 안내한다.

▶ 창의 · 인성의 주안점 안내

작품을 해석하고 비평적인 안목을 기르려면 사고를 확장하고 수렴하는 과정, 개방적인 자세, 작품에 몰입하는 것, 다양성을 존중하는 것, 애매모호함에 대한 참을성을 갖는 것, 흥미와 호기심을 갖는 것 등이 필요함을 안내하고, 이러한 요소들을 기르는 활동을 할 것임을 명확히 소개한다.

▶ 학습 목표 제시

언어적 표현을 중심으로 문학의 아름다움을 느끼고 이를 통해 비평적 안목을 가질 수 있다.

▶ 도입 학습 활동

- 김유정의 「봄 · 봄」 중 한 장면의 어휘 표현 바꿔 쓰기. 사투리로 표현되어 해학적 즐거움을 주는 작품을 표준어로 바꾸어 쓴 경우 인물의 개성이나 작품의 분위기가 원작에서 멀어지게 됨을 스스로 느껴보게 하는 활동이다. 이를 통해 학습자들은 어떠한 언어를 선택하느냐에 따라 작품의 의미도 함께 달라질 수 있음을 인식할 수 있다.
- 그림의 의미 생각하기. 그림의 의미를 해석하는 활동이다. 처음 앙리 마티스가 그린 〈춤〉을 보았을 때 대부분의 학습자들은 모두 손을 잡고 있다고 생각할 것이다. 그러나 다시 보면 손을 잡지 않은 사람이 있음을 알게 되고 이로 인해 그림의 의미가 달라짐을 발견하게 된다. 이는 학습자가 작품의 다양한 요소를 종합하여 의

미화에 도달하게 됨을 자연스럽게 인지하게 하는 활동이다.

〔학습 활동의 예〕

■ 다음의 장면에서 등장인물들이 사용하고 있는 언어를 다른 표현으로 바꾸어 쓰고 이야기의 느낌이 어떻게 달라졌는지 설명해보자.

"그래, 거진 사 년 동안에도 안 자랐다니 그 킨 은제 자라지유? 다 그만두구 사경 내슈."
"글쎄, 이 자식아! 내가 크질 말라구 그랬니, 왜 날보구 떼냐?"
"빙모님은 참새만한 것이 그럼 어떻게 앨 낳지유? (사실 장모님은 점순이보다두 귓배기 하나가 작다.)"
장인님은 이 말을 듣고 껄껄 웃더니(그러나 암만해두 돌 씹은 상이다.) 코를 푸는 척하고 날 은근히 곯리려고 팔꿈치로 옆 갈비께를 퍽 치는 것이다.
더럽다. 나두 종아리의 파리를 쫓는 척하고 허리를 구부리며 그 궁둥이를 콱 떼밀었다. 장인님은 앞으로 우찔근하고 싸리문께로 쓰러질 듯하다 몸을 바로 고치더니 눈총을 몹시 쏘았다. 이런 쌍년의 자식, 하곤 싶으나 남의 앞이라니 차마 못 하고 섰는 그 꼴이 보기에 퍽 쟁그러웠다.

- 김유정, 「봄·봄」 중에서

■ 다음 그림을 감상한 내용을 바탕으로 물음에 답해보자.

1. 이 그림은 무엇을 표현하고 있는가?

2. 이 그림에서 손을 잡고 있는 사람은 몇 명인가?

3. 이 그림에 나오는 다섯 명의 인물은 언덕 위에서 원무를 추고 있다. 그런데 손에 손을 맞잡고 끝없이 돌아가는 역동적인 모습을 담고 있는 이 그림에는 손을 잡지 않은 부분이 한 곳 있다. 처음부터 이것을 발견할 수 있었는가? 발견하는 순간 이 작품은 다른 의미로 다가온다. 그림에서 새롭게 발견한 의미는 무엇인가?

4. 이 그림에 대한 느낌을 적어보자. 작품 감상에는 자기 자신의 기분, 상황뿐 아니라 텍스트에 표현된 어휘, 구성 등의 여러 가지 요인이 관여하고 있다. 여러 가지 요인들을 풍부하게 의미화할 때 우리는 작품을 더욱 잘 감상할 수 있다. 이제 다시 그림을 보면서 여러분이 어떠한 느낌을 갖는 데 관여한 요인이 무엇인지 이야기해보자.

▶ 작품 감상

「이별가」와 「이 사진 앞에서」를 함께 낭송하고 혼자하기 활동에 답한다.

▶ 마무리 학습

「이별가」와 「이 사진 앞에서」의 화자를 중심으로 작품에 대한 감상을 발표한다.

(2) 2차시

학습자들이 자신의 감동 현상을 분석하며 작품의 깊이 있는 해석 활동에 참여하는 본격적 단계이다. 따라서 교사는 학습자들에게 자신의 감동 현상을 분석하는 것이 작품의 깊이 있는 해석과 어떠한 관련이 있는지 설명하고, 다양한 작품 속 요인들에 영향을 받아 감상하게 되는 것과, 다양한 요소들의 역할을 고려해 작품을 읽으면 보다 풍부한 의미를 해석해낼 수 있음을 안내한다. 더불어 작품을 비평하는 안목은 한 작품을 고정된 시각이 아니라 다양한 관점에서 종합하는 것임을 인지하게 한다.

▶ 전 차시 학습 내용 복습하기

두 편의 시가 어떤 상황을 표현하고 있는 시였는지 함께 생각해본다.

▶ 본 학습 안내

이번 차시에서는 전체적으로 파악한 내용을 중심으로 하여 작품에 공감하는 활동을 하고, 감동 현상을 분석해 작품 해석에 영향을 미치는 요인들을 함께 찾아보게 될 것임을 안내한다.

▶ 작품 속 인물의 심정 공감하기

작품에 대한 공감을 바탕으로 주관적인 해석을 하는 활동이다. 화자의 입장에서 일기를 쓰는 활동은 「이별가」가 사랑하는 이를 잃은 슬픔을 독백적으로 쓴 시라는 점에서 감정 이입을 하기에 적절하고, 일기라는 자전적 글쓰기 활동을 통해 깊이 공감하게 할 수 있다. 「이 사진 앞에서」는 타인의 고통에 무관심한 세태에 대해 비판하는 작품으로 학습자들이 이 시를 보며 느낀 감정을 토대로 어울리는 노래를 선정하고 낭송하기에 적합하다. 학습자들은 자신이 친숙하게 알고 있는 노래들을 작품과 연관시킴으로써 작품 이해의 폭을 넓히고 개인의 삶과 연계해 작품을 해석하게 된다.

▶ 감동 현상 분석하기

- 학습자들이 느낀 감상의 내용이 작품 속 다양한 표현에서 비롯되었다는 전제하에 다양한 요소들을 종합해 풍부한 해석을 하게 한다. 또한 작품에 대한 개인적인 이해에 그치지 않도록 토의를 통해 다양한 의견을 종합하고 수렴하는 과정을 경험하게 한다.
- 화자의 입장에서 일기 써보기, 시 낭송에 필요한 배경 음악 정하기 등의 활동으로 학습자들이 자유롭게 작품에 대해 확장적인 사고를 할 수 있도록 지도한다.

〔학습 활동의 예〕

■ 다음의 표를 완성하며 시의 내용을 파악해보자.

	작품(가)	작품(나)
화자		
화자의 상황		
화자의 태도		

■ 두 편의 시 중 마음에 드는 시 한 편을 골라 다음의 활동을 해보자.

1. 시를 보면서 어떤 생각이 들었는가? 자유롭게 떠오른 내용들을 마인드맵 형식으로 모두 적어보자.

2. 자유롭게 떠올린 생각들이 작품의 의미와 어떠한 관련이 있는지 이야기해보자.
3. 시의 내용과 관련하여 화자의 입장에서 일기를 써보자.
4. 시를 읽으면서 위와 같은 일기를 쓰게 된 이유가 무엇인지 생각해보자. 그리고 작품 안의 요인(예: 사용된 어휘, 비유법, 행간걸림 등)에 영향을 받은 것인지 작품 밖의 요인(예: 나의 경험, 사회·역사적인 배경, 작가에 대한 지식 등)에 영향을 받은 것인지 자유롭게 이야기해보자.

■ 시와 어울리는 노래를 선택하고, 모둠원들과 노래를 선택한 이유를 이야기해보자.

이 활동은 의미화에 영향을 준 객관적 요인을 찾아보고 그를 바탕으로 주관적 해석 차원으로까지 나아가게 하는 활동이다. 학습자는 텍스트 내적인 요인에 특히 집중하면서 화자의 상황에 대해 생각해보고, 다양한 음악과 시와의 관련성을 생각해보는 과정에서 텍스트의 의미를 보다 풍부하게 감상하게 된다.

▶ 마무리 학습

본 학습 활동에서 나왔던 다양한 감상의 내용들을 소개하고 정리한다. 하나의 작품에 다양한 해석들이 존재할 수 있음을 인지시킨다.

(3) 3차시

장르가 달라져도 시를 해석해본 경험이 적용될 수 있으며 다양한 텍스트 내의 요인들을 종합해 감상에 이르는 활동이 문학 작품의 해석임을 알게 지도하는 단계이다. 이 과정에서 학습자는 작품을 비평하는 안목은 한 작품을 고정된 시각에서 보는 것이 아니라 다양한 관점에서 종합하는 것임을 인지하게 된다. 항상 정해진 해석을 받아 적던 수업에 익숙했던 학습자들이 모호한 상황에 대한 참을성을 가질 수 있도록 지도하고 문학의 의미가 명확하게 정리되기 어려운 것임을 인식시킨다. 이를 통해 작품의 의미에 대해서 오랜 시간 고민하고 탐구하는 과정 자체가 중요하고 가치 있는 것임을 알게 한다.

▶ 전 차시 학습 내용 복습하기

두 편의 시를 해석하는 활동을 했던 전 차시 학습 내용을 상기시킨다.

▶ 본 학습 안내

이번 차시에서는 준비한 시 낭송을 발표하고, 작품과 관련한 다양한 요인을 고려하여 해석하기 활동을 할 것임을 안내한다. 정서적 차원의 반응에서 나아가 비평적인 안목을 갖추기 위해 작품을 둘러싼 작가 요인, 작품 요인, 독자 요인을 고루 고려해 작품의 의미를 풍부하게 해석하게 지도한다.

▶ 시 낭송하기

시를 낭송하는 것은 작품에 대한 감상의 정도를 낭송으로 짐작할 수 있기 때문이다. 작품의 느낌, 언어가 표현하고자 하는 바를 풍부하게 해석했다면 배경 음악과 어우러지게 작품을 낭송하고 섬세하게 작품의 의미를 파악할 수 있다. 장난스레 가볍게 넘어가는 활동이 아니라 진지하게 작품의 의미를 탐구한 결과물의 발표가 되게끔 지도한다. 전문가의 낭송문을 미리 들려줘도 좋고, 제시문의 작품에 한정하지 말고 자신의 모둠이 자유롭게 선택한 다른 시를 낭송하게 하는 활동을 유도해도 좋다.

〔학습 활동의 예〕

■ 시의 내용과 분위기에 가장 적합한 노래를 선택하고, 선택한 노래를 활용해 모둠별 '시 낭송 대회'를 해보자.

1. 모둠별로 시를 낭송해보자.

2. 다음의 항목을 고려하여 시 낭송을 듣고 가장 잘한 모둠을 선정해보자.
   - 시의 분위기에 맞는 노래를 선택했는가?
   - 시의 내용과 어울리는 노래를 선택했는가?
   - 목소리의 톤과 빠르기, 억양 등이 시의 분위기와 잘 어울렸는가?
   - 노래를 통해 시의 내용을 풍부하게 의미화했는가?
   - 시 낭송을 듣고 작품의 새로운 의미를 발견할 수 있었는가?

▶ 시 해석하기

감상의 내용이 작품 속의 다양한 표현에서 비롯되었다는 전제하에 다양한 요소들을 종합해 풍부한 해석을 하게 한다. 또한 작품에 대한 개인적인 이해에 그치지 않도록 토의를 통해 다양한 의견을 종합하고 수렴하는 과정을 경험하게 한다.

〔학습 활동의 예〕

■ 작품의 의미에 대해서 모둠별로 토의해보자. 모둠별로 (가), (나) 중 한 편의 시를 골라 다음의 활동을 해보자.

1. 시인의 생애에 대해 인터넷으로 검색해보고, 시인의 생애와 작품의 내용이 어떠한 관련성이 있을지 토의해보자. 그리고 이로 인해 작품의 의미가 어떻게 달라질 수 있는지 토의해보자.
2. 시집이 발간된 연도를 보고 당시의 사회·문화적 상황을 조사해보자. 그리고 시대적 상황과 관련지어 볼 때 작품의 의미가 달라질 수 있는지 토의해보자.
3. 시를 읽고 떠오른 자신의 경험을 중심으로 작품이 갖는 의미를 토의해보자.

▶ 마무리 학습

본 학습 활동에서 나왔던 다양한 감상의 내용들을 소개하고 정리한다. 하나의 작품에 다양한 해석들이 존재할 수 있음을 인지시킨다.

(4) 4차시

수업의 마무리 부분으로 학습자가 해석 교환 모형 수업을 통해 배운 내용들을 해석 텍스트 쓰기를 통해 실천하고 정리하는 단계이다. 감상문의 내용이 줄거리와 느낌의 조합이 되지 않도록 다양한 요소들을 종합하여 타인과의 소통을 전제로 한 완결된 글을 쓰게 지도한다. 감상문의 내용을 다양한 상호 텍스트와 연계해 표현할 수 있음을 주지시킨다.

▶ 전 차시 학습 내용 복습하기

작품을 해석하는 활동을 했던 전 차시 학습 내용을 상기시킨다.

▶ 본 학습 안내

이번 차시에서는 감상한 작품 중 한 편을 택해 감상문을 쓰고 서로의 감상을 나누면서 해석을 교환하고 일반화하는 활동을 할 것임을 안내한다.

▶ 감동 현상 분석을 통한 감상문 쓰기

감상의 내용이 작품 속의 다양한 표현, 작품 밖의 작가, 독자, 사회·문화적 요인에서 비롯되었다는 전제하에 다양한 요소들을 주체적으로 종합해 풍부하게 해석한 내용을 토대로 감상문을 쓴다. 감상문을 쓸 때 주변에서 쉽게 경험할 수 있었던 상호 텍스트를 활용해 작성하도록 지도하는데 이는 감상의 폭을 넓히고 학습자의 주변 생활에서 생각할 거리들을 찾게 한다는 점에서 사고의 확장과 수렴, 개방성을 길러주는 의미 있는 활동이다.

〔학습 활동의 예〕

■ (가), (나) 중 한 편을 선택해 〈보기〉의 조건에 부합하는 감상문을 써보자. 문학을 읽고 난 후 마음에 남은 울림은 텍스트와 소통했기에 가능한 것이다. 이러한 소통을 가능하게 하는 것이 무엇이었는지 깊이 있게 생각하며 감상문을 써보자. 줄거리와 느낌을 나열하는 감상문에서 벗어나서 감상의 이유들을 메타적으로 사고하고 작품의 분위기나 자신의 감상과 어울리는 상호 텍스트를 활용해 자신의 느낌을 현실의 장으로 가져와 작품과 소통하는 폭을 넓혀보자.

〈보기〉

1. 자신이 작품을 읽고 나서 떠오른 생각들에 관여한 요인들을 밝힐 것.(텍스트 내적 - 작품의 구조적인 특성, 텍스트 외적 - 작가, 시대, 독자 요인)
2. 작품에 표현되어 있는 다양한 요소들을 종합하여 감상할 것.
   예) 사용된 어휘, 종결 어미, 사진, 행간걸림, 연의 배열, 인물의 대사, 사진 자료 등
3. 타인과의 소통을 전제로 한 완결된 글을 쓸 것.
4. 작품의 분위기, 자신의 감상과 어울리는 사진이나 그림, 노래 등의 텍스트를 활용하여 보다 효과적으로 작품의 의미를 드러낼 것.

▶ 감상문 나누기를 통한 해석 교환 절충

감상한 내용을 제시한 기준을 바탕으로 비교하고, 자신의 감상과 타인의 감상에서 공통적으로 나오는 내용들을 종합해 작품에 대한 타당한 해석이 무엇일지 토의한다.

〔학습 활동의 예〕

완성된 감상문을 발표하고 타인의 감상과 자신의 감상을 비교·평가해보자.

■ 다음 사항을 중심으로 자신의 감상문을 타인의 감상문과 비교·감상해보자.

1. 텍스트 내의 어떠한 요인에 영향을 받았는가?
2. 텍스트 외의 어떠한 요인에 영향을 받았는가?
3. 나와 다르게 감상한 부분은 어디인가?
4. 어떠한 상호 텍스트를 활용하고 있는가?

▶ 마무리 학습 - 해석 일반화

학습자들이 자유롭게 해석한 것을 정리한 후 어떤 점에서 타당했는지 평가하고 작품에 대한 일반적인 해석을 소개한다. 그리고 작품 읽기는 자신의 기존 지식을 바탕으로 작품과 교섭하는 일이며 텍스트를 해석해본 경험들이 쌓이면서 더욱 풍부한 해석과 감상으로 나아갈 수 있게 됨을 인식시킨다.

〔학습 활동의 예〕

■ 타인의 감상과 비교하여 (가), (나), (다) 세 작품에 대해 공통적으로 생각한 내용이 무엇인지 찾아보자. 그리고 그 타당성에 대해 평가해보자.

4) 그 외에 활용 가능한 자료 및 활동 아이디어와의 결합 예시

풍부한 해석이 가능하다면 어떤 작품이라도 이 수업에 활용할 수 있으나, 교육적으로 의미 있는 수업을 위해 문제적 인물이 등장하거나, 사회·역사적 배경이 효과적으로 드러나거나, 인물 간의 갈등이 두드러져서 학습자의 문제의식을 불러일으킬 수 있는 작품이 보다 적절하다. 다음과 같은 작품들을 활용할 수 있다.

김유정, 「만무방」
- 소설과 관련한 사회·문화적 배경을 조사해 발표하기
- 어떻게 사회를 풍자하고 있는지 소설적 기법 탐구해보기
- 인물의 대화를 표준어로 바꿔서 분위기 비교해보기

채만식, 『태평천하』
- 제목과 내용의 상관관계 탐구하기
- 윤직원 영감의 시점으로 이야기 새로 써보기
- 어떻게 사회를 풍자하고 있는지 소설적 기법 탐구해보기.

박민규, 「아치」
- 텍스트의 의미화에 기여한 소재들이 무엇인지 다양하게 찾아보기
- 자신의 경험과 관련시켜 소설의 의미가 무엇인지 생각해보기
- 작가의 다른 작품들을 찾아 읽어보고 공통점 찾아보기

4. 평가는 어떻게 할까

1) 평가 목적, 방법, 주안점 등

한 편의 문학 작품은 하나의 의미로 고정되어 있지 않다. 언어의 힘은 매우 커서 그것을 보는 이들의 마음에 따라, 무엇을 보느냐에 따라 새로운 세상을 만나는 즐거움을 선사한다. 이 단원에서는 작품에 대한 비평적 안목을 갖추는 것을 목적으로 감동 현상 분석을 중심으로 다양한 표현을 종합해 작품의 해석에 도달하는 활동을 했다. 따라서 평가의 주안점은 작품의 의미를 풍부하게 해석했는가에 초점을 맞추어야 한다.

문학 영역의 평가에서 객관성을 지나치게 추구하는 것은 바람직하지 않다. 문학 교육에서 글쓰기 평가는 창작의 평가로 전이될 가능성을 지니고 있다. 남의 글을 읽고 주체적으로 수용하고 그 결과를 바탕으로 글을 쓸 때 그 글에 포함되어 들어가는 사고의 창의성, 발상의 창의성 등이 평가의 대상이 되어야 한다는 뜻이다. 그리고 문학 교육의 평가는 문학 능력의 평가이다. 문학 교육은 학습자의 문학 능력을 신장시키기 위한 교육이기 때문이다.[10]

10 우한용, 「문학 교육의 평가 - 메타비평의 글쓰기 평가를 중심으로」, 국어 교육연구회 학술대회 발표문, 한국어 교육학회, 1999.

"문학 능력은 문학을 이해하는 지적 능력, 문학적 공감력, 문학문화 수행 능력, 문학의 창조 능력 등을 두루 포함하는 개념이다."[11]

따라서 문학 교육의 특성상 결과 중심 평가에 치우치기보다는 과정 중심 평가를 병행하는 것이 더욱 바람직하다. 작품을 감상하는 과정, 다양한 요소를 종합해 작품의 풍부한 의미를 해석하는 토의 과정, 발표 내용 등을 객관적으로 관찰하여 학습자의 가능성과 잠재력을 평가할 수 있도록 노력하는 것이 중요하다.

- 작품 내용을 잘 이해하고 공감했는가?
- 작품의 다양한 요소를 종합해 해석했는가?
- 작품의 다양한 해석에 대해 개방적인 자세를 보였는가?
- 자신이 감상한 바를 타인과 적극적으로 소통했는가?

이와 같은 평가 목표를 중심으로 평가가 가능하며 교사는 다음의 표를 참고해 학습자를 평가할 수 있다.

평가 영역	평가 기준	평가 방법	평가 척도					
			매우 잘함	잘함	보통	미흡	미완성	미제출
창의성 중심 영역	• 작품의 의미를 만들어내는 다양한 언어적 요소를 찾아 해석에 반영했는가?	서술형 평가	5	4	3	2	1	0
	• 감동의 이유를 메타적으로 사고하여 작품 속 각종 기호들의 역할을 발견했는가?	서술형 평가	5	4	3	2	1	0
	• 감상의 내용을 타인과 비교하고 소통함으로써 작품을 타당하게 해석했는가?	과제물 평가	5	4	3	2	1	0
인성 중심 영역	• 작품을 다양한 의미로 해석할 수 있음을 알고 다른 사람의 감상 내용을 개방적으로 받아들였는가?	관찰 평가	5	4	3	2	1	0
	• 모둠 토의 과정에서 다른 사람의 다양한 의견을 존중했는가?	관찰 평가	5	4	3	2	1	0
	• 적극적으로 자신의 감상을 발표하고 타인과 소통하고자 노력했는가?	관찰 평가	5	4	3	2	1	0
교사 의견 및 채점평	(예시) * 작품 내의 다양한 요소를 종합하여 풍부한 의미를 발견하고 작품을 해석했으나, 다양한 감상을 수용하지 않아 보다 타당한 해석에 도달하지는 못했음.	합산	30점 만점에서 ______ 점					

11 김상욱, 『소설교육의 방법 연구』, 서울대학교출판부, 1996, 23-31쪽.

2) 수행 평가 및 서술형 평가

(1) 수행 평가 예시

소설 작품을 읽고 〈보기〉의 조건에 부합하는 감상문을 써보자. 문학을 읽고 난 후 마음에 남은 울림은 텍스트와 소통했기에 가능한 것이다. 이러한 소통을 가능하게 하는 것이 무엇이었는지 깊이 있게 생각하며 감상문을 써보자. 줄거리와 느낌을 나열하는 감상문에서 벗어나서 감상의 이유들을 메타적으로 사고해보고 작품의 분위기나 자신의 감상과 어울리는 상호 텍스트를 활용해 자신의 느낌을 현실의 장으로 가져와 작품과 소통하는 폭을 넓혀보자.

〈보기〉

1. 자신이 작품을 읽고 나서 떠오른 생각들에 관여한 요인들을 밝힐 것.(텍스트 내적 - 작품의 구조적인 특성, 텍스트 외적 - 작가, 시대, 독자 요인)
2. 작품에 표현되어 있는 다양한 요소들을 종합하여 감상할 것.
   예) 사용된 어휘, 종결 어미, 사진, 행간걸림, 연의 배열, 인물의 대사, 사진 자료 등
3. 타인과의 소통을 전제로 한 완결된 글을 쓸 것.
4. 작품의 분위기, 자신의 감상과 어울리는 사진이나 그림, 노래 등의 텍스트를 활용하여 보다 효과적으로 작품의 의미를 드러낼 것.

해석 텍스트의 조건들을 구체적으로 제시할수록 학습자의 감상문은 텍스트의 맥락과 관련성을 갖고 의미 있는 내용으로 구성될 수 있는 가능성이 높아진다. 평가가 곧 문학 교육의 의미 있는 과정이 될 수 있도록, 해석 텍스트를 쓰는 활동이 작품의 새로운 의미를 생산해내는 가치 있는 경험임을 인식할 수 있도록 이끄는 것은 교사의 몫이다.

(2) 서술형 평가

① 다음의 자료를 비판적으로 읽고 박목월 「이별가」의 의미에 대해 생각해보고 메타 비평문을 써보자. 즉, 작품의 어떤 요인을 보고 다음과 같이 비평한 것인지 찾고, 이러한 비평이 타당한지 본인의 생각을 서술해보자.

▶ 채점 기준

- 비평문과 관련되어 있는 텍스트의 요인들을 다양하게 찾았는가?
- 비평문과 관련된 텍스트의 요인들을 풍부하게 제시했는가?

• 비평문의 타당성을 논리적인 이유를 들어 평가했는가?
• 새로운 해석의 가능성을 제시했는가?

[자료]

이 시에서, 죽음은 한 세계에서의 소멸이 아니라 '강건너'의 다른 세계로 떠나가는 것이다. 따라서 단절 또는 헤어짐의 절대적 비애가 문제될 뿐이지 어느 편이 이승이고 어느 편이 저승인지는 상대적으로 중요하지 않다. '나'는 강을 건너가고 있는 뱃머리에 서 있으며, '너'는 '내'가 떠나온 강기슭에 서 있다. '강'은 흔히 양가적(ambivalent) 상징으로 접합점과 단절을 동시에 뜻한다. 이러한 양가적 상징은 목월의 사유가 편벽되지 않고, 사물의 양면을 동시에 바라보고 있다는 원숙함을 보여준다. 바람도 양가적이어서 '나'와 '너'의 교신을 방해하기도 하고 어렴풋이나마 매개해 주기도 한다. 이때 '너'가 '뭐락카'는지의 내용은 중요하지 않다고 말할 수 있다. 다만 '나'의 발화가 '오냐. 오냐. 오냐'인 점이 주목할 만하다. 이것은 죽음에의 수용과 최종적 화해의 자세이다. 그는 죽음을 수용하고 긍정하면서 죽음을 길들이기 시작한다. 그리고, 인간사의 모든 일을 결정적으로 받아들이는 '오오냐'의 빛깔로 자연스럽게 화답하고 있는 것이다. 즉, 화자는 죽음을 순응의 자세로 받아들이고 있다. 그러나 죽음의 막막한 적막감이 어느 정도 가셔지고 있기는 하지만 허무감이 극복되고 있지는 못하다.

– 이준복, 『청람어문학』(1993) 중에서

② 다음의 자료를 참고하여 이승하의 「이 사진 앞에서」에 대한 해석 텍스트를 써보자.

▶ 채점기준
• 「이 사진 앞에서」와 자료의 내용을 긴밀하게 연결시켰는가?
• 언어 표현, 사진 등 텍스트 내의 언어적 표현들에 유의해 의미를 구성했는가?
• 풍부하고 타당하게 의미를 해석했는가?
• 새로운 해석의 가능성을 제시했는가?

[자료 1]

「화가 뭉크와 함께」로 등단한 지 25년이 되었습니다. 1993년에 발간한 『폭력과 광기의 나날』은 4쇄를 찍은 후 오래전에 절판되었습니다. 이 시집에 수록된 상당수의 시와 그 전후로 발표했던 시를 포함시켜 새로운 모습으로 시선집을 내게 되니 1970~80년대 수많은 사람을 옥죄었던 공포와 전율에 대한 기억이 되살아납니다. 21세기인 지금도 이 세상이 그때와 다를 바 없는 폭력과 광기의 나날임을 가슴아파합니다.

–2009년 황사바람 부는 날에, 이승하

[자료 2]

시인 이승하는 저 백주의 폭력들 - 학살과 강간과 고문, 무고한 피 흘림과 아이들의 굶어 죽음 앞에서 길을 잃고 엉엉 울고 있다. 인간의 말로는 무어라고 형용해볼 길조차 없어 보이는 저 난폭하고 무자비한 광경의 사진을 시 앞에 올려놓고 그 앞에서 시인의 여린 감성은 시를 이루지 못한 채 다만 피 흘린다. 저 잔혹 앞에서 무엇이 시일 수 있나. 이 '시를 이루지 못함'이야말로 시인의 순결함의 증거일 것이다.

- 김사인(시인)

[자료 3]

이승하는 죽음과 관련된 처참한 모습의 그림과 사진을 곁들여 우리 일상의 끔찍한 뒷모습들을 상기시킨다. 폭력과 집단적 광기의 결과가 인간을 어떻게 황폐화시키는가를 경고한 이 시집은 그림으로써 폭력에 대응하는 방법과 폭력을 물리칠 용기를 상대적으로 모색케 한다. 또한 평화의 중요성과 그것의 따스함을 반어적 기법으로 되살려내어 삶의 중요성과 생명 존재의 가치를 성찰케 한다.

- 신효정(전 문화일보 기자)

8장 작품들과 놀며 깊어지다 - 텍스트 상호성 모형

1. 텍스트 상호성 모형이 어떤 점에서 유용한가

1) 텍스트 상호성 모형의 개념, 특성, 과정, 창의성 요소와의 관련성

흔히 교과서 소단원을 중심으로 하는 문학 수업, 즉 단원별로 제재를 다루는 방식의 수업에서는 각 제재를 충실히 감상할 수는 있지만 여러 제재들 사이의 전체적인 관련성에 대해서는 다루기 어려운 것이 사실이다. 단원별 제재 학습의 한계를 넘어서 개별 작품이 아닌 작품 사이의 관련성에 초점을 맞추는 수업을 위해 주목할 개념이 바로 텍스트 상호성이다. '텍스트 상호성(intertextuality)'이란 크리스테바(J. Kristeva)에 의해 학계에 널리 소개된 개념으로 둘 또는 그 이상의 텍스트들 사이의 기호체계가 서로 깊이 있게 침투해 있는 관계를 의미한다.[1] 텍스트 상호성은 텍스트 사이의 상호 관련성으로서 모든 텍스트는

1 바흐친(M.M. Bakhtin)은 이를 언어의 층위에서 일어나는 보편적인 '사회적 현상'으로 본다. 따라서 그는 텍스트 상호성을 의사소통 과정에서 생산되는 사회적 상호작용의 과정, 즉 '대화'의 문제로 파악한다(이득재, 『바흐찐 읽기』, 문학과학사, 2003).

독창적인 산물이 아니며, 하나의 텍스트가 다른 텍스트를 향해 열려 있고 텍스트들의 총체성 안에서 항상 연결되어 있음을 전제로 한다. 이 총체성은 텍스트가 씌어진 시대의 지식이나 당대에 통용되는 모든 담론 양식인 역사, 철학, 예술 등을 포함한다. 텍스트 상호성은 창조냐 모방이냐는 논쟁의 배경 속에서 바흐친의 대화주의를 통해 본격적으로 거론되기 시작한 이후 1960년대 프랑스 구조주의자인 크리스테바, 바르트 등에 의해 정립되면서 서구의 인문학 및 모든 예술 분야로 확산되었다. 이들에게 하나의 텍스트란 주체가 독창적인 의미를 생산하기 위해 만들어내는 닫힌 통일체가 아니라 열린 공간에서 수많은 조각들이 모여 이루어내는 모자이크와 같다.[2]

텍스트 상호성 모형은 학습자가 모든 작품이 인간의 보편성 속에서 서로 관련성을 지니며 존재하고 있음을 인지하게 함으로써 폭넓은 문학 경험을 제공해준다. 모든 텍스트는 다른 텍스트를 향해서 열려 있기 때문에 학습자가 지금 경험하고 있는 작품과 이미 경험했던 작품의 연관성을 바탕으로 텍스트를 감상하게 되면 한 편의 작품을 감상했을 때는 알 수 없었던 새로운 면을 발견할 수 있다. 다양한 텍스트들의 연관성을 사고하며 주어진 텍스트를 감상하게 하는 텍스트 상호성 모형은 학습자에게 문학 작품을 주체적으로 풍부하게 감상할 수 있는 능력을 길러줄 뿐만 아니라 자유로운 사고의 확장을 바탕으로 작품과 소통하고 해석하는 능력을 갖게 한다.

이 과정에서 학습자가 경험하는 가능성의 세계는 더욱 확장된다. "나에게 세계란 내가 지금까지 읽고 이해하고 사랑해온 모든 텍스트, 기술적인 것이든 시적인 것이든 그 모든 텍스트가 열어주는 지시들의 총체이다. 그리고 하나의 텍스트를 이해한다는 것은 곧 우리들의 환경(Umwelt)으로부터 하나의 세계(Welt)를 만들어내는 모든 의미작용을 우리의 상황에 대한 술어들 속에 끼워 넣는 것이다."[3] 이와 같은 텍스트가 존재의 지평을 열어주도록 하는 행위가 곧 서사 실천의 구조이다.[4] 따라서 다양한 텍스트를 경험할수록, 하나의 텍스트를 깊이 있게 경험할수록 학습자의 존재의 지평은 더욱 확장될 수 있다.

텍스트 상호성은 한 작가의 작품들뿐만 아니라 다른 작가들의 작품들에서 발견된다. 상호성을 통해 독자는 하나의 작품만 볼 때 파악하지 못했던 새롭고 풍부한 의미들을 읽

2 신익호, 「「빈처」의 텍스트 상호성 연구」, 『현대문학이론연구』, 제34집, 2008, 137-159쪽.

3 폴 리쾨르, 『해석이론』, 김윤성 · 조현범 역, 서광사, 1998, 74쪽.

4 우한용, 「문학 교육과 허구적 인식능력」, 『국어교육학연구』, 제14집, 2004, 46쪽.

어낼 수 있게 된다. 텍스트 상호성 개념을 적용한 텍스트 상호성 모형은 일차적으로 지금 경험하고 있는 작품과의 충분한 소통과 해석을 지향한다. 한 편의 작품과 충분한 소통을 거친 후에라야 다른 텍스트들과 의미 있는 상관성을 발견하고 해석의 확장으로 이어질 수 있는 가치를 지니기 때문이다. 이후 자신이 감상한 텍스트와 상관성이 있다고 판단되는 텍스트들을 자유롭게 연상해 여러 편의 텍스트 간의 상호성을 찾고 인간의 보편적인 삶의 조건에 비추어 해석의 폭을 확장하게 된다. 이러한 맥락에서 텍스트 상호성 모형은 주어진 작품을 잘 감상한 후에 다른 텍스트들과 연계하는 것을 전제로 한다. 그래서 이 모형은 ① 작품 내용 비교하기, ② 상호성의 준거 정하기, ③ 상호성으로 의미 확장하기, ④ 새 이야기 구성하기 과정으로 일반화될 수 있다.

텍스트 상호성 모형을 통해 학습자들은 다양한 작품을 비교하며 감상하게 되고, 자연스럽게 작품에 공감하거나 비판하는 생각을 갖게 된다. 그러나 이 단계는 고정되어 있는 과정이라기보다 교육적 성과를 고려한 활동의 나열이다. 그러므로 상황에 맞게 변형할 수 있으며 여러 과정이 동시에 나타날 수도 있고 순서가 바뀌어 나타날 수도 있다.

텍스트 상호성 모형

과정	주요 활동 내용
작품 내용 비교하기	둘 이상의 텍스트를 비교해보며 상호성을 지닐 수 있는 가능성을 짚어본다. 두 텍스트의 내용을 연관되는 코드로 묶기
상호성의 준거 정하기	두 개 이상의 작품을 같은 틀에서 비교하고 분석하고 종합할 수 있는 상호성 준거를 정한다(예: 주제, 경험, 사건, 배경, 독자 등).
상호성으로 의미 확장하기	한 작품 내에서 단일한 요소였던 것을 상호성으로 다른 작품과 연관지으면서 경험, 해석, 가치, 주제 등을 확산시켜본다.(창의 활동)
새 이야기 구성하기	두 작품의 상호성으로 인해 확장된 경험이나 주제를 가지고 제3의 이야기(또는 새로운 결말 만들기 등)를 구성해본다.

(1) 작품 내용 비교하기

모든 텍스트는 다른 텍스트를 향해 열려 있으나 공통되는 부분에 대한 깊이 있는 탐구 없이 일부분을 통해 연관 관계를 찾는 경우 해석의 폭이 한정될 수 있다. 따라서 내용에 대한 깊이 있는 탐구로 하나의 텍스트를 충분히 감상한 후에 다른 텍스트와 내용의 비교를 통해 관련되는 부분, 공통점과 차이점 등을 생각해보는 단계로 나아가야 한다. 이러한 과정은 텍스트 상호성을 활용해 작품을 풍부하게 해석하기 위해 준비 단계라 할 수 있다. 현진건의 「빈처」와 은희경의 「빈처」를 텍스트 상호성을 염두에 두고 감상해보자. 이를 위해서는 우선 각각의 텍스트의 내용에 대한 깊이 있는 이해가 전제되어야 한다.

현진건의 「빈처」는 1920년대의 사회상을 지식인의 가정사를 통해 드러낸다. 구체적으로는 무명작가로서 가장으로서 책임을 다하지 못하는 인물이 아내의 헌신적인 내조로 마음의 위안을 얻고 진정한 행복에 대해 생각게 된다는 작품이다. 반면 은희경의 「빈처」는 현대 산업 사회에서 소통 없이 살아가는 부부의 모습을 드러낸다. 남편이 아내의 일기를 우연히 보게 되면서 무관심했던 자신을 자책하게 된다는 작품이다.

수업에서 '작품 내용 비교하기' 단계는 다양한 전략으로 접근할 수 있다.

• **소설 신문 만들기 활동**: 중심 사건을 활용해 사건을 보도하는 형식의 신문 기사를 작성해본다. 신문의 어느 면에 해당되는 기사일지를 학습자 스스로 선택해 기사의 내용과 방향을 설정하게 하고, 기사의 형식을 갖추기 위해 표제와 부제 등을 정하는 과정에서 작품의 주요 사건들에 대한 인식을 정교화해가는 활동이다. 각자 작품을 한편 자유롭게 선택하여 기사문을 작성하게 하고, 다른 작품을 선택한 학습자들끼리 기사문을 돌려 읽으면 작품의 중심 사건과 더불어 다른 학습자가 해석한 내용을 경험하게 된다.

예) 은희경의 「빈처」에 표현된 중심 사건을 활용해 신문 기사화하기

표제	요즘 부부, 대화와 소통 잃은 지 오래.
부제	회사원 0씨, 영업직 사원으로 매일 밤 늦게 귀가. 아내가 무엇을 하며 하루를 보내는지도 몰라. 오늘날 우리들의 슬픈 자화상.
기사문	2011년 0월 0일, 회사원 0씨는 부인의 일기를 통해 그 동안 자신의 무관심했던 일상을 반성하고, 아내를 이해하고 배려해야겠다는 삶의 다짐을 했다고 한다. 요즘 대화 없이 하루하루를 보내는 부부들이 많다. 그러나 이는 비단 부부 관계에 한한 일만은 아니라는 것이 문제다.……

• **스토리 그래프 그리기**: 그래프 형식으로 시간의 흐름에 따라 사건을 배열한 후 도식화되어 있는 그래프 비교를 통해 작품의 내용을 간결하게 비교하는 방법이다.

예) 그래프 형식의 예: 중심 사건을 가로축에 배치하여 스토리를 나열한 후 갈등의 양상이 심해지는지 완화되는지를 중심으로 꺾은선 그래프로 나타낸다.

(2) 상호성의 준거 정하기

어떤 경우든지 한 텍스트는 다른 텍스트를 향해 열려 있지만, 상호 관련성이 클수록 두 텍스트를 활용해 소통하는 폭이 확장될 수 있고 작품을 중심으로 깊이 있게 감상하는 것이 가능해진다. 상호성의 준거는 한 작품을 감상한 후에 학습자 스스로 관련되는 작품을 떠올려 비교해보고 준거를 마련하는 것도 가능하며 교사가 학습자에게 상호 텍스트를 애초에 제시하고 내용을 비교하는 과정에서 학습자 스스로 준거를 마련하게 하는 것도 가능하다. 전자의 경우 학습자의 선경험이 수업의 성패를 좌우하기 때문에 학습자의 수준이 다양한 문학 작품, 예술 작품들을 감상한 작품과 연계시킬 능력이 있다고 판단될 때 시도해 봄 직하다. 그러나 일반적인 수업에서는 교사가 상호 관련성이 있는 작품을 제시해준 후 비교 준거를 학습자가 마련함으로써 감상의 폭을 확장하도록 지도하는 것이 현실적이다.

상호성의 준거는 크게 내용과 형식으로 나누어 살펴볼 수 있다. 내용과 관련해서는 인물, 사건, 배경, 주제 등이 상호성의 준거가 될 수 있고 형식과 관련해서는 작품의 플롯, 시점, 문체, 매체 등이 상호성의 준거가 될 수 있다. 이 단계에서 교사는 학습자가 스스로 다양한 내용과 형식의 요소들 중에서 작품을 가장 잘 비교하게 해주는 준거를 선택하게 하고 그 준거를 바탕으로 다시 작품을 비교·감상하게 함으로써 작품 이해의 폭을 넓혀갈 수 있다.

현진건의 「빈처」와 은희경의 「빈처」는 부부 관계를 중심으로 사건을 전개하고 있다는 점에서 밀접한 관련성을 지닌다. 두 작품은 모두 동일한 일인칭 시점에서 서술자 자신이 체험한 이야기를 서술해가고 있다. 그런데 은희경의 「빈처」는 일인칭 서술자인 남편이 존재하나 일기라는 형식을 통해 아내의 심리를 독자가 직접 전해들을 수 있다. 두 작품 모두 남편의 시점에서 스토리가 전개되면서 이해하지 못했던 아내의 내적 갈등을 이해하고 아내에 대한 사랑과 관심을 회복하게 되는데, 이와 같은 시점을 상호 준거로 두 작품을 비교하며 작품에 대한 깊이 있는 감상뿐만 아니라 두 작품의 담론(discourse)에 대해서도 숙고해보는 시간을 가질 수 있다. 소설은 언어의 역동적인 구성으로 이루어져 있으므로 언어 표현에 대해 깊이 있게 관심을 가지고 감상할수록 풍부한 해석에 도달할 수 있게 된다.

사건의 전개 과정을 비교해보면서도 두 편의 허구 서사를 풍부하게 경험할 수 있다. 학습자는 식민지 시대 가난한 지식인의 일상과, 현대 사회의 소통 없는 사람들의 일상을 비교해보면서 결국 삶이라는 것이 무엇인지, 사람과의 관계는 어떠해야 하는지 등의 보편적인 문제와 만나게 되고 이에 대해 깊이 생각해보는 기회를 가질 수 있다. 또한 시대상을 비교 준거로 삼음으로써 사회시학적 관점에서 삶의 문제를 조망해보는 것도 가능하다.

수업에서 '상호성의 준거 정하기' 단계는 다음과 같은 다양한 전략으로 접근될 수 있다.

• **비교 준거 정하기 모둠 토의**: 모둠별로 토의하되, 두 편의 소설을 모두 읽은 후 토의 활동을 하게 한다. 한 가지 공통점 또는 차이점을 발표해보고 어떤 점에서 그렇게 생각했는지 이유를 설명해 의견을 교류한 후 모둠별로 두 작품을 가장 잘 설명할 수 있는 비교 준거를 한 가지로 압축해본다. 서로 의견을 교류하는 과정 속에서 작품의 스토리를 자연스럽게 비교하게 되고 비교 준거를 한 가지로 압축하면서 두 작품을 가장 잘 설명할 수 있는 것이 무엇인지 파악할 수 있게 된다.

• **비교 준거 카드 뽑기**: 비교 준거의 가능성이 될 수 있는 제시어들을 카드로 만들어 모둠별로 뽑게 하고, 그 제시어를 중심으로 작품의 공통점 또는 차이점을 토의하게 한다. 학습자들이 스스로 작품과 가장 어울리는 비교 준거를 정하지 못하는 경우 교사가 유의미한 비교 준거들을 다양하게 제시해줌으로써 수업의 방향을 정해줄 수 있다.

(3) 상호성으로 의미 확장하기

비교 준거를 중심으로 본격적인 작품 감상 활동을 하는 단계이다. 학습자는 이 과정에서 한 작품 내에서 단일한 요소였던 것을 상호성으로 다른 작품과 연관해 경험, 해석, 가치, 주제 등을 확산시키게 된다. 학습자의 창의성이 요구되는 단계로 작품에 대한 분석적이고 수렴적인 이해가 다양한 의미로 발산되고 전환될 수 있다.

현진건의 「빈처」와 은희경의 「빈처」를 주제 중심으로 비교하게 되면, 사람과 사람 사이의 소통의 문제, 사랑과 배려의 문제라는 보편적인 주제로 이해의 폭이 확대된다. 현진건의 「빈처」는 가난한 작가를 내조하는 아내의 한결같은 사랑에 대한 소중함을 인식하는 남편의 이야기가, 은희경의 「빈처」는 외로운 아내의 처지를 인식한 후 아내에 대한 사랑과 관심을 회복하고 삶의 진정성에 대해 생각하게 되는 남편의 이야기가 주된 스토리이다. 이 작품에서 주제를 한 가지로 수렴하기에는 무리가 있으나, 타인과의 소통을 통해 삶의 가치에 대해서 재인식하는 것 정도로 생각해볼 수 있다. 한 작품만 보았을 때는 단순히 부부관계 속에서 사랑과 신뢰를 회복하는 것 정도로 좁게 감상하게 된다면, 두 작품을 비교하면서는 단순히 부부 관계에 제한된 것이 아니라 인간과 인간의 관계 속에서 소통의 중요성이 무엇인지, 사랑의 가치가 무엇인지 생각하게 된다. 다양한 작품을 관련시킬수록 보다 폭넓은 주제에 대해 풍부하게 생각해보는 기회를 갖게 된다.

사회상을 비교 준거로 삼을 경우에는 1920년대 생활상과 현대 사회를 비교하게 되고, 비단옷과 새 신발을 선물 받고 기뻐하는 아내의 모습(현진건, 「빈처」)을 통해 물질적 가치관과 정신적 가치관 사이에서 갈등했던 당시 사람들의 의식이 오늘날과 크게 다르지 않음을 알게 된다. 현대 사회에서 바쁜 일상을 살아가는 남편과 그로 인해 소외되는 아내의 문제, 부를 축적한 친구의 과시에 위축되는 나의 내면 의식(은희경, 「빈처」) 등을 통해서는 인간 소외의 문제와 물질적 가치관 위주의 사회상을 엿볼 수 있다. 이러한 비교의 과정 속에서 학습자는 두 편의 허구 서사를 깊이 있게 감상하게 될 뿐만 아니라 시대를 넘나들며 존재하는 인간 사회의 보편적인 문제에 대해서 인식하는 기회를 갖게 된다. 결국 개별적인 텍스트를 감상할 때보다 거시적인 면에서 인간의 삶과 세계를 바라볼 수 있게 되는 것이다.

이 과정에서 학습자는 경험의 장을 확장하게 되고, 다양한 텍스트와 소통할 수 있는 능력을 기를 수 있게 된다. 이러한 경험이 반복되면 학습자는 한 편의 작품을 읽더라도 다양한 요소에 대해 인식하면서 읽는 습관을 갖게 되고, 새로운 텍스트의 의미를 확장된 경험의 장의 도움으로 보다 쉽게 파악할 수 있게 된다. 즉, '텍스트 간의 커뮤니케이션'[1] 능력이 증진되는 것이다.

수업에서 '상호성으로 의미 확장하기' 단계는 비교 준거 마련을 전제로 하며, 이를 바탕으로 본격적으로 작품의 의미를 해석하고 학습자의 삶과 세계에 대한 안목을 넓혀가는 과정이다.

• **비교 준거를 활용한 감상문 쓰기**: 학습자들에게 비교 준거를 활용해 감상문을 쓰기 활동을 제시하는데, 이 경우 단순한 독서 감상문의 형식에서 벗어나 다양한 주제와 요소를 깊이 고찰해보고 그것을 해석 텍스트로 바꾸는 경험을 하게 하는 것이 중요하다. 감상문은 학습자 편에서는 해석 텍스트를 생산하는 활동으로서, 텍스트에 이미 내재된 의미를 발견하는 것이 아니라 학습자가 독서의 과정에서 능동적으로 의미를 재구성하는 것이다. 그러

1 한국텍스트언어학회, 『텍스트 언어학의 이해』, 박이정, 2004, 193쪽.

므로 교사는 학습자에게 줄거리 나열 후 느낀 점을 쓰는 형식으로 획일화된 감상문을 쓰는 경향이 나타나는지 확인한 후 해석 텍스트로서의 감상문은 특별한 형식 없이 자유롭게 쓰는 글이며 줄거리와 느낀 점 쓰기에 얽매일 필요가 없음을 주지시켜야 한다. 비교 준거를 중심으로 두 편을 비교하면서 이것이 어떤 의미가 있는지 서술하게 하는 것이 자연스러운 감상문 쓰기의 방법이 될 수 있을 것이다.

• **비교 준거를 중심으로 영화 VS 영화 코너 콘티 완성하기**: 영화 대 영화 형식을 활용해 텍스트 두 편을 비교·소개하는 콘티를 작성하게 한다. 학습자들은 비교하는 과정 속에서 그 속에 담겨진 의미에 대해 생각해보는 기회를 가질 수 있다. 영화 대 영화이지만 소설 대 소설, 소설 대 영화 등 다양한 작품들을 연관시켜 비교해보는 것이 가능하다.

• **작품 홍보 포스터 그리기**: 가장 중심이 되는 이미지를 활용하여 포스터를 그려본다. 그림은 결국 다양한 해석이 바탕이 되어 나타나는 것이기 때문에 그림으로 자신의 감상을 자연스럽게 드러낼 수 있다. 소설, 시 등 다양한 장르의 작품을 홍보 포스터로 나타내는 과정 속에서 학습자는 작품의 가치가 가장 잘 드러날 수 있는 소재를 찾게 되고, 그것을 그림으로 표현하면서 작품에 대한 감상을 정리하게 된다. 그림에 대한 설명을 더불어 발표하게 되면 감상문 쓰기보다 학습자의 흥미를 유발하면서 해석 경험을 나눌 수 있다.

(4) 새 이야기 구성하기

허구 서사에 대한 경험은 삶의 세계로 또는 새로운 텍스트로 확장될 수 있다. 텍스트에서 비롯된 경험이지만 텍스트 안에만 머무르지 않기 때문에, 다양한 경험을 통해 더욱 학습자의 경험과 인식의 폭을 확장시킬 수 있는 가능성을 지닌다. 따라서 두 작품의 상호성으로 인해 확장된 경험이나 주제를 가지고 제3의 이야기나 새로운 결말 만들기 활동을 하는 것은 창의적이고 학습자의 사고의 폭을 유연하게 해주는 활동으로서 의미가 있다.

허구 서사의 감상은 이미 텍스트를 바탕으로 한 생산적인 경험이다. 독자는 텍스트를 소비하는 데 머무르지 않고 의미를 생산하는 활동에 능동적으로 참여하기 때문이다. 문학 독서를 통한 생산적인 경험은 새로운 생산적 경험을 불러일으키는데, 이는 새로운 텍스트의 창작으로 이어질 수 있다. 이 점에서 모든 학습자는 잠재적 작가인 것이다. 현실적으로 수업 현장에서 할 수 있는 활동은 새로운 서사 만들어보기, 결말 바꿔 써보기 등이다. 학습자는 텍스트를 활용한 다양한 활동으로 사람의 이야기인 서사가 주는 다양한 감동을 체험하게 되고 이를 바탕으로 자신을 둘러싼 세계와 자기에 대해 인식하는 기회를 갖게 된다. 말하자면, 텍스트의 감상은 삶의 감상이다. 서사는 곧 사람들의 삶의 이야기이기 때문이다. 그러므로 텍스트에 대해 풍부한 경험을 하게 할수록 학습자들의 삶의 세계에 대한 이해의 폭, 자기인식의 정도는 확장되고 정교화될 수 있다.

• **인물, 사건, 배경 중에서 한 가지 공통점을 가지고 새 이야기 쓰기**: 소설 구성의 요소 중 하나를 공통점으로 새 이야기 쓰기 활동을 한다. 공통되는 요소를 활용할 경우 원작의 스토리를 떠올리게 되고 이 과정에서 원작의 내용에 대한 이해가 깊어질 수 있으며, 자신의 개인적인 견해, 가치관 등을 더함으로써 독서 경험과 관련이 있는 의미 있는 텍스트를 새롭게 생산하는 경험을 하게 된다.

• **새로운 결말 만들기**: 상호 텍스트 감상을 통해 확장된 경험의 폭은 텍스트의 주제의식에 대해 깊이 있게 탐구할 기회를 제공했을 것이다. 이를 바탕으로 학습자는 텍스트의 결말을 새롭게 바꾸면서 주어진 사건, 인물, 주제 의식 등에 대해서 다양한 각도로 사고해보는 경험을 하게 된다.

• **인물이나 사건 바꿔 쓰기**: 새로운 이야기를 창작하거나 결말을 바꾸는 것 외에도, 인물을 바꿔 쓴다든지 사건을 추가하거나 생략하는 등의 개작 활동도 가능하다. 등장인물을 자신으로 바꿔보고 내면 의식 중심으로 서사를 진행시켜보는 것도 가능하다. 자신의 이야기라고 가정하면 학습자들이 상황에 대해 좀 더 진지하게 생각해보게 된다.

• **등장인물을 활용한 가상 대담 꾸며보기**: 등장인물의 캐릭터를 변형해 가상 대담을 꾸며볼 수도 있고 텍스트에 드러나지 않은 빈틈을 가상 대담으로 채워나가는 활동도 가능하다. 학습자는 가상 대담을 통해 등장인물의 내면 의식을 깊이 있게 고찰해보는 경험을 갖게 되며, 인물을 변형한 경우 동일한 상황에서 다르게 생각하고 행동하는 인물을 통해서 또 하나의 서사를 창조하게 된다.

2) 창의성 요소와의 관련성

일반적으로 동일 작품은 인간의 보편성 안에서 상호 연관성을 지니며 존재한다. 때문에 텍스트 간의 상호성을 인식하는 것은 텍스트의 본질적인 특성을 고려하는 것이기도 하다. 텍스트 상호성을 인식하고 작품을 감상하면 인간 삶의 본질, 문학의 본질을 이해하게 한다. 특히 '인간의 보편적인 삶의 조건에 비추어 문학 작품을 이해한다'는 문학 교육 과정의 성취 기준은 텍스트 상호성 모형을 통해 효과적으로 달성될 수 있다. 학습자는 개별 텍스트를 비교 감상하고 경험의 폭을 확장시키는 과정에서 보편성을 직접적으로 인식하게 되기 때문이다. 학습자들은 상호 텍스트를 비교하는 활동으로 다양한 작품을 접하면서 개방적이고 유연한 사고를 하게 된다. 이를 바탕으로 학습자들은 작품에 대한 자신의 생각이나 느낌을 보다 적극적으로 표현하고 공유할 수 있게 된다.

텍스트의 상호성을 염두에 두고 작품을 감상하는 것은 맥락을 구성하고 텍스트와 소통할 수 있는 의사소통 능력과 관련된다. 작품 감상은 텍스트와 소통하는 것이다. 이 과정에서 학습자는 사고의 확장과 수렴을 경험하며 상호 텍스트를 비교하게 되고 작품의 의미를 해석하게 된다. 한편 여러 편의 텍스트를 비교하고 이해하는 과정은 사고의 개방성과 독립성, 배려심을 키우는 데 적합하다. 학습자들은 인간 삶의 보편성에 대한 인식을 통해 인간에 대한 이해를 넓히고 이를 바탕으로 바람직한 인성을 함양할 수 있다. 또한 감상의 내용이나 재구성한 내러티브를 발표하는 과정은 자연스럽게 타인과의 소통 능력을 향상시키는 것으로 귀결된다.

영역	일반적 창의성 요소	국어과 관련 창의성 요소
인지 영역	맥락 구성, 의사소통능력, 사고의 확장과 수렴	내러티브 변용하기, 복합성, 확산적 사고력
정의 영역	개방성, 독립성, 배려	관계적 사고
실천 영역	타인과의 소통	공감 소통하기, 연출 감수성

3) 모형 운용을 위한 전략 및 다른 모형과의 호응

오늘날 다양한 매체를 활용한 예술들이 보편화되어 있다. 따라서 다양한 매체를 해석하는 능력 또한 학습자에게 길러주어야 할 중요한 목표이다. 이러한 시점에서 텍스트 상호성 모형은 학습자의 감상 능력, 예술적 소통 능력을 길러주는 데 효과적으로 활용될 수 있다. 학습자는 텍스트와 텍스트를 연관시키면서 다양한 장르를 넘나들고 다양한 이야기를 경험하는 것을 통해 텍스트 저변에 있는 인간 삶의 총체성을 경험하고 소통 능력, 해석 능력을 향상시킨다.

텍스트의 상호성을 염두에 두고 작품을 감상하는 것은 맥락을 구성하는 능력, 텍스트와 소통하는 의사소통 능력과 관련된다. 텍스트 상호성 모형은 학습자와 작품 간의 소통적인 관계를 매우 효과적으로 경험하게 한다. 다양한 작품을 연관시켜 감상하는 과정에서 작품과 학습자, 작품과 작품, 자신의 감상과 타인의 감상, 자신이 연관시킨 텍스트와 타인의 상호 텍스트 등의 소통이 매우 복합적으로 이루어지기 때문이다. 그뿐만 아니라 여러 편의 텍스트를 비교하고 이해하는 과정은 사고의 개방성과 독립성, 배려심을 키우는 데에도 적합하다. 특히 작품 간 비교하는 활동을 통해 자연스럽게 사고의 확장과 수렴이 가능하기 때문에 학습자들은 다양한 작품을 접하는 과정에서 개방적이고 유연한 사고를 할 수 있다. 이를 바탕으로 학습자들은 작품에 대한 자신의 생각이나 느낌을 보다 적극적으로 표현하고 공유하는 능력을 내면화하게 된다.

텍스트 상호성 모형을 수업에 적용할 때에는 다음과 같은 사항에 대한 고려가 필요하다.

첫째, 학습자에게 다양한 문학적 경험이 있을수록 텍스트 상호성 모형의 효과적인 목표 성취가 가능하다. 따라서 다양한 텍스트를 경험해본 고학년 학습자에게 보다 유용하다. 학습자가 다양한 문학적 경험이 없다면 이전 차시까지의 수업을 통해 다양한 경험적 맥락을 구성한 후 텍스트 상호성 모형을 적용할 필요가 있다. 좁게는 현 시점까지 배운 교과서 내의 작품들을 활용하는 방법부터, 넓게는 개인적으로 접했던 텍스트들을 연계시키는 것까지 가능하므로 수업을 전개하는 교사가 자유롭게 학습자의 텍스트 경험을 확장시켜줄 수 있는 방법을 구안해 본 수업 전에 적용하는 것이 필요하다.

둘째, 텍스트 간의 연계가 동일한 장르에 한정될 필요는 없다. 모든 텍스트는 다른 텍스트를 향해 열려 있기 때문에 여러 장르의 텍스트들이 서로 연계되고 교섭되며 감상의 폭을 확장할 수 있다. 따라서 학습자들이 흔히 접하고 있는 영화, 가요, 만화 등의 대중적인 장르도 텍스트와의 연계성 속에서 의미 있게 수용할 수 있다. 단, 감상의 중심은 교육적으로 의미 있는 텍스트를 풍부하게 감상하는 것이 되어야지 영화나 가요, 만화에 중심이 놓여서는 풍부한 감상을 위한 모형 활용의 의미가 퇴색될 수 있다.

셋째, 텍스트 상호성 모형은 특정 텍스트를 깊이 있게 이해하는 데 다양한 텍스트를 활용하는 것이다. 그러므로 교사가 수업에서 주가 될 교육적인 텍스트를 선정할 필요가 있다. 그리고 학습자들이 상호 텍스트들을 떠올리기 이전에 주가 되는 텍스트에 대한 깊이 있는 감상이 가능하도록 다양한 해석 활동들에 참여하게 하는 과정이 필요하다. 피상적인 면만을 보고 텍스트를 연계시킬 경우에는 흥미 위주의 수업으로 전락할 위험이 크고 작품의 감상이 인간의 보편성을 이해하는 차원으로까지 확장되지 못할 우려가 있기 때문이다. 텍스트 상호성 모형은 학습자의 해석 능력을 향상시키고 자율적으로 사고하여 작품을 향유하는 독자를 교육하는 데 그 목적이 있으므로 무엇보다 작품을 감상할 시간을 충분히 제공하는 방향으로 수업이 진행되어야 한다.

텍스트 상호성 모형은 다음과 같이 다양한 모형과 접목하여 수업에 적용될 수 있다.

(1) 텍스트 상호성 모형과 창작 모형의 결합

텍스트 상호성 모형을 통해 텍스트에 대한 학습자의 감상이 새롭게 생산된다. 이렇게 생산된 학습자의 감상은 그 자체로 창작으로 볼 수 있지만, 이를 보다 적극적으로 활용하여 새로운 텍스트를 구성할 수 있다. 두 작품을 연계해 상호 연관성 속에서 패러디하기, 공동 창작하기 등은 학습자가 텍스트의 상호 비교를 통해 감상한 내용을 개인적으로, 또는 집단 내에서 발전시킬 수 있는 활동이다. 또한 텍스트 상호성 모형을 통해 학습자들은 비슷한 상황에 대한 다양한 사건 전개와 인물 등을 경험한다. 이를 바탕으로 유사한 상황을 소재로 한 내러티브의 창작 활동으로 발전시키는 것도 가능하다.

(2) 텍스트 상호성 모형과 해석 교환 모형의 결합

텍스트 상호성 모형은 작품에 대한 깊이 있는 이해가 있을 때 보다 풍부한 감상으로 발전할 수 있다. 따라서 학습 활동 과정에서 자신의 해석을 발표하고 다른 이들과 의견을 교환하면서 자신의 해석을 절충하고 일반화하는 활동을 적용할 수 있다. 이를 통해 학습자는 자신이 연계한 상호 텍스트의 타당성을 확보하고 자신이 감상한 내용의 질도 높일 수 있다. 이 과정에서 학습자들은 텍스트와의 소통 능력뿐만 아니라 타인과의 소통 능력, 자기 내적 소통 능력도 확충할 수 있다.

(3) 텍스트 상호성 모형과 갈등 이해 모형의 결합

내러티브 문학에는 많은 갈등 상황이 포함되어 있다. 따라서 갈등을 중심으로 텍스트를 이해하면 텍스트 간의 상호 연관성을 발견할 수 있는 안목을 갖출 수 있다. 우선 한 텍스트에서 인물들의 성격을 분석하고 인물 간 갈등의 요인을 찾고 과정을 분석하는 활동을 제시한다. 학습자는 주어진 텍스트를 경험하면서 갈등의 성격을 파악하게 되고 연계할 상호 텍스트들의 갈등을 비교하게 된다. 이러한 모형을 적용할 경우 학습자는 세계 내의 다양한 갈등들을 이해하고 해결하는 능력을 함양하게 되고 텍스트 상호성의 연결고리를 보다 쉽게 발견할 수 있게 된다.

이외에도 모형 간의 혼합 및 변용은 교사의 자율적인 선택에 달린 일이다. 수업의 목표에 적절하게 창의적으로 수업 모형을 적용하고 활용하는 것이 필요하다.

2. 텍스트 상호성 모형을 어떻게 적용할까

텍스트 상호성 모형을 수업에 적용할 때 다양한 활동 아이디어들과 연계할 수 있다. 예를 들어 텍스트 상호성 모형과 내러티브 재구성하기, 연출 구상하기의 활동 아이디어를 접목해 교육 현장에서 활용할 수 있다. 상호 텍스트에 대한 이해는 작품 감상에서 새로운 이야기 창작으로까지 나아가게 하는 동기가 되기 때문이다. 내러티브는 구체적인 현실 속에서 살아가는 인간들의 모습을 생생하고 구체적으로 표현하는 장르이다. 이로 인해 독자인 우리는 문학을 통해 작중인물의 삶을 간접적으로 체험할 수 있다. 이러한 면에서 내러티브는 우리에게 텍스트 이상의 의미를 지닌다. 그 안의 이야기는 수많은 사람들의 삶이자 세계이다. 때문에 학습자는 내러티브를 통해 인간의 보편성을 더욱 직접적으로 경험할 수 있게 되고, 현실 세계와 유사한 점이 발견되는 텍스트를 통해 사유하고 해석한 경험은 현실 세계에까지 확장될 수 있는 가치를 지닌다. 텍스트의 세계나 사람의 삶의 세계는 넓고도 긴밀한 관계의 섭리 속에 있다. 따라서 학습자는 이러한 내러티브가 보여주는 세계에 대한 인식을 통해 삶에 대해 통찰력과 깊이 있는 안목을 가질 수 있다.

텍스트 상호성 모형은 내러티브 재구성하기, 연출 구상하기 활동을 활용해 주어진 텍스트와 유사한 상황에서 인물과 사건을 새롭게 구성하는 활동으로 구안할 수 있다. 특히 연출 구상하기와 연계하면 학습자들이 감상하고 생산해낸 해석을 바탕으로 새로운 텍스트를 창작하는 활동으로까지 나아갈 수 있다. 새로운 텍스트 창작에 많은 시간을 할애하지 못하는 문학 수업에서 연출 구상하기는 적절한 대안이 될 수 있다. 학습자들이 잠재적 작가로서의 역량을 발휘하면서 새로운 텍스트를 구상해보는 것은 텍스트를 완성하는 것보다는 품이 덜 들면서 다양한 사고의 내용을 종합해볼 수 있기 때문이다. 학습자들은 자신이 구상한 이야기의 인물과 대응될 수 있는 배우를 캐스팅해보고 제목을 정하여 홍보 포스터를 만드는 활동 등을 통해 자신이 상상한 이야기를 현실화해볼 수 있다.

텍스트 상호성 모형의 결합은 학습자들이 자발적으로 내러티브를 감상하고 주관적으로 판단하게 하는 데 효과적이다. 학습자는 이와 같은 활동에 참여하면서 단순히 생각이나 느낌을 발표하는 것에서 나아가 적극적으로 새로운 텍스트를 생산하고 소통하게 된다.

한편 수업의 목표를 보다 효과적으로 달성하려면 현실 세계에 대한 이해의 폭을 넓힐 수 있는 텍스트의 선정에 유의해야 한다. 특정한 시대와 관련된 내러티브를 제시하면 역사적 상상력을 확장해보는 것이 가능해지는 등 텍스트의 종류에 따라 학습자의 문학 능력 향상 정도가 달라질 수 있기 때문이다. 역사적 상상력은 당대의 시각과 상황에서 세계를 이해하는 능력으로 그 자체가 텍스트 상호성 모형과 부합된다. 학습자들은 텍스트의 특정한 시대적 배경을 염두에 두고 두 작품을 비교 감상하면서 당시의 상황과 인간의 삶에 대해 깊이 생각해보는 기회를 갖게 된다. 이러한 활동은 작품을 깊이 있게 감상하게 할 뿐만 아니라 비슷한 사건을 배경으로 한 새로운 사건을 이야기로 구성하면서 소통의 폭을 확장하게 할 수 있다.

3. 텍스트 상호성 모형의 적용 사례는 어떤 것이 있을까

1) 학습 활동 사례 - 〈공동경비구역 JSA〉, 〈웰컴 투 동막골〉

텍스트 상호성 모형은 2009 개정 교육과정의 성취 기준 가운데 문학 '(3) 다양한 관점과 방법으로 작품을 해석하고 평가할 수 있다', '(8) 자신의 주체적인 관점에서 작품을 해석하고 평가할 수 있다' 등과 관련이 깊다. 이 성취 기준은 문학의 생산적인 수용자로서 문학 경험이 풍부한 학습자를 교육하는 데 중점을 둔다. 이를 위해 학습자가 상호 텍스트를 적극적으로 활용해 다양한 관점과 방법으로 작품을 해석하고 평가할 뿐만 아니라 주체적으로 작품을 해석하고 평가하는 경험을 할 수 있도록 학습 활동을 구안했다.

텍스트 상호성을 발견하려면 주어진 텍스트에 대한 깊이 있는 이해가 먼저 이루어져야 한다. 교육은 목표 달성을 위한 의도적인 활동인 만큼 수업을 통해 깊이 있게 이해시키고자 하는 텍스트가 중심이 되도록 작품과 관련한 이해 활동을 2차시 정도 하는 것이 바람직하다. 이후에는 상호 텍스트들을 바탕으로 이해를 확장시키는데, 그 목적이 일차적으로는 텍스트의 이해이지만 나아가 세계에 대한 이해, 자신에 대한 이해로 이어질 수 있는 다양한 가능성을 갖는다는 것을 염두에 두어야 한다.

(1) 관련 성취 기준

학습자는 텍스트 상호성 모형을 통해 한 텍스트와 연관된 다양한 텍스트를 감상하는 과정에서 주어진 텍스트를 섬세하게 읽는 한편 다양한 맥락에서 작품을 이해하게 된다. 또한 매체 간에도 텍스트 상호성이 존재하기 때문에 상호 감상을 통해 작품에 구현된 창의적 표현 방식과 심미적 가치를 수용하게 된다. 이는 생산적 문학 활동을 통해 새로운 시각과 방법으로 작품의 의미를 재구성하거나 창작하는 토대가 된다. 다양한 텍스트들의 상호성을 염두에 두고 감상하는 활동은 우리 사회의 다양한 문제의식, 공동체, 삶의 문제에 대해 깊이 있게 생각해보는 기회를 제공한다. 따라서 이 활동을 통해 학습자는 문학이 예술, 인문, 사회 등 인접 분야와 맺고 있는 관계를 이해하게 된다.

문학은 인간이 가지는 보편적인 문제에 대한 작가의 생각을 언어로써 표현한 예술이다. 문학은 인간 문제에 대한 사유의 표현이라는 점에서 인문 분야와 관련을 맺고 시대적·사회적 조건을 반영하고 비판한다는 점에서 사회 분야와도 관련을 맺는다. 인간의 생활 방식의 하나라는 점에서는 문화의 한 영역으로 존재한다. 그런 까닭에 문학은 음악, 미술 등 다른 예술의 동향과 밀접한 관련을 맺으며 변화해왔다. 바로 이런 이유 때문에 문학이 다른 분야와 맺는 관계를 잘 이해한다면 문학 작품에 대한 수용·생산 활동을 심화시킬

수 있다.[2]

이 모형을 통해 학습자는 섬세한 읽기를 바탕으로 작품을 다양한 맥락에서 이해하고 감상하며 평가할 수 있게 될 뿐만 아니라 다양한 매체로 구현된 작품의 창의적 표현 방식과 심미적 가치를 문학적 관점에서 이해하고 수용할 수 있는 토대를 마련할 수 있다. 나아가 다양한 텍스트가 상호 연관된 것을 학습함으로써 결과적으로 우리 사회의 다양한 공동체와 문제의식을 공유하고 소통하는 자세를 내면화하게 될 것이다.

(2) 제재 선정

제시문으로 선정한 작품은 〈공동경비구역 JSA〉와 〈웰컴 투 동막골〉이다. 두 편의 영화는 전쟁이라는 소재로 남한과 북한의 군인들이 만나게 되어 일어난 사건을 표현하고 있다. 그러나 전자는 친구로 만나 적으로 남을 수밖에 없는 전쟁의 비극성을 두드러지게 표현하고 있으며, 후자는 적으로 만났지만 친구로 함께할 수 있는 희망의 메시지를 표현하고 있다는 점에서 대조적이다. 학습자는 두 편의 영화를 보면서 자연스럽게 전쟁이라는 소재를 깊이 있게 사고하게 되고 이를 서로 다른 분위기로 표현해낸 두 작품을 비교하면서 인간 삶의 다양함을 경험하게 된다. 그리고 그 안에서 인간 삶의 보편성을 발견하게 된다. 이러한 점에서 두 편의 텍스트는 성취 기준 달성에 적합한 제재이다.

(3) 단원의 개관

본 과정은 개괄적인 수업의 흐름이며 절차 모형의 적용을 통해 보다 효과적으로 목표를 달성할 수 있다. 공감 소통하기나 내러티브 재구성하기 등이 적용될 수 있으며 교실 상황에 맞게 더욱 효과적으로 변형하여 활용할 수 있다. 본 단원에서는 상호성의 준거를 정하고 새 이야기를 구성하는 것을 모둠 토의를 통해 달성할 수 있도록 구안했다.

2 교육과학기술부, 『별책 -5: 국어과 교육 과정』, 2011, 144쪽.

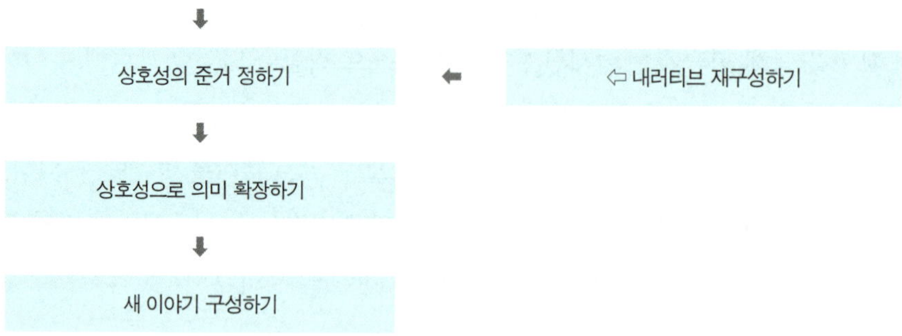

텍스트 상호성 모형을 적용한 수업 예시

차시	학습 내용	학습 활동	창의·인성 요소 주안점
1	▶ 단원 안내, 학습 목표 제시 ▶ 도입 학습 - 〈붉은 노을〉 이문세, 빅뱅 노래 비교하기 ▶ 작품 감상	작품 읽기 쓰기 발표하기 작품 보기	개방성, 흥미, 사고의 확장과 수렴
2	▶ 텍스트 비교 감상하기 - 텍스트의 사건 요약하기 - 텍스트의 공통점 차이점 찾고 의미화하기 - 텍스트 상호성의 비교 준거 찾기	작품 비교하기 토의하기 발표하기	맥락 구성, 의사소통 능력, 배려, 개방성, 타인과의 소통
3	▶ 상호성으로 의미 확장하기 - 인물 중심으로 의미 확장하기 - 사건 중심으로 의미 확장하기	영화 대 영화 코너 구성하기 토의하기 발표하기	
4	▶ 내러티브 재구성하기 ▶ 연출 구상하여 발표하기 - 평가		

3) 세부 수업 내용

(1) 1차시

각 단원의 시작에서 주안점을 둔 창의·인성 요소와 학습 목표를 구체적으로 밝혀 학습자가 수업을 통해 기르게 될 능력이 무엇인지 인식하게 하는 것이 중요하다. 무엇을 위한 수업인지 안다는 것은 학습자의 수업 참여도를 높이는 동인이 될 뿐만 아니라 교사가 수업의 방향을 보다 명확하게 설정하는 데 도움이 된다. 창의성을 기르는 데 중점을 두는 수업이므로 학습자의 다양한 답변을 모두 수용하고 피드백 해주는 것이 필요하다. 그리고 다양한 활동으로 도달하고자 하는 목표는 텍스트에 대한 풍부한 이해다. 그러므로 본 텍스트를 미리 감상하고 내용을 파악하고 수업에 참여할 수 있도록 지도해야 한다. 이 수업의 경우 시나리오가 수록된 부분을 영화로 함께 보고, 다음 시간까지 영화 전편을 보고 올 것을 권장해야 한다. 특히 영화는 시나리오와 다르므로 반드시 교실에서 영화를 일부분이라도 함께 봐야 한다. 영화에서 다양한 시청각적 요소를 종합해 풍부한 의미를 발견하는 과정도 교육의 중요한 부분이라 할 수 있다.

▶ 단원 안내

단원을 여는 글을 함께 읽으면서 상호 텍스트 읽기 활동을 통해 문학에 나타난 보편적 삶의 정서를 이해하고, 삶에 대한 통찰력과 깊이 있는 안목을 갖게 될 것임을 생각하게 하고, 두 편의 영화를 비교하며 감상하여 자신의 생각이나 느낌을 발표하게 될 것임을 안내한다.

▶ 창의·인성 주안점 안내

상호 텍스트를 비교 감상하는 데에는 맥락 구성, 의사소통 능력, 배려, 개방성, 타인과의 소통이 필요함을 안내하고 이러한 능력을 기르는 활동을 할 것임을 명확히 소개한다.

▶ 학습 목표 제시

상호 텍스트의 감상을 통해 인간의 보편적 정서를 이해하고 자신의 삶과 주위 세계를 성찰할 수 있다.

〔학습 활동의 예〕

• 도입 학습 활동(15분)

- 재미있게 본 영화 추천하기

학습자들에게 익숙한 소재인 영화에 대한 단원인 만큼 친숙한 제재를 활용해 수업을 시작한다. 학습자들이 감명 깊게 본 영화를 서로 추천함으로써 자신의 영화 보는 성향도 되돌아보고 좋은 영화에 대한 정보를 공유할 수도 있다.

- 〈붉은 노을〉 비교하며 듣기

이문세의 원곡을 빅뱅이 어떻게 각색했는지를 비교하며 들어봄으로써 자연스럽게 텍스트 상호성에 대한 개념을 알아가게 하는 활동이다. 가벼운 활동을 통해 수많은 텍스트들이 서로를 향해 열려 있고 연관성 속에서 존재함을 인지시킨다.

- 학습자들의 생각을 반드시 발표하게 하고 나누는 시간을 갖는다.

[자료]

이문세의 〈붉은 노을〉과 빅뱅의 〈붉은 노을〉, 이 두 대중가요는 시대의 변화와 함께 바뀐 애정관의 단면을 보여준다. 학습자들에게 친숙한 매체를 활용하므로 참여도를 이끌어내기 쉽고 시대의 변화를 직접적으로 느끼게 하는 가치가 있다는 점에서 의미가 있다. 또한 사랑이라는 인간의 보편적 정서가 어떻게 변화되어왔는지 사고할 수 있는 기회가 될 수 있다.

이 두 작품의 차이점은 다음과 같이 확연히 드러난다. 이문세의 〈붉은 노을〉 중에서 "붉게 물든 노을 바라보면/ 슬픈 그대 얼굴 생각이 나/ 고개 숙이네/ 눈물 흘러 아무 말 할 수가 없지만"과 같은 대목이 빅뱅의 리메이크 버전에서는 "보고 싶은 그대 얼굴/ 저 붉은 노을을 닮아 더 슬퍼지는걸/ oh baby baby/ 다 지나간 시간/ 우리가 함께한 추억 잊진 말아줘요/ 눈을 감아 소리 없이/ 날 불러준다면 언제라도 달려 갈게요/ everyday everynight I need you"로 변형되어 있다. 이는 사랑에 대한 시대별 가치관의 변화에 대해 생각하게 한다.

텍스트 상호성은 둘 또는 그 이상의 텍스트들 사이의 관계를 의미하며 모든 텍스트는 이러한 관계 속에서 존재한다. 따라서 텍스트 상호성은 작품을 폭넓게 이해하는 데 도움이 되기도 하고 새로운 작품 창작의 동기가 되기도 한다. 패러디 작품의 감상은 텍스트 상호성이 무엇인지 학습자에게 인식시키는 데 유용하다.

• 작품 감상 및 내용 요약하기(25분)
〈공동경비구역 JSA〉와 〈웰컴 투 동막골〉의 교재 수록 부분 보기, 핵심적인 장면들을 편집해 20분 정도 함께 본다. 작품의 내용을 요약하게 하고, 발표하게 한다

(2) 2차시

이번 차시에서는 학습자들이 비교 준거를 구체적으로 마련해 상호 텍스트를 깊이 있게 감상할 토대를 마련해야 한다. 이때 학습자들이 영화를 비교할 수 있는 준거를 교사가 모두 제시해서는 안 된다. 비교할 수 있는 항목을 찾는 능력이 작품의 주체적인 감상력과

직결되기 때문이다. 학습자 스스로 다양한 비교 준거를 찾을수록 깊이 있는 해석에 도달하게 될 것이다. 또한 비교 준거의 단순 나열로 활동이 축소되어서는 안 된다. 어떤 점이 같고 다른지, 그것이 갖는 의미가 무엇인지까지 이야기할 수 있도록 지도해야 한다. 특히 같은 점도 어떻게 달리 표현되었는지 세심하게 살펴보고 감상하게 지도한다.

▶ 전 차시 학습 내용 복습하기

감상한 작품의 내용을 떠올리며 두 편의 영화 속 사건을 요약했던 것을 다시 한 번 상기시킨다.

▶ 본 학습 안내

이번 차시에서는 작품을 감상한 내용을 바탕으로 두 편의 영화를 비교하는 활동을 할 것임을 안내한다.

▶ 텍스트 비교 감상하기: 작품 내용 비교하기

두 편의 상호 텍스트를 본격적으로 비교하게 한다. 우선 작품의 공통점을 이야기하게 하고 어떤 항목들이 공통점으로 나타나는지 발표하게 한다(인물, 사건, 배경 등의 주요 요소 중심으로). 이후 공통점을 중심으로 하여 이러한 유사한 상황을 어떻게 다르게 표현했는지 이야기해본다. 이 과정에서 인간 삶의 보편성을 발견하는 한편 텍스트 간의 긴밀한 연관성 속에서 다양한 삶의 모습 또한 발견하게 된다. 감상한 내용들을 바탕으로 직접 비교 항목들을 완성해보게 한다.

▶ 상호성의 준거 정하기

다양한 텍스트를 비교할 수 있는 준거를 모둠별로 마련하게 한다. 우선 두 편의 영화가 다르다는 것을 확연하게 보여주는 스틸 컷 두 개를 비교하게 하고 차이의 원인에 대해 생각하게 한다. 그리고 이를 바탕으로 생각한 비교의 준거들을 찾고, 어떻게 같고 다른지, 그것이 갖는 의미는 무엇인지 생각하게 한다. 이것이 다음 차시의 활동 영화 대 영화 코너를 구성해 발표하는 것과 이어질 것임을 인지시킨다.

먼저 한 편의 텍스트에 대한 깊이 있는 감상을 할 수 있는 다음과 같은 활동을 제시할 수 있다. 그리고 이후에 결정적인 장면들을 중심으로 작품을 비교하는 준거를 마련할 수 있도록 지도한다.

〔학습 활동의 예〕

1. 두 편의 영화 속 사건을 요약해보자.

2. 인물, 사건, 배경 등과 관련해 두 영화의 공통점에 대해 이야기해보자.

3. 주요 장면을 중심으로 두 편의 영화의 차이점에 대해 이야기해보자.

   1) 〈공동경비구역 JSA〉와 〈웰컴 투 동막골〉이 각각 어떤 내용을 전달하고자 하는지 이야기해보자.

   2) 두 편의 영화가 유사한 상황을 어떻게 다르게 표현했는지 이야기해보자.

4. 감상한 내용을 바탕으로 아래의 빈칸을 완성해보자.

〈공동경비구역 JSA〉 VS 〈웰컴 투 동막골〉		
전쟁은 ________________ 다.	VS VS	전쟁은 ________________ 다.
남북한의 우정은 ____________ 다.		남북한의 우정은 ____________ 다.
공동경비구역은 ____________ 다.		동막골은 ________________ 다.
적군은 ________________ 다.		적군은 ________________ 다.
……		……

■ 텍스트에 대한 감상을 바탕으로 상호 텍스트 연계하기
모둠별 토의를 통해 두 영화의 인물, 사건, 배경, 주제 등을 검토하고 연관 서로 지을 수 있는 비교의 준거를 마련해보자.

▶ 마무리 학습

- 본 학습 활동의 결과를 발표하게 한다.
- 다양한 비교의 준거를 통한 감상활동으로 두 편의 영화를 깊이 있게 이해하고, 나아가 우리가 살아가는 세계와 삶을 발견할 수 있음을 주지시킨다.
- 다음 시간에는 영화 VS 영화 코너를 직접 구성해서 발표할 것임을 예고한다.

(3) 3차시

이번 차시에서는 교사가 다양한 영화 또는 텍스트들과 본 수업의 텍스트가 어떻게 연관될 수 있는지 함께 이야기한다. 그리고 다음 시간에는 감상한 내용을 바탕으로 새로운

이야기를 써보는 활동을 할 것임을 예고한다. 학습자들이 감상의 결과물을 표현하고 설명할 수 있어야 제대로 감상했다고 볼 수 있기 때문이다. 또한 학습자들이 상호 텍스트의 감상이 감상의 폭을 넓히는 데 직접적으로 도움이 되는 활동임을 인식하게 해야 한다. 따라서 교사는 서로 유사한 상황, 인물 관계, 배경 때문에 두 편의 영화가 더욱 직접적인 관련성을 지니며 이를 바탕으로 비교하며 감상함으로써 같은 사건에 대한 다른 해석, 세계에 대한 다른 인식을 발견할 수 있음을 주지시킨다.

다음과 같은 견해가 참고할 만하다.

> 이러한 문제의식에 따라 이 연구는 방송 매체가 영화 텍스트를 대상으로 새로운 서사 문화를 생산하는 국면에 주목하고자 한다. 특히 영화를 대상으로 한 스토리텔링에 초점을 맞추고자 하는데, 이러한 활동이 가장 흥미롭고 또한 진지하게 일어나는 장르가 이른바 '영화 대 영화'라고 판단된다.……〈배칠수의 종횡무진〉에서 구연자인 배칠수는 두 영화를 말 그대로 '종횡무진'하면서 시청자들에게 즐거움과 정보를 선사하고 있다. 이 '종횡무진'이라는 말에는 서로 다른 두 영화 텍스트의 대결 구도와 그 속을 가로지르는 텍스트 상호성이 반영되어 있다. 또한 '배칠수'라는 행위 주체의 설정에는 영화에 대한 비평과 이야기 생산의 논리가 반영되어 있다.[3]

▶ 전 차시 학습 내용 복습하기

두 편의 영화를 비교하는 활동을 통해 준거를 어떻게 마련했었는지 상기시킨다.

▶ 본 학습 안내

이번 차시에서는 비교한 내용을 바탕으로 영화 대 영화 코너를 구성해 발표하고 이들과 비교할 수 있는 다른 영화를 다양하게 생각해볼 수 있는 기회를 가질 것임을 안내한다.

▶ 영화 대 영화 코너 구성하기

-두 편의 영화를 비교한 활동을 바탕으로 영화 대 영화 코너를 구성한다. 교재에 나와 있는 형식을 따르되, 모둠별로 자율성을 발휘해 다양하게 구성해도 좋다(학습

3 김근호, 「'영화 대 영화'형 방송 프로그램에 대한 미디어 서사교육적 연구」, 『문학교육학』, 16, 한국문학교육학회, 2005

활동의 형식은 SBS 영화 소개 프로그램의 배칠수의 종횡무진의 형식을 따랐다).

-학습자들은 영화를 간략하게 소개할 수 있는 문구를 만들고 공통점과 차이점을 명시할 수 있는 비교 준거에 제목을 붙여 의미화한다. 그리고 두 편의 영화가 어떻게 다른지 설명함으로써 자연스럽게 작품의 의미를 해석하고 이해하는 활동을 하게 된다.

▶ 구성한 내용 발표하기

-구성한 영화 대 영화 코너를 발표하며 서로 발견한 상호성을 공유하고 작품 감상을 폭을 확장시킨다. 상황에 따라서 다른 상호 텍스트들을 더 찾아보게 하고 감상의 폭을 더 확장시킬 수 있다.

-본 학습 활동에서 구성한 영화 대 영화 코너를 발표하며 자신의 모둠이 발견한 내용과 어떤 점이 같고 다른지 비교하며 경청하게 한다.

▶ 마무리 학습

〔학습 활동의 예〕

■ 두 편의 영화를 비교한 활동을 바탕으로 영화 대 영화 코너를 구성해보자.

- 우리 모둠의 탁월한 안목, 뛰어난 비교 분석! 영화 vs 영화! -

(영화의 두드러지는 특징을 중심으로 간략히 소개하기)

첫 번째 영화는 ______________________________

이에 맞서는 영화는 , ______________________________.

■ 공통점 찾기

1) [   ] : 인물 간의 관계에서 공통점을 찾아 제목 붙이기.

2) [   ] : 사건 전개에서 공통점을 찾아 제목 붙이기.

■ 차이점 찾기

1) [   ] : 인물 간의 관계에서 차이점을 찾아 제목 붙이기

2) [   ] : 사건 전개에서 차이점을 찾아 제목 붙이기.

(이 외에도 모둠별로 비교 준거를 마련해 자유롭게 구성할 수 있다)

■ 모둠별로 작성한 '영화 대 영화' 코너를 발표해보자.

(4) 4차시

두 편의 영화와 유사한 상황에서 인물과 사건만을 바꿔 다른 이야기를 구성하게 한다. 두 편의 영화를 참고하되 그와는 다른 내용의 이야기를 만들어야 함을 주지시키고, 이 과정에서 자연스럽게 역사적 상상력을 발휘하게 한다.

▶ 전 차시 학습 내용 복습하기

상호 텍스트를 비교했던 전 차시 학습 내용을 상기시킨다.

▶ 본 학습 안내

이번 차시에서는 두 편의 영화와 유사한 상황에서 다른 인물과 사건을 구성해 이야기를 창작하는 활동을 할 것임을 안내한다.

▶ 새 이야기 구성하고 발표하기

두 편의 텍스트를 비교·감상하는 활동을 통해 학습자들은 전쟁이라는 소재에 대해서 깊이 있게 생각해보았을 것이다. 이를 바탕으로 학습자들은 역사적 상상력을 발휘해 새로운 이야기를 구성할 수 있다. 이러한 과정 속에서 감상의 폭은 넓어지고, 자신의 삶과 세계에 대한 안목도 갖게 될 것이다.

▶ 연출 구상을 바탕으로 홍보 포스터 만들고 발표하기

모둠별로 창작한 내용을 바탕으로 주요 인물들을 캐스팅한다. 이 과정에서 학습자는 자연스럽게 등장인물들의 성격을 다시 한 번 생각하게 되고 상상력을 발휘해 어떤 사람이 배역에 적합한지 토의로 결정하게 된다. 이 과정이 끝나면 영화의 제목을 정하고 그러한 영화의 의미를 잘 드러내는 포스터를 만들게 한다. 이는 어떻게 의미를 풍부하게 전달할 수 있을까 생각하게 하고 자신이 느낀 점을 효과적으로 드러내게 하는 활동이다.

〔학습 활동의 예〕

■ 상호 텍스트 연계 경험을 바탕으로 새로운 텍스트를 생산해보자.

모둠별로 '내가 감독이라면' 두 편의 영화와 유사한 상황을 배경으로 어떤 이야기를 표현했을지 생각해보고, 모둠별로 협동하여 대안적인 시놉시스를 구성해보자(두 편의 작품 중 한 가지를 활용하거나 두 편의 이야기를 모두 활용할 것).

1) 사건과 인물을 새롭게 구상하여 영화의 시놉시스를 완성해보자.

2) 인물의 성격을 고려하여 배우를 캐스팅해보자.

3) 영화의 제목을 정하고, 앞에서 살펴본 두 영화의 포스터를 참고하여 영화를 홍보할 수 있는 포스터를 만들어보자.

▶ 마무리 학습

학습자들이 발표한 이야기, 포스터 등을 바탕으로 함께 감상한 내용을 정리해본다.

▶ 평가

- 자기 평가: 자신이 배운 내용, 활동한 내용들을 돌아본다.
- 교사 평가: 평가지에 따라 학습자들의 활동을 평가해본다.
- 학습자의 평가는 수시로 이루어진다. 다만 차시가 마무리 되는 시점에서 정리할 필요가 있다.

4) 그 외에 활용 가능한 자료 및 활동 아이디어와의 결합 예시

■ 패러디 작품

• 각종 광고

• 김춘수의 「꽃」과 장정일의 「라디오와 같이 사랑을 끄고 켤 수 있다면」

• 장정일의 「요리사와 단식가」와 영화 〈301 302〉

- 원작과 달라진 점 찾아보기
- 원작과 차이를 둔 이유가 무엇인지 토의해보기
- 두 작품을 모두 감상하면서 느낀 감상 정리해보기

■ 매체 변환
• 영화화된 과정에서 나타나는 텍스트 상호성
• 이청준의 「벌레 이야기」와 영화 〈밀양〉
• 김유정의 「봄 · 봄」과 TV문학관 〈봄, 봄봄〉
- 영상 서사와 소설 서사를 모두 감상하고 차이점 비교해보기
- 영상서사와 소설 서사가 가진 각각의 특성이 무엇인지 구체적인 작품과의 연관성 속에서 탐구해보기
- 영상 서사와 소설 서사를 모두 감상한 후 해석 텍스트 써보기

■ 서사 구조
• 〈공동경비구역 JSA〉와 〈웰컴 투 동막골〉
• 이문열의 「우리들의 일그러진 영웅」과 전상국의 「우상의 눈물」
- 인물, 사건, 배경을 중심으로 이야기 전개 과정을 정리해 비교해보기
- 두 편의 작품에서 가장 두드러지게 차이나는 점을 찾아보고, 그것으로 인해 달라진 작품의 의미가 무엇인지 생각해보기
- 인물, 사건, 배경 중 한 가지만 동일한 새로운 이야기로 써보기

4. 평가는 어떻게 할까

1) 평가 목적, 방법, 주안점 등

이 단원에서는 예술 작품에 대한 생각이나 느낌을 발표하는 것을 목적으로 상호 텍스트를 비교 감상하는 활동을 했다. 따라서 평가의 주안점은 비교의 준거를 마련해 주체적으로 텍스트를 비교 감상했는지, 이를 바탕으로 작품에서 공감하거나 비판하는 부분을 찾았는지, 자신의 생각이나 느낌을 잘 정리했는지, 자신의 생각이나 느낌을 효과적으로 발표했는지 등에 있다. 창의 · 인성 요소의 특성상 결과 중심 평가에 치우치기보다는 과정 중심 평가를 병행하는 것이 더욱 바람직할 것이다. 따라서 작품을 감상하는 과정, 다양한 요소를 종합해 작품의 풍부한 의미를 해석하는 토의 과정, 발표 내용 등을 객관적으로 관찰해

학습자의 가능성과 잠재력을 평가할 수 있도록 노력하는 것이 중요하다.

- 작품 내용을 잘 이해하고 공감했는가?
- 작품의 비교 준거를 잘 마련했는가?
- 작품을 비교·감상한 내용을 풍부하게 의미화했는가?
- 자신의 감상을 타인과 적극적으로 소통했는가?

이와 같은 평가 목표를 중심으로 다음과 같은 표의 형식을 활용해 학습자를 평가할 수 있다. 수치로 학습자의 성취도를 결정하는 것이 간단한 일은 아니지만, 5점 척도를 활용해 학습자의 인지적·정의적 성취 정도를 판단하는 것은 가능할 수 있다.

평가 영역	평가 기준	평가 방법	평가 척도					
			매우 잘함	잘함	보통	미흡	미완성	미제출
창의성 중심 영역	• 두 작품을 비교할 수 있는 준거를 다양하게 제시했는가?	서술형 평가	5	4	3	2	1	0
	• 작품 간 비교 감상을 통해 풍부한 의미를 발견했는가?	서술형 평가	5	4	3	2	1	0
	• 발견한 의미를 바탕으로 작품에서 공감하거나 비판하는 부분을 찾았는가?	과제물 평가	5	4	3	2	1	0
인성 중심 영역	• 작품을 다양한 의미로 해석할 수 있음을 알고 다른 사람의 감상 내용을 개방적으로 받아들였는가?	관찰 평가	5	4	3	2	1	0
	• 모둠 토의 과정에서 다른 사람의 다양한 의견을 존중했는가?	관찰 평가	5	4	3	2	1	0
	• 적극적으로 자신의 감상을 발표하고 타인과 소통하고자 노력했는가?	관찰 평가	5	4	3	2	1	0
교사 의견 및 채점평	(예시) * 작품 내의 다양한 비교 준거를 발견하여 공통점과 차이점을 중심으로 작품을 비교 감상했으나, 풍부하게 의미화하지 못하여 작품에서 공감하거나 비판하는 부분을 찾아 주체적인 감상으로 발전시키지 못함	합산	30점 만점에서 ______ 점					

2) 수행 평가 및 서술형 평가

〔수행 평가 예시〕

완성된 포스터를 바꿔 쓴 시놉시스와 함께 발표하고, 다른 모둠의 시놉시스와 비교해보자.

1. 모둠별로 완성한 시놉시스와 포스터를 발표하고 달리 구성한 점을 중심으로 바꾼 의도를 이야기해보자.
2. 다음 사항을 중심으로 우리 모둠과 다른 모둠의 시놉시스를 비교하여 감상해보자.
   - 등장인물과 사건은 원작과 어떻게 달라졌는가?
   - 전체적인 작품의 분위기는 어떻게 달라졌는가?
   - 작품의 주제는 무엇인가?
   - 이야기를 바꾼 의도는 무엇인가?
3. 다음 사항을 중심으로 포스터를 서로 비교·감상하고, 어떤 모둠의 작품이 가장 좋았는지 이야기해보자.
   - 이야기의 의미가 장면을 통해 잘 드러났는가?
   - 감각적인 이미지들을 활용해 메시지를 전달하고자 했는가?
   - 모둠원의 생각이 잘 반영되었는가?
   - 미적으로 아름답게 표현되었는가?
4. 두 작품과 관련해 함께 보면 좋은 작품을 서로 추천해보자.

텍스트를 감상하고 사고한 결과가 평가될 수 있도록, 단순 암기에 의한 시험이 아니도록 새로운 작품을 제시하는 것이 필요하다. 소설의 경우 분량이 길어서 전체 내용을 파악하기에 어려움이 있으므로 새로운 작품으로 할 경우 시를 활용하는 것이 적절하다. 소설을 활용할 경우에는 한 작품은 학습한 것으로 작품은 새로운 것으로 제시하는 것도 가능하다. 그러나 짧은 시간에 전체 내용을 읽고 평가에 임할 수 있도록 분량이 적절한 것을 선택해야 한다. 소설의 일부분만 보고서는 작품의 의미를 파악하기 어려우므로 주어진 시간 내에 작품을 감상할 수 있는 단편 소설을 제시하는 것이 적절할 것이다.

서술형 평가는 다음과 같이 구성할 수 있다.

〔서술형 평가 예시〕

안도현의 시 「간격」과 황선하의 시 「발견8」을 감상하고 공통점과 차이점을 쓰고 이를 바탕으로 각 작품의 의미를 제목과의 관련성을 바탕으로 서술하시오.

두 작품은 동일한 대상을 새로운 안목으로 보고 다른 의미를 발견하게 되는 공통점을 지니고 있다. 그러나 「간격」의 경우 모든 것을 잃고 난 후의 깨달음이고 「발견8」의 경우는 우연히 눈에 띤 아름다운 모습을 보고 난 후의 깨달음이다. 이러한 새로운 시각은 세상을 살아가는 태도에 대해서도 생각할 거리들을 제공한다. 간단하면서도 쉬운 두 작품은, 학습자들이 세계를 보는 바람직한 관점에 대해 고민하고, 스스로의 자세를 돌아보게 한다는 점에서 의미 있는 텍스트이다. 이 두 작품을 비교·감상하고 해석한 답안에 대한 평가는 다음과 같은 기준을 활용할 수 있다.

〔채점 기준 예시〕

- 공통점과 차이점을 풍부하게 제시했는가?
- 작품의 내용과 관련해 타당한 공통점과 차이점을 발견했는가?
- 작품의 의미를 텍스트 간 비교에서 발견한 내용과 연계했는가?
- 제목과의 관련성을 고려해 작품의 의미를 서술했는가?
- 공통점과 차이점을 발견함으로써 새로운 시각으로 풍부하게 작품을 감상했는가?

'풍부하게'의 기준은 상황에 맞게 자율적으로 판단할 수 있다. 가짓수를 제한해 평가의 객관성을 확보하는 것도 가능하다. 이 외에도 다른 채점 기준을 마련하여 추가하는 것도 바람직하다.

이와 같은 평가 문항 외에도 소설과 영화를 비교하여 매체 변용에서 나타나는 사고의 차이점을 학습하게 하는 것도 의미가 있고, 영화와 영화를 비교해 비슷한 상황에서 어떤 인물들이 어떻게 행동하고 사고하는지 분석하는 것도 의미가 있다.

4부

국어과 창의·인성의 실천과 전망

지상 좌담*

국어과 창의·인성의 실천과 전망

〔질문 1〕 국어 교육과 관련해서 창의성의 범주를 어떻게 설정하는 것이 바람직하다고 보십니까? 확장해서 보아야 한다는 관점과 좁혀서 보아야 한다는 관점 중에서 어느 쪽이 더 타당하다고 보십니까? 또 국어과로서는 어떤 방향을 잡는 것이 바람직하다고 보십니까? 기왕에 나와 있는 창의성 일반 이론을 참조하여 말씀해주십시오.

우한용 국어 교육과 창의성 범주를 논의하려면, 언어적 창의성이 무엇인지 먼저 규정하고 나아가는 것이 편할 듯합니다. 집을 설계한다고 합시다. 다음과 같은 물음이 떠오를 것입니다. 집을 어떤 모양으로 지을까? 집을 지을 터는 어떤 조건을 갖추고 있는가? 건축비는 얼마나 책정할 것인가? 기간은 얼마나 걸릴까? 이런 일들이 모두 언어와 연관이 있습니다. 말하자면 건축의 설계, 시공, 감리 등 전 과정이 언어로 구상되고 실천에서도 언어적 도움이 있어야 합니다. 이처럼 언어가 관여하는 영역은 매우 넓습니다. 따라서 국어 교육

* 이 책은 국어교육 범위 안에서 창의·인성을 어떻게 다룰 것인가 하는 점을 이론과 실천 양 측면에서 탐구하였다. 책을 계획하고 집필하는 과정에서 여러 차례 논의를 거듭했고, 문제점을 찾아 해결하는 데 필자들은 혼신의 힘을 다했다. 그러나 이론과 실천 사이에는 괴리가 있게 마련이고, 집필 과정에서 충분히 논의하지 못한 점도 있었다. 그래서 이 지상 좌담은 본문에서 지면의 제한 때문에 다루지 못한 내용을 보완하고, 현장의 경험을 이끌어 들이기 위해 마련되었다. 설문은 박인기 교수가 마련하였으며, 다른 필자들이 답한 내용을 정리했다. 이 책을 활용하는 데 필요한 아이디어를 충분히 제공하는 역할을 하기 바란다.

으로 한정한다고 해도 언어적 측면의 창의성은 범위를 넓게 잡고 세부적인 사항을 하위에 설정하는 게 바람직할 것입니다.

국어과 교육의 방향을 생산론적으로 정향해야 할 것입니다. 학습자는 언어 텍스트를 생산하는 주체이고 의미를 생산하는 주체입니다. 한국어로 글쓰기와 글읽기를 하는 주체들입니다. 언어의 창의성은 언어의 생산성과 연관되는 사항입니다. 글쓰기의 결과는 작품으로 남고 글을 읽고 이야기를 나누는 데서, 그리고 그 결과를 글로 쓰는 데서 한국어의 의미층이 두터워집니다. 이 과정에 언어적 창의성과 창조성이 작용합니다. 학습자는 성인들이 만들어놓은 언어 자료를 소비하는 소비자가 아니라 언어문화 창조의 주체입니다.

오윤주 많은 사람이 현대 사회에 꼭 필요한 능력으로 창의성을 꼽습니다. 또 그만큼 창의성의 범주나 개념에 대한 의견도 분분합니다. 창의성은 일반적으로 이전에 없던 것을 새로 창안하는 능력으로 간주됩니다. 창의적인 사람은 기존의 틀에 맞지 않는 독특한 사람, 이전의 것으로부터 이탈하려는 성향이 있는 사람으로 흔히 이해되며, 그래서 때로 공동체적 삶에 잘 적응하지 못하는 고독한 천재, 또는 통제하기 어려운 말썽꾸러기라는 인상을 풍기기도 합니다.

그러나 사실 창의성은 일종의 문제해결 능력으로서 확장하여 바라보아야 할 필요가 있습니다. 없던 것을 새로 만드는 것만이 창의성이 아니라 있던 것을 잘 활용하는 것도 창의성이고, 새로운 것을 만들지 않으려는 것도 창의성이라는 것입니다. 현재의 틀을 거부하고 새로운 틀을 지향하는 것이 창의성이라면, 그것을 어떻게 공동체 전체의 이익과 연결지을 것인지를 화해롭게 탐색해가는 능력도 역시 창의성입니다. 어찌 보면 창의성은 '지혜'와 닮아 있습니다.

국어 교육에서의 창의성 역시 보다 확장된 범주로 보아야 할 것입니다. '창안'이나 '확장적 사고력'을 포함하여 소통과 배려, 협동과 비판적 사고력, 지적 호기심이나 배우고자 하는 열정, 몰입 능력 등의 개념을 '창의성'이라는 교육 목표로 아우른다면 창의성 교육은 국어 교육의 궁극적인 지향점과 거의 일치하게 됩니다.

홍지연 창의성이란 개념 자체가 몹시 확장된 개념이기 때문에 교육의 목표로 삼을 수 있는 창의성의 개념은 '이상한 것', '별난 것'과는 구별되는 '생산적인 창의성' 쪽으로 좁히고 명료화하여 접근해야 한다고 생각합니다.

생산적인 창의성은 미하이 칙센트미하이의 『창의성의 즐거움』이란 책에서 시사하듯, 과제에 열정적으로 몰입하는 능력과 자신의 분야에 대한 확실한 단련을 기반으로 발휘되는 세상의 발전에 기여하는 능력일 것입니다. 물론 이러한 고도의 생산적 창의성은 교육 활동의 최종 목표이지, 매 학기 교육 활동을 통해 단기적으로 접근할 수 있는 목표는 아닙니다. 다만 학습자가 이후 부단한 정진을 통해 생산적 창의성을 갖출 수 있도록, 현재의 국어 수업에 흥미와 매력을 느끼고 이를 통해 지속적으로 국어 교과에 몰입하는 내적 동기를 갖도록 할 수 있다면 그것이 바로 성공적인 창의성 교육이라고 봅니다. 풀어 말하면, 국어 교육을 통해 추구하는 창의성이란 일반적인 창의성의 개념을 좁히고 명료화해 정립한 '생상적인 창의성'이어야 하며, 생산적인 창의성의 실현을 위해서는 언어에 대한 흥미와 열정을 깨우치는 방향, 그리하여 모국어 분야에서 생산적인 창의성을 발휘할 수 있도록 잠재적 동기를 부여하는 방향으로 나아가야 한다고 생각합니다.

한태구 창의성의 범주를 확장하는 것과 좁히는 것의 정확한 지점에 대해서는 아직 논의할 부분이 많기는 합니다다만, 독창성, 남과 다른 탁월함만을 창의성으로 보는 관점은 지양해야 한다고 생각합니다. 창의성은 총체적 사고력으로 상황을 해석하고 문제를 극복하는 과정 속에 다양하게 작용합니다. 창의성을 정의할 수 있는 성질로는 독창성뿐만 아니라 사고의 유연성, 민감성, 개방성, 유창성 등을 이야기할 수 있으며, 이것이 확장하는 개념이라면 이것이 타당하다고 봅니다. 다만 지나치게 확장하면 사고 전반을 포괄하게 되기 때문에 문제 상황에 대한 인식과 해결 과정에서 작용하는 사고 과정으로 한정하는 것은 어떨까 싶습니다.

[질문 2] 언어 능력과 창의 능력의 관계를 어떻게 규정하시겠습니까? 또 이와 관련해서 언어 능력과 창의 능력을 매개하는 (또는 공유하는) 중요한 요소들은 무엇이라고 보십니까?

우한용 언어는 기본적으로 사회적 속성을 띠는 기호 체계입니다. 그 체계에 내재되어 있는 규칙을 문법이라고 합니다. 언어를 잘 운용하기 위해서는 문법을 익혀야 합니다. 기본적인 언어 능력은 일상에서 익힌 문법을 따라 언어를 수행하는 데서 드러납니다. 이러한 모방 능력 또한 언어적 창의성과 연관됩니다. 연극배우는 뛰어난 모방 능력을 지닌 사람들입니다. 자연 대상의 속성을 시적 언어로 전환하는 능력도 언어적 창의력에 속합니다. 언어적 전환도 일종의 모방인 셈입니다.

은유를 구사하는 능력, 즉 비유를 만들어내는 능력도 창의적 속성이라 할 수 있습니다. 이미지를 만들어내는 능력, 풍부한 어휘력, 어휘를 연결해서 문장을 확장하는 능력 등이 언어적 창의성과 연관되는 능력입니다.

언어적 창의성이나 능력과 연관되는 사항 가운데 가장 중핵적인 것은 '서사 능력'이 아닐까 합니다. 서사 능력은 이야기를 만드는 능력입니다. 실제 진행된 사건을 이야기로 옮기는 능력에서 소설을 쓰는 것처럼 새로운 이야기를 만들어내는 능력까지 광범한 영역에 걸친 언어 능력이 동원되는 서사에서는 언어적 창의성이 구현될 수 있는 요건이 두루 갖추어져 있습니다.

오윤주 언어 능력과 창의 능력은 매우 긴밀한 관련을 맺고 있습니다. 창의 능력 자체가 언어 능력을 기반하는 경우가 많기 때문입니다. 기발하고 순발력 있는 발상을 창출하는 역량도 창의 능력이지만, 그것이 좀 더 고차원의 창의성 발현으로 발전하려면 언어 능력을 통해 길러진 사고력과 표현력, 문제해결력 등이 반드시 갖추어져야 합니다. 우리는 보통 유아기에 몇 마디씩 말하는 빛나는 언어나 희한한 그림들을 보고 창의적이라고 하지만, 실제로 우리 삶을 풍부하게 하고 공동체 전체의 삶에 유익한 영향을 미치는 창의성은 부단한 연마의 과정 끝에 나옵니다. 이는 칙센트미하이가 강조하는 사항이기도 합니다.

언어 능력과 창의 능력은 둘 다 인간이 기본적으로 갖추고 태어나는 자질 위에 다양한 지식 습득과 경험을 통해 획득되는 것이라고 할 수 있습니다. 그렇기 때문에 언어 능력과 마찬가지로 창의 능력도 교육을 통해 길러질 수 있다고 봅니다.

한태구 언어는 인간의 사고를 위한 도구이며 사고를 정리하고 표현하는 도구이기도 합니다. 흔히 말하듯이 인간은 언어로 사고합니다. 이렇게 넓은 관점에서 보면 언어는 인간의 사고 능력 중 하나인 창의 능력의 기반이 된다는 점에서 둘 사이의 근원적인 연결점을 찾을 수 있을 것입니다. 말하자면, 언어는 창의 능력이 발현되는 장이라고 할 수 있습니다.

또한 언어는 그 발현 양상에서 창의 능력을 포함한다고 할 수 있습니다. 일단 언어는 체계와 규칙을 가지고 있습니다. 따라서 언어를 통해 표현하고 소통하기 위해서는 기본적인 바탕이 되는 체계와 규칙에 대해 잘 알고 있어야 합니다. 그러나 체계와 규칙은 언어의 전부가 아니라 언어의 기본일 뿐입니다. 그것을 기반으로 언어는 무궁무진한 세계를 만들어낼 가능성을 지니고 있으며 실제로 만들어내고 있습니다. 창의 능력의 발현도 이와 같아서, 아무것도 없는 상태에서 그 근원 없이 생겨나는 것이 지식과 경험과 세계관이라는 기반 위에서 발현됩니다. 따라서 언어의 체계와 그 운용은 창의 능력을 바탕으로 이루어지는 것이라고 할 수 있습니다. 이렇게 언어 능력과 창의 능력은 한 현상에 포함된 두 요소라고 할 수 있습니다.

김향연 언어 능력은 창의 능력을 발휘하는 기본 바탕입니다. 창의성이 사고와 관련되는 영역이라면 그 사고를 풍부하게 하고, 표현할 수 있게 하는 것이 언어 능력이기 때문입니다. 어휘의 풍부함은 곧, 지식의 풍부함과 직결됩니다. 다양한 지식이 우선은 풍부한 언어로 저장됩니다. 그러므로 언어 능력 중에서도 풍부한 어휘를 구사할 줄 아는 능력이 무엇보다 중요합니다.

창의 능력은 아무것도 없는 것 가운데서 무언가를 창조해내는 능력이라기보다는 기존에 있는 지식을 새로운 발상으로 연결시켜보며 의미 있는 산출물을 만들어내는 능력입니다. 그러므로 풍부한 언어 능력을 갖춘 학습자는 다양한 지식을 갖추고 있는 학습자로서 창의적인 결과물을 다른 학습자에 비해 더 잘 만들어낼 수 있습니다.

다양한 언어적 지식을 다양한 맥락에서 응용하기 위해서, 곧 언어 능력과 창의 능력을 연결시키기 위해서는 여러 요소 간의 공통점을 찾아 연결시킬 수 있는 유추 능력, 지식을 확장시킬 수 있는 상상력, 다양한 상황에 적용할 수 있는 능력 등이 중요합니다. 기존에 가지고 있는 정보들을 확장시키고 의미 있게 종합하는 능력이 필요하기 때문입니다.

[질문 3] 국어과에서 창의력 지도를 할 때 국어과 하위 영역인 기능 영역(듣기, 말하기, 읽기, 쓰기)과 문학 영역 사이의 바람직한 관련에 대해서 말씀해주십시오. 덧붙여 현재의 국어과 교육 현실에 비추어 이들 영역 간의 상호성을 방해하는 것들이 있다면, 무엇인지 말씀해주시기 바랍니다.

우한용 국어과의 영역을 구분하는 논리는 다시 따져보아야 합니다. 기능 영역과 문학 영역이니 문법 영역이니 하고 나누는 것은 모순입니다. 문학이나 문법은 일종의 장르 개념입니다. 언어가 운용되는 양식에 따라 과학적으로 운용되는 경우가 문법 영역일 것입니다. 문법 영역에서는 언어의 현상을 분석하고 그 결과를 검토해서 법칙을 만들어냅니다. 그래서 과학적인 언어 운용이 이루어집니다. 언어가 예술적으로 운용되는 경우는 문학입니다. 정치적으로 운용되는 영역은 정치언어 영역입니다.

그런데 기능은 그 내부에 영역이 다시 설정되어야 합니다. 말하고, 듣고, 읽고, 쓰고 하는 것은 물론 행동으로 바꾸어 표현하는 경우도 있습니다. 이들이 기능의 하위 영역입니다. 다른 방식으로 설명하면 이렇습니다. 평론가가 시인의 시를 설명하는 것을 정치가가 듣고 나서 자신의 견해를 말한다고 합시다. 영역 구분이 되지 않습니다. 철학 강의를 듣는 것도 듣기이고, 코미디언이 무대에서 하는 말을 듣는 것도 듣기입니다. 그러나 그게 같은 영역의 듣기가 아니기 때문에 듣기라는 점에서 같은 설명을 할 수 없습니다.

내용 영역을 먼저 설정하고 그에 따라 기능이 통합적으로 적용되는 방향을 찾는 것이 바람직할 것입니다. 소설을 읽고 토론한 다음 그 결과를 보고한다면 소설을 중심으로 언어 기능이 통합될 것입니다. 역사도 과학 논문도 그렇게 할 수 있습니다. 그런 점에서 내용에 기능이 종속되어야 합니다.

오윤주 기능 영역과 문학 영역을 어떻게 관련지을 것인가의 문제는 창의성 교육뿐만 아니라 국어과 전체의 구도와 깊이 연관됩니다. 기능 영역과 문학 영역은 상호 침투되면서도 각각의 고유한 특성을 살리는 다양한 방식으로 교육되는 것이 바람직하다고 봅니다. 듣기, 말하기, 읽기, 쓰기 교육에서는 다양한 텍스트를 아우를 필요가 있으며, 이때 문학적 텍스트 역시 중요한 기능 영역 교육의 자료로 활용될 수 있습니다. 문학 영역을 지도할 때에는 문학이 지니고 있는 심미적 가치 등 문학 고유의 교육 목표와 함께 문학의 일상적인 활용 가능성 면에서도 함께 접근하면서 기능 영역의 교육을 병행할 수 있습니다. 강조점을 달리하면서 서로를 끌어안는 방식으로 두 영역을 깊이 관련시키는 모색이 필요합니다. 이렇게 통합적인 교육이 이루어지면 학습자의 실제 삶에서도 두 영역이 보다 쉽게 조화를 이루어 갈 수 있습니다.

홍지연 창의성 교육을 위해서는 무엇보다도 창의적인 수업이 필요하며, 창의적인 수업이 이루어지려면 당연히 하위 영역 간의 조화로운 상호 융합이 필요하다고 생각합니다. 문학을 기능 영역과 분리해 독자적으로 보는 관점에 따른다면, 소위 문학의 본질을 이해한다는 명목을 따르는 '문학 수업'을 진행하고자 문학 작품을 완전무결한 구조물로 다루게 될 공산이 큽니다. 문학의 본질 이해가 목표가 아닌 창의성의 발현이 목표가 되는 수업을 위해서는 적어도 문학적인 듣기와 말하기, 문학적인 읽기와 쓰기가 가능해야 할 것입니다. 영역 간 상호 융합을 통한 창의적인 수업이 정착되려면, 교육 과정이나 교과서에서 조금씩 영역 통합을 시도해보는 한편 융합 영역을 다루는 평가 방법이나 기준 등을 다양하게 개발할 필요가 있다고 봅니다.

김향연 듣기, 말하기, 읽기, 쓰기는 분리된 능력이라기보다 우리가 생활하면서 거의 동시적으로, 종합적으로 운용되는 능력입니다. 이러한 네 가지 활동이 풍부하게, 일상생활의 수준보다 한 차원 높게, 그러면서도 아름답게 형상화되어 있는 것이 문학 작품입니다. 따라서 문학 영역은 듣기, 말하기, 읽기, 쓰기를 생활화하고 있는 모든 사람이 쉽게 향유할 수 있을 뿐만 아니라 한층 더 수준 높게 할 수 있는 국어 능력을 기르는 훌륭한 텍스트로 보는 것이 마땅합니다. 문학 영역이 엘리트를 위한 것에 불과하다거나 기능면의 국어 능력을 향상시키는 것과 관련이 적다고 생각하는 것은 기능 영역과 문학 영역 사이의 긴밀한 상호성을 도외시하기 때문입니다.

(질문 4) 국어과 교육에서 '창의성 교육'과 '인성 교육'의 자연스러운 호응을 도모할 수 있는 조건과 상황을 말씀해주십시오. 또 국어과 안에서 '창의성 교육'과 '인성 교육'이 서로 묶이지 않고 각기 자유롭게 운영되어야 할 경우에 대해서도 말씀해주십시오.

우한용 뛰어난 재능을 가지고 있는데 윤리적이지 못한 경우를 가끔 보게 됩니다. 범죄의 수법이 교묘한 경우 저런 머리를 다른 데 쓰면 좋겠는데 하는 이야기를 합니다. 다른 경우도 있습니다. 판단력이 둔해서 잘못을 저지르는 경우입니다. 도덕적·윤리적 판단을 제대로 하려면 명민한 지혜가 필요합니다. 그 명민한 지혜를 창의성이라고 한다면, 도덕적·윤리적 판단을 위해서도 창의성은 필요하다는 결론이 나옵니다.

문학을 감상하는 데는 대체로 공감과 거리두기를 같이 하게 됩니다. 주인공이 겪는 고통에 마음 아파하기도 하고, 그가 겪는 일들을 다른 처지에서 이해하게 되기도 합니다. 공감하면서 따져보고 판단하게 되는 일련의 과정에서 창의성과 인성의 쉽게 연관성을 볼 수 있습니다.

창의성 교육 논의에서 창의성과 인성을 결합할 것인가 분리할 것인가 하는 것은 양분법에 이를 수 있습니다. 특히 문학의 경우 미와 윤리가 상통한다는 점을 참고한다면 이 둘을 분리하기보다는 결합하는 방식으로 다루어야 할 것입니다. 창의성의 특성을 자유로운 자기 규정과 상상력 등으로 정리한다면 일반적인 규범과 도덕을 넘어서는 특성을 과도하게 강조하는 것입니다. 창의적이지 못해서 기존의 체제와 관습적인 사고를 타성적으로 추종하는 것이 왜 엄청난 비윤리로 추락할 수 있는지 하는 사례는 아이히만의 전범 재판에서 명백하게 나타납니다. 한나 아렌트의 분석을 통해 창의적이지 못한 언어가 왜 비윤리적인지를 잘 알 수 있습니다. 악에 대해서 무감각해진 인간은 자신의 비윤리적 행위를 찾아내어 비판할 줄 모릅니다.

그러나 '악인형'을 그린 소설의 경우 문제가 생깁니다. 소설적으로는 성공했지만 그러한 인물의 성격과 행동을 본받아 실천하라 할 수 없습니다. 이럴 경우 소설적 진실과 도덕적 진리를 섞어놓는 것보다는 소설 편에서 설명을 해야 할 것입니다. 소설적 성공은 소설 텍스트를 당대의 맥락에서 다시 돌아볼 수 있게 합니다. 이를 해석이라 하는데 해석이 창의적으로 이루어지면 소설의 의미가 윤리성을 띨 수 있게 전환될 것입니다.

홍지연 상식적으로 생각해도 그렇듯, 창의성과 인성은 어우러지기 어려운 측면이 있습니다. 창의적으로 문제를 해결하는 사람일수록 인성이 더 훌륭하다는 법은 없을뿐더러 극도의 창의성을 발휘하는 인물들 중에는 인성적 측면에서 결함을 지닌 사람들도 더러 있습니다. 그렇기 때문에 창의성과 인성 교육을 논할 때에는 '자연스러운 호응'보다는 '자연스러운 교육'에 주목하는 것이 더 현실적이라고 봅니다. 즉, 국어를 창의적으로 사용하도록 교육하는 가운데 자연스럽게 인성적 측면의 발달이 이루어진다거나, 반대로 올바른 인성을 갖추도록 교육하는 과정에서 자연스럽게 창의적인 국어 사용 능력을 갖출 수 있게 되는 식의 교육 내용과 방법을 마련할 필요가 있습니다. 창의성과 인성 요소 중 무엇이 주가 될 것인지는 학습자의 발달 단계나 구체적인 교실 상황 맥락, 교사의 교수·학습 스타일 등 다양한 변수에 의해 달라질 수 있습니다. 다만 창의성과 인성을 동등한 비중으로 다루기보다는 한 가지를 주된 비중으로 다루되 다른 한 요소를 자연스럽게 가미하는 방식으로 교수·학습의 흐름을 이끌어나가는 것이 현실적인 수업 운용 측면에서 더욱 적합하리라고 봅니다. 역시 같은 논리로 이야기한다면, 창의성과 인성 요소를 독립적으로 다루는 것이 수업의 자연스러운 구성에 더욱 적합하다면 그렇게 하는 편이 더욱 적절하리라 생각합니다.

한태구 창의성이 사고의 전형성과 비전형성 사이의 갈등 속에 위치하는 다소 가치중립적인 에너지라면 인성은 거기에 의미를 부여하는 방향성이라고 할 수 있습니다. 둘의 맥락은 다르고 작용점도 일반적으로는 다르게 보이지만 호응할 여지가 충분히 있습니다. 인성은 창의성의 발현 동기, 창의적 사고 과정, 창의적 사고의 결과에 두루 호응할 수 있으며, 특히 발현 동기 측면에서 작용하는 것에 의미가 크다 할 수 있을 것입니다. 허나 창의적 사고 역시 기본적으로 융통성, 긍정적 사고, 개방성 등의 인성적 자질을 전제하고 있기 때문에 둘의 영역은 중첩될 수밖에 없습니다. 교육 영역에서 두 영역을 완벽히 구분하기보다는 기왕에 창의성이 가지고 있는 인성적 특성을 부각해 창의성의 발현을 보다 교육적으로 바람직한 방향으로 이끄는 데 초점을 맞추어야 할 것입니다.

김향연 교육은 특정한 목적을 가지고 수행되는 인위적인 활동입니다. 그러하기에 창의성과 인성은 개별적인 것이지만 수업 상황에서 유기적으로 연계시킬 수 있는 것입니다. 사고를 확산시키는 과정에서도 다양한 학습자들이 서로 의견을 나누게 해 의사소통할 때의 배려 원칙 등을 길러주는 것은 수업이기 때문에 가능한 것입니다. 그러나 모든 상황 속에서 창의성과 인성을 연계시킬 필요는 없습니다. 창의성과 인성이 본래 개별적인 것이므로 학습자가 상상한 것이 윤리적으로 옳은지 등을 수업 과정에서 계속 따져보게 할 필요는 없습니다. 자유롭게 상상하고 이해하고 표현하는 것이 필요하기 때문입니다. 그러나 창의성 '교육'이므로 수업의 결과물에 대해서는 반성적으로 사고함으로써 어떤 것이 가치 있고 의미 있는지, 윤리적으로 옳은지에 대해서는 생각하도록 지도해야 합니다.

〔질문 5〕 창의성 교육을 위한 '수업 모형'의 가능성과 효과에 대해 어떤 관점으로 접근해야 하는지 말씀해주십시오. 그리고 이 책에서 제시하고 있는 국어과 창의성 교육을 위한 수업 모형을 실제로 운용할 때의 유의점에 대해서 말씀해주십시오.

우한용 창의성의 기본 속성이 모형론을 거부하는 측면이 있습니다. 창의성이 정신적 자유를 기본으로 하기 때문입니다. 그러나 인간의 정신 활동을 탐구할 때 어느 정도 범주를 설정하고 그 범주 안에서 대상을 분석하고 정리하는 것이 유용성이 높습니다. 그러나 그 범주를 고정불변의 원칙으로 삼는다면 지적 유창성을 해치게 됩니다. 따라서 모형은 변형을 위한 기본 범주나 방법의 예시 정도로 이해하는 게 좋을 듯합니다. 특히 절차 모형을 그대로 따라 수업을 진행할 경우 돌발 사태를 당하면 처리하기가 어렵습니다. 모형의 변용과 적절한 적용 방법을 모색하는 일이 중요할 것입니다.

이 책에서 주로 다루고 있는 것은 서사입니다. 서사는 잘 아는 것처럼 언어 운용의 복합적 성격이 잘 구현된 언어 장르에 해당합니다. 따라서 어느 하나의 모형을 운용하려고 한정하지 말고 모형 사이에 복합적 성격을 지닐 수 있는 점을 감안해서 병용하고 연계적으로 운용할 필요가 있을 것입니다.

오윤주 창의성 교육을 위해서는 수업 자체가 창의적이어야 합니다. 일정한 모형을 대입하여 답을 얻으려 한다면 또 다른 매너리즘에 빠지게 됩니다. 학습자 스스로 답을 찾아가고 활동을 이끌어가는 수업, 인지적 자극을 통해 새로운 생각의 길을 열게 만드는 수업 등 창의성 교육에 대한 큰 틀을 제시할 수는 있을 것입니다. 그러나 창의적인 수업에 어떤 전형적인 방식이 존재하는 것은 아닙니다.

하버드 대학의 마이클 샌델 교수가 '정의란 무엇인가'라는 주제의 수업을 통해 보여주듯 교사 중심의 강의식 수업을 통해서도 때로 학생들 하나하나가 이전의 고정된 생각에서 벗어나 새로운 인지적 고민에 빠져들게 할 수 있습니다. 학생 중심의 모둠 수업이나 협동 수업을 구현하더라도 그것이 교사의 모색 없이 매 시간 반복된다면 오히려 학생들이 스스로 생각하려 들지 않는 구태의연한 수업이 될 가능성이 큽니다.

이 책에서 제시하고 있는 수업 모형은 창의성 교육의 가능성을 하나의 예시로서 구현하고 있는 것이지 창의성 교육의 전범이나 공식으로 활용하게 하려는 것은 아닙니다. 교사 스스로가 수업에 대해 깊이 성찰하고 모색하며, 수업에 대한 경험을 통해 얻은 실제 사례로부터 가르침을 얻어 창의적인 수업을 만들어가야 합니다.

한태구 수업 모형은 추상적이고 막연한 창의성과 인성의 결합 양상과 실제 수업 현장에의 적용 가능성을 어느 정도 실체화해 보여줄 수 있다는 점에서 의의가 있습니다. 이론적 접근은 추상성을 드러낼 수밖에 없으며, 실제 학교 현장에서 창의·인성 교육을 실천하는 교사가 그에 대해 공감대를 형성하고 방향성을 쉽게 공유하려면 수업 모형이 필요합니다. 그러나 지금까지의 수업 모형들이 보여준 한계와 마찬가지로 그 수업 모형이 창의·인성 교육의 정답이 될 경우에는 한계를 드러내게 됩니다. 수업 모형을 적용할 때에는 창의·인성 교육의 적용에 대한 전형적인 한 가지 예로 한정해 바라보고, 그 실천 양상 속에서 일반 이론과 관계되는 메커니즘의 이해를 목적으로 접근하는 것이 올바른 태도일 것입니다.

이러한 전제 위에서 창의·인성을 위한 수업 모형을 개발할 때에는 가능한 한 넓은 경우를 포괄할 수 있는 이론적 가능성을 보여주는 것에 역점을 두어야 할 것입니다. 현재의 모형들은 해당 모형에서 전제하고 있는 특정한 상황 맥락 속에서만 설득력을 가지는 경우가 종종 있습니다. 모형이 보여주는 것은 해당 이론의 실현 양상이므로 모형이 가지는 한계는 이론의 한계로 이어집니다. 따라서 적용 가능한 맥락이 최대한 열려 있는 모형이 좋은 모형입니다.

김향연 '수업 모형'은 국어과와 관련된 창의성, 예를 들면 상상력, 은유적 사고력, 유추 능력 등을 보다 효과적으로 길러줄 수 있는 방향을 제시하는 역할을 합니다. 따라서 수업 모형을 단순한 절차 모형으로 보고 단계를 고정화된 것으로 여기는 것보다 수업 상황에 맞게 유연하게 응용하여 적용하는 것이 옳습니다. 한편 창의성 교육을 목표로 한다고 해서 활동에만 초점을 맞춘 나머지 텍스트에 대한 이해도 되지 않은 상태에서 흥미 위주의 여러 가지 활동만 이어가는 것은 큰 의미가 없습니다. 수업 목표를 구체적으로 설정하고 그 목표를 이루는 데 적합한 텍스트를 선정한 후 학습자들이 텍스트에 대해 충분히 이해하게 하고 여러 가지 활동을 하는 것이 바람직합니다. 왜냐하면 국어과 창의성 교육은 텍스트를 비계(scaffolding)로 삼아서 한정된 경험의 지평을 넓히거나 새로운 발상을 유도해내는 것을 지향하기 때문입니다.

또한 수업의 결과를 점수화하는 데 중점을 두지 않고 학습자의 산출물이 담고 있는 다양한 특성들을 의미 있게 평가에 반영하는 방안이 필요합니다. 학생 생활기록부의 '교과별 세부 능력 및 특기 사항'을 활용하는 것이 한 가지 방법이 될 것입니다. 평가에 연연할 경우 학습자들의 산출물이 제약을 받을 수도 있고 수업 분위기가 경직될우려가 있습니다.

[질문 6] 문학 영역에서의 창의성 교육 요소들은 심미적이고 예술적인 창의에 연결되는 것이 일반적입니다. 그러기 위해서는 어떤 교육적 발상과 지도 전략이 더 필요하다고 보십니까?

우한용 문학과 연관된 창의성은 문학의 본성에 따라 규정됩니다. 한마디로 문학은 언어예술입니다. 그렇기 때문에 음악이나 미술과 달리 심미성과 예술성에 의미 요소가 포함됩니다. 문학의 의미 요소는 철학, 역사, 사상 등과 밀접한 연계성을 지니게 됩니다. 따라서 문학의 심미성이나 예술성을 고려한 창의성 교육을 위해서는 문학의 형상성에 주목할 필요가 있습니다. 문학이 인간의 감성에 구체적으로 다가가기 위해 어떤 장치를 활용하는가를 잘 보아야 합니다.

이를 위해서는 장르별로 형상화의 방법이 다르다는 점을 분명히 해야 합니다. 은유가 문학에서 창의성을 드러낼 수 있는 중요한 요건인 것은 사실입니다. 그러나 은유는 시에서는 형상화의 핵심 사항이지만 소설에서는 부수적인 요건이 됩니다. 소설에서는 인물의 관계와 그에 따라 대상을 바라보는 시각이나 서술시점이 중요한 역할을 합니다. 그러나 시에서 시점을 따지는 것은 부차적인 일입니다. 따라서 장르에 대한 지식이 기반이 되어야 문학 영역의 창의성 교육이 성공할 수 있습니다.

오윤주 미적인 상상력이 충분히 발현될 수 있는 교실 상황이 마련되어야 합니다. 먼저 미적인 발상을 촉진하는 매개를 제공하는 수업 디자인이 필요합니다. 교사는 학생들이 문학을 정서적이고 심미적으로 접하고 체화할 수 있는 수업 모형을 제공하기 위해 세심한 준비 과정을 거쳐야 합니다. 또한 전개 방식이 유연한 수업에서 심미적이고 예술적인 창의성이 더욱 촉진될 수 있습니다. 하나의 답이나 목표를 정해두고 이를 향해 나아가는 것이 아니라 학습자의 다양한 반응을 충분히 반영하면서 그때그때 수업의 방향을 수정해가는 유연합이 필요합니다.

또 교사는 학생들과의 정서적 유대감을 충분히 만들어내고 허용적이고 지지적인 교실 분위기를 조성할 수 있어야 합니다. 그러한 분위기 속에서 학생들은 자신의 표현이 나름의 의미를 가지는 소중한 것이라는 자신감을 갖게 되고 적극적으로 표현에 참여하게 됩니다.

한태구 언어예술인 문학은 특히 창의성 요소와 긴밀하게 연결됩니다. 현실을 바로 인식하면서 동시에 현실을 뛰어넘는 것이 문학이 가지고 있는 근본적인 지향이며, 그것이 문학에서 미감과 예술성이 발현되는 지점이기 때문입니다. 이러한 언어예술로서의 문학을 바탕으로 하는 창의성 교육에서는 자칫 추상적이고 막연하며 다가가기 어려운 문학적 미감과 예술성을 구체적인 형상으로 학습자가 체험하고 인식할 수 있게 하는 데 초점을 맞추어야 할 것입니다. 문학에서 일어나는 현실의 인식과 극복이 어떠한 장치와 기법들을 통해 구현되고 있는지, 그 과정에서 작가는 어떻게 작품 세계에 방향성을 부여하는지, 독자는 어떤 방법으로 그것을 받아들이고 재구성하여 내면화하는지, 문학적 생산과 향유가 일어나는 전 과정에 대한 체계적이고 포괄적인 체험이 필요할 것입니다.

〔질문 7〕 문학 영역에서의 창의성 교육 요소들은 심미적이고 예술적인 창의에 연결되는 것이 일반적입니다. 그러나 이런 생각 자체가 일종의 고정관념이라는 지적을 받아들인다면, 문학 영역에서 새롭게 추구함 직한 창의성 교육의 내용과 방향에 대한 미래적 아이디어를 말씀해주십시오.

우한용 문학 영역의 창의성 교육을 위해서는 문학적 수행(실천, 실행)을 도입하는 게 좋을 듯합니다. 이는 프로젝트 학습이라든지 역할놀이를 중심으로 하는 연구 학습 등을 고려할 수 있다는 뜻입니다. 만일 창작극을 만들어서 공연하기로 한다면 전체 과정에서 활용할 수 있는 창의성 교육 요소가 상당히 많습니다. 기획하기, 작품 쓰기, 연출하기, 연기하기, 감상평하기, 전체 평가하기 같은 일련의 과정에서 연결해 공부할 수 있는 창의성 요소는 매우 많습니다. 따라서 교수·학습 모형도 여러 가지를 교차적으로 운용할 수 있을 것입니다.

한태구 문학의 심미적이거나 예술적인 부분을 다소 좁게 정의했을 때에는 협소한 범주에서 고정관념으로 작용할 수 있을 것이나, 예술성을 마냥 실생활과 동떨어진 가치로 여기기보다는 생활 속의 예술 체험이라는 관점에서 접근한다면 고정관념에서 벗어날 수 있을 것입니다. 이러한 관점을 바탕으로 문학 영역에서 추구할 만한 창의성 교육의 구체적인 활동으로는, 먼저 문학을 창작하고 향유하고 공유하는 활동이 가능하고, 다음으로 문학을 바탕으로 한 다양한 활동, 즉 매체 변환, 교육 연극, 가치와 주제에 대한 토의 및 토론, 패러디와 같은 재창작이 가능할 것입니다. 좀 더 활동 범위를 넓히면, 문학적 사고와 표현을 바탕으로 실생활에 직접적인 활용을 도모하는 접근도 가능할 것입니다. 내러티브를 활용해 대화나 면담, 연설 등의 의사소통 상황을 긍정적으로 이끌어가는 등의 활동을 생각해볼 수 있습니다.

김향연 문학 텍스트를 가지고 놀기는 창의성 교육에서 문학 영역을 다룰 때 염두에 두어야 할 한 가지 방향입니다. 문학 수업의 결과물이 반드시 미적으로 아름답고 예술적일 수는 없습니다. 우선 학습자의 수준이 그리 높지 않고 창의성의 발현 결과가 반드시 심미적이고 예술적인 결과로 이어지지 않기 때문입니다.

문학 텍스트는 학습자의 상상력을 자극하고 확산적 사고를 가능하게 하는 발판 역할을 합니다. 텍스트 자체의 아름다움과 예술성을 느끼는 수업도 중요하지만, 텍스트에 표현된 다양한 상황, 인물의 특성, 풍부한 어휘 등을 활용하여 사고의 폭을 넓히는 것도 의미 있습니다. 그러므로 문학 영역을 말하고 읽고 듣고 쓰는 기능 영역과의 긴밀한 관련성 속에서 탐구될 수 있는 자료로 보는 관점이 새롭게 추구되어야 한다고 생각합니다. 때로는 텍스트 전체를 이해하지 못했어도 창의성을 위한 문학 수업이 가능합니다. 특별한 표현이 등장하는 부분을 발췌해 수업 자료로 활용하는 것, 줄거리만 보고 다양하게 이야기를 바꿔 창작해보는 것 등도 창의성 교육의 한 방법이 될 것입니다.

[질문 8] 국어과 창의·인성 교육에 대한 평가에서 가장 큰 문제는 무엇이라 생각하십니까? 그리고 이를 해결할 수 있는 현실적인 방안은 무엇입니까?

우한용 구체적인 평가 상황에서 학습자의 행동을 보고 창의성 요소를 발견하기 어렵다는 점이 평가의 가장 큰 문제입니다. 발상, 문제해결의 과정, 자기가 해낸 일에 대한 평가가 다른 사람보다 조금 우수한 정도라면 그것을 창의성이라 판정하기 어렵습니다. 창의적이지만 결과의 가치가 낮은 경우도 상정할 수 있습니다. 특이한 소재를 사용하긴 했는데 글의 수준이 낮은 경우 창의성을 인정받을 수 없습니다. 창의성은 전체 구조와의 연관관계 안에서 드러납니다. 전체 구조 안에서 학습자의 행동이 창의적인가 아닌가를 판단해야 합니다. 문학 작품이 그러하듯이.

창의성의 특성을 규정하는 방식에 따라 평가 방식도 달라집니다. 창의성을 일반 지능이나 언어 능력 등과 너무 동떨어진 것으로 간주하는 경향이 있습니다. 창의성의 넓은 규정 가운데 '독창성(참신성)'과 '유용성(적합성)'이 대표적인 요건으로 강조되곤 합니다. 순발력 있는 발상이라든지 특이한 발상을 맥락과 연관 짓지 않고 그 자체의 특이성을 들어 창의성으로 평가하는 것은 바람직하지 않습니다.

창의성과 인성을 결합할 때 그 평가는 더욱 어려워집니다. 인성의 변화는 겉으로 금방 드러나지 않기 때문입니다. 인성을 고려한 평가는 종단적인 평가, 포트폴리오를 이용한 평가 등을 고려해야 합니다. 그 가운데 글쓰기를 지속적으로 해서 창의성과 도덕성이 같이 성장하는 양상을 관찰하는 것 또한 의미 있는 일로 생각됩니다.

오윤주 현재 교육 현장에서는 평가의 객관적 기준이 엄정하게 요구됩니다. 그런 맥락에서 창의·인성 교육에서의 평가 문제가 의문의 대상이 되곤 합니다. 창의성과 인성을 어떤 기준으로 평가할 것인가, 그 기준이 과연 객관적인 것인가 하는 의문입니다. 그런 맥락에서 객관적 평가를 내리기 어려운 창의성과 인성을 평가하는 것 자체가 가능한 일인가 하는 의문도 제기됩니다.

이러한 평가상의 어려움은 충분히 해결 가능한 문제입니다. 제시된 수업 목표에 따른 평가 기준을 구체적으로 마련하고, 과정에 대한 평가를 병행하여 실시하며, 평가 방식을 다양화하는 것 등을 해결 방안으로 제시할 수 있습니다. 각각의 수업에서는 그 수업이 목표로 하는 몇 가지 학습 요소가 있습니다. 그러한 학습 요소들을 충족시켰는가를 구체적으로 물을 수 있습니다. 또한 결과에 대해서만 평가하는 것이 아니라 미리 제시된 기준에 의해 포트폴리오의 누적 평가, 관찰 평가, 면담 평가 등의 방식으로 수업 과정을 평가하고 동료 평가, 자기 평가 등의 다양한 방식을 보충한다면 평가의 객관성을 더욱 높일 수 있으며 창의·인성의 평가로서 신뢰성과 타당성을 가질 수 있습니다.

홍지연 평가의 본질을 살려 창의성과 인성의 발달 정도를 측정(measure)하는 것은 반드시 필요한 작업입니다. 여기서 말하는 평가의 본질이란 서열화와는 관계없는, 순수하게 한 개인의 학습 정도를 점검하는 것을 뜻합니다. 물론 평가가 입시와 직결되는 현실에서 평가의 본질 운운하는 것은 매우 비현실적인 논의처럼 들릴 것입니다. 입시를 위한 서열화가 아닌 평가의 본질인 '측정'의 기능에 가까이 다가가려면 무엇보다도 정책적인 배려가 필요하다고 봅니다. 우선적으로는 기존의 수행형 평가 및 서술형 평가 방식 등을 고려해 창의성 및 인성의 발달 정도를 측정하고 기술하는 도구를 정책적으로 개발할 필요가 있습니다. 정책적으로 개발된 평가 도구 또는 평가 시행 매뉴얼 등을 바탕으로 점차 평가 도구의 다양화가 촉발될 수 있으며, 현재는 낯설게 들리는 창의·인성 평가가 현장에 점차 정착될 수 있으리라고 생각합니다. 또한 창의·인성 평가를 적절히 시행하고 그 결과를 해석할 수 있는 전문성을 갖춘 교사를 양성하는 것 역시 과제입니다.

한태구 창의·인성 교육에서 평가를 이야기할 때 가장 큰 문제는 무엇보다 지표화를 통한 객관적 평가가 어렵다는 점일 것입니다. 대부분의 인문학 분야의 교육이 그렇듯이 창의·인성 교육은 그 효과와 변화 양상을 단기간에 가시적으로 확인하기 어려운 측면이 있습니다. 또한 가시적으로 나타난다 하더라도 그 양상 자체가 다분히 주관적으로 해석될 여지가 있어서 그 양상들 중에서 창의·인성 요소를 보여줄 수 있는 지표를 확정하고 그 결과를 다시 위계화해 평가하는 것이 쉽지는 않습니다. 쉽지 않을뿐더러 객관화된 지표가 만들어지더라도 학습자의 반응과 사고가 해당 지표에 얽매이게 될 가능성이 다분합니다. 근본적으로는 상호주관적인 평가가 이상적이 아닐까 생각합니다.

〔질문 9〕 국어과 창의·인성 교육의 기획, 운영, 실천 등의 국면에서 중등학교 교육만이 지니는 고유한 특성으로 중요하게 고려해야 할 것들은 무엇이라고 보십니까?

우한용 창의성을 표현하는 방식은 발달 단계에 따라 달라집니다. 연령층이 낮을 경우 행동적·동작적 표현이 유연한 반면, 연령층이 높아지면서 언어적 반응이 더 발달하고 추상적 표현에 익숙해집니다. 언어 감각을 길러주기 위한 말놀이를 하더라도, 초등학생들은 감각어 중심으로 할 수 있을 것이고 중·고등학생은 추상어를 이용한 말놀이를 시도할 수 있을 것입니다. 서사 운용의 연령별·학교급별 특성을 고려할 수 있을 것입니다. 이는 창의성이나 인성의 연구를 위한 기초 과업이 될 것이며, 서사학의 기반 연구가 앞서야 할 것입니다.

오윤주 초등 교육에서 창의성이 확산적 사고의 차원에서 장려되고 북돋워지는 반면 중등 교육에서는 명목상으로만 존재할 뿐 창의성 교육이 제대로 이루어졌다고 보기 어렵습니다. 지적인 이해의 교육과 창의성 교육이 서로 상치된다고 보는 오해가 있었기 때문이며, 창의성 교육은 교육 목표상 덜 시급하다고 여겨졌기 때문입니다. 인성 교육 역시 마찬가지입니다. 최근 중등 교육에서도 창의·인성 교육을 실질적으로 실행하려는 움직임이 일어나고 있습니다만, 새로운 오해가 함께 생겨나기도 합니다. 창의성 교육은 지적인 교과 수업과는 별개로 이루어지는 것이라거나, 반드시 체험과 결합되어야 한다거나 하는 것입니다. 그래서 혹자는 과연 중등 교육에서 창의성 교육이 이루어질 수 있을 것인가에 대해 의구심을 표시하기도 합니다. 또한 그동안 인성 교육의 필요성이 무수히 이야기되었음에도 불구하고 실제 교육 현장에서 구현되지 않았음을 지적하면서 이러한 용어의 공허함을 비판하기도 합니다.

중등에서의 창의성 교육은 지적인 교육과 긴밀하게 연관을 맺으면서 기획, 운영, 실천되어야 합니다. 많은 사람들이 이야기하듯 중등 교육에서는 아무래도 학력 신장이 가장 중요하기 때문이라는 이유에서는 아닙니다. 중등 교육에서 가장 중요한 것은 학생들의 지적 욕구와 필요를 채워주는 것이기 때문입니다. 학력 신장을 성적으로 환원해 이것을 중등 교육의 핵심 과제로 요구하는 관점은 당장의 대학 입시를 위한 교육으로 중등 교육의 목표를 축소시키고 왜곡시킵니다. 지식을 허겁지겁 습득하고 암기하는 것만으로는 미래 사회에 대비하는 진정한 역량을 길러줄 수 없습니다. 학습자 자신의 삶을 위한 교육, 학습자를 우리 사회 공동체의 일원인 성숙한 개인으로 길러내기 위한 교육으로 교육의 목표를 더 크게 잡아야 합니다. 그렇기 때문에 우리는 창의성 교육을 다시금 중요하게 강조해야 합니다. 창의성과 지성, 지식의 습득과 창의성, 지식과 체험은 별개의 것이 아니라 함께 가야 할 교육 목표입니다. 학생들을 창의적인 지성인으로 길러내기 위해 우리는 지식의 깊이 있는 탐구 경험을 학생들에게 제공하고 다양한 체험의 장을 열어주어야 합니다.

또한 인성 교육이 구호에 머무르지 않도록 하기 위해서는 창의적 체험 활동, 봉사 활동, 학급 특색 활동 등 범교과 영역의 확대와 함께 인성 교육이 창의성 교육과 더불어 행해질 수 있도록 수업 기획 자체에 이를 녹여낼 수 있어야 합니다. 이는 교육 과정이나 내용만의 문제가 아니라 수업 방식의 문제이기도 합니다. 학생들이 배려와 소통, 참을성, 토론 능력 등을 기를 수 있도록 토론과 발표, 모둠 협의 등의 수업 방식을 적극적으로 활용해야 합니다.

홍지연 중등 학습자들은 대체로 자아정체성 형성과 진로 선택의 고민을 겪는 단계에 놓여 있습니다. 이러한 점을 고려해 창의·인성 교육과 진로 교육의 연계점을 고려해야 한다고 생각합니다. 입시와 진로 선택 때문에 고민이 많은 시기에 놓인 학습자들이니만큼 교과를 막론하고 자신의 특기와 적성에 맞는 분야를 스스로 찾아갈 수 있는 능동성을 길러주는 것이 매우 중요합니다. 그런 점에서 창의·인성 교육의 운영 및 실천 과정에서 진로 교육과 연계할 만한 구체적인 논의점들을 찾아내려는 적극적인 노력이 있어야 합니다. 가령 창의성이나 인성의 여러 요소들이 어떤 진로 선택과 관련되는지 자료화한다거나, 역으로 특정 진로 선택과 관련된 창의성 및 인성 요소가 어떠한 것인지 체계적으로 안내한다면 학습자들에게 많은 도움을 줄 것으로 생각합니다.

김향연 학습자의 수준을 무엇보다 먼저 고려해야 합니다. 중등학교 학습자는 가치관을 점차 형성해가고 있으므로 사회를 보는 바른 시각을 가질 수 있도록 텍스트를 선정하는 데 세심한 주의가 필요합니다. 사회를 문제적으로만 바라보는 것보다 문제적 상황에서 어떻게 행동하는 것이 옳은지에 대해 문제의식을 가질 수 있도록 학습자를 교육하는 데 목적을 두어야 합니다. 그래서 어느 한쪽으로 편향된 텍스트보다 사회를 바라보는 다양한 관점을 균형 있게 갖출 수 있는 텍스트가 교육적으로 의미 있습니다.

또한 특정한 수업 방식에 길들여진 학습자의 적극성을 끌어낼 수 있도록 흥미를 유발하는 과정을 반드시 넣어 수업을 계획해야 합니다. 수동적인 학습자의 역할만 요구받던 학습자가 자신의 생각을 말하고 글로 쓰는 활동을 요구받으면 그 활동이 얼마나 의미 있는지에 대해 생각하지도 않고 단지 귀찮아서 활동에 참여하지 않으려 합니다. 그러므로 수업의 목표, 활동 내용 등을 구체적으로 설명하고 부담 없는 생각 열기 활동 등으로 학습자가 자발적으로 참여할 수 있는 마음 자세를 갖게 해야 합니다.

입시와의 관련성도 반드시 고려해야 합니다. 학습자의 흥미를 유발하는 활동 일색으로 수업을 구성하지 말고 사고력을 발전시키고 논리적이고 분석적으로 생각할 수 있는 기회를 제공해야 합니다. 면접, 논술 등의 비중이 입시에서 차지하는 중요성을 생각해볼 때 학습자가 스스로 생각하고 표현하는 것은 매우 의미 있는 활동이므로 창의성 교육을 적극적으로 실천할 필요가 절실합니다.

〔질문 10〕 한때 제6차 국어과 교육과정에서 창의성 내지 창의적 언어사용을 강조한 적이 있습니다. 현재의 국어과 교육과정은 창의성 함양에 대한 의도적 고려를 어느 정도 하고 있다고 평가하십니까? 마찬가지 차원에서 국어과 교육과정이 인성 함양에 대한 방향과 고려를 얼마나 적절하게 반영하고 있다고 보십니까?

우한용 교육과정에는 항존적 가치와 시대 변화에 따른 강조점이 있을 것입니다. 창의성 자체를 강조하기보다는 창조적 언어 운용과 국어문화 창조를 강조하고 있는 점은 국어과 교육 과정의 항존적 가치에 해당합니다. 인성 교육의 중요성을 강조하는 것 또한 같은 맥락으로 이해됩니다. 교육 과정에 명시적으로 표현되어 있지 않다고 해도 국어과의 특성상 인성 교육과는 깊은 연관이 있게 마련입니다. 국어과의 특성상 도구 교과이면서 내용 교과의 특성을 공유하고 있는데, 내용이라는 것이 국어과의 많은 부분을 차지하고 있는 언어 자료가 삶의 문제를 다루기 때문입니다. 「기미독립선언문」의 형식과 언어 특성 등을 다루면서 그 글이 나온 동기와 정신 등을 제쳐놓을 수 없습니다. 그리고 그러한 활동에 참여한 선인들의 삶의 자세를 생각하지 않을 수 없습니다. 특히 문학과 연관된 영역의 제재를 다루고 있는 데서는 인성 교육과 창의성 교육이 만날 수 있는 조건이 갖추어져 있다고 봅니다.

홍지연 '창의적인 인간상'을 현 시대의 교육이 지향하는 인간상 그 자체로 보아도 과언은 아닐 듯합니다. 그런 의미에서 교육과정 문서상 '창의성 함양'이란 문구를 굳이 눈에 띄게 강조하지 않았더라도 창의성 함양은 이미 교육과정의 주된 전제 중 하나로 녹아들어 있다고 봅니다. 아이러니컬하게도 창의성이나 인성을 굳이 강조하지 않는다는 것이 오히려 창의성이나 인성에 대한 더욱 큰 관심과 고려를 의미하는 것이 아닐까 합니다. 다만 내실 있는 창의성 또는 인성 교육이 이루어지도록 하기 위해 현행 교육과정이 얼마만큼의 구체적인 영향력을 끼칠 수 있을지에 대해서 따져봐야 할 것입니다. 창의성이나 인성의 구체적인 요소를 중심으로 교수·학습 목표를 정돈하고 위계화한 내용이 포함되어 있지 않는 한 교육과정 자체만으로 적절한 창의·인성 교육의 정착과 발전을 기대하기는 어려울 것입니다.

김향연 국어과 교육과정에서 '기초 능력의 바탕 위에 새로운 발상과 도전으로 창의성을 발휘하는 사람'을 추구하는 인간상으로 제시하고 있는 만큼, 교육 과정은 직접적이고도 적극적으로 창의성 교육을 강조하고 있습니다. 또한 '세계와 소통하는 시민으로서 배려와 나눔의 정신으로 공동체 발전에 참여하는 사람'을 추구하고 있어 인성 함양에 대한 고려도 적극적으로 하고 있습니다. 또한 영역 성취 기준과 내용 성취 기준에서도 창의성과 인성의 함양을 적절하게 고려하고 있습니다.

그러나 이것은 선언적인 차원에 머물러 있기 때문에 교재를 개발하거나 수업을 진행할 때 기존의 교육과는 차별화된 활동을 통해 새롭게 구현할 필요가 있습니다. 교육과정에서는 문학 작품의 다양한 해석을 추구하는데, 여전히 반영론, 표현론, 효용론에 머물러 있는 교재를 계속 만들어내지 않아야 하며, 수업 상황에서도 보편적으로 인정받은 해석만 학습자들에게 소개하기보다 다양한 해석의 결과들을 제시함으로써 사고를 확장시켜줄 필요가 있습니다. 즉, 국어과 교육과정이 창의성과 인성을 고려하고 있는 만큼 실제 문학 교실에서도 보다 창의적이고 인성적인 측면을 의도적으로 고려해야 마땅합니다.

〔질문 11〕 국어과 교육에서 창의·인성 활동이 지나치게 문어적 텍스트에 기반하고 있다는 지적에 대해서는 어떤 생각을 가지고 있으십니까? 문학의 경우도 지나치게 순문학주의(또는 문학고답주의, 문학지상주의) 지향의 교육이 창의성 지도와 충돌한다는 지적들이 있습니다. 여기에 대해서는 어떤 생각을 가지고 계십니까?

우한용 창의성은 통합적 맥락과 일정한 구조 안에서 발현되는 특징이 있습니다. 기발한 은유 하나를 만들어냈다고 해서 시적 창의성이 두드러진다고 하기 어려운 것과 마찬가지입니다. 그런 점에서는 언어 활동 전반에 나타나는 창의성을 다루어야 할 것입니다. 그러나 교육의 장에서는 일상을 그대로 도입할 수 없습니다. 어느 정도 계획이 있어야 하고, 그 계획이 의미 있는 수행으로 이어지려면 계획에 적절한 자료가 동원되어야 할 것입니다. 그 자료 가운데 정제된 형식과 내용을 갖추고 있는 것을 찾다보면 문어적 자료가 선택되는 게 자연스럽기도 합니다.

순문학주의니 문학고답주의니 하는 용어들은 문학보편주의를 주장하는 이들이 만들어낸 것이라는 측면에 유의할 필요가 있습니다. 문학의 속성을 강조한다든지 문학은 도처에 있다고 주장하는 일은 때로는 범주를 흩어놓아 문학의 속성을 불분명하게 하기도 합니다. 문학은 스스로 장르에 대한 반성을 하는 자성 능력을 문학 안에 가지고 있습니다. 그러한 속성은 저급한 문학에서는 찾기 어렵습니다. 문학의 순수성을 강조하는 문학의 속성에서 멀어지는 것이지만, 문학보편주의를 내세워 문학의 경계를 흐려놓는 것이라든지 문학의 가치를 끌어내리는 것도 경계해야 할 사항입니다.

홍지연 창의·인성 교육에 대한 학문적 관심을 촉발했던 연구가들이 주로 문학 교육 연구자들이었기 때문에 충분히 이러한 지적이 있을 만합니다. 문어 텍스트 내지는 순수 문학 작품들을 중심으로 한 창의·인성 활동은 그 자체로 매우 가치있는 활동이라고 생각합니다. 그러나 모든 창의·인성 활동이 문어 텍스트만으로 또는 문학만으로 이루어져야 한다고 생각하지는 않습니다. 창의적인 교육은 창의적인 수업을 통해 이루어진다는 관점에서 봤을 때 창의적인 수업을 마련하려면 제재의 폭과 깊이를 다양화할 필요도 있다고 보기 때문입니다. 아울러 학습자들을 둘러싼 각종 매체의 발달을 고려할 필요도 있습니다. 적절한 구어 및 비문학 텍스트, 다양한 대중문화 자료 등을 두루 활용하여 창의·인성의 여러 요소들을 더욱 다양한 방식으로 다루어야 하리라 봅니다.

한태구 문어적 텍스트에 편중된 교육은, 특별히 문어 텍스트가 창의·인성 활동에 적합했기 때문이라기보다는 과거 국어 교육의 전반적인 경향이 창의·인성 관련 교육에도 그대로 반영되어 나타난 문제점이라고 생각합니다. 특별한 근거나 맥락 없이 한쪽으로 편중된 제재를 바탕으로 한 교육은 개선되어야 할 부분입니다. 창의·인성 활동과 교육은 문어 텍스트에만 한정될 것이 아니라 구어 텍스트를 포함해 특별한 장르 제한 없이 다양한 텍스트들을 수렴해 이루어져야 할 것입니다. 그러나 주의할 점은 문어 텍스트에 편중되었던 것이 잘못이지 문어 텍스트 자체가 잘못은 아니라는 점입니다. 순문학주의의 한계는 문학이나 문어에 있는 게 아니라 그것만이 전부라고 선을 긋는 폐쇄성에 기인합니다. 교육 현장에서 다루고자 하는 창의·인성 요소에 적합한 텍스트를 고르는 것이 중요하며, 그 대상은 구어나 문어, 영상 매체, 인터넷 콘텐츠 등 모든 매체를 포괄해야 할 것입니다. 창의·인성을 위한 제재로 문어 텍스트만 고집할 근거는 없지만 문어 텍스트만 배제할 이유도 없습니다.

김향연 창의·인성 활동은 다양한 텍스트를 활용할 때 보다 효과적으로 이루어질 수 있습니다. 다양하게 사고하는 활동은 문어적 텍스트가 아니라 다양한 이미지만으로 구성된 텍스트, 영상 텍스트 등을 통해서도 효과적으로 구성할 수 있기 때문입니다. 다만 문어적 텍스트에 치우쳐 교육이 이루어지는 것은 문어적 텍스트 중심으로 문학을 인식했기 때문에 불가피하게 나타난 현상입니다.

순문학주의 지향의 교육이 창의성 지도와 충돌한다는 지적은 적절하지 않습니다. 문학 텍스트를 활용한 창의성 교육에서 문학 텍스트를 순문학으로 여겨도 충분히 창의성을 신장시킬 수 있습니다. 텍스트 내의 세계는 실제 세계와 긴밀한 연관성 속에서 존재할 뿐만 아니라 상당히 깊이 있고 넓은 세계를 내포하고 있습니다. 작품에 대한 깊이 있는 감상만으로도 확산적이고 분석적인 사고력을 길러줄 수 있습니다. 다만 순문학주의만 지향하는 교육은 지양해야 합니다.

[질문 12] 학생들의 언어 환경에 미디어 텍스트들이 등장해 일종의 생태 환경으로 학생들에게 작용하고 있습니다. 미디어 텍스트와 국어 교육의 미래를 간략히 전망하시고, 이와 관련해 국어과 창의·인성 교육의 가능성, 또는 문제 인식에 대한 의견을 말씀해주십시오.

우한용 언어 현상 가운데 창의성이 드러나지 않는 경우는 거의 없습니다. 다만 어느 영역이 보다 두드러지는 특성을 보이는가 하는 점은 인정해야 할 것입니다. 미디어 텍스트로 운용되는 언어에 창의성이 두드러지는 면이 없는 것은 아닙니다. 언어의 추상성을 이미지나 동영상으로 극복할 수 있는 것은 순정한 언어 텍스트만으로 시도하기 어려운 매체 언어의 특징입니다. 그러나 언어가 지니고 있는 메타 언어적 기능까지를 미디어 텍스트가 감당하기는 어렵습니다. 언어에서 본질 요건은 역시 의미입니다. 영상이나 음성과 달리 의미는 추상성을 지닙니다. 그 추상성은 언어의 본질 국면이기 때문에 언어의 추상성에 드러나는 창의성을 매체 언어에서도 감당할 수 있는가를 성찰할 필요가 있습니다. 매체 언어의 철학은 비매체적으로 운용되는 언어를 통해서 더욱 효율적으로 추구될 수 있습니다. 그러나 분명한 것은 매체 언어의 수행과 실천이 전제되지 않으면 매체 언어에 대한 철학적 사유는 근거를 잃게 된다는 점입니다.

오윤주 미디어 텍스트의 등장으로, 어찌 보면 국어 교육의 가능성이 더욱 크게 열렸다고도 할 수 있습니다. 영상의 발달로 문자 언어가 사라질 것이라던 전망과는 달리 전자책 등이 인기를 끈다거나 문학 텍스트가 다양한 매체를 통해 원 자료로 활용되는 현상(One Source Multi Use)이 나타나고 있습니다. 인터넷 또는 다양한 소셜네트워크에서도 문자 언어가 핵심적인 콘텐츠를 이루고 있습니다. 또한 이러한 영상이나 인터넷 등 각종 네트워크 매체가 하나의 텍스트로 기능하는 만큼 주체적이고 비판적인 독해 능력과 창의적인 활용 능력이 더욱 필요해졌습니다. 국어 교육의 중요성은 미디어 텍스트 발달로 오히려 더 커졌다고 하겠습니다. 소통과 표현, 이해가 필요한 영역이라면 모두 국어 교육의 자장 안으로 포괄될 수 있기 때문입니다.

미디어 텍스트의 발달은 창의·인성 교육에도 영향을 미치고 있습니다. 학생들의 삶 자체가 이미 미디어 텍스트와 긴밀하게 결합되어 있기도 합니다. 미디어 텍스트의 활용은 다양한 자극을 제공하고 상상력을 확장시켜준다는 측면에서 창의성 발달에 기여하는 바가 분명 있습니다. 새로운 관계의 장을 만들어내고 미디어 내에서 새로운 사회적 역할 수행을 요구한다는 점에서 인성 면에서도 일면 긍정적인 영향을 끼칠 수 있습니다.

그러나 미디어 텍스트는 그 강력한 흡인력으로 인해 사용자를 미디어 자체에 매몰시키기도 합니다. 영상이나 인터넷을 포함해 하루가 다르게 새롭게 출몰하는 스마트한 매체들은 인간의 가능성을 확장하는 동시에 그것 없이는 도저히 살 수 없도록 인간을 의존적인 존재로 만들어버리기도 한다고 니콜라스 카는 『생각하지 않는 사람들』이란 책에서 주장합니다. 학습자는 자신의 창의성을 발현할 기회를 빼앗긴 채 창의적인 미디어를 소비하는 데 그쳐버리기도 합니다. 미디어 자체의 창의성에 학습자가 지나치게 현혹되지 않도록 주체적이고 비판적인 매체 활용 능력을 길러주는 것이 창의·인성 교육의 핵심이 되어야 할 것입니다.

홍지연 미디어 텍스트를 배제하고는 국어 교육의 미래를 더 이상 전망하기 어렵다고 봅니다. 미디어 텍스트가 막연한 영향력의 차원이 아닌 실질적인 생활의 환경으로 자리잡아가고 있는 상황에서 국어 교육의 기존 영역에 걸맞지 않는다고 하여 배척할 필요는 없을 것입니다. 다만 어떤 방식으로 미디어 텍스트를 활용할 것인지는 깊이 따져보아야 한다고 생각합니다. 미디어 텍스트를 활용하는 단순한 기능만을 가르치는 것으로는 물론 충분하지 않습니다. 더구나 창의·인성 교육의 차원에서 미디어 텍스트를 다룬다면 미디어 텍스트가 지니는 다양한 강점들을 그대로 받아들여 답습하는 형태의 교육이 아닌, 창의·인성 요소를 구체적으로 발현하는 데 미디어 텍스트를 도구로 활용하는 차원의 교수·학습이 이루어지도록 신중하게 접근해야 한다고 봅니다. 가령 영상물을 창작하는 수업을 기획한다면, 영상물 창작 그 자체에만 주목한 나머지 영상 만들기 기법이나 영상물 감상에 경도된 수업이 이루어져서는 안 된다는 뜻입니다. 미디어 텍스트는 창의·인성의 특정 요소를 다루기 위해 활용되는 다양한 텍스트 들 중 일부에 불과하다는 점을 반드시 잊지 말아야 할 것입니다. 이러한 균형 감각이 없다면 미디어 텍스트에 대한 단순한 기능 교육 내지 미디어 패러디 활동에 머물러버릴 위험성이 큽니다.

한태구 미디어 텍스트가 학습자에게 생태 환경의 의미까지 지니게 되었다는 점에는 동의합니다. 다만 미디어 텍스트가 가지는 의미를 지나치게 확대 해석할 필요는 없다는 생각입니다. 미디어 텍스트는 인간의 표현의 다양성을 한층 향상시켜주었다는 점에서 인간의 사고와 창의성의 발현에 큰 영향을 주었습니다. 하지만 미디어가 달라지고 발전한다는 것이 사고와 창의성에 절대적인 영향을 미치는 것은 아닙니다. 다양하고 신선한 미디어에서도 진부하고 상투적인 표현과 기법들이 여전히 존재하며, 비율로 따지면 오히려 진부한 표현들이 참신한 표현들보다 많을 것입니다. 미디어의 발전이 창의적 표현을 보장하는 것은 아니며, 하루가 다르게 발전하는 미디어 속에서도 표현에 가치를 부여하는 것은 결국 미디어를 사용하는 사람의 사고입니다. 미디어가 새로운 표현 수단을 제공한다 하더라도 창의적 사고의 발현 양상과 맥락은 크게 달라지지 않았다고 할 수 있습니다. 세계를 이해하고 초월하려는 의지의 표현이며, 지금까지 지배적인 위치에서 '사고'와 거의 동의어처럼 간주되던 문자 텍스트 역시 표현의 수단이며 하나의 미디어입니다. 이 부분을 지나치게 배척하거나 지나치게 수용하려고 애쓸 필요 없이 지금 표현하고자 하는 창의적 사고를 가장 잘 표현할 방법이 무엇인가를 모색하고 선택하는 것이 중요합니다.

창의·인성 교육에서 다양한 미디어 텍스트를 다룰 때에는 미디어 특성을 고려하되 미디어에 적응하고 미디어 특성에 맞는 표현을 하는 것을 목표로 삼아서는 안 될 것입니다. 미디어의 특성과 활용 기법을 넘어서서 미디어가 제공해주는 특수한 형식과 그 안에 내재한 세상을 바라보는 전제와 관점을 이해하고, 거기에 자신의 관점을 더해 새로운 시야를 창출하는 것을 목표로 해야 할 것입니다.

〔질문 13〕 국어과 창의·인성 교육이 국어과 교육 바깥과 상호성을 가지고, 그 외연을 넓힐 수 있는 가능성에 대해서 말씀해주시기 바랍니다. 물론 그 한계에 대한 인식에 대해서도 말씀해주시기 바랍니다.

우한용 우리의 작업에서 교과로 논의를 한정할 경우는 국어과가 되지만, 범위를 넓히자면 언어 영역 전반을 포괄하게 될 것입니다. 그리고 언어 영역 가운데 가장 종합적이고 구체적인 언어 수행이 구현되는 영역은 서사입니다. 그렇다면 서사 영역에 포함되는 갖가지 사태와 국어과 영역은 연계성을 지니게 됩니다. 역사는 그 자체가 서사 형태로 기술됩니다. 또한 도덕 교육을 위해 '어떤 인간이 이러이러한 행위를 했다'면서 예를 드는 것 또한 서사입니다. 법학 영역에서 판례를 든다고 할 경우 그 또한 서사 영역에 해당합니다. 정신분석의 텍스트 대부분은 서사 형태를 지닙니다. 이러한 언어 운용은 교육 그 자체를 하나의 서사 현상으로 볼 수 있게 하기도 합니다. 이처럼 국어과 바깥 영역과 맺을 수 있는 권역이 넓기 때문에 한계를 설정하기 어려운 점이 있습니다. 그러나 과도한 영역 확장은 본질을 흐리게 할 수 있다는 점도 유념해야 합니다.

홍지연 창의·인성의 개념이 워낙 확장된 개념이다 보니 그 외연을 넓힌다는 것이 당연한 것처럼 느껴지기까지 합니다. 하지만 큰 개념일수록 확장하는 과정을 조심스럽게 다루어야 한다고 생각합니다. 사실 창의·인성 교육을 교과 차원에서 실현하기 위해서는 교과의 특성을 기본적인 전제로 설정하여야 할 것입니다. 이러한 전제하에 각 교과 및 영역의 특성에 맞는 창의·인성 교육의 내용이 생성된다면, 국어과 이외의 교과와 상호 확장이 가능한 지점은 구체적인 교수·학습의 국면에서 찾아내야 한다고 봅니다. 정리하면, 국어과에서의 창의·인성 교육은 모국어 활용 분야에서 생산적인 창의성을 발휘할 수 있는 인간을 키우는 데 주력해야 한다고 생각하며, 교수·학습의 구체적인 국면에서 진로 교육이나 미디어 교육, 여타의 교과 교육 등과 조우할 수 있는 가능성이 존재한다고 봅니다.

한태구 창의·인성 교육은 국어과의 활동을 넘어서는 인간의 보편적 특성에 근거한 교육이며, 그 보편성을 바탕으로 국어라는 교과를 넘어서는 것도 가능할 것입니다. 심미적·예술적 특성에서 맥을 같이하는 미술이나 음악 교과와도 연계가 가능하며, 창의적 사고를 통한 세계 인식이라는 맥락에서 사회나 과학처럼 인문·자연과학 분야의 교과와도 연계할 수 있습니다. 구체적으로는 서사(내러티브)나 은유, 상징 등의 문학적 사고를 담고 있는 기법과 장치들을 통해 해당 교과의 내용을 서술하거나, 해당 교과의 내용을 바탕으로 문학 작품을 창작하는 방식 등이 가능할 것입니다. 다만 주의할 점은 융합을 통한 확장 자체가 목적이 되어서는 안 된다는 것입니다. 창의·인성이라는 보편적 요소를 가지고 있으면서 동시에 국어과라는 교과 정체성을 가지는 것이 국어과의 창의·인성 교육이며, 아무런 맥락 없이 단지 국어과 창의·인성 교육의 외연을 넓히기 위한 확장은 교과 정체성을 무너뜨릴 위험성이 있습니다.

김향연 국어는 읽고, 쓰고, 말하고, 듣는 모든 의사소통 행위와 관련됩니다. 그러므로 국어과 교육 바깥에서 이루어지는 일 중 의사소통과 관련된 모든 활동은 상호성을 지니고 있다고 볼 수 있습니다. 예를 들어 그림은 미술의 영역이지만 그것을 통해 타인과 소통하고 그것을 언어로 설명하는 것은 국어과에서 다룰 수 있는 것입니다. 국어과는 다양한 예술의 향유뿐만 아니라 과학 기술 분야와도 상호성이 있습니다. 우선 많은 과학 기술의 지식들이 언어로 서술되어 있기 때문에 그것을 잘 이해하는 국어 능력이 필요합니다. 또한 다양한 지식을 종합해 새로운 차원으로 확산시키는 과정에서 공상과학 소설처럼 미래를 예측하고 과학 기술의 발전상을 표현하는 것도 가능합니다. 물론 상상에 불과한 것이 되고 만다든지 깊이 있는 지식을 전제하고 이루어진 활동들이 아니기 때문에 단편적인 결과물을 만드는 데 그친다든지 할 우려는 있습니다. 그러나 다양한 교과를 학습하는 과정에서 각 영역의 지식이 상호 교섭되면서 의미 있는 결과물을 만들어낼 가능성 또한 존재합니다. 과목의 정체성을 고수한 나머지 교육 내용이 한정되도록 구성할 필요는 없다고 봅니다.

〔질문 14〕 국어과 창의·인성 교육을 실제 수업 차원에서 실천할 때 수업 내용 이외의 교실 상황 맥락의 요인들 중 중요하게 고려해야 할 것들은 무엇이라고 생각하십니까? 또 이와 관련해서 현장 국어 교사들이 당면하는 국어과 창의성(인성) 수업의 실제적 어려움에는 어떤 것들이 있는지 말씀해주시고, 이에 대한 기술적 대처 방안까지도 말씀해주십시오.

우한용 교실 상황은 여러 가지 요건으로 규정할 수 있을 것입니다. 그 가운데 교사 요인이 가장 클 것이라 생각됩니다. 교사 자신이 창의성이 충분하지 못할 경우도 있을 것입니다. 그러나 교사의 창의성이 학생에게 그대로 전수되는 것은 아닙니다. 교사의 창의성에 대한 태도와 창의성을 끌어내기 위한 방법이 문제가 될 것입니다. 학생을 긍정적으로 수용하고 인정하는 태도와 '모호성에 대한 수용'으로 상징되는 자세가 필요할 것입니다. 또한 끊임없이 질문하고 같이 해결하고자 하는 교사의 태도가 창의성을 이끌어내는 데 기여할 것입니다. 아울러 창의성에만 몰두해 평범한 교육 내용을 홀대하는 것은 금물입니다. 확산적 사고는 수렴적 사고에 조회됨으로써 의미를 지닌다는 점을 유념해야 합니다.

오윤주 창의·인성 교육이 교과 교육과는 별개의 것이라는 오해가 있습니다. 창의적 체험활동 등 범교과 영역에서 창의·인성 교육이 이루어져야 한다는 관점입니다. 이는 교과 교육이 지식 교육이고, 창의성이나 인성 교육은 지식 교육의 바깥에 존재하는 것이라는 생각에 기인합니다. 이런 입장에서는 국어과 안에서의 창의·인성 교육이 기존의 교과 교육과 병행해 새롭게 도입되는 것이 아닌가 하는 생각 또는 교과 지식 교육 외에 별도로 실시해야 할 특별 프로그램 같은 것으로 인식하는 경향이 있습니다. 그러나 창의·인성 교육은 교과 교육 내에서 가장 긴요하게 요청되는 교육적 과제입니다. 국어 수업의 일부가 창의·인성적으로 개편되는 것이 아니라 국어 교과 교육과정 자체가 창의·인성 교육의 구현을 목적으로 하여 재구성되어야 합니다.

이렇게 창의·인성 교육 구현을 위한 국어 교육을 실천해 나가려고 할 때 현장 교사들이 부딪치는 몇 가지 난점이 있습니다. 첫째, '진도'의 문제입니다. 제시된 교육과정을 다 가르치려면 교사가 부지런히 학생들에게 지식을 전수해주어야 하는데 학생들이 스스로 탐구하고 활동하게 하는 창의적인 수업을 하려다 보면 진도를 나갈 수 없다는 것입니다. 어찌 보면 이는 교사가 교육과정을 교과서와 동일시하기 때문에 생기는 문제입니다. 교과서는 교육과정을 나름의 순서와 질서로 구현한 일종의 자료집입니다. 교과서 진도를 다 나가야 한다는 강박관념을 버리고 교사 스스로 교육 과정을 재구성해본다면 진도의 압박에서 한결 자유로워질 수 있습니다. 또한 '진도'에 대한 집착은 교사의 역할을 '지식의 전수자'로 보기 때문에 생겨나기도 합니다. 지식의 전수가 교사의 역할이라면 진도를 다 나가지 않은 것은 교사로서 일종의 직무 유기이기 때문입니다. 그러나 교사의 중요한 역할을 학생들에게 배우고자 하는 '동기'나 '지적인 열정' 또는 배울 수 있는 '역량'을 제공하는 것에 둔다면 교사는 모든 것을 다 가르치려 하지 말고 방향을 제시하고 안내해주면 됩니다. 하고 싶은 열정을 갖게 된 학생들은 학교 밖에서도 스스로 배우려 할 것이기 때문입니다.

둘째, 평가의 문제입니다. 창의·인성 성취도를 어떻게 평가할 것인가 하는 문제가 하나이고, 전국 평가나 대학 입시 등 평준화된 시험에서 학생들이 좋은 성적을 거두도록 하는 교육과 창의·인성 교육이 서로 배치되지 않는가 하는 문제가 다른 하나입니다. 창의·인성 교육 평가의 타당성이나 객관성 문제에 대해서는 이 책의 각 장에서 예시로 들었듯 합리적인 기준을 설정한 후 과정 평가나 상호 평가를 함으로써 충분히 해결할 수 있습니다. 또한 학생들의 객관적인 학업 성취도 역시 오히려 창의·인성 교육을 충실히 함으로써 더 효과적으로 신장될 수 있음을 우리는 핀란드 등 북유럽의 사례나 우리나라의 몇몇 선구적인 창의·인성 교육 실시 사례 등을 통해 확인할 수 있습니다. 가장 멀어 보이는 길이 어찌 보면 가장 가까운 길이기도 합니다.

창의·인성 교육은 학생들에게 공부 이외의 다른 것을 하도록 하려는 교육이 아니라 '더 잘 공부하게 하려는 교육' 또는 '진정한 공부'를 하게 하려는 교육, 그래서 '든 사람'을 넘어 '된 사람'을 만들려는 교육입니다. 공자가 말했듯 '배우고 때때로 그것을 익히면 어찌 즐겁지 아니'하겠습니까. 교육은 학생들에게 이런 즐거움을 제공할 수 있어야 합니다. 공부가 평가를 위한 것이 아니라 공부 그 자체를 위한 것이고 자신의 삶을 위한 것임을 알게 된다면 공부도 평가도 한결 의미 있는 삶의 과정이 될 것입니다.

홍지연 어떤 수업에서든 학습자와 교사 간 라포(rapport)가 가장 중요한 요소가 된다고 생각합니다. 라포 형성이 잘 되어 있는 학생들과는 어떤 어려운 수업 내용이라도 무난하게 이끌어갈 수 있었던 경험이 있습니다. 교사와 학생이라는 직분으로서가 아닌 인간과 인간으로서의 느낌이 통하는 하나의 장(場)에서 이루어지는 수업은 그 자체로 정서적 교류의 과정으로 볼 수 있습니다. 물론 현실적으로 교실 수업의 현장은 창의·인성 수업을 이끌어가는 데 상당한 난점을 지니고 있습니다. 학습 수준과 적성이 다양한 서른 명 넘는 학생들과 재미있고 활기 넘치는, 그야말로 창의적인 수업을 이끌어내는 것이 지난한 일임은 당연합니다. 그러나 그러한 여건이라 하더라도 학습자와 교사 간의 긴밀한 신뢰 관계가 전제된다면 학기 수업의 20~30% 정도라도 창의·인성 수업을 실천해갈 여지를 마련할 수 있을 것이라고 봅니다. 학생들과 눈을 맞추고 이름을 불러주는 과정 자체가 인성 교육의 시발점이며, 터무니없는 발표조차도 진지하게 경청하는 교사의 태도가 존중과 배려의 시범이 되며, 작은 아이디어를 누구나 큰소리로 말할 수 있는 수업 분위기를 조성하는 것이 창의성을 키워가는 작은 발판이 되어줄 수 있음은 물론입니다.

김향연 학습자 요인을 중요하게 고려해야 합니다. 실제 수업을 할 때에는 활동에 참여하지 않거나, 하기도 전에 부담을 느끼는 학습자를 이끌고 가기가 참 어렵습니다. 그러므로 상황에 따른 대처 방법을 알아야 합니다. 또한 창의성 교육이 흥미 위주의 활동에 머무르지 않도록 활동의 의의, 구체적인 방법, 목적, 목표 등을 최대한 자세하게 설명하는 과정이 본 수업 전에 반드시 이루어져야 합니다. 또한 학습자의 수준이 모두 동일하지 않으므로 서로 간의 활동 결과가 자극이 될 수 있도록 모둠 학습을 통해 협동하는 기회를 제공하고 일대일 피드백을 통해 학습자의 산출물이 의미 있는 것이 될 수 있도록 지도할 필요가 있습니다. 또한 발표력이 좋은 학생을 미리 알아두고 수업에 활력을 불어넣도록 활용할 필요도 있습니다.

실제 창의·인성 수업을 할 때 평가에 대한 부담 때문에 또는 수업 준비에 대한 부담 때문에 늘 하던 대로 하는 수업에 흥미 유발 활동을 간략히 추가하는 식으로 창의·인성 수업을 구성하는 경향이 있습니다. 그러나 교사가 수업을 준비한 만큼 학습자들이 얻을 수 있는 것은 많아집니다. 평가 또한 과거처럼 점수화되는 평가뿐만 아니라 서술식의 평가도 많이 이루어지고 있는 추세입니다. 그러므로 수업의 목표에 맞게 텍스트를 선정하고 활동을 계획하며 교사가 적극성을 발휘하여 수업 전체를 주도하는 태도가 어느 때보다도 필요하고 또 의미 있다고 생각합니다.

참고문헌

가드너, 하워드, 유경재 · 문용린 역, 『다중지능』, 웅진지식하우스, 2007.

교육과학기술부, 『국어과 교육과정 개정 시안』, 2011.

______, 『별책 - 5: 국어과 교육과정』, 2011.

구인환 · 우한용 · 박인기 · 최병우, 『문학교육론』 제6판, 삼지원, 2012.

권택영, 『소설을 어떻게 볼 것인가』, 문예출판사, 1996.

기형도, 『잎 속의 검은 잎』, 문학과지성, 1989.

김광해 · 권재일 · 임지룡 · 김무림 · 임칠성, 『국어지식탐구』, 박이정, 1999.

김근호, 「'영화 대 영화'형 방송 프로그램에 대한 미디어 서사교육적 연구」, 『문학교육학』 16, 한국문학교육학회, 2005.

김미혜, 「국어적 창의성의 구성 요소에 관한 연구」, 『국어교육학연구』, 제20집, 국어교육학회, 2004.

김상욱, 『소설교육의 방법 연구』, 서울대학교출판부, 1996.

김유정, 「노다지」, 전상국 편, 『김유정 소설전집 산골 나그네』, 강원대학교 출판부, 2002.

______, 「병상(病床)의 생각」, 『조광』, 1937.

김준오, 『문학사와 장르』, 문학과지성사, 2000.

______, 『시론』 4판, 삼지원, 2010.

김창원, 「창의성 중심의 국어과 교육 과정 구성 방향」, 『국어교육학연구』, 제18집, 국어교육학회, 2003.

남민우, 「은유 교육의 목표와 내용 연구」, 『문학교육학』 36, 한국문학교육학회, 2011.

노명완 · 정혜승 · 옥현진, 『창조적 지식 기반사회를 대비한 국어, 수학, 정보과학 교과 모형 개발: 교육공학적 체제 접근을 중심으로』, 이화여대 교육과학연구소, 2001.

로프터스, 엘리자베스, 정준형 역, 『우리 기억은 진짜 기억일까』, 도솔, 2008.

류수열 외, 『스토리텔링의 이해』, 글누림, 2007.

리쾨르, 폴, 김윤성 · 조현범 역, 서광사, 『해석이론』, 1998.

문영진, 「정전논의에 관련된 몇 가지 문제에 대하여」, 『민족문학사연구』, 민족문학사학회, 2001.

박기수, 「문화콘텐츠 정전 구성을 위한 시론」, 『문학교육학』, 문학교육학회, 2008.

박인기 외, 『교과는 진화하는가』, 지식과교양, 2011.

배그웰(Bagwell, Mallory) & 한기순, 『창의성의 이해』, 한국교총 영재교육원, 2008.

서울대학교 국어교육연구소 편, 『국어교육학사전』, 대교출판, 1999.

선주원, 『소설 교육의 원리와 방법』, 새미, 2003.

성하성, 『내가 한 글쓰기 수업—누구나 할 수 있게』, 나라말, 2000.

슈미트, S. J. & H. 하우프트마이어, 차봉희 역, 『구성주의 문예학』, 민음사, 1995.

신경숙, 『엄마를 부탁해』, 창비, 2008.

신명선, 「국어적 창의성의 개념정립에 대한 연구」, 『국어교육학연구』, 제35집, 국어교육학회, 2009.

신익호, 「「빈처」의 텍스트 상호성 연구」, 『현대문학이론연구』, 제34집, 2008.

신헌재, 「창의력 사고 신장과 국어과 교육」, 『국어교육』 73, 한국국어교육연구회, 1991.

오철수, 『시가 되는 체험은 따로 있다』, 동랑커뮤니케이션즈, 2009.

우한용, 「채만식 소설의 언어적 기법」, 『국어교육』 53, 한국어교육학회, 1985.

_____,「문학교육과 장르론」,『문학교육과 문화론』, 서울대출판부, 1997.
_____,『문학 교육과 문화론』, 서울대학교출판부, 1997.
_____,「문학 교육의 평가—메타비평의 글쓰기 평가를 중심으로」, 국어 교육연구회 학술대회 발표문, 한국어 교육학회, 1999.
_____,「문학 교육과 허구적 인식능력」,『국어교육학연구』, 제14집, 2004.
_____,「기호와 21세기 문화: 해석의 기호학에서 생산의 기호학으로. 문학텍스트의 생산과 해석의 관계」,『기호학연구』, 2007.
_____,「문학 교육과 문학 능력: 문학 교육의 목표이자 내용으로서 문학능력의 개념, 교육 방향」,『문학교육학』, 2009.
_____,『창작교육론—삶 읽기, 글 읽기, 글쓰기』, 태학사. 2009.
_____,『한국 근대문학교육사 연구』, 서울대학교출판부, 2009.
우한용 외,『서사교육론』, 동아시아, 2001.
_____,『언어·문학 영재교육의 가능성 탐구』, 한우리북스, 2010.
이득재,『바흐찐 읽기』, 문학과학사, 2003.
이명섭 편,『세계문학비평용어사전』, 을유문화사, 1985.
이상섭,『문학비평용어사전』, 민음사, 2009.
이시영,『사이』, 창작과비평사, 1996.
이우경,『교과서를 내던져버린 살아있는 국어수업』, 해오름, 2002.
이재승,「국어과 언어활동과 창의성 증진」,『창의성 개발 세미나 자료집』, 전북교육청, 2002.
이저, 볼프강, 이유선 역,『독서행위』, 신원문화사, 1993.
정재찬,「텍스트 상호성을 통한 현대시 교육 연구」,『국어교육학연구』 29, 2007.
정현선,「미디어와 교육의 관계를 바라보는 몇 가지 관점과 연구과제」, 2012년도 한국어린이미디어학회 학술대회 발표 논문, 2012.
정혜승,「국어과 창의성 계발을 위한 교재구성 방안 연구」,『한국초등국어교육』, 제2집, 한국초등국어교육학회, 2004.
조남현,『소설원론』, 고려원, 1983, 158쪽.
조하연,「문학의 속성을 활용한 창의적 사고의 교육 방안 연구」,『국어교육학연구』, 제16집, 국어교육학회, 2003.
조희정,「고전 리터러시(Literacy) 교육을 위한 새로운 구도」,『국어교육학연구』, 제21집, 국어교육학회, 2004.
최인자,「대중 영상 서사물에 나타난 한국적 다문화 담론 양상」,『국어교육학연구』, 제26집, 국어교육학회, 2010.
최현섭 외,『국어 교육학 개론』, 삼지원, 1996.
칙센트미하이, 미하이, 노혜숙 역,『창의성의 즐거움』, 더난출판사, 2003.
카, 니콜라스,『생각하지 않는 사람들』, 청림출판, 2011.
커리, 그레고리, 김숙 역,『이미지와 마음』, 한울아카데미, 2007.
켈로그, 숄즈, 임병규 역,『서사의 본질』, 예림기획, 2001.
트레핑거(Treffinger, Donald J.), S. G. Isaksen & K. B. Dorval, 김영채 역,『CPS: 창의적 문제해결』, 박영사, 2004.
하병학·문정희,「묘비명에 대한 수사학적 소고」,『수사학』, 제12집, 한국수사학회. 2010.
하비, 스테파니 외, 남택현 역,『독서 몰입의 비밀』, 커뮤니티, 2008.
한국기호학회 편,『은유와 환유』, 문학과지성사, 1999.
한국텍스트언어학회,『텍스트 언어학의 이해』, 박이정, 2004.
허병두,『즐거운 글쓰기 교실』, 문학과지성사, 2006.
허치언, 린다, 김상구 외 역,『패러디 이론』, 문예출판사, 1998.

헤르나디, 폴, 최상규 역,『비평이란 무엇인가』, 예림기획, 1998.
후설, 에드문트, 이종훈 역,『시간의식』, 한길사, 1996.

Burgoyne, Suzanne and others, "Interactive theater and Self-Efficacy," in Matthew Kaplan & A. T. Miller(eds.), *Scholarship of Multicultural Teaching and Learning*, Jossey-Bass, 2007.
Janich, Nina, *Werbesprache. Ein Arbeitsbuch*, Tübingen: Gunter Narr Verlag, 1999.
Ricoeur, P., *The Rule of Metaphor*, trans. by R. Czerny, University of Toronto Press, 1991.
Wellek, René & Warren, Austin, *Theory of Literature*(rev. ed), New York: Harcourt, Brace & World, 1956.

찾아보기